集装箱
班轮运输
实务

林益松 著

THE
PRACTICE OF
CONTAINER LINER
TRANSPORTATION

中国海关出版社有限公司

图书在版编目（CIP）数据

集装箱班轮运输实务 / 林益松著 . —北京：中国海关出版社有限公司，2024.1
ISBN 978-7-5175-0746-8

Ⅰ.①集… Ⅱ.①林… Ⅲ.①集装箱运输—班轮运输 Ⅳ.①U169

中国国家版本馆 CIP 数据核字（2024）第 014247 号

集装箱班轮运输实务
JIZHUANGXIANG BANLUN YUNSHU SHIWU

作　　　者：林益松	
责任编辑：刘白雪	
责任印制：赵　宇	
出版发行：中国海关出版社有限公司	
社　　　址：北京市朝阳区东四环南路甲 1 号	邮政编码：100023
网　　　址：www.hgcbs.com.cn	
编 辑 部：01065194242-7521（电话）	
发 行 部：01065194221/4238/4246/5127（电话）	
社办书店：01065195616（电话）	
https://weidian.com/？useried=319526934（网址）	
印　　　刷：中煤（北京）印务有限公司	经　销：新华书店
开　　　本：710mm×1000mm　1/16	
印　　　张：22	字　数：355 千字
版　　　次：2024 年 1 月第 1 版	
印　　　次：2024 年 1 月第 1 次印刷	
书　　　号：ISBN 978-7-5175-0746-8	
定　　　价：58.00 元	

海关版图书，版权所有，侵权必究
海关版图书，印装错误可随时退换

前　言

　　光阴荏苒，逝者如斯，自《国际集装箱班轮运输实务》出版已历十载。十年间行业巨变，席卷全球的金融危机令全球集装箱货量增速趋缓，而船舶大型化的趋势一骑绝尘，丝毫没有放缓脚步。我们共同经历了略显低迷的十年光阴，而今曙光微现，但前路漫漫，仍难以言说。回首过去的十年，在集装箱班轮运输业的发展历程中，注定是不平凡的十年！互联网经济的崛起，使得互联网思维渐入人心，雷军说"只要站在风口上，猪都能飞起来"，尽管风口在哪，尚难断言，但是互联网的"旋风"确已深刻影响并重塑整个行业。各类航运电商平台兴起，新的商业模式和游戏规则产生，集装箱运输业迎来一轮互联网化的转型，一个新的时代即将到来。

　　过去十年，也是极不容易的十年！曾几何时，"大到不能倒"似乎是集装箱班轮运输业一个心照不宣的认知逻辑，但是，韩进海运的破产倒闭，打破了这种认知逻辑，也让船公司对过去盲目的运力扩张和非理性的价格竞争进行冷静的思考，一个更加理性和自律的新时代仿佛即将到来。但是，也许只有在下个十年，我们重新回顾十年间的经历和过程，才能更加清楚当下所处的时空和方位。

　　十年间的沧桑巨变，让我萌生了重写一本集装箱班轮运输相关图书的念头，希望能立足于集装箱班轮运输业的新变化和新趋势，系统构建相关知识体系，这也是本书行文的初衷。本书共包含五章内容：第一章从整体上介绍集装箱班轮运输业的发展变化和趋势，研究集装箱班轮运输业的转型和创新实践；第二章对集装箱班轮运营实务进行介绍，围绕集装箱班轮运输成本控制、运价制定、收益管理、舱位分配、箱务管理等重点领域讲解实务操作技巧；第三章从集装箱班轮航线出发，研究航线布局规则，以美国航线为例介绍航线运营实务；第四章从集装箱进出口货运流程及其单证流转出发，研究集装箱货运代理（以下简称货代）商业模式，对货代实务操作进行介绍；第五章介绍集装箱危险货物运输，对危险货物的实务操作进行介绍。限于作者的知识水平，文中的观点难免有所纰漏，恳请各位读者批评指正。

在本书写作过程中，郑海棠先生，上海交通大学胡昊教授，上海海事大学王学锋教授，中远海运集运王瑾女士，上海中远海运集运罗海林先生提出许多宝贵意见和建议，在此衷心表示感谢！特别要感谢上海中货、中远海运集运、中远海运控股！正是在工作中反复学习、总结和思考，让我有机会逐渐建立起相对系统的集装箱班轮运输知识体系，从某种程度上说，本书也是团队的智慧结晶和成果。

编者

2023 年 12 月

目 录

001 第一章
集装箱班轮运输概述

第一节　集装箱运输的兴起及发展　　/002

第二节　集装箱班轮运输的新变化新趋势　　/013

第三节　集装箱班轮运输业的创新实践　　/033

050 第二章
集装箱班轮运营实务

第一节　集装箱班轮成本管理　　/051

第二节　集装箱班轮运价管理　　/081

第三节　集装箱班轮舱位管理　　/103

第四节　集装箱班轮箱务管理　　/130

156 第三章
集装箱班轮航线操作实务

第一节　集装箱班轮航线　　/157

第二节　美国航线运价报备管理规定　　/175

第三节　美国航线服务合同的查看和使用　　/185

第四节　美国内陆转运模式介绍　　/200

第五节　美国航线实务操作　　/204

224 第四章
集装箱货运操作实务

第一节　集装箱进出口货运流程　　/ 225
第二节　集装箱进出口货运单证及流转　　/ 243
第三节　货运代理企业业务介绍　　/ 257

301 第五章
集装箱危险货物运输

第一节　海运危险货物介绍　　/ 302
第二节　危险货物运输实务介绍　　/ 313

参考文献　　　/ 343

第一章

集装箱班轮运输概述

关键术语

系统化　标准化　经济性　高投入　高效率　船舶管理　船舶经纪　船舶登记　船舶检验　航运保险　海事仲裁　运价　收入　成本　交货期　准班率　联盟合作　体系对抗　数字化　智能化　绿色低碳　物联网　大数据　区块链　人工智能　沿海捎带　保税船供　指数期货　融资物流

学习目标

了解集装箱运输产生的原因及其发展历程；熟悉集装箱运输的优势和特点；了解集装箱班轮运输相关服务业发展现状；掌握影响集装箱班轮市场变化的相关因素，学会应用相关分析方法进行分析研判；了解集装箱班轮运输业呈现的新变化新趋势，掌握集装箱班轮运输业"数字化""智能化""绿色低碳"转型及未来方向；熟悉集装箱班轮运输业的创新实践。

1956年4月26日，一辆吊机将58个铝制卡车车身装上一艘停泊在美国新泽西州纽瓦克市的改装旧油船。5天以后，油船驶入休斯敦，在那里，

58 辆卡车等待装运这些车身并将它们运往目的地，由此拉开了海上集装箱运输的序幕。

几十年后，当行驶在高速公路上的拖车和行驶在铁路上的火车载着成千上万的集装箱轰鸣着穿越黑夜时，我们真切地感受到集装箱如何改变着我们的生活。1956 年，中国还不是世界工厂；堪萨斯州中部的购物者很难在商店里看到巴西产的鞋子和墨西哥产的真空吸尘器；日本家庭吃不到来自美国怀俄明州饲养的牛肉；土耳其和越南找不到法国服装设计师裁剪、缝制的服装。集装箱出现之前，货物运输是一种市内工作，数百万的雇佣工人依靠人力在城市街道和码头之间运送货物。码头上，成群的工人背着重物爬上踏板，钻进货舱，把装满货物的箱子或桶堆在任何可以放置物品的角落里。集装箱的出现及其标准化改变了一切，货物运输变得高效、便捷，装卸作业效率的提升、法律法规体系的完善、多种运输方式的有效衔接，重塑了全球交通运输体系，并在很大程度上影响了全球产业布局的重构和贸易全球化的快速发展。

第一节
集装箱运输的兴起及发展

一、集装箱运输的产生及发展

（一）集装箱运输的产生及发展

集装箱运输起源于英国。早在 1801 年，英国的詹姆斯·安德森博士已提出将货物装入集装箱进行运输的构想。1845 年英国铁路曾使用载货车厢互相交换的方式，视车厢为集装箱，使集装箱运输的构想得到初步应用。正式使用集装箱来运输货物是在 20 世纪初期。1900 年，在英国铁路上首次试行了集装箱运输，后来这一方式相继传到美国（1917 年）、德国（1920 年）、法国（1928 年）及其他欧美国家。1956 年 4 月 26 日，海上集装箱运输的序幕拉开，但是，直至 1966 年以前，集装箱运输仍主要集中在欧美的一些发达国家，主要应用于铁路、公路和国内沿海地区的运输，船型以改装的半集装箱船为主，装载量较小，集装箱的箱型、规格、材质等也不统一，码头装卸工艺主要采用底盘车方式，跨运车刚刚出现，提供的主要是港到港的服务，这个阶段是集装箱运输的起步阶段。

1966年至1983年，集装箱运输的优势逐渐被认可，以海上运输为主导的国际集装箱运输快速发展，世界交通运输进入集装箱化的关键时期，这也是集装箱运输的发展阶段。这一时期集装箱运输的发展主要得益于几个方面。一是全球贸易的增长和适箱货比例的大幅提高，1970年全球集装箱货量约为23万传输扩展单元（Transmission Extension Unit，TEU），而1983年已达到208万TEU；二是港口设施的显著改善，随着海上集装箱运输的发展，各港口纷纷建设集装箱专用泊位，到1983年世界集装箱专用泊位已增至983个；三是码头装卸工艺的改进和装卸效率的提升，随着集装箱专用泊位的建设，码头前沿普遍配备了装卸桥，码头堆场上轮胎式龙门起重机、跨运车等机械得到了普遍应用，集装箱运输的优势和特点得到普遍的认可；四是法律法规体系的建设，尤其是1980年5月在日内瓦召开了联合国国际联运会议，经与会的84个联合国贸易和发展会议成员国通过产生了《联合国国际货物多式联运公约》，该公约对国际货物多式联运的定义、多式联运单证的内容、多式联运经营人的赔偿责任等问题均做出了明确的规定，为集装箱运输的推广和运用奠定了良好的基础。

1984年以后，集装箱运输的发展逐渐走向成熟，并最终成为服务全球贸易活动的重要支撑力量。促成这一切的原因有三点。首先是全球产业链的布局调整和贸易全球化的飞速发展，为集装箱运输的发展创造了历史性的机遇。随着全球化进程的加速，跨国公司纷纷调整产业链的布局，遍布全球的工厂和全球化的采购体系为集装箱运输的发展带来充足的货量基础，也使得集装箱船队快速扩张。截至2023年7月，全球集装箱船队已经超过2690万TEU，年承运货量超过2亿TEU。其次是集装箱产业链集群的体系化完善，集装箱运输是一项系统工程，随着集装箱班轮船公司服务从装卸港向两端延伸，相关的造船、造箱、港口码头、装卸设备、船代、货代、运输保险经纪等各行业蓬勃发展，并逐渐形成体系，极大地推动了集装箱运输的发展。最后，相关法律法规体系日臻完善，信息系统、大数据、区块链等各种新技术的应用，商业模式的创新，从业人员及经营管理水平的提升等都促进集装箱运输走向成熟并最终成为服务全球经贸活动的重要支撑力量。

（二）集装箱运输在中国的发展

我国集装箱运输始于铁路。1955年，铁道部成立集装箱运输营业总所，选择北京、天津、沈阳、哈尔滨、济南和上海6个车站开展集装箱运输业务。到1958年扩大到18个车站，共有集装箱5971个。当时使用的集装箱，为铁木结构，长2米，宽1.25米，高2.45米，自重625千克，载重2.5吨（后增至3吨），用卡车作为短途转运工具。

1958年我国精简机构时，撤销了各级集装箱管理机构，其后十几年里，铁路集装箱运输实际处于无人管理的状态。在经历多年摸索之后，到20世纪70年代后期，我国集装箱运输才逐步走上正轨。

1973年4月，中国远洋运输总公司（中远集团前身）等单位，与日本新和海运、日新仓库两公司在北京达成协议，开始在我国天津、上海和日本大阪、神户、横滨之间的杂货班轮上，开展国际集装箱运输试点。1973年9月，"渤海一号"轮船由日本神户装载小型集装箱驶抵天津港，当时使用的是8英尺[①]和10英尺的小型集装箱。截至1975年2月，共运输89航次、2499箱、7503吨货物。

1978年1月，中日航线杂货班轮捎带集装箱，在上海首航。1978年9月26日，中国至澳大利亚集装箱班轮首航，"平乡城"轮装载162个集装箱离开上海港，正式拉开了中国海上集装箱运输的序幕。

1990年以后，我国集装箱运输进入快速发展期。20世纪90年代初，全国已拥有专用集装箱船舶101艘，年国际集装箱海运量达229万TEU，拥有专用集装箱泊位23个，年设计通过能力为195万TEU，全国港口国际集装箱吞吐量达217万TEU，港口集装箱化比重达42%。开辟对西欧、东南亚、北美、日本、澳大利亚、新西兰、波斯湾和地中海沿岸及中国香港地区的定期集装箱班轮航线共58条。

2001年以后，随着中国加入世界贸易组织，我国集装箱运输事业迎来历史性大发展。2002年，我国港口集装箱吞吐量首次超过连续46年保持

---

① 英尺：英制中计量长度的单位。1英尺等于0.3048米。

世界首位的美国。到 2007 年，我国专业集装箱泊位已达 270 个，一大批集装箱运输企业迅速崛起并成为国际集装箱运输的中坚力量。

　　时至今日，我国集装箱运输事业已取得令人瞩目的成就，集装箱货量占到全球贸易量的近 70%，在全球集装箱排名前十的港口中，中国占到六席。围绕集装箱运输产业链，中国已形成了规模化的港口集群、业内领先的班轮承运人，并在商业模式创新、新技术应用推广等诸多领域走在行业前列。随着"一带一路"倡议不断得到响应，"政策沟通、设施联通、贸易畅通、资金融通、民心相通"等理念逐渐成为共识，中国的集装箱运输事业将迎来一个新的历史机遇。

二、集装箱运输的优势和特点

　　集装箱运输的兴起和发展，与其自身的优势和特点是分不开的。集装箱出现之前，货物运输是一项复杂的工程，在发货人的工厂或仓库里，货物必须被分成小件装进卡车或火车里，卡车或火车把它们分别送到码头装船，送抵目的港口后由码头工人分类装卸。集装箱的出现显著改变了这一切，不同形状、不同类别的货物装入标准化的集装箱进行运输，促进了物流系统效率的大幅提升和运输成本的大幅下降，推动了全球产业布局的重构和经济全球化的快速发展。总体而言，集装箱运输具有以下优势和特点。

（一）系统化

　　集装箱运输是一项系统化工程，体系化协作是其重要特征。集装箱运输包含发货人至船公司指定堆场提取空箱、发货人安排工厂装箱、发货人将重箱集结进港、集装箱重箱在港口码头集结等待装船出运、集装箱到港后卸船、集装箱货物卸船后通过多式联运将货物运送至指定门点（如需）、收货人接受重箱完成交付、收货人完成重箱拆箱将空箱归还至堆场等众多环节，体系化的协作和高效配合是其提高运输效率、提升经济效益的关键。

（二）标准化

　　集装箱的标准化涵盖了集装箱的规格尺寸、箱型类别、标志标识、容积重量和制造材料等各个方面。集装箱的标准化，统一了国际集装箱的使用标准，为集装箱船舶、装卸搬运机械、不同运输方式衔接等建立了明确的标准和依据，使得集装箱运输朝着专业化方向发展，极大地提高了运输的效率和经济效益。

（三）经济性

集装箱运输在经济上具有明显的优势，集装箱具有坚固、密封的特点，便于装卸、搬运，本身就是一种极好的包装，可以大量节省或简化货物自身的包装费用。同时，货物装箱并铅封后，可以有效减少运输途中的货损货差，安全性高，运输质量好。由于集装箱运输船舶挂靠时间窗口相对固定，装卸效率高，可以大幅缩短船舶非生产性停泊时间，压缩成本并提高其经济效益。

（四）高投入

集装箱运输是一个需要高额投资的行业，维持船队运营所需的船舶固定成本、空箱设备成本、营销及服务网络成本、公共支线及铁路联运成本、燃油成本、码头装卸作业成本等非常高，这些高昂的退出成本决定了集装箱班轮运输企业相对集中的竞争格局。

（五）高效率

传统的运输方式具有装卸环节多、劳动强度大、装卸效率低、船舶周转慢等特点；而集装箱运输由于其标准化、专业化，在运输过程中不用换装，便于实现快速装卸，运输效率大幅提高。同时，集装箱船受气候影响相对较小，便于多式联运或与其他运输方式衔接，是一种高效的运输方式。

三、集装箱运输服务业发展

集装箱班轮运输的兴起和发展，显著改变了全球范围内的运输组织形式，也极大推动了船舶管理、船舶经纪、船舶登记、船舶检验、航运保险、海事仲裁等高能级航运服务业的发展。从全球主要国际航运中心发展历史看，航运服务业高度发达的国家或地区，成为现代航运规则的制定者和航运资源配置的首选地，成为全球性或区域性航运中心。我国要推进国际航运中心建设，需更大力度集聚高能级航运服务产业，促进航运软实力提升。

（一）船舶管理

船舶管理服务包括为自营船舶和第三方船舶等不同类型船舶提供管理，主要服务内容包括：安排船员及物资供应、上干坞检查、维修保养和遵守法规等。部分船舶管理公司同时提供船舶工程、造船及船厂选择等政策咨询服务，以及船员招聘、船员保险、船员签证、工作许可证及培训或船员外派、劳务派遣等专业服务。

英国是国际知名的第三方船舶管理中心，根据英国交通部的统计数据，2020年英国管理100吨及以上的船舶共993艘，超过4100万总吨。塞浦路斯也是全球主要船舶管理中心之一，为德国、瑞士等国家船公司提供船舶管理和船员管理服务，塞浦路斯的船舶管理收入已占其国内生产总值的近5%。2022年全球十大船舶管理公司管理的船舶数量如图1-1所示。中国是第三方船舶管理公司的重要市场，随着船队规模快速扩张和专业化

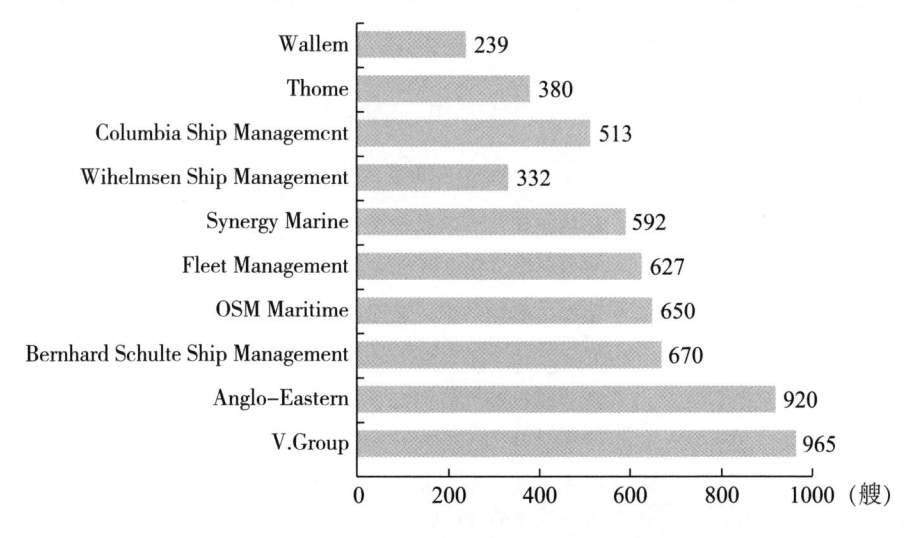

图1-1 2022年全球十大船舶管理公司所管理的船舶数量
（资料来源：《劳氏日报》）

人才集聚，我国船舶管理公司迅速崛起。我国未来需要解决船舶管理公司税收政策不具备优势、船长借支不便利、大额资金跨境支付手续繁杂、境外购买维修配件不便利等问题。

（二）船舶经纪

船舶经纪服务包括为各类船舶评估、船舶买卖、船舶租赁、船舶融资、航运市场分析研究、航运投资决策、航运衍生品交易提供专业咨询和经纪服务等。

英国是全球重要的船舶经纪中心之一，拥有超过200家全球知名的船舶经纪机构，全球排名前10的船舶经纪机构有6家总部位于伦敦。英国特许船舶经纪人协会（Institute of Chartered Shipbrokers，ICS）是目前全球唯一被认可的有资格设立航运职业标准的国际机构，其资格认证是航运经纪业务专业的重要标准。船舶经纪人与代理人协会联盟（The Federation of National Associations of Ship Brokers & Agents，FONASBA）总部位于伦敦，吸引了全球49个国家的船舶经纪人和代理人加入协会。由于历史上是船公司集聚地，香港吸引了60余家全球知名船舶经纪公司入驻，但近几年业务逐渐萎缩。在上海登记注册的国际航运经纪公司逐年增长，主要提供船舶买卖、船舶租赁、船舶修理建造等咨询或经纪服务。全球主要船舶经纪机构、主营业务及其总部分布情况见表1-1。

表1-1　全球主要船舶经纪机构、主营业务及其总部分布

船舶经纪机构	主营业务	总部
Clarksons-Platou	船舶租赁、二手船买卖、航运市场投融资、航运市场专业咨询等各类服务	伦敦
Braemer ACM	租船、船舶估价、船舶租赁、二手船买卖、拆船等咨询和船舶经纪服务	伦敦
Simpson Spence & Young	新造船投资决策、二手船买卖、船舶融资、船舶评估等各项船舶经纪服务	伦敦
Howe Robinson Partners	船舶买卖、航运资产评估、航运信息咨询等各项船舶经纪服务	新加坡
Arrow Shipborking Group	租船经纪服务及新造船、二手船买卖经纪服务	伦敦

表1-1 续

船舶经纪机构	主营业务	总部
Maersk Broker	航运经纪（国际船舶）、航运信息咨询，投资咨询，商务信息咨询，企业管理咨询等专业服务	哥本哈根
Affinity	造船等投融资决策，二手船买卖、船舶租赁、船舶融资，船舶评估，航运市场分析研究等各类专业服务	伦敦
McQuilling Partners	船舶租赁、船舶买卖、航运市场咨询等专业服务	纽约
EA Gibson	船舶租赁、船舶买卖、航运市场咨询等专业服务	伦敦
BRS Group	船舶租赁、船舶买卖、航运市场咨询等专业服务及货运衍生品、航运信息软件、航运研究和咨询业务	卢森堡

（三）船舶登记

国际船舶登记制度，又称离岸登记制度，国际海事组织将其定义为"一国在其国内设立的并设置与其本国船舶国籍登记条件不同的船舶登记制度"。国际船舶登记制度实施对象为国际航行船舶，包括本国船东所有的、从事国际航运业务的境外方便旗船和新建购的船舶以及外国船东所有的国际航行船舶。

国际船舶登记根据对船舶登记注册要求可以分为开放登记制度、半开放登记制度和严格船舶登记注册制度三种类型。当前，实施开放登记制度的国家（地区）有32个，主要包括巴拿马、利比里亚、巴哈马和马绍尔群岛等，这些开放登记国家（地区）本国航运业并不发达，通过船舶登记获得不菲收入。实施半开放登记制度的国家（地区）典型代表为中国香港、新加坡，分别位列全球第四大、第五大船舶登记注册地。中国、英国、美国均实行严格的船舶登记注册制度，对于登记注册船舶的投资主体、船员配备、船舶国籍等做出严格限制。

为促进航运产业健康发展，中国加大探索实施与国际接轨的国际船舶登记注册制度。2007年6月，交通运输部发布《关于实施中资国际航运船舶特案免税登记政策的公告》，宣布自2007年7月1日起至2009年6月30日止对中资国际航运船舶实施特案免税登记政策，在此期间申请办理特案免税登记的船舶，如符合一定的船龄和技术等条件，免征进口关税和进口环节增值税。2009年，中资国际航运船舶特案免税政策的执行截止日期由2009年6月30日延长至2011年6月30日。2011年，交通运输部再次发布《关于在"十二五"期内继续实施中资方便旗船舶特案免税登记政策的公告》，将中资国际航运船舶特案免税登记政策的实施期限进一步延长至2015年12月31日。2013年12月，交通运输部批准《中国（上海）自由贸易试验区国际船舶登记制度试点方案》，同意在自贸试验区试点"中国洋山港"国际船舶登记制度，在适用范围、登记程序、监管模式、营运范围等各方面实施区别于现有船舶登记制度的船舶登记和管理模式。2021年5月，《中国（上海）自由贸易试验区临港新片区国际船舶登记管理规定》正式发布，明确临港新片区国际登记船舶，可以由授权的船舶检验机构实施法定检验，可以依照有关规定雇佣外国籍船员，实施多证联办、统筹办理和统一发证等便利化措施。我国国际船舶登记制度虽已探索多年，特案免税登记、保税船舶登记和自贸试验区国际船舶登记等制度创新取得一定进展，但仍未有效突破，大量船况良好、技术含量较高的船舶选择"方便旗"国家进行登记，占比超过60%，未来要重点解决"方便旗船"回归面临的进口关税、进口环节增值税等税务负担问题，国内高昂的税费、对船员雇佣的限制及严格的船旗国管理问题，以及配套航运融资渠道不畅、融资成本较高、航运保险发展滞后等诸多问题。

（四）船舶检验

船舶检验由船级社（或称"验船机构"）实施，其主要业务是对新造船舶进行技术检验，合格者给予船舶各项安全设施并授给相应证书；根据检验业务的需要，制定相应的技术规范和标准；受本国或他国政府委托，代表其参与海事活动，有的船级社也接受陆上工程设施的检验业务。船旗国对船舶检验机构一般分为国际船级社联合会（International Association of Classification Societies，IACS）成员和非IACS成员管理，对IACS成员给予更广泛的授权，涵盖几乎所有船舶类型的法定证书授权，对非 IACS 成员限定部分船型授权发证。

船舶检验根据业务范围分为法定检验和入级检验。船舶法定检验服务项目包括如下公约覆盖的所有证书：《国际海上人命安全公约》（International Convention for Safety of Life at Sea，SOLAS）、《1973 年国际防止船舶造成污染公约》（MARPOL）、《1966 年国际船舶载重线公约》、《1969 年国际船舶吨位丈量公约》（TONNAGE 1969）、《1972 年国际海上避碰规则公约》、《2006 年国际海事劳工公约》、《国际控制船舶有害防污底系统公约》、《国际船舶压载水和沉积物管理与控制公约》及《欧盟船舶回收条例》等相关授权。船舶入级检验是船舶检验机构根据一定标准确定船舶的结构和技术状况并相应签发船舶船级，以证明船舶技术和性能状况的服务。

各国（地区）根据有关国际公约规定的标准，对进入其港口的外国籍船舶实施船舶技术状况、操作性要求、船舶配员以及船员的生活和工作条件等港口国（地区）监督，确保船舶和人员财产安全，防止海洋污染。根据港口国（地区）监督中船级社提供船舶检查服务被滞留的船舶数量可以对不同船级社进行评价，排名相对靠前的船级社包括：英国劳氏船级社、挪威船级社、美国船级社、日本海事协会、法国船级社、意大利船级社、韩国船级社、中国船级社等。

（五）航运保险

航运保险是最古老的险种之一，国际化程度非常高，主要险种包括船壳险、货运险和海事责任险等。从全球范围看，航运保险收入最高的地区是欧洲，其航运保险规模占全球航运保险总规模的比例始终维持在 50% 左右，其中，船壳险全球占比超过 50%、货运险全球占比接近 40%，凸显其国际航运保险中心地位。亚太地区是全球第二大航运保险市场，货物险和船壳险增长迅速，在全球占比均超过 30%。从发展区域看，香港是伦敦之外最大的保赔协会集聚地，国际船东互保协会的 13 个成员有 12 个在香港设立办事处，香港拥有相对健全的航运保险中介服务机构。

我国航运保险发展仍然滞后，法律条款的滞后与航运市场的发展之间的矛盾日益显现。《中华人民共和国海商法》自1993年7月1日实施以来尚未修订，其中与船舶保险相关的条款越来越不适应航运业发展的要求。《中华人民共和国保险法》虽在2009年2月28日进行过修订，但其中涉及船舶保险和货物保险的条款较少，操作性不强。对标国际看，我国保险业的税负总体偏高。世界各国一般都对保险业采取比较倾斜的政策，扶持其发展。例如，西班牙、新加坡对保险业免征营业税；美国各州营业税率有所不同，一般在2%左右；英国按毛保费的2.5%缴纳营业税，1996年的税法又出台规定对国际货运险、出口险免征营业税。亚太区域内，东南亚国家的保险税率只有3.3%，我国存在税率偏高、未实现分险种税率、总准备金不能在税前列支、缺乏巨灾准备金税收优惠、外资超国民待遇等问题。

（六）海事仲裁

海事仲裁是解决国际航运纠纷，促进海洋经济发展的重要手段，主要的服务范围包括：运输租船合同纠纷、海上货物运输纠纷、造船及维修改装合同纠纷、船舶买卖纠纷、船舶碰撞打捞和污染纠纷等的仲裁；为贸易和销售合同纠纷、运输延迟及未交货争议、滞期费、信用证、保险等各类纠纷提供仲裁服务。

从全球范围看，伦敦是国际仲裁中心，是全球众多航运公司、造船集团等海事纠纷仲裁的首选地。伦敦海事仲裁员协会（London Maritime Arbitrators Association，LMAA）每年受理的海事海商纠纷案件近1700起，下达500多个仲裁裁决；伦敦国际仲裁院（London Court of International Arbitration，LCIA）拥有来自80个国家的2000余名会员，每年受理超过300起案件。新加坡也是全球重要的海事仲裁中心，新加坡国际仲裁中心（SIAC）、新加坡海事仲裁院（SCMA）在全球海事仲裁领域扮演越来越重要的角色。上海在全球海事仲裁领域的影响力不断提升，2021年上海首次跻身全球十大最受欢迎的仲裁地，但涉外仲裁比例仍然较低，仲裁形式以机构仲裁为主，国内仲裁尚未放开临时仲裁，仲裁的时效性、灵活性等均有待提升。

第二节
集装箱班轮运输的新变化新趋势

一、影响集装箱班轮运输市场变化的因素

集装箱班轮运输市场在发展过程中呈现明显的变化，要理解这些变化的方向及今后可能的发展趋势，必须从根本上了解行业发生变化的内在原因和驱动因素。总体上看，集装箱班轮运输市场变化的驱动因素包括以下七个方面。

（一）相关法律法规和外部监管规则的改变

以核实的集装箱总重（Verified Gross Mass，VGM）申报为例，国际海事组织（International Maritime Organization，IMO）发布实施《国际海上人命安全公约》（SOLAS）关于出口集装箱重量查核的相关要求规定，自2016年7月1日起，除非提单上的托运人向海运承运人且/或码头代表提供集装箱重量，否则集装箱不再允许装载，从而开启了集装箱强制货物重量申报的新时代。类似的例子举不胜举，如美国和加拿大的海关舱单申报、欧盟对班轮船公司发布涨价通知的反垄断调查等。值得注意的是，根据2008年10月国际海事组织海上环境保护委员会（MEPC）第58次会议通过并经2016年10月 IMO MEPC 第70次会议同意的《国际防止船舶造成污染公约》（MARPOL）附则Ⅵ修正案第14.1.3条规定，"2020年1月1日及以后，船上使用的任何燃油硫含量不应超过0.5% m/m"正式实施，低硫燃油控制区域见表1-2，这将对集装箱班轮船公司的运营产生深远影响。

表 1-2　低硫燃油控制区域一览表

国际组织或地区	燃油硫含量要求（%m/m）	控制区	替代方法	备注
国际海事组织（IMO）	全球：3.5-0.5 ECA：0.1	北海、波罗的海、北美和加勒比海	接受	全球0.5%燃油标准已确定于2020年1月1日实施
欧盟（EU）	全球及ECA与IMO相同港口停泊船舶：0.1	IMO及欧盟港口	接受闭式清洗（EGC）系统	欧盟水域将于2020年实施0.5%燃油标准
加州空气资源委员会（CARB）	MGO：0.1 MDO：0.1	加利福尼亚距基线24海里以内水域	不接受	仅免除研究及试验阶段的废气清洗系统
中国香港地区	香港港口：0.5	香港港口	接受	
中国	ECA和港口：0.5-0.1 其他地区：3.5	珠江三角洲 长江三角洲 环渤海湾区域	接受	2019年根据评估结果确定是否实施ECA区0.1%燃油标准

（二）行业内部的竞争与博弈

集装箱班轮船公司、货代、货主是行业内重要的三方博弈力量，竞争与合作贯穿于博弈过程始终。对集装箱班轮船公司而言，获得更多稳定的直接货主，意味着航线舱位资源利用更有保障，但是不同客户个性化的服务需求以及航线淡旺季显著的货量波动，决定了货代，尤其是全球性货代是弥补客户服务短板、有效组织货源不可或缺的力量；对于货主而言，无论从提高议价能力还是降低沟通协调成本角度考虑，都决定了其在供应商选择时必须确定核心承运人，货代从拓展航线服务产品到提供延伸增值服务都提供了有效补充；对于货代，尤其是全球性货代而言，集装箱班轮船公司只是其供应链全过程解决方案中的一环，如何有效整合供应链，为货主提供全过程解决方案，决定了供应链的定价主导权，是其与集装箱班轮船公司竞合博弈的关键。这种多方的博弈在宏观上影响着行业的生存选择和竞争形态，在微观上影响着行业的经营策略和市场走向。

（三）行业内部、外部的整合和兼并重组

集装箱班轮船公司的整合、兼并和重组，显著影响市场的竞争格局和市场主体的经营策略选择。2017年韩进海运破产后，"大到不能倒"的逻辑被打破，行业内迅速迎来一轮新的整合重组和兼并浪潮，马士基航运并购汉堡南美，阿拉伯轮船与赫伯罗特合并，中远海运集运与中海集装箱运输有限公司（简称"中海集运"）合并重组并收购东方海外国际等，集装箱班轮船公司的市场集中度显著提升。截至2023年7月，全球排名前十的集装箱班轮船公司市场份额已经达到84%，干线承运人与非干线承运人的市场份额差距显著扩大。由于美国、欧盟等对单一航线市场份额的限制，"赢家通吃"的互联网思维并不适用集装箱班轮船公司，那么其并购重组的逻辑何在呢？笔者认为，一是做大做强市场份额，掌握"定价话语权"。典型案例包括：马士基航运并购汉堡南美，法国达飞海运集团（CMA）收购美国总统轮船（APL）等，通过并购重组未来市场将形成明显的竞争梯度，干线市场最终将形成核心船公司寡头竞争的时代，中小船公司退出干线市场或专注于细分市场。二是发挥协同效应，降本增效。船公司并购实现协同的领域包括航线、集装箱设备管理、商业运营、供应商采购和信息系统支持等，通过并购重组可以在更大范围实现资源优化配置，提高供应商议价能力和网络服务能力。三是优化航线资源配置，提升市场竞争能力。通过并购重组，可以对不同船型进行有效整合，调整、优化航线布局，提高服务能力水平。产业链上下游整合也在显著影响集装箱班轮运输市场，如马士基收购范德格利夫特公司（Vandegrift），CMA收购基华物流（CEVA），集装箱班轮船公司并购物流企业，为"端到端"布局和提高客户黏性补足服务短板。码头公司也寄希望于通过产业链整合，应对船舶大型化、挂港精简、集装箱班轮联盟合作深化，以及船公司议价能力上升对码头盈利能力的影响，如DP World收购Unifeeder、Peel Port收购BG Freight模式等；集装箱班轮运输业这种向产业链两端延伸的整合趋势，有利于提高系统效率、降低综合物流成本，也在某种程度上提高了市场的竞争门槛。

集装箱运输链中货代物流企业的整合和其他跨界整合，是行业内外部

整合的一个新方向。由于航运电商平台的兴起，一切基于信息不对称的商业模式变得岌岌可危，传统货代物流企业生存空间受到挤压，货代物流企业之间面临一轮新的洗牌，整合重组和兼并势在必行。货代物流企业并购重组的内在逻辑在于，一是做大做强，形成规模优势。物流企业的规模竞争优势，体现在议价能力，以及获取客户后的延伸增值服务及其收益。二是发挥协同效应，创造价值和利润源。与船公司不同之处在于，这种协同更加注重渠道拓展、客户销售和网络优化。三是优势互补，扩大业务范围，获得专业知识。这种服务能力既包括物流企业的延伸服务能力，也包括其在客户销售、品牌认可等多方面能力。四是抱团取暖，拓展生存空间。对于中小货代而言，这点尤为重要。五是供应链整合，提升"定价话语权"。对于全球性货代而言，这是其与船公司争夺供应链整合主导权的关键。截至2023年7月，全球前20名的船公司排名如图1-2所示。

Rank	Operator	Current TEU	Current Ships	Owned TEU	Owned Ships	Chartered TEU	Chartered Ships	% Chart	On Order TEU	On Order Ships	O/E %	Market Share
1	MSC	5,129,806	763	2,420,124	467	2,709,682	296	53%	1,501,087	119	29%	18.8%
2	APM-Maersk	4,142,658	683	2,477,891	335	1,664,767	348	40%	405,100	33	10%	15.2%
3	CMA CGM Group	3,491,009	627	1,693,029	241	1,797,980	386	52%	1,239,854	123	36%	12.8%
4	COSCO Group	2,928,005	463	1,640,152	179	1,287,853	284	44%	927,396	55	32%	10.7%
5	Hapag-Lloyd	1,856,090	256	1,150,159	123	705,931	133	38%	312,304	15	17%	6.8%
6	Evergreen Line	1,673,600	213	952,160	126	721,440	87	43%	456,650	48	27%	6.1%
7	ONE	1,622,999	215	777,294	91	845,705	124	52%	517,798	38	32%	5.9%
8	HMM	792,074	72	551,256	37	240,818	35	30%	265,027	26	33%	2.9%
9	Yang Ming	705,614	93	216,346	51	489,268	42	69%	77,500	5	11%	2.6%
10	Zim	605,784	139	28,681	8	577,103	131	95%	306,184	38	51%	2.2%
11	Wan Hai Lines	432,519	123	404,469	112	28,050	11	6%	209,234	29	48%	1.6%
12	PIL	297,133	90	194,761	70	102,372	20	34%	88,000	8	30%	1.1%
13	SITC	161,477	102	153,793	95	7,684	7	5%	24,138	16	15%	0.6%
14	KMTC	152,261	65	85,421	31	66,840	34	44%	17,400	3	11%	0.6%
15	X-Press Feeders	138,063	84	76,724	37	61,339	47	44%	58,636	21	42%	0.5%
16	IRISL Group	137,604	30	137,604	30							0.5%
17	Sea Lead Shipping	124,977	27			124,977	27	100%	14,222	2	11%	0.5%
18	Zhonggu Logistics	123,948	90	78,656	31	45,292	59	37%	27,816	6	22%	0.5%
19	UniFeeder	117,782	73			117,782	73	100%				0.4%
20	Sinokor	103,985	74	95,257	67	8,728	7	8%	84,346	22	81%	0.4%

图 1-2　全球前 20 船公司排名

（资料来源：Alphaliner）

（四）航运地理中重要水陆节点的调整和变化

最典型的例子是巴拿马运河、苏伊士运河的拓宽和未来北极航线可能的商业化运营。巴拿马运河经拓宽后于 2016 年 6 月正式运营，拓宽后的运河彻底改写了巴拿马极限船型的市场，大量的传统巴拿马型船退出历史舞台，租金迭创新低，大量船舶被拆解，最低船龄仅 11 年，被撤出或替换的船舶超过 100 艘。这在改变投入航线运营的船舶大小的同时，也显著改变了集装箱班轮船公司的航线设置和运力布局。巴拿马运河拓宽后，通过运河的船舶限制从 5294TEU 提升到 13208TEU，这使得远东至美国东岸的运输格局发生显著变化（如图 1-3 所示），即远东至美国东岸的全水路航线比例在短时间内增加超过 10%，原有的通过海运至美国西岸再经由美国西岸铁路运输至美国东岸的小陆桥运输受到影响；班轮船公司为避开巴拿马运河对船型限制，而绕开巴拿马运河，改由经苏伊士运河的全水路航线也可能退出历史的舞台。

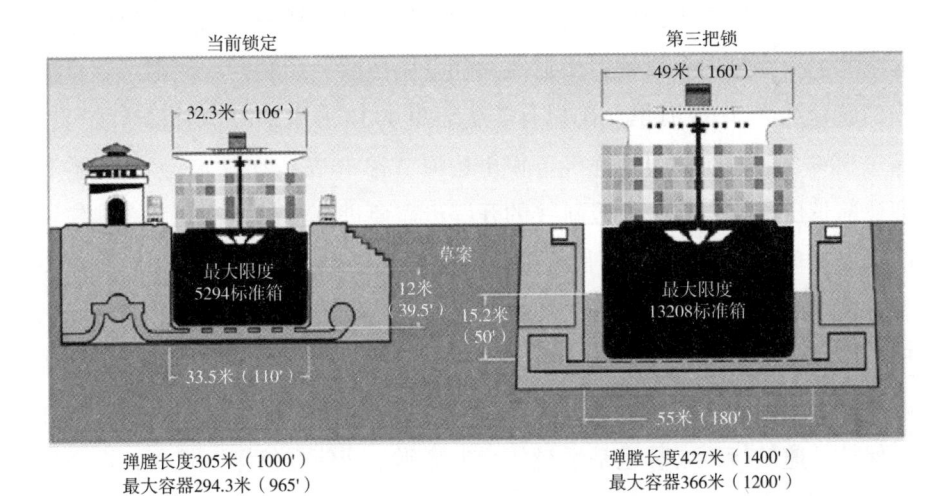

图 1-3　巴拿马运河拓宽前后对比图

（巴拿马运河于 2016 年 6 月正式拓宽，拓宽后的新船闸将允许长度 427 米、型宽 55 米、最大船型为 13208TEU 的集装箱船舶通行，对比现有船闸最大仅允许长度 305 米、型宽 33.5 米、最大船型为 5294TEU 的集装箱船舶有显著提升。图片来源：Alphaliner。）

与此同时，苏伊士运河也在拓宽，2015 年启动新运河拓展项目，改造后自红海通向地中海时间由原来的 22 小时缩短至 11 小时，能够允许长度 400 米、型宽 60 米、吃水 17.1 米的船舶通行，这意味着苏伊士运河能够允许 21000 TEU 以上船舶通行，对未来班轮船公司的航线布局产生深远影响。

值得一提的是，北极航道的商业化运行已进入研究论证阶段，普遍认同的北极航道由两条航道构成：加拿大沿岸的西北航道和西伯利亚沿岸的东北航道（又称北方航道）。这两个航道更接近球面上两点的最短连线（大圆航线），是连接太平洋北部与大西洋北部最短的航线。一旦西北航道和东北航道开通，将成为联系东北亚和西欧、北美洲东西海岸的最短航线，不仅可以节约大约40%的运输成本，在未来50年里，将可能彻底改变目前主要通过巴拿马运河、苏伊士运河的航线布局。

现有的远东至欧洲航线都是从横滨、釜山、天津、上海和香港等港口出发，向南取道南海，过马六甲海峡，越孟加拉湾和阿拉伯海，经苏伊士运河，出直布罗陀海峡，最后到达西欧安特卫普、鹿特丹和汉堡等港口。这条航线的航程大约为11302海里，气候、水文状况良好，往来船舶众多，途经地区大多经济发达。与之对应的北极航线——东北航道则是从远东北上，穿过白令海峡，沿亚欧大陆沿岸往西，到达西欧诸港。这条航线的航程约为6868海里，比现有航线缩短4434海里，海运航程至少可以缩短39%，航行时间可比途经苏伊士运河节省30%~40%，其经济利益和商业前景广阔。当然，北极航线的开辟也需要进一步研究论证。东北航道的通航时间只有夏季的16周左右，即使在通航状态下，也并非所有航段都适航。由于北极地区恶劣的气候海况，北极航线水域夏季仍然有海冰出现，冬季仍会结冰。巨大的冰盖、冰岛、冰山、浮冰和暴风雪天气迫使船舶只能以更慢的速度航行甚至绕道，同时船舶航行时需要破冰船引导，并且保持低速航行，大雾也是通行的一大障碍。即使在每年7月份，白令海的雾日仍可达60%~70%，海上能见度不超过10米。有关航道通航权、海事管辖权等外交争议也客观存在，北极航线沿途港口的管理模式、争端解决机制的建立、陆基支援（通信联系、沿途补给、破冰船和应急救援、避难等）、环境保护（溢油应急、液固体废物接收）以及通航权和海事管辖权等法律法规的建立和完善等，都有待进一步研究考证。[①]

（五）行业整体供求关系

以2008年8月席卷全球的金融危机为拐点，全球集装箱贸易量在2008

[①] 目前全球范围内航线尚未开通，仅个别船公司安排个别船舶试航。文中数据出自中远海运集团试航船舶。

年之后出现明显的增速趋缓的迹象。2000—2008 年，全球集装箱贸易量平均增速达 11.7%；而 2009—2017 年的平均增速勉强超过 5%。供求关系失衡，伴随着货物流向的改变，集装箱班轮运输市场的运价周期也明显缩短，运价大起大落成为常态，这对于整个行业的健康发展是极为不利的。尤其是 2020 年新冠疫情突发，全球供应链扭曲带来集装箱班轮运价快速上涨，更刺激了各主要集装箱班轮船公司再次大量下单订造新船，为行业未来持续健康发展带来隐忧。集装箱班轮运输现货市场即期运价变化如图 1-4 所示。

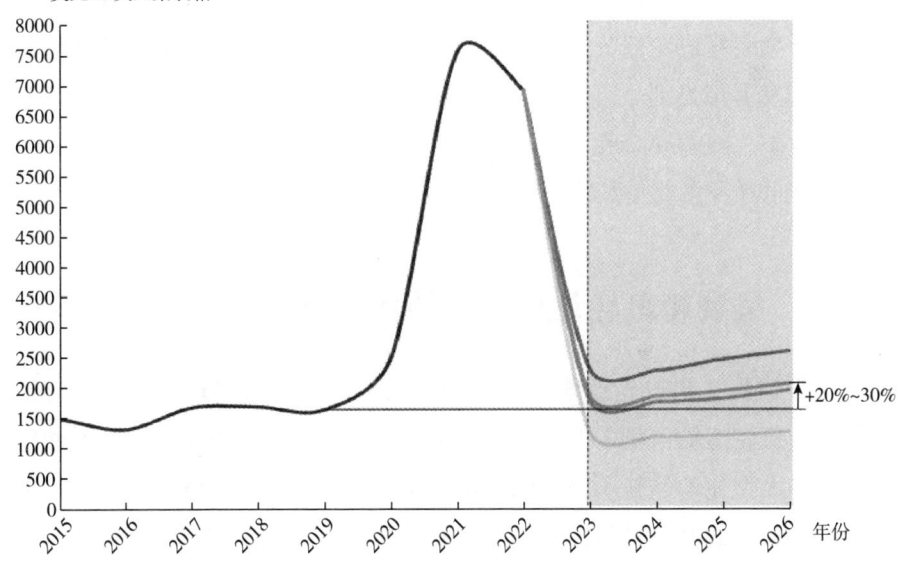

图 1-4　集装箱班轮运输现货市场即期运价变化
（图片来源：麦肯锡）

（六）各种成本要素的波动显著改变集装箱班轮运输业的竞争格局和经营业态

以燃油成本为例，燃油成本较高时，集装箱班轮船公司倾向于通过增加投入航线运营的船舶数量并降低航速以节省燃油成本支出，在淡季时，临时停航也是常态。燃油成本较低时，这种"加船减速"的做法就变得缺乏意义，维持相对领先的交货期并减少船舶成本折旧分摊，可能变得更加经济。这种由于成本因素扰动而做出的调整可能是微观的，但其对全球供应链的影响是显著的。以欧洲至远东的汽车配件进口为例，由于汽车配件进口商普遍实行准时制生产，船舶航速的调整导致交货期改变，可能迫使这些汽车配件进口商不得不对整个供应链方案进行调整，导致从制造商到进口商的工班安排、配送管理和库存策略等一系列改变，显著影响汽车供应链。

（七）新技术推广运用显著改变集装箱班轮运输的商业形态和竞争格局

区块链、物联网、大数据、人工智能及物流信息系统技术的创新和应用，使得集装箱班轮船公司从船舶定位、货物追踪、信息加密、单证流转等各领域发展都得到显著提升，各类航运电商平台兴起，显著改变了行业的生存业态、经营模式和游戏规则，"降维打击""羊毛出在猪身上"等互联网思维也在冲击着集装箱班轮运输链条中各类主体的传统生存之道。

二、集装箱班轮运输市场的新变化

从影响集装箱班轮运输的因素分析入手，不难从宏观和微观上对整个集装箱班轮运输市场的变化进行分析，有些变化是显而易见的，比如集装箱船舶大型化的趋势不断加强、班轮船公司的市场集中度显著提高、集装箱班轮联盟的合作日趋深化等。然而，要从根本上了解集装箱班轮运输业可能或即将经历的变革，仍需要从现象入手，找出现象背后的本质和根源。对集装箱班轮运输业进行分析，可以发现几个显著的变化和特点。

（一）从关注"市场份额"到关注"运价"的转变

集装箱班轮运输的服务本质是实现货物的空间位移，舱位资源不可储存，在航线布局确定后，运力相对固定，具有显著的高固定成本和低边际成本的特点。集装箱班轮船公司对市场份额的关注有其合理性，合理的市场份额和航线舱位利用率是其有效分摊成本、获得服务收入的保障。但是，由于市场高度透明，一味追求市场份额可能导致不同船公司为争夺或捍卫其有效市场份额陷入价格战，带动运价出现非理性下跌，不利于行业持续健康发展。2011年至2016年期间，集装箱班轮运输运价长期跌破主要船公司盈亏平衡点，全行业出现普遍亏损，部分船公司资不抵债甚至破产。这种经营困局也让行业内领先的船公司开始反思，逐渐将重心从追求市场份额转向寻求合理定价和利润增长，但是过程非常曲折。以马士基航运为例，其在2011年提出"Daily Maersk"计划，通过增加航线班期密度和定价策略调整，至2012年市场份额超过16%，得到了显著提升。由于市场充分竞争，其他船公司在市场份额流失后，采取"以价换量"策略捍卫其市场份额，至2014年马士基航运市场份额重新回到其2011年年初水平，与此同时，市场运价在各方博弈中出现显著下跌。2015年，马士基航运提出"与市场同步增长"的目标，将策略由"攻"转为"守"，通过市场份额与运价的合理平衡，巩固自己的市场领先地位并稳定市场预期；2016年，马士基航运提出"有机增长"的目标，提出通过有价值的兼并重组实现自身战略目标，集装箱班轮运输行业竞争更趋理性。2017年4月，马士基航运收购汉堡南美，通过并购重组实施有机增长目标。马士基航运的市场份额目标变化如图1-5所示。

图1-5 马士基航运的市场份额目标变化

（图片来源：Alphaliner）

(二)从关注"收入"到关注"成本"的转变

对集装箱班轮船公司而言,要在激烈的市场竞争中获得领先优势,一是航线网络布局,将船队配置到盈利能力更强、更可持续的市场;二是收益管理,有效做好收入提升和成本控制;三是持续改进提升服务,为客户创造价值。在实际经营中,由于航线网络布局业已完成,在班轮联盟合作不断深化,航线产品和服务高度趋同的背景下,如何有效提升收入和控制成本是船公司获得成功的关键。集装箱班轮运输市场在新冠疫情前长时间低迷,在疫情后运价快速回落,成本控制成为船公司竞争的关键所在。

(三)从关注"交货期"到关注"准班率"的转变

集装箱班轮船公司对交货期的关注是市场竞争的需要,由于航线挂靠港口、班期密度大致趋同,更短的交货期容易在激烈的市场竞争中获得客户青睐,具备相对竞争优势。新冠疫情突发,导致码头工班不足、装卸作业效率下降,船舶等泊和靠泊作业大量延迟;货物卸船后由于公路、水路、铁路等其他运输方式衔接不畅、工班短缺或目的港收货延迟等造成大量集装箱在港区堆积,全球供应链面临严重挑战,"准班率"成为行业普遍关注的重点。事实上,2008年全球经济危机后,商品销售周期延长,进口商和出口商已经开始对供应链库存策略进行调整,除了某些对交货期较为敏感的快销品,对更快的交货期的关注度已经明显下降。以德鲁里为代表的第三方咨询机构定期发布各主要集装箱班轮船公司航线准班率排名,也间接推动了船公司和客户将目光转向航线"准班率",促进供应链优化提升。

(四)从"联盟合作"到关注"产业链整合"的转变

集装箱班轮联盟从早期的舱位互换、共同投船向船舶集中配置、供应商采购联盟等转变,联盟合作深化是集装箱班轮船公司改进服务、提升效率、参与市场竞争的客观要求。随着集装箱船舶大型化加快发展和市场集中度提升,班轮联盟合作的不足也逐渐显现。由于班轮联盟内航线产品和服务高度趋同，内部竞争更加激烈。联盟成员对船舶挂靠港口、码头泊位的选择并不总是一致，在多方博弈和平衡之下，同一航线上可能不得不同时挂靠同一区域的不同港口，既增加了航线成本，也影响班期。为高效整合资源提高整体竞争力，集装箱班轮船公司将目光转向自身产业链整合，集装箱班轮运输业务与码头业务、物流业务整合，成为重要的选择方向，在改变其经营格局的同时，显著重塑了行业的竞争形态。

（五）从"承运人"到关注"综合物流服务提供方"的转变

集装箱班轮船公司从传统的"港到港"服务向"端到端"延伸，其在全球供应链的角色日益从传统的海运"承运人"向"综合物流服务提供方"转变，这既是改善客户服务体验的需要，也是其与全球性货代争夺供应链定价主导权的现实选择。但是，集装箱班轮船公司向"端到端"延伸不是简单提供与货代相似的报关、拖车、仓储、配送、分拨等衍生服务，而是要聚焦客户需求，通过供应链上下游整合，提供基于客户定制的综合物流解决方案。

三、集装箱班轮运输业的新趋势

集装箱班轮运输链条长，涉及船公司、货代、船代、海关、码头、仓库、拖车等众多相关主体，信息不对称和操作流程手续繁杂是行业内被广为提及的两大痛点，"数字化"转型为解决这些问题提供了可能的方案。物联网、区块链、人工智能等新技术的发展，促进了行业的"智能化"转型。国家"碳达峰""碳中和"战略愿景实施和国际组织、国际机构共同推动，将促进行业在未来实现"绿色低碳"转型。

（一）"数字化"转型

"数字化"转型是集装箱班轮运输业实现升级转型的必由之路。海运是个古老和传统的行业，集装箱的出现实现了标准化，改变了传统的运输组织形式。由于运输链条长，参与主体众多，大量的数据和信息分散在各业务流程，通过单证流转交接传递，效率低下、手续繁杂。"数字化"转型为实现集装箱运输链的协同，提升效率和客户体验创造价值。

集装箱班轮运输业"数字化"转型的方向包括远程数字化管理、数字化平台、大数据运用、单证无纸化等各个方面，其实质是通过"数字化"转型，实现对运输链各环节的整合，提升协同效率。数字化管理方面，集装箱班轮船公司通过数字化改造，实现了对传统的冷藏集装箱货物温度、湿度和空气成分全过程监控，通过卫星实时传递给船舶管理人员、港口和进出口商，极大改善了易腐货物的运输品质，使其不会在运输过程中变质或发生货损，也便于冷箱设备管理人员对运输中的设备进行实物检查或修理。数字化平台方面，各类数字化平台快速崛起，加速产业互联网转型。从马士基推出 Youship 网站面向中小客户提供在线费率查询、舱位预定开始到推出"Maersk Spot"电商平台，集装箱班轮船公司从未停止过对航运电商平台的探索。中远海运推出"Synconhub"电商平台，形成集实时报价、及时订舱、自助单证、国内拖车、国内报关、信用期申请、免箱天申请和在线结算等功能于一体的综合性服务平台。长荣海运推出"GreenX"电商平台、以星航运推出"eZ Quote"电商平台、地中海航运推出"Instant Quote"电商平台、东方海外推出"Freight Smart"电商平台、ONE 推出"ONE Quote"电商平台、达飞轮船推出"Spot On"电商平台，这些平台普遍聚焦即期市场，提供实时报价、路径查询、在线订舱等多种功能，对解决大量中小客户在交易中面临的流程烦琐、信息不透明、渠道不通畅等问题具有重要意义。船公司垂直电商平台的优势在于资源整合能力更强、产品创新自主性更强，例如中远海运"Synconhub"电商平台针对客户超期用箱需求，推出"滞期宝"，允许客户按一定折扣事先购买额外用箱条款，既解决了客户的额外用箱需求，又提高了滞期费的实际收取比例。但是，船公司垂直的电商平台也有其发展的内在缺陷，由于线上、线下销售渠道并存，如何对线上渠道定价，既保证定价被市场接受，又不冲击线下渠道是关键；同时，与面向终端消费者的消费互联网不同，产业互联网主要是企业用户，与线上下单需要即时付款不同，企业在线下渠道订舱往往能获得一定账期，如何降低客户资金成本，做好线上线下服务和流程对接也是船公司垂直电商平台需要解决的重点问题。互联网思维的兴起，也推动了货代物流企业的"数字化"转型,由于大量中小客户离散度高、"数字化"水平低,撮合交易成为可能。货代物流企业从简化交易流程手续、提高交易效率出发,围绕船货匹配、车货匹配、船舶动态查询、船期查询等各领域迅速成长出"Flexport""运去哪""鸭嘴兽""亿海蓝""箱讯网""维运网""Hifleet"等一大批"数字化"物流科技平台企业,有力促进了行业的"数字化"转型。大数据运用方面,阿里巴巴、亚马逊等跨界整合的第三方力量,通过数据挖掘和数据运用,打通分散在各个供应链节点的数据孤岛,将"数字化"转型推向供应链全过程管理,实现流程再造和对平台生态圈的有效整合。单证无纸化也是行业"数字化"转型的重要方向,数字集装箱航运协会(DCSA)估计,海运公司每年至少发行1600万份原始纸质提单,增加行业成本约110亿美元。"数字化"转型后,传统纸质单证替换成电子单证,省去了纸质单证多次人工流转的烦琐手续,同时办单、派单、接单不受时间限制,效率大幅提升。

"数字化"转型是集装箱班轮运输业由"联盟合作"向"体系对抗"的必然选择,尽管船公司与货代物流企业选择"数字化"的路径各有不同,但其对生态圈的整合,必将有利于改进客户服务体验、提升运作效率,促进生态圈持续健康发展。

(二)"智能化"转型

集装箱班轮运输业"智能化"转型是信息技术、通信、传感和人工智能等高新技术深度融合的结果,包括智能船舶、智能港口、智能航保、智能航运服务和智能航运监管等多个方向,以下以智能船舶发展为例进行说明。

智能船舶发展由信息化技术、数字化技术与船舶技术深度融合,是实现船舶安全、经济航行、船岸间实时便捷管理和高效协同运营的基础,是集装箱班轮运输"智能化"发展的重要力量。

智能船舶发展包括智能船舶设计、智能船舶制造和智能船舶装备等不同技术路线,其发展一般包括增强驾驶,即具备自动化流程和决策支持的船舶,部分操作自动化;部分自主,即船舶部分操作实现远程控制;远程遥控,即船舶完全实现岸基远程控制和完全自主(即完全无人干预由船舶自主控制)等不同阶段。从国际上看,韩国侧重研发自动化程度达 90% 的 Level 4 级自主航行船舶，建设自主航行船舶试航中心、远程控制中心和配套运行体系。2020 年 4 月，现代重工为韩国 SK 航运建造的 250000 载重吨散货船安装了"HiNAS"（现代智能导航辅助系统），通过分析运动图像确定与过往船只的碰撞风险，并在能见度不良的状况下精确定位障碍物位置及其运动特征，完成了感知增强的成果示范，在能见度有限的情况下，该导航支持系统也可以利用红外摄像机分析并提供全面的信息。日本侧重研究智能船舶的船岸运营平台和数据标准。2019 年 9 月，日本邮船根据国际海事组织发布的《水面自主船舶试航暂行指南》对各海试项目进行测试验证，其船舶控制系统能及时收集和分析海域天气、危险障碍物和货物有关的数据，规划最节省燃料、最安全和航程最短的航线。欧盟聚焦以无人自主控制技术和远程运营控制中心为核心的控制系统，尝试建立智能船舶规范标准。2018 年 12 月，英国的涡轮产品公司与劳斯莱斯轮船和芬兰国有渡轮运营商 Finferries 合作，开展现实条件首次自动驾驶渡轮测试，英国劳氏船级社完成编制"智能船舶入级指导"文件。我国侧重于构建船舶基础数据平台，研制满足功能需求的智能设备和控制系统，中国船级社 2015 年已颁布全球首部智能船舶规范，2019 年 12 月，我国自主研发的首艘具备自主航行功能的"筋斗云 0 号"货船，在珠海完成货物运载首航。由此可以看出，从全球范围看，智能船舶的发展仍处在增强驾驶或部分自主的阶段，离完全自主阶段尚有很大差距，但这并不影响集装箱班轮运输业对"无人船舶"商业化运营前景的看好。未来随着国际海事组织将先进技术纳入海上自主水面船舶（MASS）的监管框架，水面船舶自主驾驶规则实施，"无人船舶"发展前景可期，将显著影响行业的竞争形态。与智能船舶发展相关的自主航行技术（包括船舶航行态势感知与认知、航线智能优化、船舶自主避碰、远程导航及自动驾驶）、岸基支持与远程监控（包括岸基支持、远程交互与控制、智慧配载）、海上智慧通信、智能运维、智慧能效管理等新技术研发突破将是推动行业技术变革的重要力量。

（三）"绿色低碳"转型

国际航运业以占全球约 3% 的碳排放量承担了全球约 85% 的贸易

运输活动，航运业"绿色低碳"转型一直被认为是全球应对气候变化的重要议题。2016年，国际海事组织在海上环境保护委员会第70次会议（MEPC 70）批准船舶温室气体减排路线图；2018年，国际航运业初步减排方案通过后，国际海事组织面临巨大舆论压力，认为其脱碳进程远远落后于《巴黎协定》设定的进度要求。2023年7月，国际海事组织海洋环境保护委员会审议通过《2023年国际海事组织船舶温室气体减排战略》，在维持原不歧视原则和不给予更优惠待遇原则，以及《联合国气候变化框架公约》《京都议定书》和《巴黎协定》中确定的共同但有区别的责任原则的同时将净零排放时间节点从21世纪末提前至2050年，并设定了2030年和2040年两个指示性检查点。此次修订，指出至2030年国际航运单航次平均二氧化碳排放量比2008年下降40%以上，国际航运温室气体年排放总量比2008年下降20%以上（力争30%）；至2040年，国际航运温室气体年排放总量比2008年下降70%以上（力争80%）；至2050年前后实现温室气体净零排放。同时，新增了船舶温室气体净零排放技术、燃料和新能源使用比例目标，即至2030年将船舶温室气体净零排放技术、燃料和新能源在国际海运业的占比提升到5%（力争10%），这也让集装箱班轮运输业将目光再次聚焦生物质燃料、岸电以及碳捕捉技术等绿色新燃料和新技术。

1. 绿色新燃料选择

绿色新燃料选择影响未来船舶建造设计方向、加注服务设施及产业链上下游服务体系，可以说从根本上决定了国际航运业未来的脱碳路径，至关重要。液化天然气（LNG）相对于传统船舶燃料，可以降低95%以上硫氧化物、85%以上氮氧化物和25%以上二氧化碳，曾被认为是一种绿色燃料。从集装箱班轮船公司的选择看，使用液化天然气作为船舶动力的船公司主要是法国达飞集团。2022年3月，达飞集团旗下"达飞希米"轮在上海洋山港完成国内首单国际航行船舶保税液化天然气"船对船"加注服务，开启了液化天然气船舶定期挂靠上海港的时代。但是，行业普遍认为液化天然气作为石油衍生燃料，在燃烧和生产过程中排放二氧化碳和甲烷，无助于国际航运业脱碳或实现国际海事组织要求的温室气体减排目标。使用液化天然气作为燃料的船舶还面临甲烷逃逸的固有风险，这种逃逸可能直接来自发动机，也可能来自蒸发气、阀门泄漏和管道排空。据估计，甲烷在20年的时间跨度里的温室效应是二氧化碳的86倍，即使是少量的甲烷泄漏也足以造成致命的风险。同时，由于液化天然气高易燃性和低温存储要求，对加注船舶要求更高，其加注船成本是液体燃料加注船的20倍以上，提供液化天然气加注的管道必须是双壁管且真空绝缘，加注设施成本较高。液氨曾被认为是唯一完全净零排放的绿色船舶燃料，仅需获得充足的可再生电力就能大规模生产，但是液氨容易挥发，给船舶运营带来风险隐患；液氨燃料的成本也取决于可再生电力成本、电解技术的成本，在船舶动力、基础设施、安全运营和法律法规等问题解决前，液氨作为船舶动力燃料之路仍然遥远。经过对各种可能的绿色新燃料进行评估，使用绿色甲醇作为船舶燃料逐渐成为集装箱班轮运输业的普遍共识。

绿色甲醇在众多的绿色新燃料中脱颖而出，是经过各方系统评估和综合论证的结果。一是使用甲醇作为船舶燃料的船舶技术已经成熟，2015年曼恩已设计建造使用甲醇作为燃料的船舶发动机，并在2015年德国与瑞典之间运营的5万吨级渡轮做测试运营。2019年国际海事组织审议通过甲醇作为船舶燃料的临时安全导则，并于2021年正式颁布实施。二是甲醇在常温下是一种液体燃料，运输和储存相对简单，不需要复杂的低温或者压力设备，全球主要港口都有存储设施。甲醇加注所需的基础设施只需要在现有设施基础上进行小规模升级改造，成本低；提供甲醇"船对船"加注的驳船造价更低，经济性更好。三是甲醇安全性好，不像甲烷可能因逃逸或泄漏对气候造成破坏；相比汽油重油等传统燃料，甲醇挥发性好，如发生泄漏能够快速用水（一般为四倍量以上）稀释，经水稀释后基本对水生生物无毒。四是甲醇作为燃料更加环保。甲醇热值约为低硫油的一半，提供同样的燃料动力，甲醇消耗量约为低硫油的两倍。相比于低硫油，甲醇作为燃料可减少近100%硫氧化物、90%以上氮氧化物和90%以上颗粒物排放，从全生命周期考虑，绿色甲醇可实现净零排放，甲醇与液化天然气作为船舶动力的优劣势对比见表1–3。我国的液化天然气和其他传统船用燃料均需要依赖进口，而绿色甲醇可以完全依靠中国自有资源生产，采用绿色甲醇将有助于减少国家对能源进口的依赖。

表 1-3　甲醇与液化天然气作为船舶动力优劣势对比

类别	优势	劣势
液化天然气	相同二氧化碳排放，比甲醇热能更高	发动机和操作中可能发生甲烷泄漏
	船舶发动机技术相对成熟	压缩天然气的体积能量密度低、压缩所需能耗高
	可在现有天然气网络中运输	合成过程中多生成一份水，能量损失大
	可获得绿色天然气：由生物沼气分离提纯或者生物质气化合成生物液化天然气；绿氢和源于生物质能碳捕集或直接空气碳捕集的二氧化碳电制液化天然气	甲烷液化耗能大，燃料消耗减少时，蒸发气量会增加
	可用于燃料电池	沼气厂能源效率低
		液化天然气储存需要低温罐+消耗电力保持低温
		类似于甲醇，需要点火燃料
甲醇	常温常压下是液体	液体燃料需要运输
	可获得绿色甲醇即生物甲醇和电制甲醇	需要点火燃料，由于燃料的非自燃性，发动机效率受限
	沼气可以完全转化为甲醇（且氢气消耗量低于甲烷）	轻毒性
	具备发动机技术且已经商业化	体积能量密度比油低
	可用于燃料电池	
	可用作化工原料	

使用绿色甲醇作为船舶新型燃料，实现国际航运业绿色低碳转型已获得广泛认同，但如何获取绿色甲醇仍存在两种不同的工艺路线，需要在未来通过市场验证。工艺路线一是使用生物质原材料气化，合成甲醇。生物质能具有"碳中性"属性，而甲醇可以有效结合氢能、碳循环、电能替代和燃油替代，因此生物质制绿色甲醇将成为"碳中和"重要环节，前景广阔。基于对全过程碳足迹的追踪，欧盟仅认可接受废

料、残渣和副产品作为原料，包括从生物源和直接从空气中捕获二氧化碳，任何第一代作物（包括玉米、大豆、油菜籽、棕榈、甘蔗、甜菜、向日葵等）、任何第一代木质生物质以及与棕榈油相关的任何原料，包括棕榈油生产产生的废物和残渣（例如棕榈油加工厂废水、空果束、棕榈脂肪酸馏出物、废漂白土）、化石来源的原料（例如废塑料、从水泥厂、钢铁生产捕获的碳）都不被接受。完成生物甲醇制备的电力也必须是可再生的，核电和水力发电都被排除在外。国内部分生物甲醇制备企业已形成风力发电、太阳能发电，将林业及加工废弃物、玉米杆油菜杆等农作物秸进行废气化热解合成甲醇的生产工艺。工艺路线二是通过电解水产生氯氢，和二氧化碳合成绿色甲醇的电制甲醇方案。电制甲醇使用的二氧化碳来源可以直接通过空气中捕获，也可以是通过生物质电厂、蒸馏厂、发酵装置、沼气以及其他装置捕获或存储的二氧化碳。国外已有部分电制甲醇示范项目投产，国内部分企业已布局示范项目。电制甲醇成产成本虽然高于生物质合成甲醇，但由于生物质原材料相对有限、产能规模难以达到预期，未来电制甲醇在成本和工艺成熟后前景非常广阔。

　　使用绿色甲醇作为船舶新型燃料，在解决绿色甲醇生产制备工艺的同时，还需要对配套基础设施、"端到端"运输服务体系等进行系统改造，这在很大程度上将影响集装箱班轮运输业未来的发展趋势。为了确保绿色甲醇的零碳足迹，绿色甲醇生产制备后，上游和最后一英里交付整个供应链都必须达到"碳中和"，这为纯电和绿色氢能动力驳船、集装箱卡车带来发展机遇。为降低运输成本，减少运输过程碳排放，甲醇生产制备的厂址应该优选易于获取原料并靠近港口的区域。绿色甲醇加注应与集装箱船舶作业同步进行，以节省船舶靠泊时间。从全球范围看，尽管集装箱班轮运输业尚未完全做好准备，但是甲醇动力船舶的推广和运用也显著重塑了行业的发展格局。2021年10月，包括宜家、亚马逊、联合利华和Inditex SA在内的9家公司签署倡议书，承诺到2040年，仅使用"零排放船舶"运送货物，且不包括液化天然气燃料。货主主导的零碳海运联盟进一步加速了集装箱班轮运输业"绿色低碳"转型的步伐。2023年1月，全球最大的甲醇生产商和供应商之一的Methanex通过其加注船公司 Waterfront Shipping 为 MOL（商船三井）完成生物甲醇"船对船"加注，实现全球首个净零排放航运服务。截至 2023 年 2 月底，全球已经运营或在建的甲醇燃料船舶已达 216 艘，甲醇燃料船订单占比从 12% 提升至 62%，甲醇动力船舶成为一种普遍的趋势和选择。甲醇加注"端到端"业务流程如图 1-6 所示。

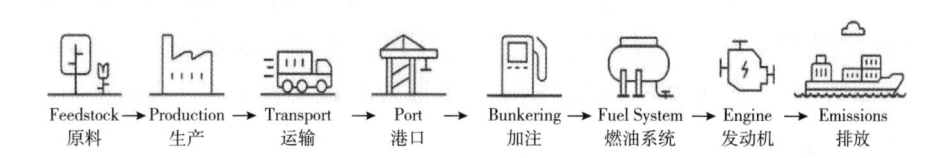

Feedstock 原料 → Production 生产 → Transport 运输 → Port 港口 → Bunkering 加注 → Fuel System 燃油系统 → Engine 发动机 → Emissions 排放

图 1-6　甲醇加注"端到端"业务流程图
（图片来源：马士基）

2. 欧盟碳交易机制生效

2023 年 5 月 16 日，欧盟委员会完成欧盟碳交易机制（EU-ETS）修正案立法生效程序，国际航运业 2024 年将纳入欧盟碳排放交易体系，凡是在欧盟境内港口挂靠的船舶都需要缴纳欧盟配额（EUA），实现对国际航运业温室气体排放的履约监管。

欧盟国际航运碳排放控制体系由 EU-ETS 履约、Fuel EU 燃料控排和欧盟航运燃料碳排放税（EU Energy Taxation Directive）三部分组成，已经完成立法生效程序的是 EU-ETS 履约，Fuel EU 燃料控排计划 2025 年实施，而欧盟航运燃料碳排放税尚在研究论证阶段。根据已经生效的 EU-ETS 履约要求，2024 年起在欧盟港口挂靠的航程，即在欧盟境内港口完成的装货或卸货（不包含仅在欧盟境内港口加注燃料、补给、更换船员或过驳等船舶）均将纳入欧盟控排航程，所有总载重在 5000 吨以上的船舶纳入控排。其中，装卸港均为欧盟境内港口的，航程产生的所有排放量纳入控排；装卸港只有一个为欧盟境内港口的，航程产生的 50% 排放量纳入控排；国际航运业在欧盟境内港口挂靠期间的所有排放量均将纳入控排。纳入控排的履约责任人为《国际船舶安全营运和防止污染管理规则》（ISM Code）项下《合规证书》（Document of Compliance, DOC）的持有人。根据欧盟规定，2024 年国际航运船舶 40% 的二氧化碳排放量纳入减排履约控制；2025 年 70% 的二氧化碳排放量纳入减排履约控制；2026年起，甲烷和二氧化氮也将纳入控排范围。履约责任人应提前向欧盟委员会申报下一年度排放计划经批复核准后实施，并在完成年度控排计划后次年4月30日前根据实际排放监测数据购买足额的欧盟配额。未履行EU-ETS，履约责任人将需要足额补缴并额外支付每吨100欧元的履约罚金（罚金数额可能随CPI调整），履约失信企业将向欧盟成员国公布。连续两年及以上未履约、未补足缺量或者未缴纳罚金，履约管理机构有权对该履约责任人管理的所有船舶颁发驱逐令（Expulsion Order），禁止上述船舶（除船旗国外）进入所有欧盟港口，或直接扣押未履约船舶。

Fuel EU燃料控排主要目的在于通过限制船舶年度温室气体排放强度，促使船舶使用可再生或其他新能源作为船舶燃料（包括船舶使用的动力燃料和其他在海上和泊位时船上设施运行使用的能源，包括燃油、LNG以及电力等）。根据Fuel EU规则，以2020年控排主体船队平均排放强度为基准，从2025年开始船舶在欧盟航程的排放强度每五年要按照以下比例递减：2025年降低2%，2030年降低6%，2035年降低13%，2040年降低26%，2045降低59%，2050年降低75%。履约责任主体与EU-ETS一致。符合Fuel EU排放标准的船舶将获得核证机构颁发的合规证书（Fuel EU Certificate），不符合的需要支付罚金。连续两年或以上不符合Fuel EU排放标准的船舶将被颁发驱逐令或被扣押。《欧盟能源税指令》（EU Energy Taxation Directive）旨在对能源产品和电力征税，并取消现有税务豁免，由于目前尚未获得通过，中短期内尚不会对国际航运产生直接影响。

欧盟碳交易机制生效，将显著加快集装箱班轮运输业的"绿色低碳"转型，由于欧盟配额（EUA）价格具有波动性，集装箱班轮船公司如何组建专业的碳交易管理团队，完善与EUA关联的金融衍生品工具，进行套期保值或平抑波动必将影响行业未来的竞争形态和发展趋势。

第三节
集装箱班轮运输业的创新实践

一、集装箱运输业中的新技术应用

物联网、大数据、人工智能、虚拟现实、区块链等新技术的发展极大地改变了人类的生活,对集装箱运输业也产生了深远的影响,如何基于新技术对集装箱班轮运输业进行改造和重塑,成为行业创新实践的重要方向。

(一)物联网技术的应用

物联网是通过射频识别(RFID)、红外感应器、全球定位系统、激光扫描器等信息传感设备,按约定的协议,把任何物品与互联网连接起来,进行信息交换和通信,以实现智能化识别、定位、跟踪、监控和管理的一种网络。物联网技术显著提高了集装箱的智能化水平,通过智能集装箱电子标签,可以自动记录集装箱开箱、关箱信息,地理位置,集装箱内部温度、湿度、压强等信息,实现对货物运输的全过程监控。中远海运集运、马士基航运等领先的班轮船公司已通过物联网技术对冷藏集装箱进行改造,实现了对集装箱冷链运输的全过程监控和管理。此外,物联网技术通过 RFID 等技术作为前端的自动识别与数据采集技术在物流的各主要作业环节的应用,实现了货物跟踪、信息共享和物流效率的大幅提高。以高雄港的进出口操作为例,在物联网技术应用之前,货物查验由班轮船公司向海关申请派员押运并承担费用,耗时较长,通关效率低;通过物联网技术的应用,高雄港推出"转口柜免押运计划",建设电子封条监控系统,完整记录装卸港两端的集装箱动态信息,分析集装箱在运输链的流转动态,方便进行信息的储存和分享,既简化了作业流程、提高了通关效率,又降低了货物运输的成本,提高了运输的安全性。

尽管物联网技术在集装箱运输领域的发展受到技术标准不统一、数据平台管理建设滞后、政策法规制度不完善等各方面的制约,但是,随着云计算、人工智能等相关技术的发展，"万物互联"必将成为一种新的趋势，物联网技术在集装箱运输业的应用将越来越广。

（二）区块链技术的应用

区块链最初产生于比特币交易系统，是把数据区块以链的方式组合在一起的结构，其中，每个数据区块包含一次网络交易的信息，用于验证其信息的有效性（防伪）和生成下一个区块。区块链具有"开放、共识""去中心，去信任""交易透明，双方匿名""不可篡改，可追溯"等几个特点，任何人都可以参与区块链网络，不存在中心化的设备和管理机构，运行规则公开透明。区块链技术自诞生以来在全球引发了广泛的关注，一种基于对客户、船东、港口、海关等集装箱运输产业链上下游各相关主体整合的航运区块链生态圈的设想孕育而生，各种航运区块链的开发应用也层出不穷。从区块链在航运物流业的分布看，其应用和开发主要集中在以下几个方面。

一是利用区块链技术推出数据信息共享、加密创新。商船三井、日本邮船、川崎汽船联合推出的区块链贸易数据共享平台企业联盟，鹿特丹港、荷兰银行、荷兰代尔夫特理工大学推出的区块链物流合同信息共享应用平台，将集装箱和船舶上传感器采集的物联网信息通过区块链共享给相关方都是此种应用的实践和探索。

二是建立可追溯的区块链运输信息识别和交易系统。中远海运集运与京东、佳农合作推出的"区块链香蕉"运输项目，实现对厄瓜多尔进口香蕉的原产地、运输过程和海运信息定制化服务；中国香港区块链解决方案提供商 300Cubits 公司通过区块链平台对马来西亚航运企业 Westport 与巴西纺织品进口商 LPR 的航线试航均属于该类应用实践和探索。

三是通过基于区块链技术搭建数据平台，推动数字化进程。2018 年 11 月，中远海运牵头 9 家港航企业成立全球航运商业网络（GSBN）为航运产业链各相关方管理一个安全且可信任的数据交换平台，在上海港实现无纸化进口放货应用，客户可以在区块链上一次完成贯穿船公司和港口方的操作流程，实现进口放货全流程无纸化和操作零延迟。2022 年，全球航运商业网络研发推出航运提单区块链平台，提单首次通过区块链签发和流转，相关贸易单证完整链，为客户提供高效、便捷、可信、无接触的航运提单＋贸易单证无纸化新体验，为国际贸易提供可信的数字化基础。以星航运与Sparx logistics、Wave推出基于区块链技术的无纸化提单试验项目也是区块链运用的实践和探索。

四是利用区块链技术发行代币。区块链技术在短时间内风靡全球，与比特币的疯狂和造富神话息息相关，这也使得发行代币成为区块链应用趋之若鹜的方向。300cubits最先提出在开源公有区块链平台"以太坊"推出"TEU币"取代集装箱航运业中使用部分美元的设想，"TEU币"将用作集装箱运输的订舱保证金，如果客户没有交付货物或班轮船公司未根据经确认的订舱装运货物，将损失"TEU币"，这种模式针对的是集装箱运输业中的"退关"或"甩箱"问题；Block shipping则着眼于创建全球共享集装箱平台，通过整合包含全球大约2700万个集装箱的一手实时登记信息，建立全球集装箱共享交易平台。Block shipping计划发行基于内部流通的集装箱平台代币和基于外部收入共享的代币，实现基于集装箱信息登记的全球共享集装箱交易平台。

尽管区块链技术的应用实践和探索仍在起步阶段，其商业前景也尚不明朗，但是，作为一种新兴技术，区块链去中心化、分布式记账、不可篡改、可追溯等显著特点，决定了其在集装箱运输产业链中必将不断拓展应用场景，实现技术与航运生态的有效融合。

（三）人工智能技术的应用

人工智能又称机器智能，是指由人制造出来的机器所表现出来的智能，即通过普通计算机程序的手段实现的类人智能技术。人工智能技术在集装箱运输业的应用包括全自动码头、智慧船舶配载、智能调度等各领域，未来可能朝着无人驾驶船舶、智能解决方案设计等方向发展。

全自动码头通过码头无人驾驶技术实现自主定位、自主导航的无人驾驶决策，不但可以自动规避障碍物，还可以做出减速、刹车或绕行等遭遇突发状况的各种决策并规划最优驾驶线路；通过自主箱号识别技术，有效解决了港口所在地气候、光线条件以及集装箱的箱号横竖排列不定、存在曲面、油漆脱落等问题，实现集装箱箱号快速、精准的识别，结合深度融合人工智能、运筹学决策和系统工程理论的中央控制系统的发展，极大地推动了全自动化码头的发展。

智慧船舶配载与智能调度是人工智能应用的另一重要方向。通过人工智能技术和算法优化，可以结合船舶箱量分布、箱型比例、挂靠港、货物堆存、机械设备状态、班轮航线、泊位、货源等信息，自动完成最优配载图，实现货物安全、高效装船，有效提升船舶装载效率；通过人工智能技术和船舶定位，结合码头工班安排、航线设置、货流流向、船舶坞修计划等信息，可以为船舶调度提供智能优化方案，提高船舶利用效率。

二、集装箱班轮运输创新实践

为推动航运业对外开放，优化航运资源配置效率，我国以自由贸易试验区为载体，加快制度创新和压力测试，实施高度开放的国际运输管理，在外资班轮船公司沿海捎带、多式联运、航运指数衍生品期货等方面加强探索，实施高度开放的国际运输管理制度。

（一）沿海捎带及其制度创新

沿海捎带，是指集装箱班轮船公司利用其挂靠中国的国际航线船舶捎带中国境内沿海港口的短程货物。

沿海运输权与国家主权、国家安全息息相关，保留沿海运输权、禁止及限制外国船舶进入沿海运输领域是各国普遍采取的政策。因此，《中华人民共和国国际海运条例》明确规定"外国国际船舶运输经营者不得经营中国港口之间的船舶运输业务，也不得利用租用的中国籍船舶或者舱位，或者以互换舱位等方式变相经营中国港口之间的船舶运输业务"。《国内水路运输管理条例》也明确规定，"外国的企业、其他经济组织和个人不得经营水路运输业务，也不得以租用中国籍船舶或者舱位等方式变相经营水路运输业务。香港特别行政区、澳门特别行政区和台湾地区的企业、其他经济组织以及个人参照适用前款规定，国务院另有规定的除外"。

2014年6月，中资航运企业全资或控股拥有的非中国籍国际航行船舶获准开展以上海港为国际中转港，在中国对外开放港口与上海港之间海关转关运输集装箱货物试点业务，中资方便旗船"沿海捎带"业务正式试点，但是外资集装箱班轮船公司非五星旗船舶沿海捎带业务一直没有突破。

为推动航运业对外开放，优化航运资源配置效率，2021年11月，国务院批复同意在中国（上海）自由贸易试验区临港新片区暂时调整实施有关行政法规，允许外资班轮船公司开展大连港、天津港、青岛港与上海洋山港之间，在洋山港进行国际中转的外贸集装箱沿海捎带业务。2021年12月，中华人民共和国交通运输部发布《关于开展境外国际集装箱班轮公司非五星旗国际航行船舶沿海捎带业务试点的公告》，明确准入条件包括：开展试点的船舶为洲际远洋干线船舶；捎带的集装箱货物为已签发全程提单的外贸集装箱货物；外资集装箱班轮公司应符合对等开放原则，即公司实际控制人所在地、实际注册经营地、运营船舶登记地均明确对我国企业开放沿海捎带业务。2022年3月，马士基航运申请开展北方三港与上海洋山港之间，以洋山港为国际中转的外贸集装箱沿海捎带业务申请正式获批，当年5月马士基航运完成首单沿海捎带业务。截至2023年6月，包含马士基航运、达飞轮船、东方海外、太平船务在内的4家外资集装箱班轮船公司的94艘船舶获批开展北方三港与上海洋山港的沿海捎带业务，实现常态化运行。

外资班轮沿海捎带业务落地，显著提升了集装箱班轮船公司的航线资源配置效率，改变了原来进口方向从上海驶往大连、青岛、天津三港的干线船舶需要在上海卸空所有进口货物，空船驶往北方三港以装载出口货物，而进口至北方三港的货物需要在中国境外港口进行中转的窘境。以中国境内知名果蔬进口商佳农从厄瓜多尔进口香蕉为例，相关制度突破前，马士基航运承运的进口货物需要通过釜山中转至大连港、天津港，由于釜山航线班期不稳定、航线密度少，货物在途时间长；外资班轮沿海捎带业务落地后，马士基航运为佳农提供的运输服务路径缩短了7天至20天，运输效率大幅提升。

（二）保税船供平台及其功能创新

根据中国船东协会统计，全球70%~80%船供物品原产自中国，但

90%以上船供业务流失到新加坡、韩国等地,主要原因在于国内船供业务流程复杂,获准开展船供业务且享受退税的企业少之又少。以上海港为例,每年挂靠洋山港的船舶10000多艘次,船供市场规模超过千亿元,但是本地供船的船供业务仅数十亿元,大量船舶备件配件随船装运出境后在境外供船。

2022年8月,中国(上海)自由贸易试验区临港新片区管委会牵头搭建了保税船供公共服务平台,为船舶管理、船舶物资、船舶贸易等上下游企业提供"一站式"服务解决方案,极大简化了业务流程,促进船供企业集聚发展。保税船供平台搭建后,国内非保税货物供船以一般贸易出口方式进入综合保税区内物流仓库,供船货物转结至保税船供公共服务平台,由平台运营企业完成船供物资集结后,供船核销。其他综合保税区货物、保税仓库货物和加工贸易手册货物,可以先转结至区内物流仓库,也可以直接转结至保税船供公共服务平台,由平台运营企业完成船供物资集结后,供船核销。境外货物可以先进入综合保税区内物流仓库,也可以直接进入保税船供公共服务平台,由平台完成船供物资集结后,供船核销(如图1-7所示)。

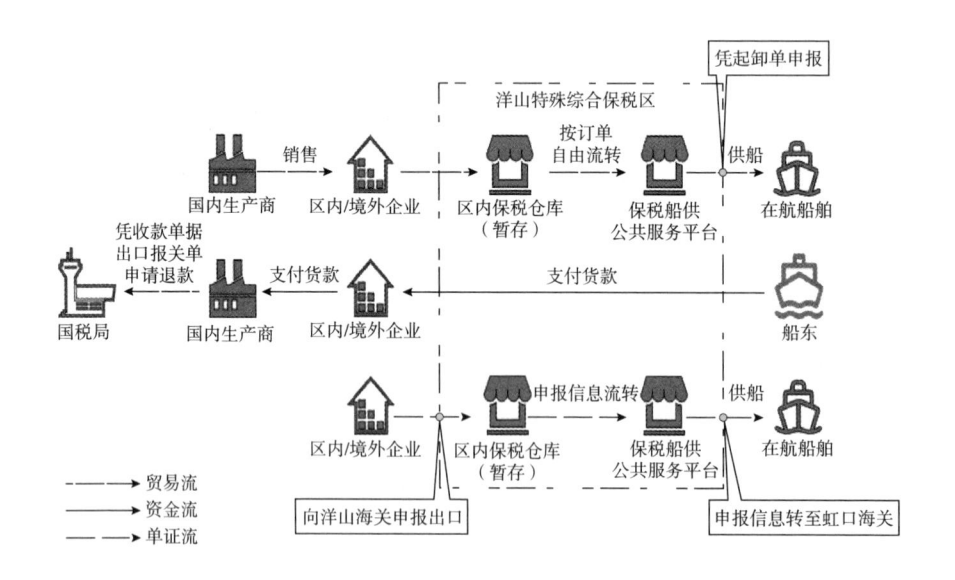

图1-7 保税船供公共服务平台业务流程图

（三）ICT 水公铁多式联运及其模式创新

ICT（Inland Container Terminal）水公铁多式联运新模式，是指根据内陆集装箱港口条件按照"宜水则水、宜铁则铁、宜公则公"的多式联运布局理念，通过线上线下融合模式，实现前置港口功能、贴近客户距离，实现定制化服务。在 ICT 新模式下，通过"一站式"公共服务平台，客户仅需在提箱并完成装箱后，将重箱运送至内陆集装箱点便视为完成重箱进港，由内陆集装箱点运送至港区由码头公司结合所在区域水路、公路、铁路集疏运条件完成（如图 1-8 所示）。内陆集装箱港口通过信息系统平台与码头业务平台、生产信息系统实现数据实时互通，客户可通过信息系统平台"一键式"完成单证办理、缴费、位置查询等业务，相关业务模式落地有利于缓解公路集疏运压力，显著降低区域综合物流运输成本。

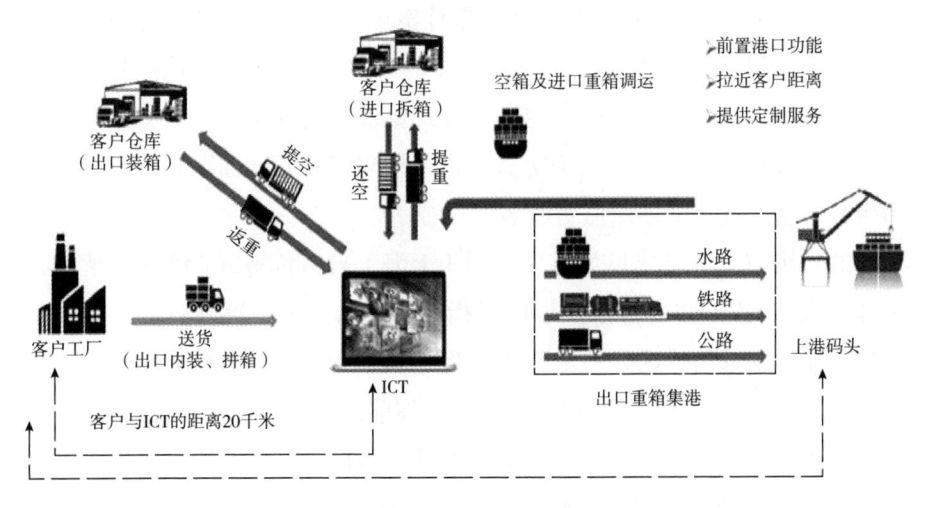

图 1-8　ICT 业务流程图
（图片来源：上港集团）

（四）航运指数期货及其金融创新

集装箱班轮运输市场波动大，运价大起大落成为常态。航运金融创新是集装箱班轮运输企业平抑现货市场波动，提高国际航运市场定价话语权的重要手段。2016 年新加坡交易所收购伦敦波罗的海交易所，基于 BDI 指数远期运费协议 FFA 交易的管理权从伦敦转移至新加坡，为新加坡全球国际航运中心建设、高效配置全球航运资源补足短板,也正是基于对集装箱班轮运输市场金融创新需求的认识,完成收购后,波罗的海交易所高调宣布将推出集装箱运价指数,开展集装箱运价指数衍生品交易。

我国在航运指数衍生品市场的探索可以追溯到 2009 年,国务院印发《关于推进上海加快发展现代服务业和先进制造业,建设国际金融中心和国际航运中心的意见》,明确提出"加快开发航运运价指数衍生品,为我国航运企业控制船运风险创造条件"。2010 年 11 月,上海航运交易所发起成立上海航运运价交易有限公司,完成第三方运价指数衍生品交易平台搭建。2011 年 6 月,全球首个基于上海出口集装箱运价指数(SCFI)的上海出口集装箱运价指数衍生品交易合同正式推出,此后中国沿海煤炭、国际干散货期租等运价衍生品相继推出,形成横跨国际集装箱、国际干散货、中国沿海散货三大产品体系的交易市场,根据上海航运交易所统计,截至 2018 年平台已集聚 4067 名交易商,累计实现单边成交量 6394 万手,累计单边成交金额 3210 亿元。2017 年,国内交易场所清理整顿后,上海航运运价交易有限公司验收,但平台交易模式要求从场内集中竞价交易调整为场外非连续性协议转让,相关交易模式调整与市场流动性限制,使得运价衍生品价格发现与套期保值功能陷入停滞。

2019 年 7 月,国务院发布《中国(上海)自由贸易试验区临港新片区总体方案》,正式将"探索发展航运指数衍生品业务,提升高端航运服务功能"作为临港新片区推进建设高能级全球航运枢纽建设的重要举措。

2020 年以来,集装箱运输供应链面临前所未有的挑战,传统订舱模式订舱难、订舱贵、履约风险高的缺点日益凸显,交易不透明使物流成本大幅上升;运价波动剧烈,不确定性明显增大,给企业生产经营带来巨大的风险和挑战。为提升航运资源配置效率,提升航运定价话语权,2022 年 11 月,上海航运交易所正式推出上海国际集装箱舱位交易平台,以"非标合同 + 舱位发布"为交易模式,提供舱位出售、舱位求购两大服务,满足市场各方对于不同业务场景的交易需求,具有"锁定运价、履约保障、纠纷调解、协议成交"等功能。集装箱运输船公司通过平台可以预售远期舱位,锁定运费收益,获得履约保障,提高资源配置效率;无船承运人及货主通过平台可以锁定舱位及运输成本,获得履约保障,减少甩箱风险,稳定供应链。

上海国际集装箱舱位交易平台解决了集装箱班轮运输企业资源配置和价格发现的需求，是一种远期现货交易平台，与航运指数衍生品和运价指数期货均有显著差异，航运金融创新的步伐远未停止。

为推动航运指数衍生品和航运运价指数期货上市，需要对航运运价指数进行科学编制，因为两者使用的指数类别也存在差异。航运运价指数期货作为一种期货产品，在交易制度、风险控制、产品设计方面有标准的模式适用"交易型"指数，相关指数应该遵守客观公允原则，在编制过程中，每一个关键的判断决策都应基于统计数据，减少人工干预和主观判断；这意味着作为交易的航运指数应该由集装箱班轮船公司与不同客户通过集中竞价交易撮合得出市场公允价格，相关指数编制的依据是集装箱班轮船公司在上海航运交易所备案的运价协议。航运运价指数衍生品市场交易主体以集装箱班轮运输链中上下游产业链客户为主，很多交易商同时以运价指数作为即期市场定价依据，从提供即期市场对冲工具，更适用运价指数等"采集型"指数。

2023年7月，在完成指数优化调整及产品设计、内控测试等各项程序后，上海期货交易所有关航运指数期货产品正式获批，试点开展欧洲航线指数期货衍生品交易业务。相关指数期货以现货市场上经营欧洲航线市场份额合计超过80%的集装箱班轮船公司，以及现货市场预付年出运量超过1000标准箱且稳定出运的货代企业欧洲航线基本港的实际结算运价为基值，面向境内外投资者提供套期保值和套利交易。国际集装箱舱位交易平台有关远期合约产品上线和航运指数期货产品上市，将为集装箱班轮运输业各参与主体平抑市场波动，高效配置全球航运资源提供有效工具，也标志着我国航运业的发展迈向新的台阶。

三、集装箱供应链融资物流及其服务创新

集装箱供应链融资物流是贷款人（通常是指银行）为了更安全地控制质押货物，利用物流公司对货物实时、实地监管的能力，与物流公司合作推出的一种业务模式。主要内容是企业以正常贸易流转状态且符合要求

的产品向银行质押作为授信条件，运用物流公司对货物进行监管、控制货权，将银行的资金流与企业的物流进行结合，向公司提供融资、结算等服务于一体的供应链金融服务。它的优势在于授信的门槛、融资费用等相对较低，可以充分利用生产、运输、仓储环节的动产进行质押，有效改变库存资金沉淀的情况，提高资金利用率。

集装箱供应链融资物流产生于中国经济高速增长、中小微企业融资需求大的背景之下，银行为支持实体经济发展，解决中小微企业融资难、融资贵等问题，对钢铁、矿砂、煤炭、粮食、化工、汽车配件等各类客户开展供应链金融服务，对于银行而言，将货物监管、货权控制委托给物流公司，既保证了专业化的服务水准，又便于控制和管理；而对于物流公司而言，通过货物监管、货权控制既获得监管收入和增值服务收入，又便于从贸易源头切入客户进出口货运业务，增加客户营销的手段，一举两得。

集装箱供应链融资物流的一般流程为借款人（客户）将商品抵押给银行，银行对客户提供融资，并指示作为货物监管方的物流公司按照银行指令接放货，并做好货物进出库登记及日常监管。日常监管一般包括仓单质押监管、保税仓质押监管、融通仓质押监管、海陆仓质押监管四种模式。

（一）仓单质押监管

仓单质押监管是指出质人向质权人缴纳一定保证金后，将质押货物交由质权人指定的监管人，监管人实际占有货物的同时为出质人开具仓单或其他有效单据，质权人接收相关单据后，根据质押物的价值和其他相关因素向出质人提供一定比例的融资服务，同时，监管人接受质权人委托并根据其指示履行保管、监管以及谨慎放货等义务。若出质人到期无法偿还质权人融资，则由质权人负责最终处置质押货物。仓单质押监管的显著特点是质权人待出质人将质押物交监管人后依据质押合同和监管人出具的有效单证融资，质权人负责质押物的最终处置，其业务模式如图1-9所示。

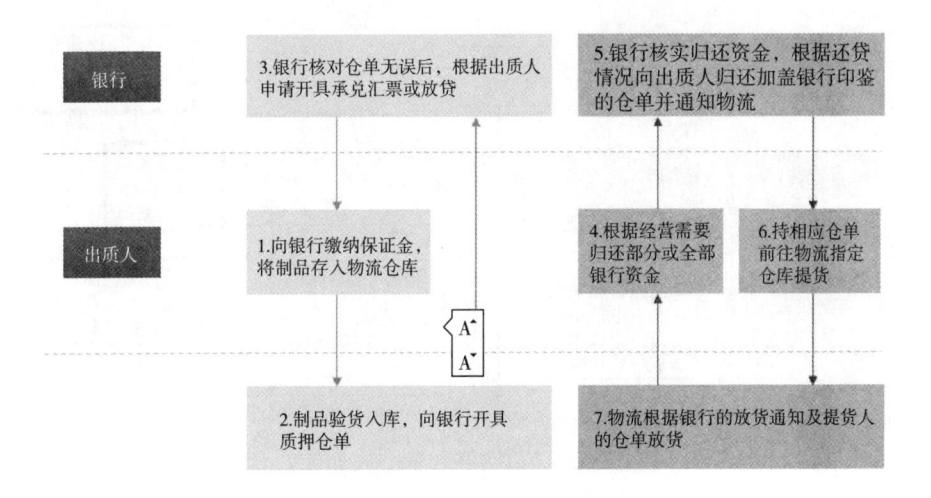

银行	3.银行核对仓单无误后，根据出质人申请开具承兑汇票或放贷	5.银行核实归还资金，根据还贷情况向出质人归还加盖银行印鉴的仓单并通知物流
出质人	1.向银行缴纳保证金，将制品存入物流仓库	4.根据经营需要归还部分或全部银行资金 / 6.持相应仓单前往物流指定仓库提货
	2.制品验货入库，向银行开具质押仓单	7.物流根据银行的放货通知及提货人的仓单放货

图1-9　仓单质押监管业务流程图

（二）保税仓质押监管

保税仓质押监管是指出质人向质权人缴纳一定的保证金后，质权人根据出质人与供货商签订供货合同和具体发货计划以及质押物的价值及其他相关因素，向出质人提供一定比例的融资服务以用于采购供货商所供质押物，供货商在收到资金后于约定时间内将货物交质权人，由质权人委托监管人根据其指示履行从运输到仓储等各个环节的保管和监管以及谨慎放货等义务。若融资企业到期无法偿还质权人融资，则供货商负责最终处置质押货物。保税仓质押监管的显著特点是质权人根据出质人与供货商的供货合同和具体发货计划在货物交付之前融资；由供货商负责质押物最终处置，其业务模式如图1-10所示。

（三）融通仓质押监管

融通仓质押监管是指在仓单质押业务模式的基础上，监管人不仅接受质权人的委托对质押物进行保管和监管，若出质人到期无法偿还质权人融资，则由监管人负责最终处置质押货物。融通仓质押监管的显著特点是由监管人负责质押物最终处置，其业务模式如图1-11所示。

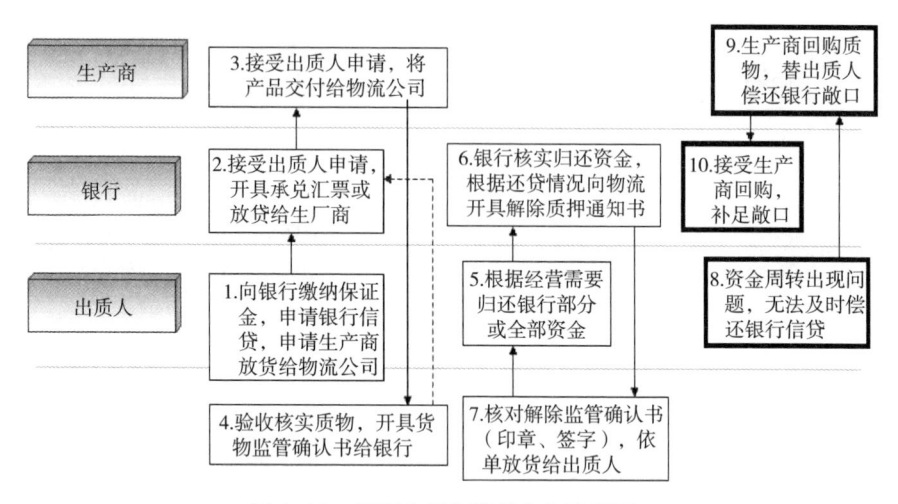

图 1–10　保税仓质押监管业务流程图

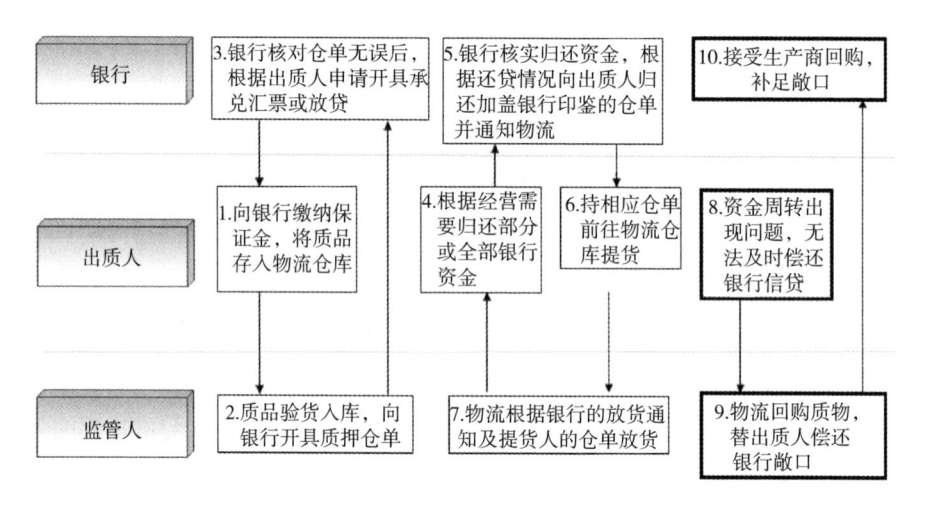

图 1–11　融通仓质押监管业务流程图

（四）海陆仓质押监管

海陆仓质押监管是指出质人以其全部或部分物流标的作为质押物向质权人出质，由监管人整合出质人海上运输、陆上运输、仓储等物流环节，质权人根据质押物的价值和其他相关因素向出质人提供一定比例的融资需求，监管人接受质权人委托并根据其指示履行质物全程保管、监管以及谨慎放货等义务。若出质人到期无法偿还质权人融资，则由质权人负责最终处置质押货物。海陆仓质押监管是在仓单质押监管模式的基础上发展起来的从发货端到目的地运输监管、仓库监管等全程监管模式，可以基于海上、铁路、公路运输在途货物监管，更大限度地为供应链中的企业和企业供应链各环节提供物流服务和贸易融资支持，根据服务对象领域，可以进一步细分为出口信用证打包项下的海陆仓模式、进口押汇项下的海陆仓模式、开证授信额度项下的海陆仓模式和内贸海陆仓模式。

（1）出口信用证打包项下的海陆仓模式（如图1-12所示），其优点是可以缓解采购资金压力、保证国际国内贸易合同的履行，降低银行出口信用证打包业务的融资风险。该模式之下，境内出口商与境外进口商签订贸易合同后，将进口商开具的信用证抵押给银行，由银行开具承兑汇票，出口商凭承兑汇票采购原材料，在工厂加工生产后将货物交给物流公司，由其按信用证要求提交单据，在释放信用证之后办理出口手续，实现闭环。

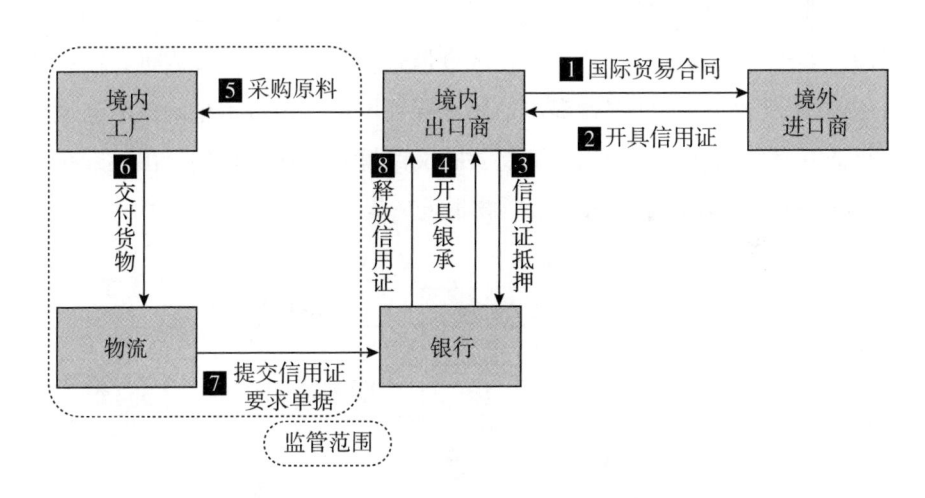

图1-12　出口信用证打包项下的海陆仓模式业务流程图

（2）进口押汇项下的海陆仓模式（如图1-13所示），其优点是可以快速办理提货手续、减少货物滞港费用，降低银行进口押汇业务的融资风险，实现提单质押向仓单质押的转变。该模式之下，境内进口商在签订国际贸易合同之后，向银行提出信用证开证申请，银行审核后向境外出口商开具信用证，进口货物抵港后银行委托物流公司办理提货手续，并将货物放至指定监管仓库，实现货物监管和货权控制。

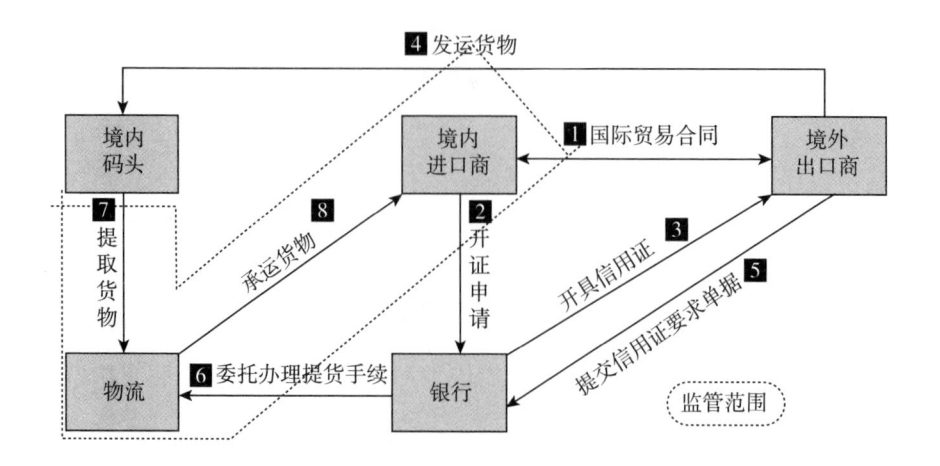

图 1-13 进口押汇项下的海陆仓模式业务流程图

（3）开证授信额度项下的海陆仓模式（如图 1-14 所示），其优点是可以为企业免除开证的部分乃至全部保证金，降低银行开证授信额度的融资风险，实现开证和进口押汇一体化融资模式。该模式下，境内进口商在签订国际贸易合同后，向银行提出信用证开证申请，银行审核确认后向境外出口商开具信用证；境外出口商将货物交给境外物流公司的，由其安排远洋运输并通知其境内物流公司在货物抵港后提取货物。

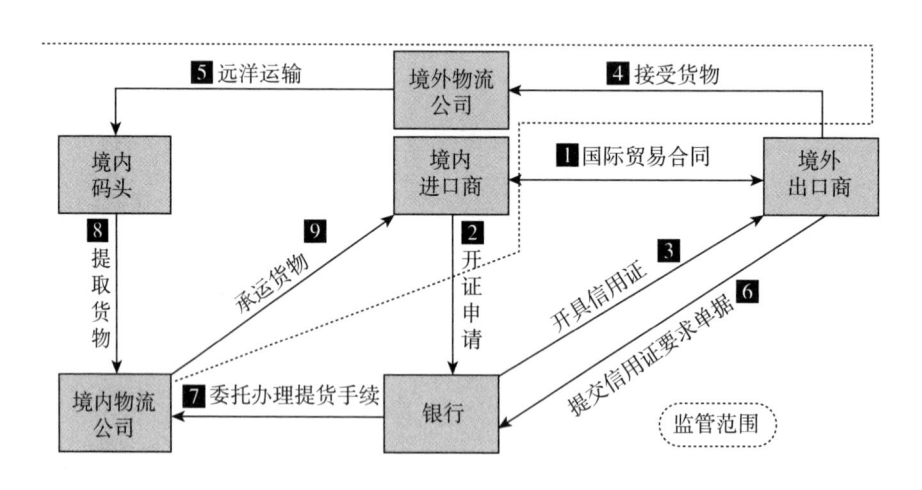

图 1-14 开证授信额度项下的海陆仓模式业务流程图

（4）内贸海陆仓模式（如图 1-15 所示），其优点是可以为企业免除开票的部分乃至全部保证金，降低国内信用体系的不完善给银行带来的融资风险。该模式下，经销商与供应商签订购销合同后，向银行申请贷款，银行审核后向供应商开具汇票；供应商发货后由物流公司对货物在途运输、卸货及仓储实施监管，并向银行出具仓单，直至经销商偿还银行贷款后货物解除质押。

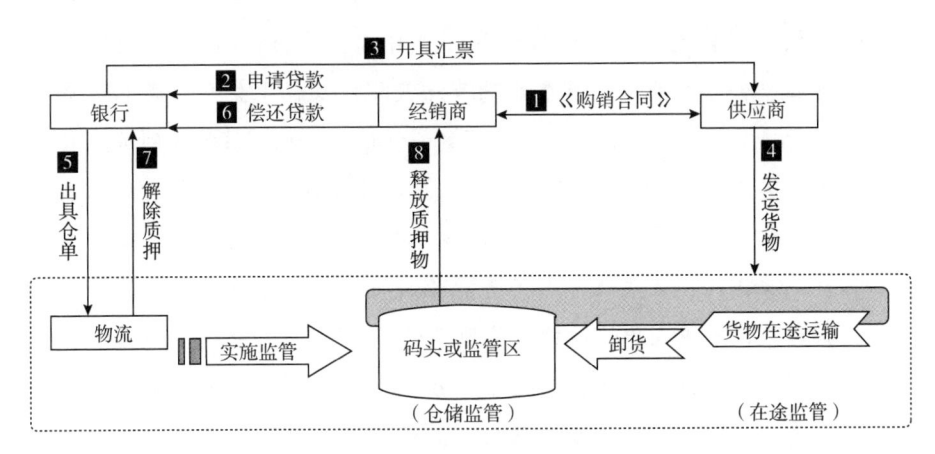

图 1-15　内贸海陆仓模式业务流程图

集装箱供应链融资物流作为一种服务创新，自诞生以来得到了客户的广泛认可和关注，尽管在货物监管、货权控制中由于出质人或物流监管方的信用或道德风险，也出现了一些问题，但仍不能掩盖其作为一种重要的供应链金融管理服务，为国际贸易和集装箱运输业带来积极的意义。随着集装箱运输大数据的挖掘和共享技术的快速发展，互联网＋航运必将为集装箱供应链融资物流带来新的发展机遇。

本章小结

集装箱运输是一项系统化工程，体系化协作是其突出特点，高度标准化使其朝着专业化方向发展，在经济上、运输效率上具有明显的优势，但是高昂的投入成本和退出成本，也决定了集装箱运输业相对集中的竞争格局。

集装箱班轮运输的兴起和发展，极大推动了船舶管理、船舶经纪、船舶登记、船舶检验、航运金融、航运保险、海事服务、海事仲裁等高能级航运服务业的发展，这也是促进航运"软实力"提升，实现国际航运中心能级提升的关键。影响集装箱运输发展的相关因素包括法律法规和外部监督、行业内部的竞争与博弈、行业整合重组兼并、重要水陆节点变化以及供求关系、成本因素和新技术应用，从关注市场份额到关注运价、从关注收入到关注成本、从关注交货期到关注准班率、从联盟合作到体系对抗、从承运人向综合物流供应方的转变，是各种因素综合影响的共同结果。

物联网、区块链、人工智能等新技术运用推动行业转型和创新实践，集装箱班轮运输业呈现"数字化""智能化""绿色低碳"转型的新趋势。集装箱班轮船公司"沿海捎带"、保税船供公共服务平台、ICT水公铁多式联运、航运指数期货及供应链融资物流等领域政策制度、功能平台、运营模式和航运金融创新推动国际航运领域开放创新发展。

推荐阅读

1. 王学锋.国际航运业务［M］.上海：同济大学出版社，2011.

2. 刘润.传统企业，互联网在踢门［M］.北京：中国华侨出版社，2014.

3. 陈威如，余卓轩.平台战略：正在席卷全球的商业模式革命［M］.北京：中信出版社，2013.

⑦ 思考与实训

1. 集装箱运输相比传统的运输方式有哪些优势和特点？又存在哪些不足？

2. 集装箱班轮船公司、货代与货主三方在合作中是如何竞争与博弈的？这种竞争与博弈如何影响行业的发展？

3. 集装箱班轮运输业呈现哪些新的变化和趋势？影响这些变化的内部、外部原因有哪些？

4. 试述集装箱班轮运输业中班轮船公司、货主、货代面临的主要痛点；围绕这些痛点，各自突破转型的方向有哪些？

5. 影响集装箱运输业创新的因素有哪些？当前创新的主要选择方向是什么？影响创新方向选择的因素包括哪些？

6. 集装箱运输业"数字化"转型面临哪些挑战？集装箱班轮船公司垂直电商平台与货代物流企业"数字化"平台各自存在哪些优势和不足？如何改变行业竞争形态？

7. 集装箱运输业"绿色低碳"转型面临哪些方向性选择？这种选择如何改变产业链上下游生态？为什么集装箱班轮船公司普遍将目光聚焦船舶燃料选择？

第二章

集装箱班轮运营实务

关键术语

成本　货物费　中转费　港口费　空箱变动费　空箱固定费　船舶费　燃油费　运价　附加费　"智猪博弈"　"囚徒困境"　舱位　贡献值　航线布局　收益管理　箱位比　周转天　自购　租赁　保有量　海运调运　内陆调运　空箱　堆存　滞期费　挂衣箱　套箱　冷箱干用　SOC 箱

学习目标

学习掌握集装箱班轮船公司运营的各项成本，了解成本分类及其分摊逻辑，掌握成本控制的主要方法；学习掌握班轮船公司运价制定的依据、定价的模型及方法，了解运价结构及其附加费，分析思考定价机制的创新及其方向；学习掌握班轮船公司舱位分配的依据、舱位分配模型及其方法，掌握运用收益管理理念对舱位进行分配的实践做法；学习掌握集装箱保有量确定的方法及其自购或租赁决策依据，熟悉班轮船公司对集装箱进行管理的指标体系，了解常见的集装箱改装及特殊操作业务。

集装箱班轮船公司运营的核心在于增加收入和控制成本,随着全球贸易增速放缓和船队运力的快速扩张,运力供过于求,船公司增收乏力,成本控制日益成为船公司打造核心竞争力的关键。成本控制需要从业务逻辑出发,分析集装箱运输链中各项成本发生的逻辑,据此确定针对性的措施,从流程优化、管理提升、供应商谈判、整合协同等多维度多措并举、协同推进。

增加收入的有效措施是提高运价水平和客户货量,在货量与运价不可兼得之时,实现合理的量价平衡极为重要。班轮船公司的定价过程是一个多主体博弈的复杂过程,通过博弈模型和定量的分析方法,可以了解运价的形成机制,进而为运用收益管理的理念对舱位资源进行分配和管理,提升舱位价值奠定基础。集装箱箱务管理既是成本控制的重要抓手,更是满足客户用箱需求、提升客户服务体验的关键。

随着船公司纷纷加强成本控制、控制新造箱或租箱,局部或阶段性的缺箱仍时有发生,如何确定合理的集装箱保有量并通过提高集装箱周转效率、优化货流平衡,既满足客户用箱需求又控制集装箱成本,是船公司在经营管理中的一项重要课题。

第一节
集装箱班轮成本管理

集装箱班轮运输链条长,客户根据订单向船公司或其指定的代理进行订舱,订舱确认后根据设备交接单到指定的堆场提取空箱,空箱送至客户工厂装箱后,在截港日前通过卡车送至码头等候装船出运。货物出运前,货主需要完成相应的海关申报、商检等各种手续,船公司也需要完成船舶相关的海关申报、船检手续,而后装船出运。货物到达目的港口后,在引航站引航员引导下以及拖轮公司拖轮的协助下,在指定泊位靠泊并卸货。完成卸船作业后,集装箱卸至码头前沿并运送至码头内堆场。对于海铁联运的货物,集装箱送至码头内铁路堆场,并由铁路送至最终目的地。客户完成重箱拆箱后将空箱还至指定堆场。整个集装箱运输链涉及提取空箱、工厂装箱、重箱进港、装船出运、到港卸船、海铁联运或陆运集疏运（如需）、重箱交付、空箱还至堆场等众多环节（如图2-1所示）。

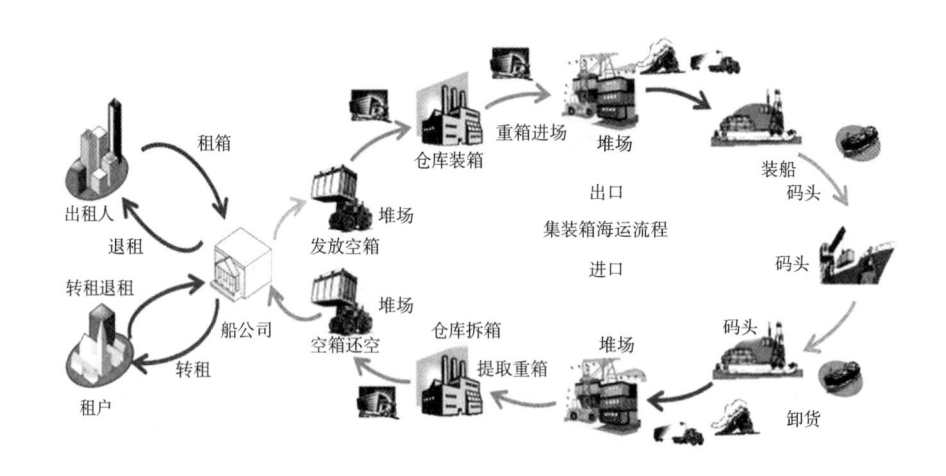

图2-1　集装箱运输流程图

集装箱班轮成本管理，必须从运输链的各环节分析入手，掌握各项成本发生的原因及其对应的业务流程，确定合理的成本分摊逻辑和成本管控措施，有效控制成本。

一、集装箱班轮运输成本分类

集装箱运输业务流程环节众多，对于集装箱班轮船公司而言，发生的成本主要包括：

（1）为提供航线产品和服务投入的船舶建造成本、船舶租赁成本、空箱建造成本、空箱租赁成本、船舶燃油成本等；

（2）为提供产品和服务，从第三方供应商采购的相关成本，包括码头装卸成本、堆存成本，为提供海铁联运服务而从铁路供应商采购服务的成本，提供"水水中转"而从公共支线承运人采购的支线运输成本等；

（3）为营销揽货、客户服务而发生的各种成本，包括管理费用、代理揽货佣金、船代佣金等；

（4）由于承运货物而发生的各项成本，包括货物堆存费、理货费用以及由于货流不平衡产生的空箱调运费、空箱堆存费、内陆空箱平衡调运费、空箱代理费等。

有些成本的发生，与承运的货源直接相关，应该按照业务流程中对应的货物直接进行分摊，比如装卸货物产生的装卸费用、理货产生的理货费用等。

有些费用需要在集装箱班轮船公司的航线网络中进行分摊，比如维持航线运营的船舶建造或租赁成本，需要根据其投入的航线在进出口双向货流进行分摊；保证空箱供应而建造或租赁的空箱固定成本，需要在全体货流中进行分摊。

有些费用需要按照一定的成本逻辑，根据成本发生区域、集装箱运输服务路径等，对成本区域内的货流进行分摊。比如由于进出口货量、箱型不平衡产生的空箱调运成本，如果简单按照单一航线的货流进行分摊，无法客观反映不平衡产生的原因及其调运成本，需要根据导致箱体不平衡的所有货流及其调运路径，按照成本区域对全部货流进行分摊。因此，有必要对集装箱运输流程中的各项成本进行梳理，按业务流程进行归类，确定合理的分摊逻辑，这是对集装箱班轮成本进行管控的基础。

对于集装箱运输成本的归类，不同的班轮船公司归类的方法可能略有区别，不同成本项目在总成本中的占比也略有差异。但是，由于船公司在集装箱运输流程中的角色和定位基本相似，提供的产品和服务高度趋同，不同船公司的成本结构是极其相似的。成本归类方法的差异，反映的是成本管理理念和管理方法的差异，不会影响成本属性。以下按照成本属性对各项成本进行归类。

（一）货物费

货物费是集装箱班轮船公司承运货物时，由于货物装卸、堆存、理货、通电等而产生的相关费用，包括货物装卸费、码头内搬移费、码头内拖运费、吨位评估费、理货费、货物堆存费、进出门费、接货及送货费、冷箱插电费、冷箱监控费、装卸超期待时费、代理揽货佣金、堆场费等。货物费贯穿于集装箱运输业务流程始终，与货物直接相关，应该直接计入相应货物的成本。

（二）中转费

中转费是集装箱班轮船公司为安排货物中转而支付的相关费用，包括卡车费用、铁路费用、支线费用、驳船费用等。中转费用产生于水路运输、海铁联运或陆运集疏运（如需）及重箱交付各环节，应该按照货物中转的货流分摊给相应的客户。

（三）港口费

港口费是集装箱班轮船公司为船舶通过运河或港口码头靠泊所支付的相关费用，包括运河费、靠泊费、船舶吨税、拖船费、引航费、码头税、护送船费、其他港口费用、船代佣金等，港口费贯穿于水路运输、到港卸船等各环节，应该根据航次测算并对所属客户和货流进行分摊。

（四）空箱变动费

空箱变动费是集装箱班轮船公司为空箱停留、空箱调运、空箱平衡、空箱清洗、空箱修理等所支付的相关费用，包括空箱调运费、空箱堆存费、内陆空箱平衡调运费、空箱清洗费、空箱修理费、空箱代理费等。空箱变动费反映了集装箱班轮船公司为货流不平衡支付的调运成本，以及由于集装箱不平衡在堆场堆放所产生的空箱保管成本及支付给代理的佣金。集装箱空箱不平衡是多种货物流向共同作用的结果，不能简单将空箱变动成本计入某一客户，而是应该根据货流进行分区，划定不平衡区域，在区域内对不同客户进行成本分摊。

（五）空箱固定费

空箱固定费是集装箱班轮船公司为维持运营而建造或租赁集装箱设备发生的固定成本以及为运营服务提供底盘车等所发生的成本，包括空箱租赁费、空箱维修保养费、挂衣箱改装费、底盘车调运费、滞箱费等。由于集装箱是流动的，为保证空箱供应、底盘车配备等固定成本投入，不能简单将空箱固定费计入某一客户或货流，而是应该根据其固定成本投入情况，计提航线网络分摊的固定成本，并根据集装箱班轮船公司新造箱或长期租箱情况，滚动更新成本。

（六）船舶费

船舶费是集装箱班轮船公司为维持运营而建造或租赁船舶、为船舶支付相关吨税、对船舶进行维修保养而支出的相关费用，包括船舶建造费、船舶租赁费、船舶吨税、船舶维修保养费等。船舶费反映了集装箱班轮船公司的固定成本投入，应该按照不同船舶的固定成本投入及其维修保养等成本计提船舶费，按船舶投入运营的航线对所有货流进行分摊。

（七）燃油费

燃油费是集装箱班轮船公司在船舶运营时，为提供产品和服务而发生的燃油消耗费用，包括重油费、轻油费、滑油费、燃油添加剂费等。与船公司宣布的燃油附加费（Bunker Adjustment Factor，BAF）不同，燃油费是船公司在船舶运营时根据其原油采购成本而实际支出的燃油成本。而燃油附加费是船公司为弥补燃油成本而征收的附加费。燃油费按照船舶投入运营的航线核算，并对航线网络中的货流进行分摊。

除以上费用外，集装箱班轮船公司还需要为船舶购买船壳险、保赔险，在船队经过战区或海盗频繁出没的高风险区域，需要购买战争险，承担高昂的保险费成本。由于船队经营、营销揽货、客户服务等原因，集装箱班轮船公司还需要配备大量的员工，承担高昂的管理费用。此外，由于集装箱班轮运输是一项资金密集型的高投入产业，集装箱班轮船公司普遍负债经营，还需要承担高昂的财务成本。

二、集装箱班轮运输成本控制方法

通过对集装箱班轮运输各项成本发生的业务逻辑进行分析，可以发现，船舶费和空箱固定费，作为固定的成本投入，主要取决于集装箱班轮船公司的初始投资决策，后期调整余地相对较小，对于造船、租船、造箱和租箱时机的把握尤为关键。货物费、中转费、港口费、燃油费等成本管控，很大程度上取决于与供应商的费率谈判，空箱变动费控制主要通过货流平衡、结构优化、流程再造和效率提升等进行管控。对于管理费用、财务费用等成本的管控，则更依赖于内部组织结构调整、财务结构优化。以下简要对集装箱班轮船公司成本控制的实现方法进行介绍。

（一）货物费成本控制

货物费成本在各船公司的成本结构中占比为15%~20%，是船公司的一项重要成本支出。控制货物费的主要方法是通过供应商谈判，降低码头装卸费率、争取码头额外堆存时间、降低码头内堆存费率，控制码头内搬移、拖运，避免由于货物配积载不合理产生倒箱。由于码头供应商相对集中，码头费率下降受码头刚性成本的约束，对集装箱班轮船公司而言，实现与码头的双赢至关重要。通过班轮联盟整合联盟内多家船公司货量与码头公司进行费率谈判，或直接入股码头公司成为其股东，或通过在码头协议洽谈时在市场上费率较低时锁定多年费率，并争取额外箱量激励条款，是常见的成本控制方法。

此外，部分船公司通过调整航线挂靠港口，将航线转移至装卸费率较低、码头内免费堆存时间较长、堆存费率较低的码头压缩成本，如在德国基本港中选择威廉港替代汉堡港、在比利时基本港中选择泽布吕赫港替代安特卫普港以争取较低的码头装卸费率和免费堆存时间等。

随着运力过剩和供求失衡的局面持续，货主对码头内免费堆存的要求日趋苛刻，部分货主甚至将额外堆存条款也作为其投标的入门条款，对货物费成本控制带来较大压力。由于码头内堆场区域相对有限，船公司从码头获取额外的堆存条款并不容易，控制码头堆存费率，一方面要加强与客户沟通，加快货物提箱、周转；另一方面要善于利用码头外堆场，通过码头外堆场解决客户的超期堆存需求，压缩成本。

（二）中转费成本控制

控制中转费成本的有效手段是降低海铁联运中的铁路支线费率、水路中转的支线费率，在航线网络中存在直达和中转、高成本和低成本等不同服务路径时，有效控制不合理中转，选择低成本服务路径也至关重要。

铁路支线费率是船公司一项重要的中转成本，在美国和加拿大航线占比尤重。由于铁路供应商相对集中，铁路支线费率面临刚性的成本上涨压力，可以采用锁定多年的梯度费率、争取铁路堆场免费堆存期限、争取箱量激励折扣、选择低成本铁路中转路径等方法进行控制。如远东至美国芝加哥中转路径，船公司提供洛杉矶中转、温哥华中转、罗伯特王子港中转等不同服务路径，使用低成本路径是控制中转费成本的有效手段。

支线费率是船公司另一项重要的中转成本，在欧洲航线、地中海航线占比较重。由于公共支线承运人相对集中，通过独立开辟自有支线或联合班轮联盟内的其他成员共同开设支线，可以提高对公共支线承运人费率谈判的议价能力，在支线费率洽谈时锁定梯度费率折扣、争取箱量激励回扣也是常见的成本控制方法。

中转费成本控制是集装箱班轮船公司控制成本支出的有效手段，如何在航线网络服务路径中既兼顾成本控制，又确保航线网络服务竞争力，是中转费成本控制的重要议题。

（三）港口费成本控制

从表面上看，港口费相关的各项费用，包括运河费、靠泊费、船舶吨税、拖船费、引航费、码头税、护送船费等都是刚性收费，船公司在港口费成本控制上无能为力。实际上，通过分析港口费具体项目的收费模式，船公司也可以有所作为。以运河费为例，苏伊士运河通行费用，除按照船舶净吨收取基本运河费外，对集装箱船舶甲板上装载的集装箱，按层数征收附加费。船舶层高由第一层至第七层，附加费费率分别为2%~18%不等（见表2-1），船舶配载时，应考虑通过优化配载限制层高，降低苏伊士运河通行费用。

表2-1 苏伊士运河通行附加费费率与船舶层高对应表

船舶层高	第一层	第二层	第三层	第四层	第五层	第六层	第七层
附加费费率	2%	4%	6%	8%	12%	16%	18%

巴拿马运河通行费用包括运河通行费、过河预定费、拖轮费、系解缆

费、引水费、安保费、油污紧急附加费、过河检查费等各种附加费，但是运河收费并不按照实际装载集装箱数量，而是基于船舶设计装载量，船舶投入运营后，运河当局根据船舶设计的装载量进行适当调整并确定收费标准。因此，与巴拿马运河管理局的沟通非常重要，争取以较低标准计算运河通行费可以在船舶服役期限内长期降低运河通行成本。同时，通过船舶跟踪定位，合理确定运河通过时间，提前预定并规避可能的预定取消费用，选择较低通行费用的集装箱船舶通过运河等都能带来显著的成本下降。

（四）空箱变动费成本控制

空箱变动费的成本控制，重点关注货流平衡、重箱催拆和调运路径选择。由于集装箱运输普遍存在进出口货量不平衡、空箱富裕和空箱短缺在货流和箱型上不匹配等问题，控制空箱变动费的关键在于压减集装箱在堆场的停留成本、空箱调运成本和集装箱内陆平衡调运成本。控制空箱平衡调运成本，首先要从营销源头就建立起货流平衡的理念，通过营销政策进行引导，让所有销售和客服团队明确知道哪些点是"多箱点"，哪些点是"缺箱点"，从源头建立起优化平衡的经营理念；其次要建立空箱平衡调运的相关规则，建立按照货流贡献值评估的机制，避免无意义的调箱。对于海运空箱平衡调运、内陆空箱平衡调运要合理规划调运路径，推广使用低成本路径并加强调运计划的合理性评估。对于重箱要结合箱体动态及时做好催拆，提高集装箱设备周转效率，并通过滞期费收取弥补用箱成本。对于集装箱空箱的清洗、修理等要加强管理，提高对供应商的议价能力，降低成本。

（五）空箱固定费成本控制

空箱固定费成本控制，一是合理确定造箱时点，选择在集装箱班轮运输市场相对低迷时造箱，往往能获得更好的价格条款、交付条件，有利于控制和压缩成本。二是合理确定造箱数量。箱位比，即集装箱班轮船公司持有的总集装箱箱量与总集装箱运力的比值，常用来衡量船公司集装箱设备管理水平和运营效率，也是确定造箱数量规模的重要依据。根据统计，集装箱班轮船公司的箱位比普遍为1.5~2.2，集装箱班轮船公司确定造箱规模时可以根据箱位比确定集装箱总体持有量规模，结合已有集装箱设备数量和未来发展规划确定。三是合理确定自有箱与租箱策略。自有箱成本较低，但造箱需要时间，交付条款也面临更多限制，短期内可能由于造箱增加资金压力；租箱相对灵活，但是成本较高，由于集装箱船队运力的快速扩张，任何一家船公司都无法完全通过自有箱满足用箱需求，合理确定自有箱和租箱策略，是船公司控制空箱固定费成本的重要手段。

（六）船舶费成本控制

船舶费成本控制，一是合理确定造船时点，这个极为关键。集装箱班轮运输市场呈现周期性波动特征，船舶建造成本、价格条款、交付条件在不同市场条件下差异显著，选准造船时点是控制船舶费的关键。以18000TEU集装箱船舶为例，在市场高峰期造船，造价接近2亿美元，而在市场低谷时仅在1亿美元左右，两者相差接近100%。由于船舶费成本在成本费用结构的占比普遍在25%以上，造船时机选择是否得当，在很大程度上决定了船队运营的成本是否具有竞争力。二是优化船舶成本费用。由于船舶登记注册的船籍港不同，适用的税收政策迥异，这也为集装箱班轮船公司根据不同区域税收环境控制成本支出提供了可能的选择。

以船舶吨税为例，根据《中华人民共和国船舶吨税法》，境内入籍船舶适用优惠税率，按年计收的吨税税率为：（1）不超过2000净吨，每净吨收费9.0元；（2）超过2000净吨，但不超过10000净吨，每净吨收费17.4元；（3）超过10000净吨，但不超过50000净吨，每净吨收费19.8元；（4）超过50000净吨，每净吨收费22.8元。而香港地区每年按照船舶净吨超额累进费率计算征收船舶吨位费：（1）1000净吨（含）以下船舶，收取1500港元；（2）1000净吨以上至15000净吨（含）船舶，按3.5港元/净吨收取；（3）15000净吨以上船舶，按3港元/净吨收取，最高限额77500港元。同时，为鼓励船舶长期在香港地区登记入籍，香港海事处自2006年2月1日起实施《香港注册船舶吨位年费减免计划》，根据该计划，香港注册船舶如持续在香港注册两年（合资格年期），并在这两年内从未有港口国家（地区）监督制度下的滞留记录，可获减免随后一年的6个月船舶吨位费。新加坡为鼓励船公司将船舶在新加坡入籍，船舶年吨税按每年 0.2 新元 / 净吨收取，最低不少于 100 新元，且最高不超过 10000 新元。同时，新加坡籍船员在服务于国际航线时所获得的工薪收入适用免税规定；符合条件的新加坡籍船舶的营运利润可免征所得税。税收政策差异，使得部分集装箱班轮船公司将船舶登记注册的船籍港及其运营结算中心放在全球主要的税收洼地，成为其控制船舶费用的重要手段。

（七）燃油费成本控制

燃油费成本在各船公司的成本结构中占比普遍在 15% 以上，随着原油价格的波动，可以达到 25% 甚至更高，因此燃油成本控制极为关键。

燃油费成本控制，一是合理确定燃油采购时点，在油价处于低位时，增加燃油采购数量，锁定低成本燃油；在油价处于高位时，减少燃油采购量，采取适当方式对冲燃油成本上涨。由于燃油成本波动受地缘政治、经济环境、市场需求等多种因素共同影响，如何准确判断油价处于高位还是低位是极为困难的，盲目做多或做空都可能给成本控制和稳定经营带来不可挽回的影响，可行的方案是结合历年国际油价的波动和振幅确定合理的上限和下限区间，结合船公司自身对燃油成本的预算合理确定采购时点。二是通过船舶改造降低燃料油成本，如对船舶"球鼻艏"进行技术改造以降低油耗，控制成本支出。三是通过优化航线布局降低燃油成本，如在油价处于高位时，选择油耗更低的船舶投入航线运营；或在评估可能的航线绕航成本基础上，增加低成本加油港口挂靠；在市场低迷时，选择通过"加船减速"让船舶维持经济航速，减少油耗以控制成本指出，或直接通过"停航空班"减少船舶投放和航线班期密度以控制成本等。四是完善燃油采购机制，通过建立集中的燃油采购平台，将原本分散在不同船队的燃油采购渠道进行整合，提高对供应商的议价能力，引入强制流量计和船舶飞行检查指导油耗控制等。五是完善燃油对冲机制，通过燃油套期保值、直接或间接入股燃油供应公司或与燃油供应公司共同组建合资公司等多种形式对冲油价上涨的风险等。六是推广和使用成本更低的新能源以降低燃油成本支出，如推广和使用纯电力集装箱运输船舶，通过储能实现低成本绿色新能源在集装箱班轮运输业的运用，以降低燃油成本等。燃油消耗与船舶航速的关系如图 2-2 所示。

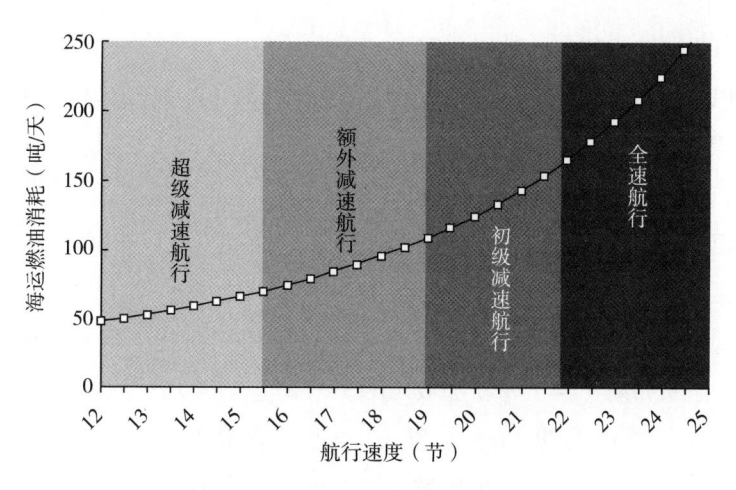

图 2-2　燃油消耗与船舶航速关系图

以上是集装箱班轮船公司在实践中对成本控制的一些常见的方法。除此之外，部分船公司还通过将单证中心、客户服务部门等转移到低成本的城市，或通过精简机构、裁撤一些非必要的工作人员等措施压缩公司的管理成本；部分船公司通过在资本市场发行股票、非公开发行或通过其他形式引入其他战略投资者，降低财务成本，这里不再赘述。

三、集装箱运输服务路径成本控制

集装箱班轮航线网络由不同运输成本、交货期和中转效率的服务路径组成，在做好各单项运输成本控制的同时，优化不同成本服务路径选择是实现成本控制的关键所在。由于市场充分竞争，服务路径选择既要考虑服务成本，也要兼顾市场认可度，一般而言应将优先使用低成本路径，根据不同航线货物费、中转费、港口费、船舶固定成本、燃油成本等差异确定低成本路径优先顺序；同时兼顾航线交货期，控制运输中多次中转和不合理中转。

以 A 集装箱班轮船公司为例，其在亚欧航线上经营 6 组集装箱班轮航线，航线沿途挂靠港口及各港口自始发港的交货期如下：

AEU1 航线：上海（0）—宁波（2）—厦门（5）—盐田（7）—新加坡（11）—菲利克斯托（31）—鹿特丹（33）—格丹斯克（37）—威廉

（41）—新加坡（69）—盐田（74）—上海（77）

AEU2航线：新港（0）—大连（2）—青岛（4）—上海（5）—宁波（7）—新加坡（13）—比莱弗斯（27）—鹿特丹（35）—汉堡（40）—安特卫普（43）—上海（73）—新港（77）

AEU3航线：宁波（0）—上海（1）—香港（5）—南沙（6）—蛇口（8）—丹绒帕拉斯（12）—巴生（13）—比莱弗斯（27）—安特卫普（35）—汉堡（38）—鹿特丹（41）—菲利克斯托（44）—南安普顿（46）—比莱弗斯（54）—新加坡（69）—香港（74）—宁波（77）

AEU4航线：天津（0）—釜山（3）—青岛（6）—上海（8）—宁波（10）—盐田（13）—新加坡（17）—阿尔赫西拉斯（34）—南安普顿（37）—敦刻尔克（40）—汉堡（42）—鹿特丹（45）—泽布吕赫（47）—勒哈弗（49）—巴生（74）—厦门（80）—天津（84）

AEU5航线：宁波（0）—上海（1）—盐田（5）—蔡梅（9）—新加坡（11）—勒哈弗（31）—鹿特丹（33）—汉堡（35）—安特卫普（39）—勒哈弗（41）—马耳他（48）—吉大港（55）—南沙（74）—宁波（77）

AEU6航线：高雄（0）—宁波（2）—上海（3）—台北（6）—盐田（8）—科伦坡（15）—鹿特丹（32）—菲利克斯托（35）—汉堡（38）—鹿特丹（41）—科伦坡（61）—高雄（70）

以上海至鹿特丹为例，存在AEU1、AEU2、AEU3、AEU4、AEU5、AEU6共6条服务路径，交货期分别为33天、31天、41天、38天、33天、30天。货物抵港卸船后，部分货物在鹿特丹交付或在鹿特丹通过海铁联运、公路联运中转至其他内陆门点；其他货物在鹿特丹卸船后通过驳船支线中转至其他支线港口。驳船支线中转可能通过其自营航线，也可能通过其采购Unifeeder、Xpress等公共支线承运人服务；不同服务路径在运输成本、交货期、中转港、转运次数等可能呈现显著差异。从成本控制的角度，路径优化控制的目标在于保证交货期和中转效率具备市场竞争力的前提下，实现航线网络运输成本最低的目标。

考虑到服务路径选择是在航线网络布局确定后，对不同路径进行优化控制，航线服务路径成本可以通过成本计算获取。根据实践观察，交货期是相对指标,企业根据比较不同船公司装卸港交货期进行选择,高于市场平均交货期3天以上难以获得市场认可,因此,在约束条件中考虑增加相关约束。同时,由于货物多次中转可能会因中转衔接不畅而造成延迟,或增加运输风险及不确定性,在市场上存在直达航线服务路径,且交货期相近的情况下,直达航线更受市场青睐;而需要通过多次中转尤其是3次以上中转的服务路径往往是不能接收的,因此,本文在建模时增加相应约束。

结合以上分析,在建模时做出如下假设:(1)航线服务路径成本已知,货物通过铁路、公路等其他运输方式运送至最终门点由客户完成,不纳入评估范围;(2)航线交货期相近,直达航线服务路径优先于中转服务路径;(3)航线交货期相近,中转次数较少的服务路径优先于其他服务路径;(4)中转次数相同,交货期较短的服务路径优先于其他服务路径;(5)不考虑冷箱对插电设备及特种箱船舶配载要求对服务路径选择的影响;(6)路径选择时,不考虑其对空箱平衡调运的影响。有关模型中使用的相关符号说明如下:

N:航线数量;

S:起运港口的集合;

MP:干线上港口的集合,$S \subseteq MP$;

DP:目的港口的集合;

AT:市场平均交货期;

g_{sm}^{f}:起运港口 s 到目的港口 m 运输的集装箱重箱数量,$s \in S$,$m \in DP$;

g_{sm}^{e}:起运港口 s 到目的港口 m 运输的集装箱空箱数量,$s \in S$,$m \in DP$;

$g_{sm} = g_{sm}^{f} + g_{sm}^{e}$:起运港口 s 到目的港口 m 运输的集装箱总量,$s \in S$,$m \in DP$;

$L = \{l_1, l_2, \cdots, l_N\}$:航线的集合,每条航线中包括港口及路径;

l_k^{lc}:航线 l_k 中的装运港的集合,$k = 1, 2, \cdots, N$;

l_k^{uc}:航线 l_k 中的卸货港的集合,$k = 1, 2, \cdots, N$;

γ_k:是否启用 l_k 航线 0:否,1:是;

(i, j):港口 i 到港口 j 上的服务路径;

g_{sm}^{fk}：在 l_k 航线上起运港口 s 到目的港口 m 运输的集装箱重箱数量，$m \in DP$，$s \in S$，$s \in l_k^{lc}$；

g_{sm}^{ek}：在 l_k 航线上起运港口 s 到目的港口 m 运输的集装箱总量，$m \in DP$，$s \in S$，$s \in l_k^{lc}$；

$g_{sm}^k = g_{sm}^{fk} + g_{sm}^{ek}$：在 l_k 航线上起运港口 s 到目的港口 m 运输的集装箱总量，$m \in DP$，$s \in S$，$s \in l_k^{lc}$；

$m0_j^k$：航线 l_k 上港口 j 是否选择作为中转港，0：否，1：是，$j \in l_k^{uc}$；

m_j^k：若 $m0_j^k=1$，则其表示中转到目的港口的集合，$m_j^k \subseteq DP$，$j \in l_k^{uc}$，否则为空；

v_{ij}^f：干线路径 (i, j) 上运输的集装箱重箱数量，$i, j \in MP$；

v_{ij}^e：干线路径 (i, j) 上运输的集装箱空箱数量，$i, j \in MP$；

c_{ij}^f：干线路径 (i, j) 上单位重箱运输成本，$i, j \in MP$；

c_{ij}^e：干线路径 (i, j) 上单位空箱运输成本，$i, j \in MP$；

v_{jm}^f：支线路径 (j, m) 上运输的集装箱重箱数量，$j \in MP$，$m \in DP$；

v_{jm}^e：支线路径 (j, m) 上运输的集装箱空箱数量，$j \in MP$，$m \in DP$；

c_{jm}^f：支线路径 (j, m) 上单位重箱运输成本，$j \in MP$，$m \in DP$；

c_{jm}^e：支线路径 (j, m) 上单位空箱运输成本，$j \in MP$，$m \in DP$；

w^f：单位集装箱重箱重量；

w^e：单位集装箱空箱重量；

F_k：l_k 航线上船舶舱位的限制，$l_k \in L$；

D_k：l_k 航线上船舶吨位的限制，$l_k \in L$；

f_j：港口 j 作为中转港的支线上船舶舱位的限制，$j \in MP$；

d_j：港口 j 作为中转港的支线上船舶吨位的限制，$j \in MP$；

t_{sj}^k：在 l_k 航线上，从起运港口 s 到港口 j 的天数 $s \in S$，$s \in l_k^{lc}$，$j \in l_k^{uc}$；

t_{jm}：从港口 j 转运到港口 m 的天数，$j \in MP$，$m \in DP$；

n_{jm}：从港口 j 到港口 m 所要中转的次数，$j \in MP$，$m \in DP$；

n_{sm}：从起运港口 s 到目的港口 m 的中转总次数，$s \in S$，$m \in DP$。

目标函数：
$$\min \sum_{l_k \in L} \sum_{(i,j) \in l_k} \sum_{m \in DP} \left[\left(v_{ij}^f \times c_{ij}^f + v_{ij}^e \times c_{ij}^e \right) + \left(v_{jm}^f \times c_{jm}^f + v_{jm}^e \times c_{jm}^e \right) \times m0_j^k \right] \times \gamma_k$$

约束条件：

（1）干线运输的集装箱总数量不超过干线舱位的限制

$$v_{ij}^f + v_{ij}^e \leqslant F_k \forall l_k \in L \forall (i,j) \in l_k$$

（2）干线运输的集装箱的总重量不超过干线吨位的限制

$$v_{ij}^f \times w^f + v_{ij}^e \times w^e \leqslant D_k \forall l_k \in L \forall (i,j) \in l_k$$

（3）支线运输集装箱的总数量不超过支线舱位的限制

$$v_{jm}^f + v_{jm}^e \leqslant f_j \forall m \in DP$$

（4）支线上集装箱的总数量不超过支线吨位的限制

$$v_{jm}^f \times w^f + v_{jm}^e \times w^e \leqslant d_j \forall m \in DP$$

（5）从起运港口 s 到目的港口 m 的运输时间不能超过市场平均交货期3天，即包含该运输的所有航线的运输时间不得超过限制

$$\max_{\substack{l_k \in L \\ g_{sm}^k \neq 0}} \sum_{m \in m_j^k} t_{sj}^k + t_{jm} \leqslant AT + 3 \forall m \in DP, \ s \in S$$

（6）从起运港口 s 到目的港口 m 的转运次数小于等于3次，即包含该运输的所有航线的转运次数相加不得超过限制

$$n_{sm} = \sum_{\substack{l_k \in L \\ g_{sm}^k \neq 0}} \begin{cases} n_{jm} & m \in m_j^k \\ 0 & others \end{cases} \leqslant 3 \forall m \in DP, \ s \in S$$

（7）所有航线上从起运港口 s 到目的港口 m 的运输之和等于运输要求

$$\sum_{l_k \in L} g_{sm}^{fk} = g_{sm}^f \forall m \in DP, \ s \in S$$

$$\sum_{l_k \in L} g_{sm}^{ek} = g_{sm}^e \forall m \in DP, \ s \in S$$

（8）变量的取值

v_{ij}^f、v_{ij}^e、v_{jm}^f、v_{jm}^e、t_j^k、t_{jm}、n_{jm}、n_{sm}、g_{sm}^{fk}、g_{sm}^{ek} 为正整数

根据以上 A 集装箱班轮船公司西北欧航线布局，其在远东至欧洲覆盖鹿特丹、安特卫普、泽布吕赫、菲利克斯托、汉堡、威廉港、格丹斯克、比莱弗斯、南安普顿、阿尔赫西拉斯、敦刻尔克、勒哈弗共 12 个基本港，假定航线运力为 23000 TEU/航次，对应的船舶吨位限制为 253000 吨/航次，该集装箱班轮船公司 2022 年平均每周去程、回程箱量见表 2-2。为便于计算，假设每个欧洲基本港至目的港的支线都是点对点布局支线，每条支线运力为 1500 TEU/航次，支线对应重量限制为 16500 吨/航次。

表 2-2　2022 年 A 集装箱班轮船公司西北欧流向平均每周去程、回程箱量

目的港	中转港	20 英尺（去程）	40 英尺（去程）	20 英尺（回程）	40 英尺（回程）	交货期（天）	中转次数（次）
都柏林	鹿特丹	195	173	187	412	41	1
	安特卫普	164	218	428	84	37	2
	泽布吕赫	174	117	191	131	35	1
普利茅斯	菲利克斯托	211	416	242	455	38	2
	鹿特丹	223	390	315	169	35	1
	安特卫普	213	314	295	135	36	1
奥斯陆	安特卫普	265	429	419	180	37	1
	鹿特丹	249	520	145	472	39	1
维哥	鹿特丹	131	242	160	223	41	2
	汉堡	140	199	137	165	43	1
哥本哈根	汉堡	230	289	361	352	39	2
	鹿特丹	184	208	493	396	38	3
圣彼得堡	鹿特丹	314	232	442	161	42	2
	汉堡	664	615	393	319	40	1
杜伊斯堡	汉堡	103	201	89	190	39	1
	鹿特丹	120	349	100	371	38	3
科特卡	鹿特丹	413	601	462	115	39	2
	汉堡	320	849	289	442	40	1
奥胡斯	安特卫普	155	384	485	259	37	2
	鹿特丹	277	179	401	152	40	2
	汉堡	229	352	387	298	41	1
雷克索斯	安特卫普	145	195	59	298	37	2
	鹿特丹	193	122	57	186	40	1
	阿尔赫西拉斯	211	110	236	258	39	3
里斯本	安特卫普	135	376	492	240	37	1
	鹿特丹	399	361	457	274	40	1
	阿尔赫西拉斯	286	311	303	63	39	2

表 2-2 续 1

目的港	中转港	20英尺（去程）	40英尺（去程）	20英尺（回程）	40英尺（回程）	交货期（天）	中转次数（次）
诺伊斯	威廉	153	165	468	426	39	3
	汉堡	175	108	488	183	40	2
	鹿特丹	122	167	98	346	42	1
斯德哥尔摩	格丹斯克	268	290	217	479	44	2
	汉堡	490	233	422	149	37	1
	威廉	374	385	117	405	39	2
耶夫勒	鹿特丹	629	568	333	417	38	1
	汉堡	634	911	268	473	37	1
贝尔法斯特	鹿特丹	275	290	355	289	39	1
	汉堡	202	201	369	218	41	1
	安特卫普	162	294	288	394	41	2
赫尔辛基	鹿特丹	966	883	53	155	39	1
菲利克斯托		1263	2218	129	470	31	干线直达
鹿特丹		2073	2686	935	887	35	干线直达
汉堡		2949	2172	580	170	37	干线直达
安特卫普		1264	2775	574	805	33	干线直达
泽布吕赫		897	1017	785	754	34	干线直达
格丹斯克		1899	2513	243	573	34	干线直达
威廉港		1176	1257	426	146	33	干线直达
比莱弗斯		2832	1567	650	831	33	干线直达
南安普顿		150	2716	669	244	34	干线直达
阿尔赫西拉斯		964	2735	184	955	37	干线直达

表 2-2 续 2

目的港	中转港	20英尺（去程）	40英尺（去程）	20英尺（回程）	40英尺（回程）	交货期（天）	中转次数（次）
敦刻尔克		2959	671	652	572	37	干线直达
勒哈弗		1423	1265	635	787	37	干线直达

假设起运港至西北欧区域的所有集装箱均由上海装运，根据 A 集装箱班轮船公司航线布局，对连接上海至西北欧的 12 个干线挂港及 16 个通过干线衔接的支线挂港进行识别，可得上海至西北欧干线、支线挂港服务路径分布图（如图 2-3 所示）。

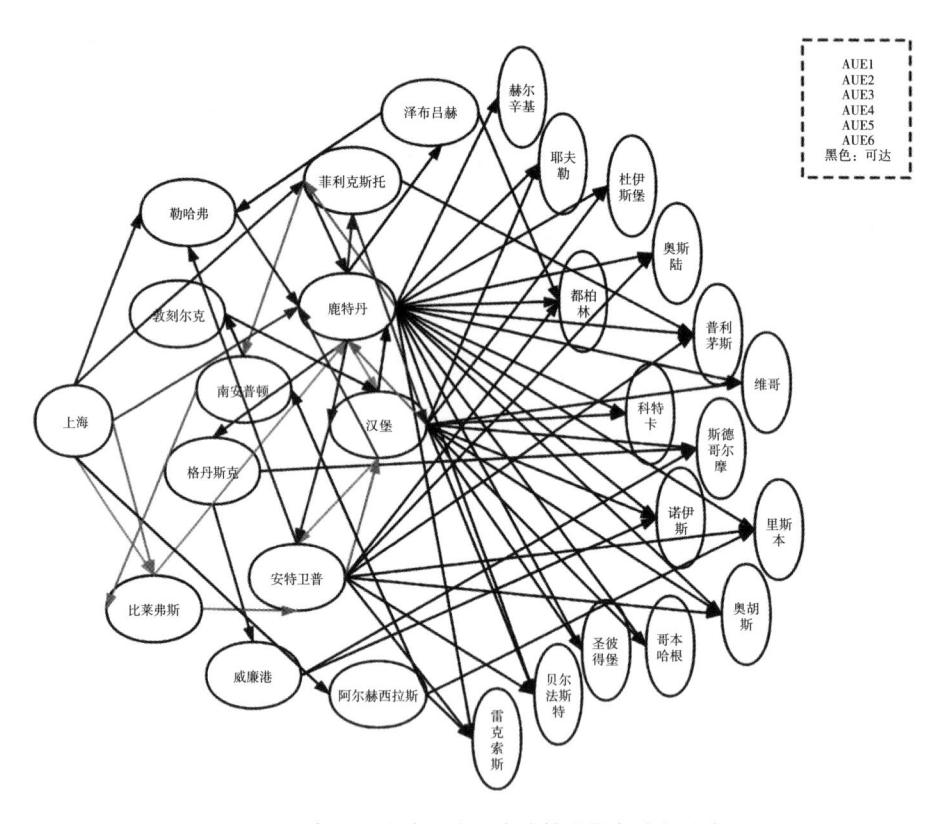

图 2-3 上海至西北欧干线、支线挂港服务路径分布图

为便于计算，对图 2-3 中航线网络服务路径中的港口进行编号，编号结果见表 2-3。

表 2-3　航线网络服务路径港口编号

港口	编号	港口	编号	港口	编号	港口	编号
上海	0	比莱弗斯	8	维哥	16	诺伊斯	24
鹿特丹	1	南安普顿	9	哥本哈根	17	斯德哥尔摩	25
安特卫普	2	阿尔赫西拉斯	10	圣彼得堡	18	耶夫勒	26
泽布吕赫	3	敦刻尔克	11	杜伊斯堡	19	贝尔法斯特	27
菲利克斯托	4	勒哈弗	12	科特卡	20	赫尔辛基	28
汉堡	5	都柏林	13	奥胡斯	21		
威廉港	6	普利茅斯	14	雷克索斯	22		
格丹斯克	7	奥斯陆	15	里斯本	23		

上海至西北欧各干线、支线挂港的交货期控制时间可通过市场平均交货期计算获得，汇总表 2-2 货流数据可得各港口承运的集装箱总量及满足模型约束条件的交货期控制期（见表 2-4）。

表 2-4　上海至西北欧港口集装箱总量及交货期控制期

目的港	集装箱总量（TEU）	交货期控制期（天）	目的港	集装箱总量（TEU）	交货期控制期（天）
1	7445	35	15	2412	39
2	6814	38	16	1153	43
3	2931	39	17	1408	39
4	5699	33	18	2672	42
5	7293	37	19	1323	39
6	3690	41	20	3633	40
7	6925	37	21	2491	41
8	5966	33	22	1403	40
9	5582	34	23	2916	40
10	6434	37	24	1330	42
11	4301	37	25	2948	44
12	3953	37	26	4221	38
13	1549	41	27	2209	41
14	2887	38	28	2732	39

由启运港至西北欧干线、支线港口的中转港、中转时间、转运次数已知，单位集装箱运输成本根据计算所得，整理后见表2-5。

表2-5　单位集装箱运输成本与中转信息一览表

目的港	中转港	单位重集装箱成本（美元）	中转时间（天）	转运次数
13	1	429	6	1
	2	427	4	2
	3	322	1	1
14	4	448	7	2
	1	427	0	1
	2	439	3	1
15	2	444	4	1
	1	476	4	1
16	1	487	6	2
	5	422	6	1
17	5	433	2	2
	1	445	3	3
18	1	423	7	2
	5	408	3	1
19	5	417	2	1
	1	441	3	3
20	1	452	4	2
	5	519	3	1
21	2	433	4	2
	1	476	5	2
	5	394	4	1

表 2-5 续 1

目的港	中转港	单位重集装箱成本（美元）	中转时间（天）	转运次数
22	2	393	4	2
	1	427	5	1
	10	430	2	3
23	2	462	4	1
	1	351	5	1
	10	405	2	2
24	6	478	6	3
	5	420	3	2
	1	516	7	1
25	7	440	10	2
	5	480	0	1
	6	390	6	2
26	1	465	3	1
	5	371	0	1
27	1	487	4	1
	5	374	4	1
	2	388	8	2
28	1	437	4	1
4	干线直达	1220	0	0
1	干线直达	1219	0	0
5	干线直达	1221	0	0
2	干线直达	1228	0	0
3	干线直达	1216	0	0
7	干线直达	1249	0	0
6	干线直达	1200	0	0

表2-5 续2

目的港	中转港	单位重集装箱成本（美元）	中转时间（天）	转运次数
8	干线直达	1210	0	0
9	干线直达	1222	0	0
10	干线直达	1239	0	0
11	干线直达	1241	0	0
12	干线直达	1202	0	0

采用粒子群优化算法（PSO）对以上优化问题进行求解，可得表2-6航线网络服务路径优化选择结果表。

表2-6 航线网络服务路径优化选择结果表

航线选择：1、2、3、4、5、6		航线选择：1、3、4、5、6	
目的港	路线选择[干线（中转港）]	目的港	路线选择[干线（中转港）]
1	AEU1、AEU2、AEU5、AEU6	1	AEU1、AEU5、AEU6
2	AEU2、AEU3、AEU5	2	AEU3、AEU5
3	AEU4	3	AEU4
4	AEU1、AEU6	4	AEU1、AEU6
5	AEU2、AEU3、AEU4、AEU5、AEU6	5	AEU3、AEU4、AEU5、AEU6
6	AEU1	6	AEU1
7	AEU1	7	AEU1
8	AEU2、AEU3	8	AEU3
9	AEU4	9	AEU4
10	AEU4	10	AEU4
11	AEU4	11	AEU4
12	AEU5	12	AEU5
13	AEU1（1）、AEU4（3）	13	AEU4（3）、AEU3（2）

表2-6 续1

航线选择：1、2、3、4、5、6		航线选择：1、3、4、5、6	
目的港	路线选择[干线（中转港）]	目的港	路线选择[干线（中转港）]
14	AEU1（1）、AEU6（1）	14	AEU3（2）、AEU1（1）
15	AEU1（1）、AEU6（1）	15	AEU3（2）、AEU1（1）
16	AEU3（5）	16	AEU6（5）
17	AEU3（5）	17	AEU6（5）
18	AEU3（5）、AEU6（5）	18	AEU6（5）、AEU5（5）
19	AEU3（5）	19	AEU6（5）
20	AEU3（5）、AEU6（5）、AEU2（5）	20	AEU6（5）、AEU5（5）、AEU3（5）
21	AEU3（5）、AEU6（5）	21	AEU6（5）、AEU5（5）
22	AEU1（1）	22	AEU3（2）
23	AEU1（1）、AEU6（1）	23	AEU3（2）、AEU1（1）
24	AEU3（5）	24	AEU6（5）
25	AEU3（5）、AEU6（5）	25	AEU6（5）、AEU5（5）
26	AEU3（5）、AEU6（5）、AEU2（5）	26	AEU6（5）、AEU5（5）、AEU3（5）
27	AEU3（5）、AEU6（5）	27	AEU6（5）、AEU5（5）
28	AEU1（1）、AEU6（1）	28	AEU1（1）、AEU6（1）
算法输出运送成本：143289955美元 实际运送成本：143289955美元		算法输出运送成本：143437844美元 实际运送成本：143437844美元	
航线选择：1、2、4、5、6		航线选择：1、2、3、4、5	
目的港	路线选择[干线（中转港）]	目的港	路线选择[干线（中转港）]
1	AEU1、AEU2、AEU5、AEU6	1	AEU1、AEU2、AEU5
2	AEU2、AEU5	2	AEU2、AEU3、AEU5
3	AEU4	3	AEU3

表 2-6 续 2

目的港	航线选择：1、2、4、5、6 路线选择 [干线（中转港）]	目的港	航线选择：1、2、3、4、5 路线选择 [干线（中转港）]
4	AEU1、AEU6	4	AEU1
5	AEU2、AEU4、AEU5、AEU6	5	AEU2、AEU4、AEU5
6	AEU1	6	AEU1
7	AEU1	7	AEU1
8	AEU2	8	AEU2、AUE3
9	AEU4	9	AEU4
10	AEU4	10	AEU4
11	AEU4	11	AEU4
12	AEU5	12	AEU5
13	AEU1（1）、AEU6（1）	13	AEU4（3）、AEU5（1）
14	AEU1（4）、AEU1（1）	14	AEU4（1）、AEU5（1）
15	AEU1（1）、AEU6（1）	15	AEU5（1）、AEU1（1）
16	AEU6（5）	16	AEU3（5）
17	AEU6（5）	17	AEU3（5）
18	AEU6（5）、AEU5（5）	18	AEU3（5）、AEU4（5）
19	AEU6（5）	19	AEU3（5）
20	AEU6（5）、AEU5（5）、AEU2（5）	20	AEU3（5）、AEU4（5）、AEU5（5）
21	AEU6（5）、AEU5（5）	21	AEU3（5）、AEU4（5）
22	AEU1（1）	22	AEU5（1）
23	AEU1（1）、AEU4（10）	23	AEU5（1）、AEU1（1）
24	AEU6（5）	24	AEU3（5）
25	AEU6（5）、AEU5（5）	25	AEU3（5）、AEU4（5）

表 2-6 续 3

目的港	航线选择：1、2、4、5、6 路线选择［干线（中转港）］	目的港	航线选择：1、2、3、4、5 路线选择［干线（中转港）］
26	AEU6（5）、AEU5（5）、AEU2（5）	26	AEU3（5）、AEU4（5）、AEU5（5）
27	AEU6（5）、AEU5（5）	27	AEU3（5）、AEU4（5）
28	AEU1（1）、AEU6（1）	28	AEU5（1）、AEU1（1）
算法输出运送成本：143516511 美元 实际运送成本：143516511 美元		算法输出运送成本：243289955 美元 （不满足运力约束） 实际运送成本：143289955 美元	

由上述分析可以发现，当航线网络中六条干线服务路径都被选择时，通过选择最优的支线服务路径可以使得航线网络整体运输成本最低，最低值为 143289955 美元。当不选择第六条航线时，找不到满足所有约束的选择方法，去除因不满足约束而增加的惩罚成本，其运输成本和六条航线都选择的成本是一样的。其余不选择第二条航线或不选择第三条航线，在支线选择最优的情况下，运输成本要高于最低成本 0.1%~0.2%，这说明在路径优化决策中要充分考虑提高干线航线的利用率，通过合理使用干线服务路径控制路径运输成本。最优路径选择如图 2-4 所示。

进一步对路径优化决策中支线及中转港选择进行研究，可以发现，针对同一干线货流，选择不同的支线服务路径和中转港口，也会显著影响路径服务成本。表 2-7 列举了各支线港口选择 3 种不同服务路径的成本对比，其对航线网络成本的影响值为 88038 美元。

对各支线港口选择同一干线和不同支线服务路径对航线网络成本的影响情况进行统计，结果见表 2-8，可以发现，模型算例中使用不同支线服务路径对成本的增加值最高达 264892 美元，成本增幅达 0.18%，这说明路径优化决策中支线服务路径的选择也至关重要，要按照交货期、中转效率等路径优化控制规则，对不同服务路径建立优先级别，控制航线网络运输成本。

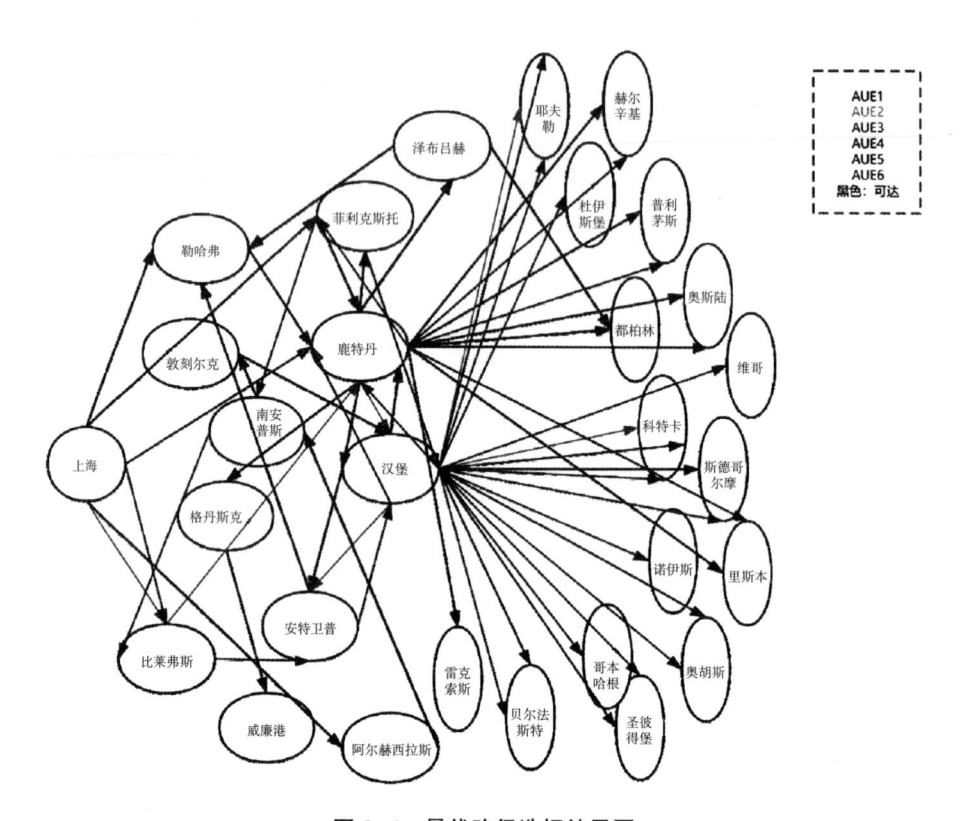

图 2-4　最优路径选择结果图

表 2-7　各支线港口选择 3 种不同服务路径的成本对比

港口编号	第一种	第二种	第三种
13	AEU4（3）、AEU1（1）	AEU4（3）、AEU6（1）	AEU3（2）、AEU4（3）
14	AEU1（4）、AEU1（1）	AEU6（1）、AEU6（1）	AEU3（2）、AEU1（4）
15	AEU1（1）、AEU3（2）	AEU6（1）、AEU3（2）	AEU3（2）、AEU1（1）
16	AEU2（5）	AEU3（5）	AEU6（5）
17	AEU2（5）	AEU3（5）	AEU6（5）
18	AEU2（5）、AEU3（5）	AEU3（5）、AEU6（5）	AEU6（5）、AEU3（5）
19	AEU2（5）	AEU3（5）	AEU6（5）
20	AEU2（5）、AEU3（5）、AEU5（5）	AEU3（5）、AEU6（5）、AEU5（5）	AEU6（5）、AEU3（5）、AEU2（5）

表2-7 续

港口编号	第一种	第二种	第三种
21	AEU2（5）、AEU3（5）	AEU3（5）、AEU6（5）	AEU3（2）、AEU6（5）
22	AEU1（1）	AEU6（1）	AEU3（2）
23	AEU1（1）、AEU3（2）	AEU6（1）、AEU3（2）	AEU3（2）、AEU1（1）
24	AEU2（5）	AEU3（5）	AEU6（5）
25	AEU2（5）、AEU3（5）	AEU3（5）、AEU6（5）	AEU6（5）、AEU3（5）
26	AEU2（5）、AEU3（5）、AEU5（5）	AEU3（5）、AEU6（5）、AEU5（5）	AEU6（5）、AEU3（5）、AEU2（5）
27	AEU2（5）、AEU3（5）	AEU3（5）、AEU6（5）	AEU6（5）、AEU3（5）
28	AEU1（1）、AEU2（1）	AEU6（1）、AEU5（1）	AEU1（1）、AEU6（1）
运输成本	143470701美元	143438823美元	143526861美元

表2-8 同一干线选择不同支线及中转港口的成本对比

支线选择	运输成本（美元）	与最优成本之间的差距（美元）（最优值：143289955）
第一种	143470701	180746
第二种	143438823	148868
第三种	143526861	236906
第四种	143291711	1756
第五种	143291601	1646
第六种	143406951	116996
第七种	143554847	264892
第八种	143290065	110
第九种	143323369	33414
第十种	143376851	86896

需要说明的是，以上交货期控制期变化对服务路径的成本控制仅考虑了交货期放宽对可选服务路径的影响。在实践中，交货期放宽，可能允许集装箱班轮船公司以更经济的航速运营船舶，从而节省燃油消耗，这将进一步降低航线网络中的服务路径成本。

四、对集装箱班轮成本控制的思考

集装箱班轮成本控制是一项复杂的系统性工作，由于运输链条长，涉及主体众多，成本控制既取决于船公司自身的经营管理水平，又受外部供应商的制约。如何抓住运输链条中的关键节点，优化业务流程、提升效率，并与外部供应商协同协作，是成本控制能否取得实效的关键。同时，集装箱班轮成本控制也不是孤立的，不能光为成本控制而不考虑服务效率和航线服务竞争力，不同成本之间由于业务逻辑不同，在控制过程中也可能存在冲突和背离，在成本控制中要处理好以下各方面的关系。

（一）处理好成本控制与产品和服务的关系

集装箱班轮船公司进行成本控制的目标是压缩成本支出，实现成本领先的竞争优势，改善盈利水平。成本控制的前提是稳定客户服务水平，维持航线产品和服务的竞争力；忽视客户服务体验和产品竞争力，可能导致在成本控制过程中顾此失彼，因小失大。

以加船减速、临时停航、航线合并等各种短期的运力调节措施为例，在航线产品和服务竞争力得以维持的前提下，这些临时的运力调节措施，既能显著降低船公司的燃油成本、船舶成本，又能稳定市场预期，对即期市场运价稳定形成支撑，作用显著。但是，加船减速使得交货期延长，可能由于客户对交货期不满意或无法调整供应链各节点工班安排而选择其他承运人，造成客户流失。临时停航、航线合并使得原有的服务路径出现调整，细分市场的直达航线服务可能调整为中转航线服务，航线班期密度减少、交货期延长，可能削弱细分市场的航线产品竞争力，影响客户服务体验。成本控制过程中，要注意维持航线产品和服务的竞争力，着力改善和提升客户服务体验。

（二）处理好成本控制与收入提升的关系

成本控制与收入提升是集装箱班轮船公司改善盈利水平的关键，两者没有孰高孰低之分，同等重要。成本控制被广为提及并日益成为船公司之间竞争的核心要素之一，是基于集装箱运输业供需失衡、产品和服务高度同质化的背景下，船公司品牌溢价不大、增收乏力的形势下做出的现实选择；但这不意味着收入提升不重要。成本控制过程中，要特别处理好成本控制与收入提升的关系，尤其是各项成本控制措施的预期效果评估，要综合考虑对收入的影响，避免以偏概全、得不偿失。以集装箱空箱固定费、空箱变动费的各项成本控制方法为例，如果一味追求更低的箱位比，控制空箱保有量规模，可能由于局部或整体的缺箱，导致客户的服务需求无法得到满足，而出现客户流失，成本节支的同时可能导致更大幅度的收入下降。与此类似，通过设定空箱保有量系数，限制不同堆场的空箱保有量规模，简单根据在场空箱保有量指标对富裕空箱进行调运，可能造成局部或阶段性缺箱，带来客户流失，既影响客户收入，又承担了无谓的空箱调运成本。成本控制过程中，对各项成本节支措施的效果评价要与收入指标相结合，统筹兼顾。

（三）处理好局部与整体的关系

成本控制过程中，局部与整体的利益并不总是一致的，要善于处理好局部与整体的关系，通过建立合理的内部考评和协作机制，统筹协调好局部与整体的利益，确保各项成本控制措施符合公司整体利益，服从公司战略大局。

以空箱变动费为例，由于货流不平衡发生的空箱调运路径可能是多元的，不同的调运路径决定了承担成本的经营主体和考核责任主体可能完全不同，如远东出口至北美的集装箱富裕空箱可以通过太平洋航线直接调运回远东；也可以通过大西洋航线，将空箱用于北美至欧洲的出口货流，并在客户还箱后通过欧洲航线调运回远东，甚至在欧洲将空箱用于欧洲出口至中东的货流，最后通过中东航线调运回远东；以上不同调运路径承担调运成本的经营主体和考核主体完全不同。当局部利益与整体利益不一致时，局部利益必须服从于整体利益，集装箱班轮船公司必须从整体利益最大化出发，选择运输成本最低的调运路径，进行统筹协调和安排。集装箱班轮船公司在船舶配置、港口费率谈判等也存在类似的情况，对于低租金船舶投入的航线，关系到各经营主体的营运成本，影响其经营绩效考核，集装箱班轮船公司应从整体出发，根据各航线最佳船型、市场规模、船舶现状等统筹安排，实现利益最大化。对港口费成本控制，集装箱班轮船公司可能在费率谈判时对部分港口让步，换取其在更广泛区域的费率下降，需要成本控制部门从全局进行总体协调，有效处理好局部与整体的关系。

（四）处理好长期利益与短期利益的关系

成本控制是集装箱班轮船公司的长期工作，任重道远，当短期利益与长期利益不一致时，应优先服从于长期利益。如在货物费成本控制中，通过将航线转移至装卸费率较低、免费堆存时间较长、堆存费率较低的码头以控制成本时，应评估短期的成本节支是否与公司长期的发展目标一致，是否对与码头公司的长期合作造成影响。与此类似，当采取加船减速、临时停航、航线合并等短期运力调节措施时，既要考虑短期的成本节支，也要考虑对远期的市场营销及客户开发带来的影响。

（五）处理好不同成本之间的关系

集装箱班轮船公司控制成本，很容易陷入一个误区，那就是指标越多越好、管理越全面越好。表面上，通过各种考核指标，建立起一个庞大的指标考核体系，对成本的管控有章可循，但实际上可能背道而驰。鱼和熊掌能够兼得当然最好！但是，在实践中，由于不同的成本指标往往存在内在联系，有些成本的控制往往意味着其他成本的上升，在成本控制过程中要懂得抓大放小、有所取舍。

比如，对客户重箱提箱进行催拆，可以提高集装箱设备周转效率，降低可能的空箱设备成本，但同时也压缩了客户因为超期用箱发生的滞期费金额，影响滞期费收入等指标。为降低集装箱空箱修理费、空箱清洗费等成本支出，而将空箱调运至低成本的区域进行修理和清洗，可能在降低空箱修理费、空箱清洗费等成本的同时，增加空箱的调运成本和堆存成本。

处理好不同成本之间的关系，关键在于合理界定各项成本金额及对总体成本控制的影响，明确优先级别顺序，做到抓大放小、有的放矢。

总体而言，集装箱班轮成本控制已成为船公司在激烈的市场竞争中提升核心竞争力的重要手段。对船公司而言，对内要完善成本管控的流程和责任主体，制定科学的考核指标和跨团队协作机制，按照"成本导向、效率优先、收入并重"的原则，妥善处理好局部与整体、短期与长期的利益关系，通过精益管理和过程管理有效控制各项可控成本；通过完善内部决策流程机制，提高决策能力，控制租造船、租造箱等各项固定成本。对外要通过联盟合作和产业链整合，加强班轮联盟在供应商采购、航线布局、船型优化、支线网络开放、空箱使用等各领域合作，建立广泛的利益共同体，不断提高成本控制的效率和效益。

第二节
集装箱班轮运价管理

一、运价及运价指数

运价是集装箱班轮船公司提供产品和服务，承运单位货物的价格。作为集装箱班轮船公司投入船舶、集装箱设备，经营航线网络、获取利润的重要手段，运价水平的高低在很大程度上决定了船公司的收入水平和经营绩效。维持合理的运价水平，对集装箱班轮船公司乃至整个行业的健康发展至关重要。

（一）运价结构及附加费

运价包括基本运费和附加费两部分，基本运费是指针对单位计价单元的货物所收取的基本海运费；附加费是集装箱班轮船公司根据特定的运输条款、货流流向、服务项目、行业习惯等制定的附加费用。各船公司在不同航线宣布的各项附加费超过30项，包括但不限于以下项目：

（1）ORC（Origin Receiving Charge）：华南与香港地区码头收货费用，

类似于其他港口收取的码头装卸费；

（2）SPS（Shanghai Port Surcharge）：上海港口附加费，一般见于美国、加拿大航线，类似于港口收取的码头装卸费；

（3）PSS（Peak Season Surcharge）：旺季附加费，一般在旺季期间征收，也见于船公司推出的临时涨价计划；

（4）DDC（Destination Delivery Charges）：目的地交货费用，常见于美国、加拿大航线；

（5）THC（Terminal Handling Charges）：码头装卸费，也称港口使费，用于弥补装卸成本，与ORC、SPS性质相同；

（6）FAF（Fuel Adjustment Factor）：燃油价格调整附加费，一般常见于中日航线，性质与BAF相同，燃油价格大幅波动时常用于弥补成本；

（7）BAF（Bunker Adjustment Factor）：燃油附加费，与FAF性质相同，应用更广，燃油价格大幅波动时用于弥补成本；

（8）EBS（Emergency Bunker Surcharges）：紧急燃油附加费，一般是在燃油价格快速上升，超过船公司预期或承受能力，由于行情不旺又不方便及时上涨海运费，为了弥补快速上涨的成本，而临时收取的一项附加费；

（9）PCTF（Panama Canal Transit Fee）：巴拿马运河费，见于经巴拿马运河至美东的全水路运输航线，用于弥补船公司巴拿马运河通行费用；

（10）DOC（Documentation Fee）：文件费，见于各航线进出口，用于弥补单证人员人工成本或提货单据印刷成本而收取的附加费；

（11）TAR（Temporary Additional Risks）：临时风险附加费，或称战争附加费，见于途经战争区域航线或高风险区域航线收取的特别附加费；

（14）GRI（General Rate Increase）：综合费率上涨附加费，与税率调整附加费RRS（Rate Restoration Surcharge）性质相同，见于各航线，常用于发布各类临时涨价计划；

（15）CUC（Chassis Usage Charge）：底盘车使用费，见于美国航线，用于弥补底盘车配备的额外成本；

（16）PCS（Port Congestion Surcharge）：港口拥挤附加费，见于各航线，用于弥补由于港口拥挤造成的船舶待时、等待卸货增加的额外成本，多为港口拥堵时的临时附加费；

（17）ACC（Alameda Corridor Charge）：走廊附加费，见于美国航线，征收对象为经由长滩、洛杉矶两港利用铁路运输中转至加州、华盛顿州、亚利桑那州、内华达州以外所有美国各地区的货物；

（18）SCS（Suez Canal Surcharge）：苏伊士运河附加费，见于欧洲、地中海等途经苏伊士运河航线，用于弥补苏伊士运河通行成本；

（19）AMS（Automatic Manifest System）：美线舱单发送附加费，与欧盟收取的入境摘要报关单发送附加费 ESD（Entry Summary Declaration）性质相同，用于弥补海关舱单发送成本；

（20）LIS（Logistics Imbalance Surcharge）：箱体不平衡附加费，见于双向货流严重失衡的部分航线，用于弥补空箱调运成本。

对以上附加费进行分析，可以看出，作为班轮运价的有机组成部分，附加费既包括船公司为弥补成本支出而征收的各项费用补偿，例如燃油附加费、码头装卸费、苏伊士运河通行费用、巴拿马运河通行费用，也包括船公司为引导市场预期而发布的各项涨价计划，例如PSS、GRI，还包括船公司为应对各种偶发状况宣布的相关附加费，例如PCS、LIS等。虽然名目繁杂的各类附加费本身并不能提高集装箱班轮船公司的运价，无论是直接货主还是货代，客户关注的往往是"ALL IN"的运价成本，各类附加费更多包含在"ALL IN"的报价条款之中，但是，通过对附加费的分析，可以对船公司运价背后的成本构成要素进行分析，了解运价波动的内在逻辑和发展走势。以1998年至2018年运价为例（如图2-5所示），仅从名义运价数值看，2018年运价比1998年降幅仅约20%，但是如果考虑扣减燃油附加费的基本海运费，在过去20年之中，基本海运费下降超过50%；燃油附加费占运价的比例从1998年的8%提高到2018年的15%，燃油成本的上升全部由船公司承担并以更低的运价回报客户。

（二）运价指数

由于运价宽幅波动，为直观反映集装箱班轮运输市场的运价走势，为政府和企业经营提供参考和依据，上海航运交易所编制并发布了运价指数。

运价指数是反映运价水平变动趋势的相对数量指标，航运运价指数是

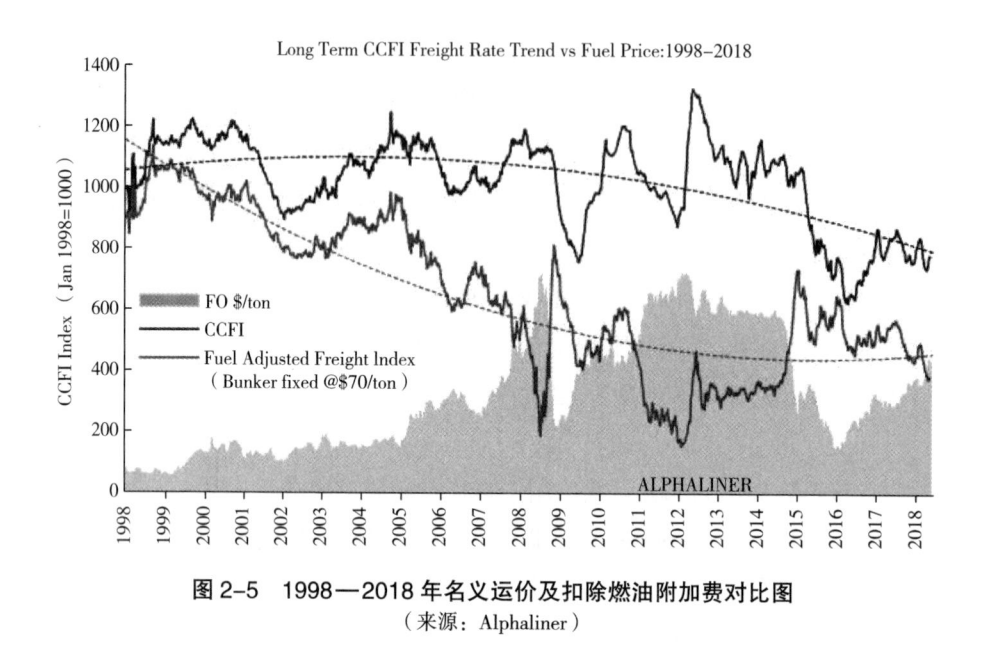

图 2-5　1998—2018 年名义运价及扣除燃油附加费对比图
（来源：Alphaliner）

其自身在某个时间点（也称报告期）的数值与基准统计时间点的数值的比值。常用的指数编制方法有拉氏指数法和帕氏指数法，这两者都属于加权综合指数法。拉氏指数由德国学者拉斯佩雷斯（Laspeyres）提出，以基期的某个变量为同度量因素，又称常数加权或固定加权综合法。帕氏指数由德国学者帕煦（Paasche）提出，以报告期的某个变量为同度量因素，又称变数加权综合法。中国出口集装箱运价指数（China Container Freight Index，CCFI）采用拉氏指数法编制。

中国出口集装箱运价指数于 1998 年 4 月 23 日由上海航运交易所（Shanghai Shipping Exchange）首次编制发布，并被编入联合国贸易和发展会议海运年报中，时至今日，已成为中国乃至世界集装箱运输市场的"晴雨表"。

（1）中国出口集装箱运价指数样本航线和样本船公司的选择

中国出口集装箱运价指数在选择样本航线时，根据典型性、地区分布性、相关性三大基本原则，筛选出 14 条航线作为样本航线，分别为韩国、日本、东南亚、澳新、地中海、欧洲、东西非、美西、美东、南非、南美、波红航线及中国香港、台湾地区航线，国内出发港口包括大连、天津、青岛、上海、南京、宁波、厦门、福州、深圳、广州十大港口。

中国出口集装箱运价指数在选择样本船公司时，由多家商誉卓著、航线市场份额大的中外船公司，按照自愿原则，提供编制中国出口集装箱运价指数所需运价信息，包括：中远海运集运、马士基航运、法国达飞轮船、东方海外货柜、赫伯罗特、锦江航运、海华轮船、新海丰等多家船公司。

（2）中国出口集装箱运价指数计算公式的选择

充分考虑运价指数所反映对象的经济含义和实际数据的获得性，经过理论推导和实证分析，中国出口集装箱运价指数的计算公式确定为拉氏公式。指数计算的权数为运费收入（运输额）。

（3）中国出口集装箱运价指数运价类型的确定

集装箱运价的制定不仅受到运输产品价值、运输市场供求关系和市场主体行为的影响，而且集装箱运价还因交接方式、贸易条款、船公司所提供的服务不同而使同一航线上的运价产生差异。中国出口集装箱运价指数采用的运价是在各种因素影响下的综合运价，即所有港口的主要船公司运价的总体加权平均。船公司的运价指的是采用"CY TO CY"条款的运价。

（4）中国出口集装箱运价指数基期的选择及发布的频率

作为价格指数衡量的基期应该是一种运输市场相对稳定的标准时期，既要反应运价水平的常态，又要考虑价格信息资料的可获得性和可比性。从长期来看，班轮航线分布、运价的构成会发生较大的变化。因此基期的选择与报告不宜相距太远。中国出口集装箱运价指数的基期定为1998年1月1日，基期指数为1000。中国出口集装箱运价指数每周发布一次，并且在每周五编制并发布。

随着时间的推移，运价指数编制的方法可能会因实际情况的变化而相应发生变化，所以保证调整前与调整后的指数具有可比性是一条重要原则。影响指数可比性的主要因素是样本航线的变动如航线数的增减、航线权重的变化。中国出口集装箱运价指数也编制了有关航线更换、权重交换等规则。

二、运价制定的参考因素

定价策略是集装箱班轮船公司经营管理策略的重中之重。定价策略是否合理在很大程度上决定了集装箱班轮船公司的市场营销目标、客户开发战略能否取得成功，直接影响其经营绩效。运价也是行之有效的营销工具，在激烈的市场竞争中，通过价格杠杆，争抢即期市场货源，提高自身市场份额，成为各船公司应对弱势市场、提升舱位利用率的普遍选择。对于运价杠杆的过度使用，导致了集装箱班轮运输业自2008年以来出现非理性竞争的局面，定价机制紊乱和定价主体多元化，集装箱运价大起大落、运价周期缩短，"上有封顶，下有支撑"的运价格局被打破，市场陷入混乱。

那么，集装箱班轮船公司该如何制定运价呢？运价制定应该考虑哪些因素呢？以下列举分析。

（一）市场供求关系

集装箱班轮运输服务于全球贸易，市场供求关系是集装箱班轮船公司定价重要的参考和依据。当运力供不应求时，集装箱班轮船公司普遍选择涨价或限制低价货源舱位以提升航线收益；反之，当运力供过于求时，集装箱班轮船公司则普遍选择降价以争抢市场游离货源，增加航线收入。市场供求关系及其未来预期也显著影响集装箱班轮船公司与货主、货代的心理预期，进而对即期市场和远期市场定价产生影响。在供不应求的市场环境下，客户对运价的敏感度降低，更加关注对舱位资源的保障，由于订舱后舱位可能无法保障，客户为降低风险针对同一票货物可能在不同船公司进行订舱，这种"挂篮头"的现象进一步加剧了舱位紧张的氛围，从而推高实际成交运价；反之，在供过于求的市场环境下，客户对运价极度敏感，由于看跌市场，客户往往选择推迟订舱，针对同一票货物不同船公司在争夺中不断试探并调低报价，加剧了市场的恐慌，运价可能加速下跌。

（二）竞争船公司定价策略

集装箱班轮运输的产品和服务高度趋同，随着班轮联盟合作深化，同质化趋势更趋明显。由于不同集装箱班轮船公司的品牌溢价较为有限，价格高低往往成为影响客户选择的重要因素。集装箱班轮船公司定价时，往往根据其市场定位、品牌形象、服务水平确定对标的竞争船公司，结合竞争船公司的定价策略进行相应定价。由于集装箱班轮船公司不能直接从竞争对手处获取有关客户定价水平等敏感性信息，竞争船公司的定价策略可能在运价磋商时由客户提供，也可能通过其合作的其他客户进行多方验证。

（三）经营策略及市场目标

运价是手段而不是目标，不同的经营策略下，定价策略也迥异。追求市场份额提升，集装箱班轮船公司可能采取较为激进的定价策略，通过包含运价在内的组合营销策略，吸引增量货源，提升市场占有率；追求盈利和效益改善，集装箱班轮船公司则可能采取更为保守的定价策略，通过维持合理的运价水平，稳定收入，改善效益。同时，由于在不同细分市场投入的船舶运力、航线布局不同，集装箱班轮船公司对不同市场的开发目标也不尽相同，针对目标市场或新兴市场，集装箱班轮船公司的定价策略可能更为激进，通过价格杠杆迅速占领市场，提升市场占有率。反之，对非目标市场，集装箱班轮船公司可能更关注于守住已有市场份额，在定价时更加谨慎保守。

（四）客户细分及客户评价

客户细分决定了客户定价的参照体系。集装箱班轮船公司一般将不同客户按直接货主、货代等进行分类，直接货主可以进一步细分为全球投标大客户和中小直接货主；货代可以进一步细分为全球性货代、区域性货代和中小货代，不同客户类别定价时参照的价格体系不尽相同。

客户评价是客户定价的重要依据。客户评价是实现客户差异化定价的前提，集装箱班轮船公司从客户的绝对贡献值、相对贡献值、客户箱量规模、客户堆存条款、客户用箱条款、客户信用期条款、客户淡旺季货量分布、客户货流匹配度、客户忠诚度、客户诚信度等维度区分关键价值指标和潜在价值指标，评估企业当前价值、历史价值和潜在价值，为客户差异定价提供依据。

关键价值指标用于评价客户当前价值和历史价值，包含客户贡献值、客户箱量规模、客户服务成本、客户匹配度、客户忠诚度、客户诚信度六项指标，以下通过赋予指标权重，介绍定量分析方法。

1. 客户贡献值

客户贡献值指标权重设定为40%，包括客户绝对贡献值和客户相对贡献值两个指标，权重各为20%。其中，客户绝对贡献值评估客户在航线网络实现的贡献值总额，反映客户对收益的总体贡献；客户相对贡献值评估客户在各细分航线的平均贡献值与该航线贡献值平均数的差额，反映客户相对其他客户贡献值的高低。

2. 客户箱量规模

客户箱量规模指标权重设定为20%，评估客户在评价期间交由集装箱班轮船公司承运的总箱量，反映客户的总体箱量贡献情况。

3. 客户服务成本

客户服务成本指标权重设定为15%，包括客户堆存条款、客户用箱条款两个指标，其中客户堆存条款评估客户在码头堆场额外堆存需求增加的堆存成本，其权重设定为10%；客户用箱条款评估客户由于在装港和卸港两端额外用箱需求增加的用箱成本，其权重设定为5%。

4. 客户匹配度

客户匹配度指标权重设定为15%，包括客户淡旺季货量分布、客户货流匹配度、客户信用期匹配度三个指标，权重分别设定为5%。其中，客户淡旺季货量分布评估客户货量在航线出运旺季和淡季分布情况，反映客户货量季节性波动特征；客户货流匹配度评估客户需求在装港、卸港及最终交货地点的货流流向与航线货流平衡的匹配程度；客户信用期匹配度评估客户信用期条款与集装箱班轮船公司账期条款的匹配程度。

5. 客户忠诚度

客户忠诚度指标权重设定为5%，评估客户对集装箱班轮运输企业的忠诚程度，反映客户的稳定程度。

6. 客户诚信度

客户诚信度指标权重设定为5%，评估客户在签订合同后，按合同约定价格水平履行合同承诺货量的情况，反映客户的履约信誉。

相关指标的计算方式见表2-9。

表 2-9 关键价值指标各细分指标说明及计分方法

指标名称	具体指标	权重	计分方法
客户贡献值（权重40%）	绝对贡献值	20%	总计 0-100 分，采用函数法计算。参考公式：得分 Y=AX^（1/4）。X 为客户总收入占比，默认 X ≥ 1.50% 时，Y=100 分。A 为参考系数 =285.71（可根据集装箱班轮运输企业实际，选择使用不同函数和调整上下限及参考系数）
	相对贡献值	20%	总计 0-100 分，采用函数法计算。参考公式：得分 Y=AX+B。X 为客户相对贡献值，默认 Max（x）=300，Min（x）=-300。A 为参考系数 =0.16，B 为参考系数 =50（可根据集装箱班轮运输企业实际，选择使用不同函数和调整上下限及参考系数）
客户箱量规模（权重20%）	客户箱量规模	20%	总计 0-100 分，采用函数法计算。参考公式：得分 Y=AX^（1/4）。X 为客户箱量，默认 X ≥ 60000TEU 时，Y=100 分。A 为参考系数 =6.39（可根据集装箱班轮运输企业实际，选择使用不同函数和调整上下限及参考系数）
客户服务成本（权重15%）	堆存条款	10%	总计 0-100 分，采用分档法计算，根据客户堆存条款，评估客户额外堆存成本。根据实际堆存成本发生情况，设定"差、较差、一般、较好、好"5 档，相应按"20、40、60、80、100"赋值
	客户用箱条款	5%	总计 0-100 分，采用分档法计算，根据客户用箱条款，评估客户额外用箱天成本。根据实际用箱天情况，设定"好、中、差"3 档，相应按"100、50、0"赋值
客户匹配度（权重15%）	客户淡旺季货量分布	5%	总计 0-100 分，得分 = 淡季平均单周货量 / 旺季平均单周货量，根据函数法 Y=AX+B 推算
	客户货流匹配度	5%	总计 0-100 分，采用分档法计算，根据客户货流流向与多箱点、缺箱点匹配程度，设定"差、较差、一般、较好、好"5 档，相应按"20、40、60、80、100"赋值
	客户信用期匹配度	5%	总计 0-100 分，采用分档法计算，根据客户信用期要求，与集装箱班轮运输企业的信用期政策对比，设定"好、中、差"3 档，相应按"100、50、0"赋值
客户忠诚度（权重5%）	客户忠诚度	5%	总计 0-100 分，采用分档法计算，根据客户合作年限、客户忠诚度情况，设定"差、较差、一般、较好、好"5 档，相应按"20、40、60、80、100"赋值
客户诚信度（权重5%）	客户诚信度	5%	总计 0-100 分，得分 =（实际履约箱量 / 合约承诺箱量）*100

潜在价值指标用于评价客户潜在价值，包含客户潜在合作箱量、客户潜在示范效应两项指标，通过赋予指标权重，提出定量计分方法（见表 2-10）。

表 2-10 潜在价值指标各细分指标说明及计分方法

指标名称	具体指标	权重	计分方法
客户潜在合作箱量（权重 60%）	客户潜在合作箱量	60%	总计 0-100 分，采用函数法计算。参考公式：得分 Y=AX+B，用于评估客户潜在可能合作的箱量规模。由集装箱班轮运输企业根据实际，确定上下限及参考系数
客户潜在示范效应（权重 40%）	客户潜在示范效应	40%	总计 0-100 分，采用分档法计算，根据示范效应效果，设定"差、较差、一般、较好、好" 5 档，相应按"20、40、60、80、100"赋值，评估客户潜在合作可能对同类型、同行业及相关向下游客户带来的示范效应

根据以上评价指标，对客户当前价值、历史价值和潜在价值进行量化打分。其中，客户当前价值分由客户当前年度关键指标得分计算所得，历史价值分由客户过去三年关键指标得分计算所得，潜在价值分由客户潜在价值指标评得分计算所得；三项得分根据专家问卷调研按 60% 权重当前价值分、20% 权重历史价值分、20% 权重潜在价值分加权计算，确定客户综合价值评分，为客户分层提供量化标准。相关评价方法见表 2-11。

表 2-11 客户综合价值分计分方法

类别	权重	计分方法
当前价值分	60%	根据关键指标对客户在关键指标各细分指标得分情况分别计算，按相应权重计算得出对应分值
历史价值分	20%	根据关键指标对客户过去 3 年在关键指标各细分指标得分情况分别计算，按相应权重计算得出年度值，计算 3 年历史平均分得出相应数值
潜在价值分	20%	根据潜在价值指标对客户各细分指标得分情况分别计算，按相应权重计算得出对应分值
综合价值分	100%	根据综合价值分 = 当前价值分 × 权重（60%）+ 历史价值分 × 权重（20%）+ 潜在价值分 × 权重（20%）计算得出对应分值

根据客户综合价值评分，对客户进行量化评价并相应分层，为客户定

价提供依据；如根据客户综合价值排名10%以内、排名10%以上至25%、排名25%以后的客户分别设定为Ⅰ级、Ⅱ级、Ⅲ级客户，相应在客户定价时制定不同梯度价格，提高了定价的针对性和定价效率。客户分层体系及定价层级见表2-12。

表2-12 客户分层体系及定价层级

客户属性	客户类别	客户综合价值	客户层级	定价策略	定价层级	服务响应需求
货主客户	全球核心客户（Global Key Account）	排名10%以内	Ⅰ级	激进	梯度Ⅰ定价	定制类
		排名10%以上至25%	Ⅱ级	激进	梯度Ⅱ定价	定制类
		排名25%以上至100%	Ⅲ级	激进	梯度Ⅲ定价	增值类
	航线核心客户（Trade Key Account）	排名10%以内	Ⅰ级	灵活	梯度Ⅰ定价	定制类
		排名10%以上至25%	Ⅱ级	灵活	梯度Ⅱ定价	增值类
		排名25%以上至100%	Ⅲ级	灵活	梯度Ⅲ定价	增值类
	区域核心客户（Regional Key Account）	排名10%以内	Ⅰ级	稳健	梯度Ⅰ定价	增值类
		排名10%以上至25%	Ⅱ级	稳健	梯度Ⅱ定价	增值类
		排名25%以上至100%	Ⅲ级	稳健	梯度Ⅲ定价	标准类
	中小客户（Middle and Small）	排名10%以内	Ⅰ级	稳健	梯度Ⅰ定价	增值类
		排名10%以上至25%	Ⅱ级	中性	梯度Ⅱ定价	标准类
		排名25%以上至100%	Ⅲ级	中性	梯度Ⅲ定价	标准类
	零星客户（Retail）	排名10%以内	Ⅰ级	中性	梯度Ⅰ定价	增值类
		排名10%以上至25%	Ⅱ级	中性	梯度Ⅱ定价	标准类
		排名25%以上至100%	Ⅲ级	中性	梯度Ⅲ定价	标准类

表 2-12 续

客户属性	客户类别	客户综合价值	客户层级	定价策略	定价层级	服务响应需求
货代客户	全球性货代（Global NVOCC）	排名 10% 以内	Ⅰ级	灵活	梯度Ⅰ定价	标准类
		排名 10% 以上至 25%	Ⅱ级	灵活	梯度Ⅱ定价	标准类
		排名 25% 以上至 100%	Ⅲ级	稳健	梯度Ⅲ定价	标准类
	区域性货代（Regional NVOCC）	排名 10% 以内	Ⅰ级	稳健	梯度Ⅰ定价	标准类
		排名 10% 以上至 25%	Ⅱ级	中性	梯度Ⅱ定价	标准类
		排名 25% 以上至 100%	Ⅲ级	中性	梯度Ⅲ定价	标准类
	中小客户（Middle and Small）	排名 10% 以内	Ⅰ级	中性	梯度Ⅰ定价	标准类
		排名 10% 以上至 25%	Ⅱ级	保守	梯度Ⅱ定价	标准类
		排名 25% 以上至 100%	Ⅲ级	保守	梯度Ⅲ定价	标准类

（五）货物品类及货流流向

集装箱班轮运价实行的费率为均一费率（Freight for All Kinds Rates, FAK），除特种箱、危险品外，对所有使用普通集装箱的货物，不区分集装箱内装运的货物类别而实行统一费率。但是集装箱班轮船公司在制定运价策略时，需要考虑不同货物的重量、体积，货物流向，结合其在不同货流流向的平衡状况，实行差异化定价，以实现特定的营销目标。例如，当某一航线现有的客户结构中，重货比例较高而导致整船重量利用率已经用足，而舱位出现亏空时，集装箱班轮船公司可以针对该航线的轻抛货源提供定价折扣，鼓励轻抛货源开发，提升舱位利用效率。同时，由于进出口双向货流不平衡，导致在某些区域空箱富裕而在其他区域空箱短缺，简单依赖空箱调运需要承担高昂的调箱成本，集装箱班轮船公司可以通过运价倾斜，鼓励至缺箱点的进口货源或增加多箱点的出口货源，从而改善航线货流平衡，提升效益。

（六）航线舱位利用率

集装箱班轮运输提供的产品和服务具有不可储存、易逝性的特点，航线的舱位利用率情况是其定价的重要依据。当舱位利用率不足时，集装箱班轮船公司可能采取更为激进的定价策略，确保维持合理的舱位利用率水平，减少亏损；反之，当舱位利用率已维持在较高水平或出现爆仓时，集装箱班轮船公司则将维持现有运价水平或提高运价，以改善航线收益。由于不同航线的挂靠港口、交货期、开航时间不同，各条航线的舱位利用率可能参差不齐，集装箱班轮船公司也可以通过差别定价引导客户使用不同航线产品和服务，提升航线舱位利用率。

（七）客户需求及服务条款

客户需求及服务条款也是影响客户定价的重要因素。客户需求及服务条款既影响客户服务成本，又是承运人与托运人责任期限约定划分的依据。客户定价时，需要考虑客户用箱条款、集装箱堆存条款、信用期条款，评估其服务要求对服务成本的影响。用箱条款约定客户在装运港提取空箱直至装船出运和在目的港提取重箱直至将重箱拆箱归还至指定港口或内陆堆场，既影响集装箱设备使用效率，又影响用箱成本。集装箱堆存条款约定客户在装运港和卸货港的免费堆存时间，由于码头超期堆存普遍收取高昂的堆存成本，客户定价时应评估考虑额外堆存成本。信用期条款约定客户付款期限，客户定价时应根据信用期条款，评估考虑可能的资金占用成本。

运价制定是集装箱班轮船公司最重要的经营管理活动之一，定价成功与否与经营绩效、市场营销目标能否实现息息相关，无论采用何种定价策略，定价参考的因素是相通的。定价策略应该相对公开、透明，给客户稳定的预期，最终实现货量和运价的合理平衡，实现既定的经营策略和绩效目标。

三、定价模型和方法

集装箱班轮运价是一个多主体博弈的复杂过程，市场份额领先的集装箱班轮船公司在定价时间窗口率先定价并成为市场的定价标杆；其他船公司则往往采取"跟随定价"的策略，在定价标杆确定后，根据自身品牌定位、运价梯度、市场预期等相应定价。集装箱班轮船公司定价后，运价信息通过货代、货主在市场传递，最终在动态博弈中完成调整和修正。这种定价过程中的博弈是广泛存在的，集装箱班轮船公司作为定价的主体，为实现货量与运价的合理平衡，在定价过程中随时关注着自身航线装载率和竞争对手的报价，任何一方运价调整都将牵动另一方的神经，使运价时刻处于动态变化之中。货代作为中间方，与集装箱班轮船公司和货主同时进行着博弈，一方面，货代需要降低集装箱班轮船公司的市场预期，获得更有竞争力的报价，获得利润和收益；另一方面，货代需要抬高货主对市场的预期，说服货主接受更高的运价以促成交易。货主在集装箱班轮船公司与货代之间进行选择，更低的运输成本、更优的产品服务、更好的账期条款等往往是其关注的重点，多方博弈贯穿于竞争与合作始终，影响着集装箱运价的形成机制和定价方法。

（一）从"智猪博弈"模型看定价标杆与跟随定价

市场份额领先的集装箱班轮船公司率先定价，形成定价标杆，其他集装箱班轮船公司"跟随定价"，在定价标杆确定后根据自身品牌定位、运价梯度、市场预期等定价是集装箱运价形成机制的典型特征。这种定价标杆对价格主导权的控制是脆弱的，在动态调整的机制中，定价标杆和跟随定价策略都可能随着市场预期和货量装载率的波动而调整，但这种定价的机制是即期市场定价的主要形式。通过博弈论中"智猪博弈"的经典模型，可以看出这种定价机制背后的逻辑。

"智猪博弈"模型由 Rasmusen（1989）首先提出。博弈模型假设猪圈中有大猪、小猪两头，各有一个喷嘴和按钮连接食槽，每次按动按钮将有 10 个单位食物进入食槽，但先按动按钮一方将付出 2 个单位成本。如果大猪、小猪同时抵达食槽，两者获得食物的比例为 7∶3；如果大猪先到食槽，大猪、小猪获得食物的比例为 9∶1；如果小猪先到食槽，大猪、小猪获得食物的比例为 6∶4。在此条件下，大猪、小猪博弈的纳什均衡为（行动，等待），即大猪按动按钮而小猪选择等待；这种现象也被形象地称为"搭便车"。根据"智猪博弈"模型，大猪选择行动，如小猪等待，则小猪先抵达，扣除成本后，小猪、大猪的收益比为（4，4），如小猪行动，则两者同时抵达，扣除成本后，小猪、大猪的收益比为（1，5），在此博弈环境下，小猪的优势反应是"等待"；大猪选择等待，如小猪也等待，则两者均无收益，小猪、大猪的收益比为（0，0），如小猪行动，则大猪先抵达，小猪、大猪的收益比为（-1，9），在此博弈情形下，小猪的优势反应也是"等待"，这是小猪"搭便车"的根本原因。

与之类似，集装箱班轮定价过程中，在细分航线上占据主导地位的核心船公司，由于其控制较高的市场份额、客户认可度更高，相对其他船公司受益程度更高，可以视为"智猪博弈"中的大猪，记为"标杆船公司"；其他控制较低市场份额、受益程度更低的船公司可以视为"智猪博弈"中的小猪，记为"跟随船公司"。假设标杆船公司率先定价，由于定价初期客户可能流向跟随船公司，设相应定价成本为2；此时，跟随船公司可能同时定价或继续等待市场明朗，根据"智猪博弈"模型，设在这两种情况下，跟随船公司和标杆船公司的收益比分别为（1，5）、（4，4），对跟随船公司而言，优势反应是等待市场明朗后定价。如标杆船公司选择等待，跟随船公司率先定价，由于其控制较低市场份额、客户认可度更低，受益程度也更低，根据博弈模型，假设其与标杆船公司的收益比为（-1，9）；如标杆船公司和跟随船公司均选择等待，假设两者收益比为（0，0）。该博弈模型收益对比见表2-13。

表2-13 船公司"智猪博弈"矩阵

标杆船公司 跟随船公司	行动	等待
行动	（1，5）	（-1，9）
等待	（4，4）	（0，0）

可以发现，对于跟随船公司而言，无论何种情形，选择等待市场明朗后，根据标杆船公司定价采取"跟随定价"策略都是最优反应，这也可以从2009年至2019年集装箱班轮定价实践得到印证。"智猪博弈"模型启发我们，对于处于弱势地位的中小集装箱班轮船公司，在动态的多方博弈过程中，根据标杆船公司定价及自身成本结构、品牌定位采取"跟随定价"策略，是一种行之有效的方法。

(二)从"囚徒困境"模型看定价过程博弈

"囚徒困境"是博弈论的另一经典模型,Merrill Flood 和 Melvin Dresher (1950)首次拟定出相关困境的理论,后由顾问 Albert Tucker 以囚徒方式阐述,并命名为"囚徒困境"。

模型假设警方逮捕甲、乙两名犯罪嫌疑人,但没有足够证据指控两人罪名成立。于是警方将犯罪嫌疑人分开囚禁并不允许其见面。警方分别和甲、乙犯罪嫌疑人见面,并给出同样条件:(1)若一方认罪并检举对方而对方保持沉默,认罪一方将被无罪释放,而另一方将被判十年监禁;(2)若甲、乙双方都保持沉默拒不认罪,则同样被判以半年监禁;(3)若两人互相检举对方有罪,则同时被判以两年监禁。

根据该博弈模型,无论站在甲方或乙方立场上,若对方"沉默",则己方检举对方可以获释,而选择"沉默"将被判半年监禁,优势反应是"检举";若对方"检举",则己方"检举"将被判两年监禁,而选择"沉默"将被判十年监禁,优势反应仍是"检举"。因此,甲、乙双方站在理性立场上,都会选择检举对方。

"囚徒困境"模型,说明在非零和博弈中,帕累托最优和纳什均衡是相冲突的,博弈结果显然不是顾及团体利益的帕累托最优解决方案。以全体利益而言,如果甲、乙双方保持沉默,显然收益更高;但是在两人都只追求个人利益的假设下,博弈平衡的结果是两人都选择检举对方,结果两人判决均比合作为高,总体利益较合作为低,这就是困境所在。

"囚徒困境"很好揭示了集装箱班轮定价过程中的价格涨跌。在集装箱班轮船公司定价过程中,如标杆船公司、跟随船公司共同涨价,双方均可以显著改善收益,由于标杆船公司市场份额更高、收益更大,假设收益比为(7,3);如标杆船公司率先涨价,而跟随船公司不予配合,由于洼地效应,客户将短暂由标杆船公司流向跟随船公司,由于客户流失将带来显著的损失,假设收益比为(-10,10);与之类似,如跟随船公司率先涨价,而标杆船公司不配合,客户将短暂由跟随船公司流向标杆船公司,假设双方收益比为(10,-10);如双方均不涨价,由于运力过剩,运价长期在低位徘徊,双方都将亏损,标杆船公司市场份额更高、影响更大,假设双方的收益比为（–7，–3）。相应博弈模型收益情况见表2–14。

表2–14　集装箱班轮定价中的涨价博弈模型收益对比

博弈策略	标杆船公司涨价	标杆船公司维持
跟随船公司涨价	标杆船公司收益为7，跟随船公司收益为3	标杆船公司收益为10，跟随船公司收益为–10
跟随船公司维持	标杆船公司收益为–10，跟随船公司收益为10	标杆船公司收益为–7，跟随船公司收益为–3

从表2–14可以看出，在涨价博弈情形中，无论标杆船公司还是跟随船公司，在市场尚不明朗的情况下，理性的博弈策略是维持，而非轻易推动涨价。

我们再来分析定价中的降价情形，如标杆船公司、跟随船公司共同下调运价，双方都将增加亏损，标杆船公司由于市场份额更大，收益影响更大，假设双方收益比为（–7，–3）；如标杆船公司率先降价而跟随船公司维持，由于价格洼地效应，客户短暂由跟随船公司流向标杆船公司对冲了部分价格下调的损失，假设双方收益比为（–4，–6）；与之类似，如跟随船公司率先降价而标杆船公司维持，客户短暂由标杆船公司流向跟随船公司将对冲部分损失，假设双方收益比为（–9，–1）；如双方均维持现有价格，在弱势市场环境中，假设双方均为亏损，标杆船公司亏损更大，两者收益比为（–6，–2），相应博弈模型见表2–15。

表2–15　集装箱班轮定价中的降价博弈模型收益对比

博弈策略	标杆船公司降价	标杆船公司维持
跟随船公司降价	标杆船公司收益为–7，跟随船公司收益为–3	标杆船公司收益为–9，跟随船公司收益为–1
跟随船公司维持	标杆船公司收益为–4，跟随船公司收益为–6	标杆船公司收益为–6，跟随船公司收益为–2

从表2–15可以看出，在降价博弈情形中，无论标杆船公司还是跟随船公司，在弱势市场环境中，理性的博弈策略选择是率先降价，这也是价格下行周期中，推动运价在动态的多方博弈过程中持续下跌，甚至出现非理性定价的重要原因。

"囚徒困境"模型启发我们，对于集装箱班轮船公司而言，并不是每个理性选择都能实现自我利益最大化，为充分发挥定价机制的作用，需要在动态的多方博弈中规避"囚徒困境"思维，避免陷入非理性的定价博弈。

（三）运价制定方法

"智猪博弈"模型解释了集装箱运价形成过程中由掌握定价话语权的船公司确定定价标杆，而其他船公司参照定价标杆采取"跟随定价"策略的价格形成机制；"囚徒困境"解释了船公司在定价过程中"跟跌不跟涨"的思维惯性，尽管这不是定价过程的全部，但却真实地再现了集装箱班轮船公司定价过程中的种种博弈行为和内在逻辑。那么，在定价过程中，是否有定量的参照体系呢？以下简要介绍几种定量的定价方法。

1. "好于调空"定价法

"好于调空"定价法一般用于进口航线定价。由于进出口双向货源不平衡，富裕的集装箱空箱堆存在目的港堆场，既影响设备周转，提高了集装箱空箱配备量和空箱成本，又影响其他区域集装箱供应，降低了客户服务质量。"好于调空"定价法，即按照对客户收取的运费收入总额（包含基本运费和附加运费）不能低于直接将空箱调回卸货港口支出的成本进行定价。假设在 GIGO（Gate In Gate Out，即"报价包含装卸港进出门费用"）条款下，集装箱班轮船公司对装港 A 至卸港 B 的某一客户报价为 P，装港 A 的码头装卸费为 C_1，卸港 B 的码头装卸费为 C_2，从装港 A 至卸港 B 的航线舱位成本为 C_3，按照"好于调空"定价应满足：

（1）目标函数：运价大于或等于为承运货物支付的装卸港码头装卸费及航线舱位成本

$$P \geqslant C_1+C_2+C_3$$

（2）约束条件：装港码头装卸费、卸港码头装卸费、航线舱位成本及运价均为非负变量

$$C_1, C_2, C_3, P \geqslant 0$$

"好于调空"定价法仅适用于从多箱点至缺箱点的航线定价，在此条件下，即使运价水平仅能覆盖装卸港码头装卸成本和航线舱位成本，承运货物可以减少多箱点空箱调运成本，对集装箱班轮船公司仍有价值。对缺箱点至多箱点，或多箱点至多箱点的定价不能适用"好于调空"定价原

则，尤其是缺箱点至多箱点货流，货物送抵目的地后，既加剧了空箱不平衡的局面，又增加了二次调运成本，得不偿失。对于多箱点至多箱点的货流，不能直接参照"好于调空"原则定价，可以结合市场环境和空箱设备周转效率，比较不同多箱点的调运成本，综合评估决策。

2.高于"停航点"定价法

高于"停航点"定价法一般用于极端市场条件下出口航线定价。集装箱班轮运输市场周期性强、振幅大，在极端市场环境之下，船公司将所有船舶停航，亏损金额仍小于船舶投入航线运营。高于"停航点"定价法，即按照对客户收取的运费总额（包含基本运费和附加费）不能低于船舶固定成本和空箱固定成本定价。

假设在"CY TO CY"的条款下，集装箱班轮船公司对装港 A 至卸港 B 的某一客户报价为 P，装港 A 的码头装卸费收入为 THC_1，卸港 B 的码头装卸费收入为 THC_2，船舶的固定成本为 C_1，空箱的固定成本分摊为 C_2，按照高于"停航点"定价应满足：

（1）目标函数：运价及附加费收入大于或等于船舶固定成本与空箱固定成本之和

$$P \geqslant C_1+C_2-THC_1-THC_2$$

（2）约束条件为：运价、装卸港码头附加费、船舶固定成本及空箱固定成本均为非负变量

$$C_1, C_2 \geqslant 0$$
$$P, THC_1, THC_2 \geqslant 0$$

"停航点"是集装箱班轮船公司定价的理论极限，只有在极端市场环境下集装箱班轮船公司才能按照高于"停航点"确定定价下限。同时，从实际经营的角度看，也不能简单认为运价跌破"停航点"，集装箱班轮船公司就应该将所有船舶停航以减少损失，集装箱班轮航线经营是个持续稳定的过程，运价短期跌破"停航点"往往是运价见底的信号，是否停航需要综合考虑维持航线服务稳定和获取稳定收入及流动性支撑；运价跌破"停航点"的局面不可能长期持续。

3.高于"盈亏平衡点"定价法

高于"盈亏平衡点"定价法一般用于正常市场环境下出口航线定价。

"盈亏平衡点"是集装箱班轮船公司实现盈亏平衡的保本点，只有实现盈亏平衡，集装箱班轮船公司才能维持航线服务，促进行业持续健康发展。高于"盈亏平衡点"定价法，即按照对客户收取的运费收入总额（包含基本运费和附加运费）不能低于实现航线盈亏平衡的保本点进行定价。

假设在"CY TO CY"的条款下，集装箱班轮船公司对装港 A 至卸港 B 的某一客户报价为 P，装港 A 的码头装卸费收入为 THC_1，卸港 B 的码头装卸费收入为 THC_2，货物费成本为 C_1，中转费成本为 C_2，港口费为 C_3，空箱变动费为 C_4，空箱固定费为 C_5，船舶费为 C_6，燃油成本为 C_7，按照高于"盈亏平衡点"定价应满足：

（1）目标函数：运价及附加费收入大于或等于货物费、中转费、港口费、空箱变动费、空箱固定费、船舶费与燃油成本。

$$P \geq C_1+C_2+C_3+C_4+C_5+C_6+C_7-THC_1-THC_2$$

（2）约束条件为：运价、装卸港码头附加费、货物费、中转费、港口费、空箱变动费、空箱固定费、船舶费与燃油成本均为非负变量

$$C_1, C_2, C_3, C_4, C_5, C_6, C_7 \geq 0$$
$$P, THC_1, THC_2 \geq 0$$

四、定价创新及思考

从定价模型和方法中，我们了解了集装箱班轮运输市场运价的形成机制，给出了定量的运价制定方法。但是，定价过程并不是一劳永逸的，市场供求关系变化、不同船公司定价策略调整、航线舱位利用率波动等都显著影响运价走势和客户心理预期。如何在已有的定价机制基础上，根据内外部因素的变化及具体客户需求对运价进行调整，成为集装箱班轮船公司普遍关注的重要课题，以下介绍几种定价创新思路。

（一）燃油附加费浮动定价

燃油附加费浮动定价，是指在合同报价时将燃油附加费（Bunker Adjustment Factor）剥离，按照固定的基本海运费加上浮动的燃油附加费进行定价的机制。浮动的燃油附加费费率可以直接采用集装箱班轮船公司定期公布

的燃油附加费费率或采用第三方机构公布的燃油附加费费率。例如：集装箱班轮船公司对客户 A 自上海出运至欧洲基本港的合约报价为 USD 900/40GP[①]，报价条款约定为"CY TO CY，SUBJECT TO THC THD BAF"，这意味着该运价不包含装港和卸港两端的码头装卸费用，同时根据双方约定的燃油附加费确定机制浮动定价。

燃油附加费浮动定价，也可以在定价时确定对应的基期燃油附加费费率，约定其对应的国际原油价格，根据商定的调整机制和时间窗口对运价进行调整。例如：集装箱班轮船公司对客户 A 自上海出运至欧洲基本港的合约报价为 USD 1600/40GP，报价条款约定为"CY TO CY，SUBJECT TO THC THD AND BAF FLOATING"，同时约定合约运价对应的基期燃油附加费费率为 USD 720/40GP，基期燃油附加费费率对应 IFO 380 价格为 USD 320，这意味着该运价不包含装港和卸港两端的码头装卸费用，同时约定该定价包含即期燃油附加费 USD 720/40GP，对应 IFO 380 基价为 USD 320，后续合同定价自动根据 IFO 380 变化值进行同幅度调整，当次月运价调整时间窗口内 IFO 380 平均下降 10%，合约运价将同幅度下降 10%；反之亦然。

燃油附加费浮动定价常见于国际原油价格宽幅波动的市场环境下，集装箱班轮船公司与客户为合理分摊国际原油价格波动风险，避免运价协议达成后单方面违约等原因而做出的定价机制创新，在全球投标客户报价中使用较为普遍。

（二）上海出口集装箱运价指数关联定价

上海出口集装箱运价指数关联定价，是指在合同报价时约定根据上海出口集装箱运价指数变动情况对运价进行定期调整的定价机制。从上海出口集装箱运价指数关联定价的具体形式看，包括直接按照上海出口集装箱运价指数的固定折扣定价、约定初始运价并按约定期限内上海出口集装箱运价指数相对基期指数的波动值调整运价等多种定价形式，部分上海出口集装箱运价指数关联定价，同时约定了运价调整的上限和下限。

上海出口集装箱运价指数固定折扣定价常见于集装箱班轮船公司与货代，尤其是全球性货代的 FAK（Freight for All Kinds Rates）运价合同，在

---

① GP，General Purpose，普柜。

远东至西北欧、地中海航线尤为普遍。由于即期市场运价调整频繁、宽幅波动，货代 FAK 运价更新不及时可能导致货量流失，于是部分船公司率先推出基于指数的固定折扣运价，迅速在市场得到推广。上海出口集装箱运价指数固定折扣定价，对市场运价波动较为平滑的市场具有很好的效果，由于上海出口集装箱运价指数由第三方机构（上海航运交易所）编制并公开发布，运价变得公开、透明、可预期，固定折扣的定价机制为客户提供了稳定而可预期的运价，对客户具有较强的吸引力。在市场宽幅波动且急剧变化的环境下，使用上海出口集装箱运价指数定价，可能出现指数的上涨或下跌滞后于即期市场，导致运价明显偏离市场的情况；此时可以通过在运价折扣比例、运价调整周期等定价条款基础上增加履约箱量目标约束，避免由于指数定价滞后于即期市场，带来客户出货量的大幅波动。

约定初始运价并按约定期限内上海出口集装箱运价指数变化值调整运价的定价方式，常见于集装箱班轮船公司与直接货主的长期运价合同，包括约定初始合同运价及对应的基期运价指数，按约定期限内上海出口集装箱运价指数的变动幅度同幅度调整运价和约定初始合同运价及对应的基期运价指数；按约定期限内上海出口集装箱运价指数的变动幅度对应的区间及各区间对应的运价变动幅度调整运价等不同形式。合同中，也可以同时对运价调整的幅度上限和下限进行约定。

（三）货代列明货主定价

货代列明货主定价是在集装箱班轮船公司与货代签订的 FAK 合同之外，对列明的直接客户签订长期固定运价（可以包含根据燃油附加费或上海出口集装箱运价指数变化等定价调整机制）以满足货代对其控制的部分直接客户个性化定价需求的定价机制。货代列明货主定价最早源于货代对其接受邀标的投标客户的报价需求，集装箱班轮船公司通过锁定货主，提高定价的针对性。随着货代列明货主定价越来越普及，各种合约泛滥，也造成了市场定价主体的错位和市场运价的混乱，各种套约现象也冲击着现有的市场秩序。

货代列明货主定价应建立严格的客户准入机制，从签约货代的履约信誉、列明货主的货主资质、历史履约表现、货流流向等进行综合评估，合同定价时必须严格限定出货品名,并与客户网站、营业执照中列明的经营范围进行比对,规避可能的套约风险。

第三节
集装箱班轮舱位管理

集装箱班轮航线具有"固定航线、固定船期、固定港口"的特点,航线布局确定后,航线挂港和可用舱位相对固定。由于全球贸易随季节性波动,客户需求在不同季节波动较大,"旺季爆仓、淡季亏舱"成为困扰行业的一个共性问题。集装箱班轮舱位管理,是指对投入航线运营的集装箱船舶在不同港口的舱位进行分配和管理,确定客户在不同航线、不同港口的舱位分配策略的过程。

集装箱班轮运输提供的产品和服务具有易逝、不可储存的特点,舱位资源是船公司获取收益,实现经营目标的核心资源。Lama Moussawi-Haidar(2014)研究航空货运收益管理,提出航空货运的客户需求将在开航前持续较长时间抵达,这种需求难以有效预测且受服务水平影响更大;由于长期合约客户、现货市场客户依次抵达,且长期合约客户在舱位分配时具有优先权,客户订舱后退关不受惩罚,舱位分配时需要考虑客户需求的随机性、动态性特征(如图2-6所示)。

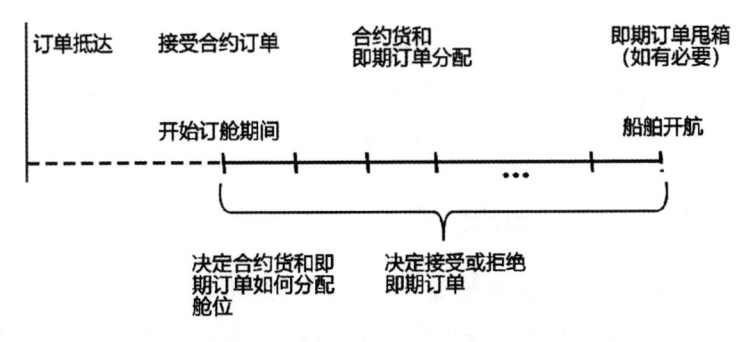

图2-6 航空货运客户需求抵达及舱位分配决策图
(图片来源:Lama Moussawi-Haidar,2014)

集装箱班轮运输与航空货运既有相似之处，又有不同点。客户需求在开航前持续较长时间随机抵达，长约客户签订有舱位承诺条款，在舱位分配时具有一定优先权，需要满足承诺内舱位数额；客户临时退订没有罚金这是其相似之处。同时，集装箱班轮运输中，客户需求满足除受到航线可用舱位限制，还受船舶总载重吨、可用空箱设备以及危险货物、大件货物等特殊货类配积载要求等诸多限制。由于集装箱班轮航线挂靠港口较多，航线网络中存在服务于同一装卸港口的不同服务路径，这些服务路径在成本、交货期中具有显著差异；航线网络中的不可服务路径既包括远程航段，又包括远程航段的近程舱位，舱位分配管理中还需要考虑远程、近程舱位合理适用，避免倒箱增加额外成本。如何合理分配不同客户的舱位，既满足客户服务需求，又提升航线收益，是集装箱班轮船公司的一项重要课题。以下从影响班轮船公司舱位资源管理的相关因素分析入手，分析存在的困难和问题，研究改进提升舱位分配管理的模型和方法。

一、舱位管理的参考因素

舱位管理的目标是通过合理的舱位分配策略，既满足客户服务需求，促进舱位资源利用率提升和客户合作关系改善，又实现舱位资源价值提升，改进提升航线收益。因此，在舱位管理过程中，既要从客户维度考量，评估客户合作潜力、淡旺季货量分布、客户承诺及履约信誉，合理确定不同客户舱位保障计划，夯实航线客户群体，提升舱位利用率水平，又要从效益维度考量，评估不同客户运价水平、货流贡献值，并与航线货流平衡紧密结合，通过舱位分配策略实施，提高实际上船客户的运价水平，优化航线货流平衡，降低成本，最终实现效益改善。以下从客户维度和效益维度，对舱位管理中相关参考因素进行分析。

（一）客户承诺及履约信誉

客户承诺是指集装箱班轮船公司与客户签订运价合同时双方约定的舱位保障条款。由于客户出货存在淡季、旺季，舱位保障条款存在多种形式，既可以约定客户全年的货量及其对应的舱位保障数额，也可以约定客户淡季、旺季的货量比例及其最低限度的舱位保障数额。舱位分配和管理，必须以信守客户承诺为前提，否则可能造成客户流失并影响公司商誉及客户合作。同时，由于客户履约信誉参差不齐，签订合同后不履约或选择性履约的客户也不少见，为确保优质客户的舱位需求优先得到满足，应建立客户跟踪、评估、反馈机制，动态跟踪客户履约进度并主动提醒，根据履约信誉滚动更新客户舱位分配策略。

（二）客户运价水平及其贡献值

在信守客户承诺、满足优质客户舱位需求的基础上，应该建立按照客户运价水平和贡献值评估的舱位分配和管理制度。与航空客运按照舱位等级及预定时间提前期进行差别定价的模式不同，集装箱班轮船公司对客户的差异化定价更多基于客户性质（直接货主或货代客户）、货流流向（多箱点货流或缺箱点货流）、价格期限（即期报价或短期合约或长期合约）等，由于客户运价水平差异较大，同等数量的舱位实现的收入及货流贡献值差异显著。尤其是在市场上行周期，由于运价上升预期强烈，低价客户的舱位需求急剧上升，进一步加剧了舱位的紧张局面。如果不对客户运价水平及其实现的货流贡献值进行评估，简单按照订舱顺序"先到先得"进行放舱，可能导致低贡献值货源大量挤占高贡献值货源舱位，影响航线效益。

（三）客户货流流向及货物类别

由于进出口货量不平衡、箱型不匹配，客户在运输中使用的集装箱归还至指定堆场后，呈现空箱富裕或短缺的状态，称之为"多箱"或"缺箱"。集装箱货物流向"多箱"区域还是"缺箱"区域，决定了航线货流平衡是得到改善还是恶化。为降低可能的空箱海运调运或内陆平衡调运成本，提升航线效益，在舱位分配和管理过程中，要树立货流平衡的理念，鼓励多箱点至缺箱点货流，从舱位资源分配上为优化货流平衡提供支持。同时，由于客户出运的货物品名、货类千差万别，存在轻抛货源与重货之分；不同货类对交货期要求也不尽相同，在舱位分配和管理过程中，要做好轻重货源搭配，避免由于货物超重出现"爆重不爆仓"的窘境，影响舱位利用效率；要关注不同货类对交货期的要求，合理安排客户在不同航线的舱位比例。

（四）细分市场规划、客户战略及运力规划

舱位资源分配和管理必须服从于公司对细分市场的目标规划，为细分市场开发提供舱位支持和保障。例如，在国内产业结构升级调整背景下，各船公司加大了对东南亚、南亚等新兴市场的开发力度，在舱位分配管理过程中，也要进行相应调整，增加东南亚、南亚等各航线挂港的舱位配置，完善支线运输网络，为当地市场开发提供支持和保障。

客户战略是船公司对不同客户进行细分、评估后，对不同客户的发展规划和预期目标。舱位资源分配和管理中，要紧密结合客户战略，为目标客户开发提供舱位支持，配合客户开发战略。例如，船公司普遍重视直接客户开发，尤其是履约信誉相对较好的全球性投标直接客户，在舱位分配和管理中，要采取更加灵活的策略，及时响应目标客户的舱位需求，为长期合作奠定良好的基础。

运力规划是集装箱班轮船公司未来远期的运力布局规划，在舱位资源分配和管理中，要未雨绸缪，提前为未来运力升级或扩容的航线提供舱位支持，培育目标客户群体，助力运力升级改造。

（五）航线布局及远近程舱位协同

集装箱班轮运输网络中存在服务相同货流的不同服务路径，舱位分配管理要从航线整体布局出发，综合评估比较航线在不同细分市场竞争力，通过合理分配不同航线舱位配置，提供在细分市场上船舶开航时间窗口、交货期、准班率和班期密度等方面有竞争力的产品和服务，提升航线竞争力。

同时，同一航线挂港中存在远程舱位和近程舱位之分，舱位分配管理既要考虑充分利用航线远程及近程舱位，提高整体利用效率，又要避免远程、近程舱位分配不协调，产生倒箱，增加额外成本。例如，某集装箱班轮航线的挂港顺序为"新港—大连—青岛—上海—宁波—新加坡—比雷埃夫斯—鹿特丹—汉堡—安特卫普—菲利克斯托"，该航线除提供新港、大连、青岛、上海、宁波、新加坡至比雷埃夫斯、鹿特丹、汉堡、安特卫普和菲利克斯托的服务，还可提供新港、大连、青岛、上海、宁波至新加坡的近程服务舱位，为避免在新加坡倒箱产生额外成本，新港、大连、青岛、上海、宁波至新加坡的近程舱位一般不得高于新加坡出口至比雷埃夫斯、鹿特丹、汉

堡、安特卫普和菲利克斯托的远程舱位，否则需要在新加坡倒箱增加额外成本。远程、近程各航段舱位的分配，还应考虑航线挂港的货流平衡状况，通过舱位多段利用，提供服务路径，优化货流平衡。

此外，在舱位分配管理中，还需要结合市场总体供求关系，从客户关系维护出发，做好不同客户货量预报，制定不同客户舱位分配预案，提高舱位管理的前瞻性和计划性。由于客户订舱后可能根据工厂生产进度、销售订单、库存策略、海关查验等各种因素取消订舱，舱位分配管理中要滚动更新客户舱位预报，做好客户订舱、放箱、进港等信息跟踪，为掌握实际舱位利用情况、动态调整舱位分配策略提供参考。

二、基于收益管理的舱位分配管理模型

收益管理的理念在航空运输业的应用已经非常普遍，并取得显著结果。然而，在集装箱班轮运输业的应用才刚崭露头角。根据《劳式日报》的报道，赫伯罗特在2011年建成了属于自己的收益管理系统，并成为集装箱班轮船公司中盈利能力最强的公司之一，其每一美元的收入中有六美分的税息折旧及摊销前（EBITDA）利润，其总经理认为收益管理系统功不可没。马士基航运、中远海运集运等船公司也建立了自己的收益管理体系，并使其成为经营管理的重要组成部分。尽管每家船公司的实际情况各不相同，成功的道路也未必千篇一律，但是，运用收益管理的理念进行舱位管理，提升实际上船客户的运价水平，提升航线舱位利用率和舱位价值，成为船公司的普遍选择。

运用收益管理的理念进行舱位管理，首先在于合理界定客户的货流贡献值。客户的货流贡献值与运价直接相关，但又不完全等同于运价。货流贡献值是综合考虑船公司从客户获取的各项收入总额及为其支付的各项成本的净额。根据本章第一节对集装箱班轮船公司成本的分类，船公司的运营成本可以分为货物费、中转费、港口费、空箱变动费、空箱固定费、船舶费和燃油费七大类，为此，我们将客户在任一货流对船公司的收入总额与各项成本的差额称为货流贡献值。通过比较收入贡献与不同成本的差额，可以相应确定不同维度的贡献值。

贡献值 I：收入总额 − 货物费 − 中转费；

贡献值 II：收入总额 – 货物费 – 中转费 – 空箱变动费；

贡献值 III：收入总额 – 货物费 – 中转费 – 空箱变动费 – 空箱固定费；

贡献值 IV：收入总额 – 货物费 – 中转费 – 空箱变动费 – 空箱固定费 – 船舶费 – 燃油费 – 港口费。

贡献值 I 为零，集装箱班轮船公司承运货物获取的收入总额正好弥补货物支付的货物费和变动费两项变动成本；如果贡献值 I 为负数，意味着集装箱班轮船公司承运货物获取的收入不足以弥补货物自身的成本，因此，贡献值 I 可以用来确定集装箱班轮船公司理性定价的绝对下限。集装箱班轮航线网络中，需要为航线提供配套的集装箱设备。贡献值 II 为零，反映了集装箱班轮船公司承运货物获取的收入总额正好弥补货物成本及用箱成本。贡献值 III 为零，反映了集装箱班轮船公司承运货物获取的收入总额正好弥补货物成本、用箱成本及集装箱造箱等固定成本支出，常用于弱势市场环境下确定阶段性的定价底限。贡献值 IV 为零，反映了集装箱班轮船公司承运货物获取的收入总额可以弥补各项变动成本、固定成本，实现盈亏平衡。因此，我们以贡献值 IV 为依据，研究船公司的舱位分配和管理模型。

（一）基于收益管理的单航段舱位分配模型

单阶段库存模型即报童模型（Newsboy Model）是解决易逝商品在面对随机需求时的最优存量分配问题，集装箱班轮航线中，在总舱位限制不变的条件下，确定为每一个港群预留的最佳舱位分配数量都可以看作一个报童模型。因此，先用报童模型对单航段的舱位分配模型进行研究。

设班轮航线舱位总额为 SA、最大载重量限制为 DW、航线远程舱位覆盖 i 个不同贡献值航段，决策目标即为面对随机需求，确定 i 个不同贡献值航段的舱位分配数量，以使得航线总收益最大化。建立模型前，相关变量说明如下：

决策变量：X_i 为分配给 i 个不同贡献值的航段舱位数量

其他变量：D_i 为 i 个不同贡献值的航段舱位需求数量

W_i 为 i 个不同贡献值航段货物的平均重量

CTW_i 为 i 个不同贡献值航段的平均单箱贡献值

根据报童模型问题的目标函数及求解思路，基于收益管理的单航段舱位分配模型，即为求解给定舱位限制条件下的舱位分配策略，以使得航线贡献值最大，目标函数可表示如下：

$$V=\sum_i CTW_i \cdot \min\{X_i, D_i\}$$

若需求是连续的，假定其分布函数和分布密度函数分别为 $F_i(.)$ 和 $f_i(.)$，则目标函数的期望值可表示为：

$$V=\sum_i CTW_i \left[\int_0^{X_i} yf_i(y)d_y + \int_{X_i}^{SA} X_i f_i(y)d_y\right]$$

若需求是离散的，目标函数可表示为：

$$V=\sum_i \left\{\sum_{d_i=0}^{X_i} d_i CTW_i \cdot P(D_i=d_i) + CTW_i \cdot X_i \cdot \left[1-\sum_{d_i=0}^{X_i} P(D_i=d_i)\right]\right\}$$

由于航线的舱位总量是限定的，模型必须满足约束条件：$\sum_i X_i \leq SA$，即 i 个不同贡献值航段分配的舱位数量之和必须小于或等于总舱位。同时，还要考虑船舶的载重量限制，即 $\sum_i W_i X_i \leq DW$。

于是，在需求连续的条件下，模型可表示为：

$$\text{Max } V=\sum_i CTW_i \left[\int_0^{X_i} yf_i(y)d_y + \int_{X_i}^{SA} X_i f_i(y)d_y\right]$$

$$\text{St.}\begin{cases} \sum_i X_i \leq SA \\ \sum_i W_i X_i \leq DW \\ X_i \in N \cup \{0\}, i=1,2,3,\cdots,I \end{cases}$$

按照 Lau and Lau（1996）对有能力限制的报童问题的求解思路，通过拉格朗日法求解以上模型可得：

$$X_i = F_i^{-1}\{(CTW_i - \lambda_1 - \lambda_2 W_i)/CTW_i\}, i=1,2,3,\cdots,I$$

其中，λ_1 和 λ_2 为拉格朗日乘子。理论上，λ_1 和 λ_2 可通过求解以下方程获得：

$$\sum_{i=1}^I F_i^{-1}(CTW_i - \lambda_1 - \lambda_2 W_i)/CTW_i - SA = 0$$

$$\sum_{i=1}^I W_i F_i^{-1}(CTW_i - \lambda_1 - \lambda_2 W_i)/CTW_i - DW = 0$$

（二）基于贡献值分析的多航段舱位分配模型

单航段的舱位分配模型给出了单一航段下的舱位分配策略，但是，在实践中，除了个别点对点的穿梭快航航线，绝大多数航线都是覆盖多个贡献值不同的航段，对多航段的航线进行舱位分配，既要考虑航线的整体舱位数量或重量限制，也要考虑各航段之间的舱位或数量限制，通过按照不同航段货流贡献值情况，确定分配策略，使得航线整体的贡献值最大。以下运用数学模型进行分析。

假设 $I=1, 2, 3, \cdots I$ 为贡献值的等级；$J=1, 2, 3, \cdots, J$ 为客户流 ODF（origin destination flow）；f_t 为贡献值客户流（fare origin destination flow）的单位贡献值，$t=1, 2, 3, \cdots, I \times J$ 为按照客户流的贡献值由高至低排列的顺序；d_t 为贡献值客户留上客户对航段的舱位需求数量；$A_{t,k}$ 为贡献值客户流使用航段的矩阵，矩阵的列为一个贡献值客户流使用的航段，否则 $a_{t,k}=0$，$k=1, 2, 3, \cdots, k$ 为航段序号；c_k 为第 k 段航程船舶舱位的数量；C 为全部 c_k 组成的 K 维列向量；w_k 为第 k 短航程船舶舱位对应的重量；W 为全部 w_k 组成的 K 维列向量；s_t 为第 k 个贡献值客户流的舱位控制数，是决策变量；S 为全部 s_t 组成的 t 维列向量；w_t 为第 k 个贡献值客户流的重量控制数，DW 为全部 w_t 组成的 t 维列向量；CTW_t 为第 t 个贡献值客户流的贡献值。

根据实际的统计分析，可知，需求 d_t 是一个正值的随机变量，基本服从正态分布，即 $d_{ij} \sim N(\mu_{ij}, \sigma_{ij}^2)$，$d_t$ 之间相互独立，同时，已知在船舶投入航线运营后船舶总舱位及重量限制不变，在不考虑客户订舱后退关的条件下，对基于贡献值分析的多航段舱位控制随机规划模型进行研究。

对于任意一个贡献值客户流，当 $s_t > d_t$ 时，客户订舱需求数是 d_t，当 $s_t < d_t$ 时，客户定舱需求数为 s_t，因此，贡献值收益函数可表示为：

$$CTW_t = f_t \min(d_t, s_t)$$

由于 d_t 是随机变量，在已知分布的情况下，如上的期望收益可表示为：

$$E(CTW_t) = f_t \left[\int_0^{s_t} x_t p(x_t) dx_t + S_t \int_{s_t}^{\infty} p(x_t) dx_t \right]$$

式中：$p(x_t)$ 为 d_t（公式中用哑变量 x_t 表示）的概率密度函数，因此，整个航线的期望贡献值为：

目标函数：

$$\max_S \left[E\left(\sum_{t=1}^{I \times J} CTW_t \right) \right]$$

约束条件：

（1）客户在各航段分配的舱位总和不能高于航线总舱位

$$s.t. A_{kt} \times S \leq C$$

（2）在各航段分配的重量之和不能高于航线总重量限制

$$A_{kt} \times W \leq DW$$

（3）客户舱位分配数必须为正值，且只能为整数

$$S_{ij} \geq 0，且为整数$$

（4）客户重量分配数额必须为正值

$$W_{ij} \geq 0$$

A_{kt} 为 A_{tk} 的转置，可知这是一个非线性的凸规划模型，可用遗传算法求解，求解思路如下：

1. 编码设计

由于变量数目较多，如果采用二进制编码，可能会发生溢出，因此，采用浮点数编码方法。根据班轮船公司的经营实践，航线舱位数量与客户需求数量偏差不会很大，因此，编码时对于每一个 s_t 只取 $[0, \mu_{ij}+2\sigma_{ij}]$ 之间的值，以便缩小搜索空间范围，减少运行时间，因此，对原模型增加如下约束条件：

$$0 < s_t < \mu_t + 2\sigma_t (t=1, 2, 3, \cdots, I \times J)$$

2. 约束处理及初始化过程

模型中不含等式约束，因此不需要进行约束条件的约简，由于所有的约束都是线性不等式，对以上约束条件（1）（2）（3）（4）加入松弛变量化为线性方程组，求解并得到基础解系，因为 s_t 为整数，因此，在基础解中取整数部分。

3. 适应度函数设计

由于目标函数是非线性函数，对函数的质分析比较困难，因此，将目标函数转化为适应度函数。考虑到染色体在交叉和变异后，可能超出可行域，可通过构造适应度函数进行约束。

4. 选择、交叉、变异操作

选择操作采用轮盘赌选择法，交叉操作采用中间交叉的方法，即随机选择染色体的一个位置，将一对染色体中一条在此位置前后的基因与另一条在此位置后前的基因合并为一对新染色体；变异操作采用变位变异法，即随机选择染色体的两个位置，将两个位置上的基因互换，产生新的染色体。

5. 应用实例

某集装箱班轮船公司 AEU3 航线挂港为：新港—大连—青岛—上海—宁波—新加坡—比雷埃夫斯—鹿特丹—汉堡—安特卫普，根据对该公司各项成本的计算，并汇总客户在不同航段舱位的需求，已知有如下客户贡献值及舱位需求表，求各航段的舱位分配以使得整船收益最大。已知整船舱

位限制为 18000 TEU，重量限制为 198000 吨，多航段舱位需求表及贡献值见表 2-16。

表 2-16　多航段舱位需求表及其贡献值

装港	卸港	贡献值（USD/TEU）	平均舱位需求（TEU）	标准差	平均货重（Ton/TEU）
新港	比雷埃夫斯	230	420	5	15
	鹿特丹	160	630	4	14
	汉堡	260	520	6	15
	安特卫普	220	350	3	13
大连	比雷埃夫斯	220	120	5	14
	鹿特丹	145	150	4	13
	汉堡	198	250	7	15
	安特卫普	176	160	4	14
青岛	比雷埃夫斯	265	460	3	13
	鹿特丹	154	750	6	12
	汉堡	198	1340	2	14
	安特卫普	182	1650	6	13
上海	比雷埃夫斯	275	1230	3	10
	鹿特丹	212	2450	5	9
	汉堡	264	1980	4	11
	安特卫普	238	1940	6	10
宁波	比雷埃夫斯	263	920	5	11
	鹿特丹	207	1650	4	8
	汉堡	258	1430	3	9
	安特卫普	236	1120	7	10
新加坡	比雷埃夫斯	164	360	2	9
	鹿特丹	152	540	4	11
	汉堡	185	210	2	10
	安特卫普	176	120	3	10

选择适应度函数 $F=f=\max_s\left[E\left(\sum_{t=1}^{I\times J}CTW_t\right)\right]$ 运用 MATLAB 求解，运行时间 622 秒，在 384 代以后解趋于平稳，达到近似最优解，具体如图 2-7 所示。

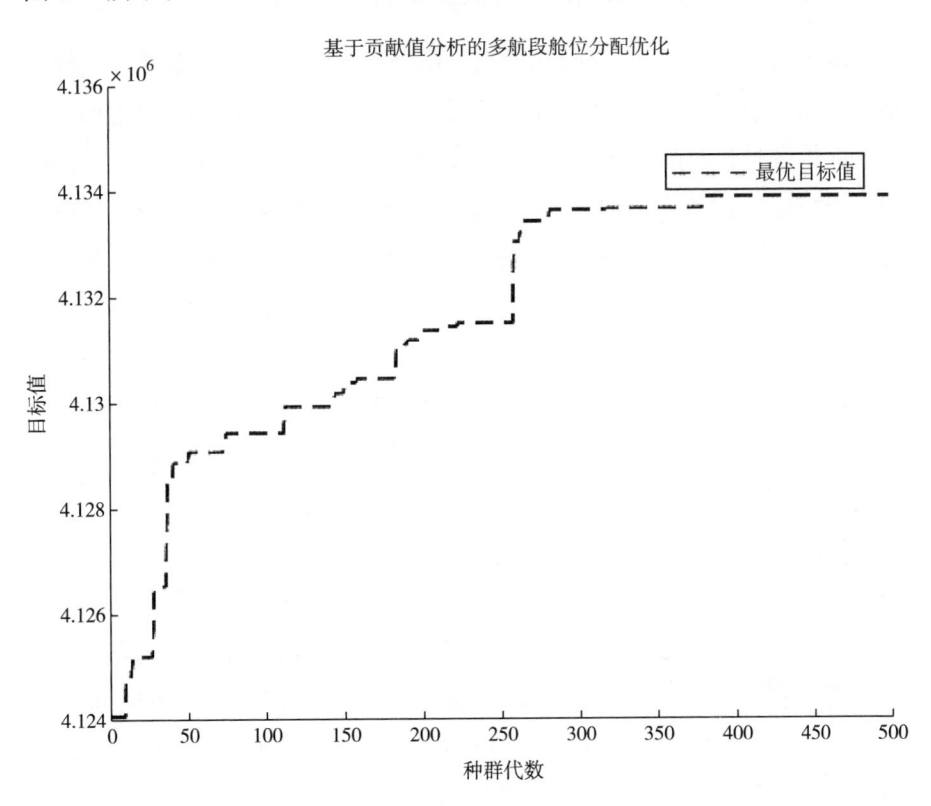

图 2-7　遗传算法求解迭代图

运用收益管理的理念进行舱位分配和管理，"贡献值优先"取代了传统的"先到先得"的做法，通过在舱位分配中，优先满足贡献值较高的客户舱位需求，实现了舱位利用价值的提升。同时，也需要注意到任何舱位分配的策略都不应该是刚性的、单向的，由于客户的订单需求是不可分割的，舱位分配和管理过程中，客户的沟通和支持尤为关键，任何的舱位分配策略都应该建立在与客户细致的沟通基础之上，并争取客户的认可和支持。同时，由于客户的需求季节性波动大，淡季、旺季舱位需求偏离度大，在舱位分配和管理中，既要关注客户的平均货量，又要关注客户在不同季节的货量分布，结合舱位分配管理中有关客户承诺、履约信誉、货流平衡、市场规划、客户战略和运力布局等各方面，增加个性化约束条件对模型进行优化，最终实现舱位利用率、利用价值的最大提升。

（三）基于贡献值评价的随机舱位分配模型

本章第一节、第二节有关单航段和多航段舱位分配模型解决了航线网络的静态舱位分配问题，但是在实践中，客户需求是随机的、动态的，在开航前持续较长时间抵达。集装箱班轮船公司为锁定基础货源，在不同航线上与特定客户签定长期合约。长期合约客户在舱位分配时具有优先权，需要根据合同约定保障一定数额舱位，客户临时取消订舱没有违约金。集装箱航线网络中除了要考虑舱位数量限制，客户需求满足同时受航线网络中载重吨位、空箱设备供应等诸多限制，因此需要研究客户需求不确定，对随机抵达的客户进行舱位分配，以实现整体贡献值最大化的决策模型。

模型假设：（1）由挂靠多个装运港和卸港的不同航线组成航线运输网络，存在不同服务路径可以满足客户服务需求；（2）不同客户或同一客户的不同货流按贡献值高低存在不同等级，需求随机抵达，没有规律；（3）船舶开航前有 T 个决策时间，$T=t$, $t-1$, …, 1, 0，其中，$T=t$ 代表舱位分配的始点，$T=0$ 代表船舶开航；（4）客户舱位预定后可能取消，取消订舱没有违约金；（5）客户取消订舱与需求等级无关而与需求数量和时间有关；（6）长期合约客户预留舱位需求在船舶开航前可能抵达，也可能无法抵达；（7）不考虑客户退关和航线超订的影响。

决策变量：x_k，分配给客户 k 的舱位数量

其他变量：

H，集装箱航线网络中的航线数量；

T，船舶开航前舱位分配决策时间；

K，有集装箱运输需求的客户群；

K_1，有集装箱运输需求的长期合约客户群；

K_2，有集装箱运输需求的现货市场客户群；

Q，预留的用于调运空箱的舱位数量；

N，船舶的舱位容量限制；

W，船舶重量限制；

A_t, 预测航班 t 时段舱位情况（0 表示充足，1 表示不充足）；

D_k, 长约客户需求的最低保障数量；

d_k, 客户要求的集装箱运输需求量；

h_k, 客户需求对应的集装箱班轮航线；

w_k, 客户 k 需求的平均单箱重量，$k \in K$；

w_0, 空箱的平均单箱重量；

r_k, 客户需求对应的贡献值；

d_k^h, 客户 k 对航线 h 是否有需求（0 表示无，1 表示有）；

r_0^t, t 时段的贡献值门槛；

c_k, 客户 k 需求到达的时间；

目标函数：

$$\max \sum_{k=K}^{1}(r_k \times x_k)$$

约束条件：

（1）分配给客户 k 的舱位数量大于等于 0 且不超过客户的需求数量

$$0 \leq x_k \leq D_k$$

（2）所有客户分配的舱位数量与预留用于空箱调运的舱位数量之和不高于航线的可用舱位

$$\sum_{k=K}^{1} d_k^h \times x_k + Q \leq N, (h=1,2,\cdots,H)$$

（3）客户分配的重量与调运的空箱重量之和不高于航线的可用重量

$$\sum_{k=K}^{1} d_k^h \times x_k \times w_k + w_0 * Q \leq W, (h=1,2,\cdots,H)$$

（4）航线舱位充裕时，满足所有客户舱位需求

$$x_k = d_k, (A_t=0, t=c_k, k=1,2,\cdots,K)$$

（5）长约客户需求超过对其承诺的最低保障数量，且贡献值低于 t 时刻贡献值门槛，则只满足对客户的舱位承诺数额

$$x_k = D_k, (A_t=1, t=c_k, d_k > D_k, r_k < r_0^t, k=1,2,\cdots,K_1)$$

（6）长约客户需求超过对其承诺的最低保障数量，但贡献值高于 t 时刻的贡献值门槛，则应至少满足对客户的舱位承诺数额

$$x_k \geq D_k, (d_k > D_k, r_k \geq r_0^t, t=c_k, k=1,2,\cdots,K_1)$$

（7）晚到且客户需求贡献值低于贡献值门槛的现货市场客户拒绝订舱

$$x_k = 0, (A_t = 1, t = c_k, r_k < r_0^t, k = K_1 + 1, \cdots, K)$$

（8）分配给客户的舱位数量、为长期合约客户预留的舱位数量、客户舱位需求数量、客户需求的平均单箱重量、空箱重量、船舶舱位容量、预留的用于调运空箱的舱位数量、船舶重量等均为非负变量，且分配给客户的舱位数量、为长期合约客户预留的舱位数量、客户舱位需求数量、预留的用于调运空箱的舱位数量均为整数

$$x_k, D_k, d_k, w_k, w_0, Q, N, W \geqslant 0, 且 D_k, d_k, Q, N 为整数$$

（9）船舶开航前舱位分配决策时间大于等于1

$$T \geqslant 1$$

假设某集装箱班轮船舶公司投入11000TEU集装箱船舶运营3组周班航线，每条航线实际可用舱位为10500 TEU/航次，相应重量限额为115500吨/航次，在船舶开航前14天开始接受客户订舱委托，每分钟为一个决策时点，即船舶开航前有20160个决策时点，通过随机函数产生每个客户需求抵达时间见表2-17，研究如何优化客户舱位分配，实现航线网络中客户贡献值最大化目标。

根据随机动态舱位分配模型，在满足长期合约客户舱位承诺的基础上，能否满足随机抵达的客户需求取决于需求抵达时间以及对应决策时点航线网络中可用舱位及接受客户订舱的贡献值门槛。因此，在动态变化环境中如何确定贡献值门槛 r_0^t 的取值对客户舱位分配成效影响显著。本文假设接受客户订舱的贡献值门槛随时间线性增长，即越接近船舶开航时间，接受客户订舱的最低贡献值越高。根据以上随机动态舱位分配模型，可得在 r_0^t 不同取值范围下，随时间线性增长的分配方案如下：

在随机动态舱位分配模型下，客户需求是否满足既取决于其贡献值水平，更与需求抵达时间及在需求抵达当时集装箱班轮船舶公司接受订舱的贡献值门槛息息相关。以长约客户C舱位分配为例，在"SHA-ANR""SHA-FLX""YTN-HAM""YTN-ANR""YTN-FLX"航段，由于需求抵达时间较早，所有舱位需求均被满足；而在"SGP-HAM""SGP-ROT"航段，由于需求抵达时间较晚，在接受订舱的贡献值门槛较低时，所有舱位需求均被满足，而随着贡献值门槛提高，一部分需求被拒之门外。分配结果同时表明，在航线C整体舱位利用率不足的情况下，一部分客户需求并未被完全

表 2-17 客户需求分布及随机抵达时间表

客户及客户信息		SHA-HAM	SHA-ANR	SHA-FLX	YTN-HAM	YTN-ANR	YTN-FLX	SGP-HAM	SGP-ROT
长约 A	D_k（TEU/周）	200	250	531	320	150	160	230	124
	d_k（TEU/周）	311	147	725	193	221	198	359	164
	w_k（Ton/TEU）	11	10	10	11	12	15	14	15
	r_k（USD/TEU）	279	257	248	262	246	289	252	218
	T（分钟）	15171	5704	7818	10896	14206	5982	17866	8923
长约 B	D_k（TEU/周）	420	530	740	680	99	232	142	153
	d_k（TEU/周）	550	742	117	750	452	74	184	357
	w_k（Ton/TEU）	12	11	9	12	11	10	12	12
	r_k（USD/TEU）	172	183	173	230	154	230	237	196
	T（分钟）	16475	5857	13491	12193	4209	12154	1565	3152
长约 C	D_k（TEU/周）	1021	982	1021	1197	1041	1141	1032	989
	d_k（TEU/周）	1339	1517	1512	1235	1433	1457	1547	1733
	w_k（Ton/TEU）	11	12	10	9	11	10	12	11
	r_k（USD/TEU）	198	198	193	153	194	186	193	161
	T（分钟）	18766	3892	4243	3481	3031	1665	10521	12086

表 2-17 续 1

客户及客户信息		SHA-HAM	SHA-ANR	SHA-FLX	YTN-HAM	YTN-ANR	YTN-FLX	SGP-HAM	SGP-ROT
长约 D	D_k（TEU/周）	870	949	1112	1004	1113	1009	905	1189
	d_k（TEU/周）	1024	1118	1172	1147	1023	1070	1057	1112
	w_k（Ton/TEU）	12	11	8	8	11	8	12	12
	r_k（USD/TEU）	134	130	132	118	134	148	111	110
	T（分钟）	9044	9054	463	18259	2346	6709	11905	13547
即期 A	d_k（TEU/周）	222	100	288	247	252	232	251	201
	w_k（Ton/TEU）	8	9	14	8	8	13	9	9
	r_k（USD/TEU）	674	618	763	667	600	680	617	753
	T（分钟）	10836	12524	17843	16675	20086	19491	7716	14704
即期 B	d_k（TEU/周）	114	225	165	167	178	212	250	109
	w_k（Ton/TEU）	8	15	12	14	11	11	10	11
	r_k（USD/TEU）	793	781	771	850	787	739	833	762
	T（分钟）	13416	3152	7812	9731	15007	10751	1549	10800
即期 C	d_k（TEU/周）	474	213	336	400	200	467	376	387
	w_k（Ton/TEU）	15	9	12	13	10	9	15	12

表2-17 续2

客户及客户信息		SHA-HAM	SHA-ANR	SHA-FLX	YTN-HAM	YTN-ANR	YTN-FLX	SGP-HAM	SGP-ROT
即期 C	r_k（USD/TEU）	782	707	623	605	741	615	788	627
	T（分钟）	17961	5246	5908	16990	16841	5391	1555	15007
	d_k（TEU/周）	285	216	188	122	102	181	251	275
	w_k（Ton/TEU）	13	9	8	14	11	11	11	11
即期 D	r_k（USD/TEU）	715	725	692	688	695	607	615	722
	T（分钟）	9270	14143	13093	3429	12937	3519	14389	9263
	d_k（TEU/周）	102	173	198	124	125	197	253	191
	w_k（Ton/TEU）	9	9	10	13	8	8	10	8
即期 E	r_k（USD/TEU）	649	681	726	653	632	740	622	622
	T（分钟）	5118	1338	13773	6215	9106	5028	15178	13238
	d_k（TEU/周）	255	276	105	181	142	146	179	154
	w_k（Ton/TEU）	8	10	12	15	8	8	11	13
即期 F	r_k（USD/TEU）	585	422	579	583	587	526	583	455
	T（分钟）	13514	17585	11799	1377	3150	6932	4535	3346

满足，这是由于在决策时点集装箱班轮船公司并不能确知后续需求抵达情况及其贡献值水平，一旦客户需求无法满足，将转移至其他竞争船公司从而造成航线亏舱，影响航线贡献值收益，这也是在随机动态舱位分配模型下，部分航线舱位利用率水平和实现的贡献值总额低于静态的多航段舱位分配模型的重要原因。随机动态舱位分配模型并不能实现最优控制策略，由于客户需求随机抵达，具有不确定性，相比客户需求、贡献值水平确定的静态控制模型，实现的航线贡献值收益更低。但这种随机动态舱位分配模型考虑了客户需求的随机动态特征，基于实时的过程优化控制而非预测，在实践中运用更广，更契合集装箱班轮船公司的收益管理实践。

三、舱位分配管理实务

舱位分配和管理是集装箱班轮船公司最重要的经营管理活动之一，但是，对于舱位分配和管理如何实施，如何通过合理的舱位分配策略，既改善客户体验，又提高舱位利用率和舱位价值，尚未形成一套行之有效的制度和管理办法。在实践中，口口相传的"传、帮、带"做法，使得在舱位分配和管理过程中，依靠"经验"而不是"规则"，透明度欠佳。改进现有的舱位分配模式，需要从分配和管理的流程入手，明确内部职责，建立定量标准及相应的调节机制，运用收益管理的理念，实现过程控制和协同配合（见表2-18）。

（一）舱位分配和管理的流程

集装箱班轮船公司总部是舱位分配和管理策略的制定者，其主要职责是确定航线网络中各条船舶在不同港口的舱位配置，制定总体舱位分配策略、分配原则，协调不同港口舱位需求，并对舱位总体利用情况进行跟踪，动态调整舱位分配策略，提升舱位利用率和航线效益。船公司总部的舱位分配和管理流程为：

（1）制定总体舱位分配策略和分配原则，结合细分市场目标、客户战略、运力规划、航线布局等制定公司的总体策略。由于不同船公司的经营策略不同，对舱位分配的总体策略和原则可能差异较大，比如有些船公司在制定分配策略时，不区分客户类别，按照"价高者得"的顺序优先放舱；有些

表 2-18 客户需求随机抵达的舱位分配方案

客户/贡献值门槛		SHA-HAM	SHA-ANR	SHA-FLX	YTN-HAM	YTN-ANR	YTN-FLX	SGP-HAM	SGP-ROT
长约 A	$r_0^t \in [80, 180]$	200	147	531	193	150	160	359	164
	$r_0^t \in [181, 280]$	200	147	531	193	150	160	230	124
	$r_0^t \in [281, 380]$	200	147	531	193	150	160	230	124
	$r_0^t \in [381, 480]$	200	147	531	193	150	160	230	124
	$r_0^t \in [481, 580]$	200	147	531	193	150	160	230	124
长约 B	$r_0^t \in [80, 180]$	420	530	117	680	452	74	184	357
	$r_0^t \in [181, 280]$	420	530	117	680	452	74	184	357
	$r_0^t \in [281, 380]$	420	530	117	680	452	74	184	357
	$r_0^t \in [381, 480]$	420	530	117	680	452	74	184	357
	$r_0^t \in [481, 580]$	420	530	117	680	452	74	184	357
长约 C	$r_0^t \in [80, 180]$	1021	1517	1512	1235	1433	1457	1547	1733
	$r_0^t \in [181, 280]$	1021	1517	1512	1235	1433	1457	1032	989
	$r_0^t \in [281, 380]$	1021	1517	1512	1235	1433	1457	1032	989
	$r_0^t \in [381, 480]$	1021	1517	1512	1235	1433	1457	1032	989
	$r_0^t \in [481, 580]$	1021	1517	1512	1235	1433	1457	1032	989
长约 D	$r_0^t \in [80, 180]$	870	949	1172	1004	1023	1009	905	1112
	$r_0^t \in [181, 280]$	870	949	1172	1004	1023	1009	905	1112
	$r_0^t \in [281, 380]$	870	949	1172	1004	1023	1009	905	1112
	$r_0^t \in [381, 480]$	870	949	1172	1004	1023	1009	905	1112
	$r_0^t \in [481, 580]$	870	949	1172	1004	1023	1009	905	1112
即期 A	$r_0^t \in [80, 180]$	0	0	81	0	0	0	251	201
	$r_0^t \in [181, 280]$	0	0	81	0	0	0	251	201
	$r_0^t \in [281, 380]$	0	0	81	0	0	0	251	201
	$r_0^t \in [381, 480]$	0	0	81	0	0	0	251	201
	$r_0^t \in [481, 580]$	0	0	81	0	0	0	251	201

表 2-18 续

客户/贡献值门槛		SHA-HAM	SHA-ANR	SHA-FLX	YTN-HAM	YTN-ANR	YTN-FLX	SGP-HAM	SGP-ROT
即期 B	$r_0^t \in [80, 180]$	114	225	165	167	178	212	250	109
	$r_0^t \in [181, 280]$	114	225	165	167	178	212	250	109
	$r_0^t \in [281, 380]$	114	225	165	167	178	212	250	109
	$r_0^t \in [381, 480]$	114	225	165	167	178	212	250	109
	$r_0^t \in [481, 580]$	114	225	165	167	178	212	250	109
即期 C	$r_0^t \in [80, 180]$	474	0	0	0	200	0	376	387
	$r_0^t \in [181, 280]$	474	0	0	0	200	0	376	387
	$r_0^t \in [281, 380]$	474	0	0	0	200	0	376	387
	$r_0^t \in [381, 480]$	474	0	0	0	200	0	376	387
	$r_0^t \in [481, 580]$	474	0	0	0	200	0	376	387
即期 D	$r_0^t \in [80, 180]$	0	215	0	122	50	181	251	275
	$r_0^t \in [181, 280]$	0	215	0	122	50	181	251	275
	$r_0^t \in [281, 380]$	0	215	0	122	50	181	251	275
	$r_0^t \in [381, 480]$	0	215	0	122	50	181	251	275
	$r_0^t \in [481, 580]$	0	215	0	122	50	181	251	275
即期 E	$r_0^t \in [80, 180]$	0	173	67	0	0	197	253	191
	$r_0^t \in [181, 280]$	0	173	67	0	0	197	253	191
	$r_0^t \in [281, 380]$	0	173	67	0	0	197	253	191
	$r_0^t \in [381, 480]$	0	173	67	0	0	197	253	191
	$r_0^t \in [481, 580]$	0	173	67	0	0	197	253	191
即期 F	$r_0^t \in [80, 180]$	0	0	0	181	142	0	179	154
	$r_0^t \in [181, 280]$	0	0	0	181	142	0	179	154
	$r_0^t \in [281, 380]$	0	0	0	181	142	0	179	154
	$r_0^t \in [381, 480]$	0	0	0	181	142	0	179	154
	$r_0^t \in [481, 580]$	0	0	0	181	142	0	179	154

船公司按照客户细分，对不同客户按照不同标准和优先顺序制定分配原则等。

（2）确定航线船舶宣载舱位和重量，对投入运营的所有船舶核定宣载的舱位数量，并确定船舶重量限制数额。

（3）确定航线挂港舱位分配预案，完成对航线所有挂靠港口的初始舱位和重量分配。

（4）设定航线挂港的基准舱位浮动值。由于客户订舱后可能出现退关或者改配其他船舶，为避免客户退关或改配影响舱位利用率，各船公司普遍在基准舱位分配数额基础上上浮一定比例（如5%至15%）作为调节。

（5）激活舱位分配预案并录入系统，根据船公司订舱提前期不同，一般提前14天完成舱位模块激活，并在系统录入。

（6）根据航线是否整体爆舱，对既定舱位分配预案进行调整或更新，如果航线整体亏舱，则敞开订舱；如果航线整体爆舱，但航线不同挂港的舱位利用率或重量利用率情况不同，根据不同航线订舱进度和航线挂港舱位、重量利用情况，做好不同航线舱位调剂，实现轻重货源搭配，动态优化舱位分配策略。

（7）跟踪航线的订舱进度和已放箱客户的实际做箱、进港动态，实时掌握各航线船舶订舱进展，做好可能的后续港口补货或漏装、中转安排预案。

（8）下载装船报表，对航线挂港的实际舱位利用情况进行分析，找出差异的原因，并思考可能的改进措施和方向。

（9）做好船舶开航后可能滞留中转港的客户及货量分析，根据中转货物效率、数量指标，做好相关货源安排。

（10）对舱位分配策略的效果进行评估，并提出改进的具体建议和措施，详细流程如图2-8所示。

集装箱班轮船公司口岸分部是舱位分配和管理策略的执行者，其主要职责是执行总部的舱位分配和管理策略，负责具体摸排客户在本口岸的舱位需求，根据客户舱位需求，对本口岸所辖的船舶挂港舱位进行分配，并对所辖船舶挂港的舱位利用率负责。船公司口岸分部的舱位分配和管理流程为：

（1）沟通了解总部舱位分配策略及原则，了解总部对各类客户的舱位分配策略及要求，针对已做出承诺的客户舱位需求及因货流平衡、中转滞留等需要优先安排的重要货源进行摸排，制订保障方案。

（2）收集客户舱位需求，详细摸排客户在本口岸所辖装港的各航线舱

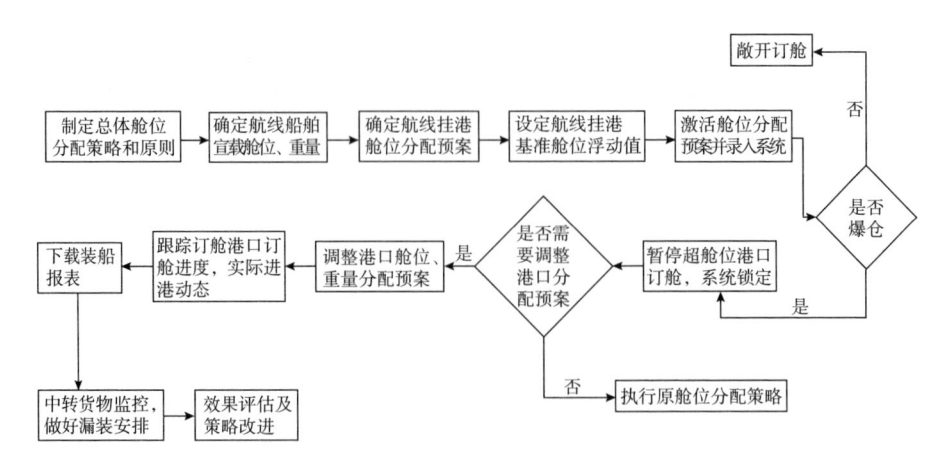

```
制定总体舱位      确定航线船舶     确定航线挂港     设定航线挂港      激活舱位分配                  敞开订舱
分配策略和原则  →  宣载舱位、重量  →  舱位分配预案  →  基准舱位浮动值  →  预案并入系统      ↗ 否 ↑
                                                                                             是否
                                                                                             爆仓
下载装船      跟踪订舱港口订    调整港口舱位、    是否需                暂停超舱位港口    ↘ 是
报表      ←   舱进度,实际进  ←  重量分配预案  ← 要调整  → 否 → 执行原舱位分配策略
              港动态                             港口分
                                                 配预案
                                                   ↑ 是
中转货物监控,     效果评估及
做好漏装安排      策略改进
```

图 2-8　船公司总部舱位分配和管理流程图

位需求，核实客户运价合同或协议、货源流向、货物重量、对交货期要求等相关信息，便于后续舱位分配和安排。对于无法提前预知舱位需求的即期市场客户，预留一定数额舱位用于销售。

（3）结合客户对各航线舱位需求，对航线舱位利用情况进行评估和预判，针对客户在不同航线的舱位需求做出可能的调整，平衡航线利用率；与客户就初始分配预案进行沟通，协商后录入系统舱位分配模块。

（4）跟踪客户订舱情况，结合订舱进度及市场预期，对航线舱位利用率情况做出研判，并及时向总部舱位管理部门报告，便于提前采取相应措施。

（5）根据航线舱位、重量实际利用情况，结合重点客户舱位需求、即期市场客户销售进度评估是否需要申请对本口岸所辖港口舱位或吨位分配数额进行调整。

（6）如需向总部申请对本口岸所辖港口舱位或吨位分配数额进行调整，应提出申请，并落实总部指示和要求。

（7）跟踪即期市场客户销售进度及订舱情况、跟踪航线整体订舱数据及重箱进港动态，实时了解舱位利用状况，并向总部汇报，便于及时采取相应措施。

（8）下载航线舱位利用率报表，并上报总部，针对可能出现的亏舱提醒总部做出后续港口补货安排；针对可能出现的漏装或中转货积压，提出后续疏运安排。

（9）对滞留的中转货物进行监控，根据总部指示，做好可能的漏装、中转安排。

（10）对舱位管理工作进行总结，提出后需改进的建议和措施，具体流程如图2-9所示。

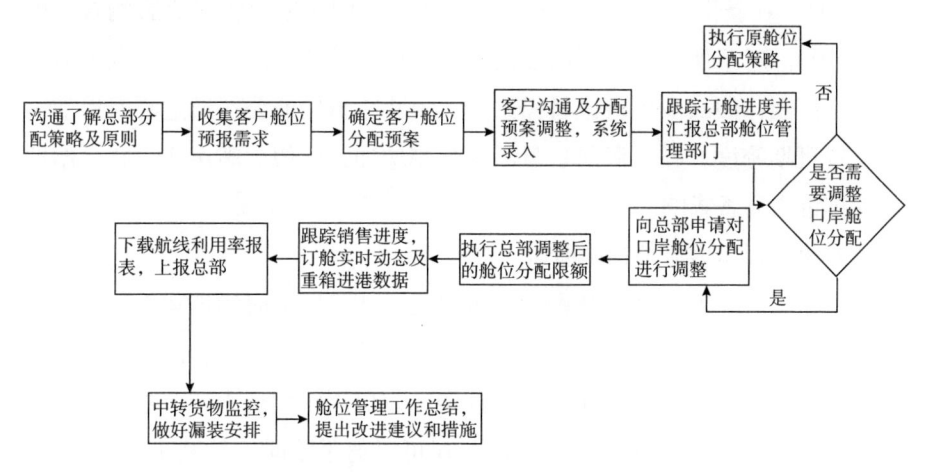

图2-9　口岸分部舱位分配和管理流程图

（二）舱位分配和管理中的难点

通过以上对舱位分配和管理流程进行分析，可以发现，集装箱班轮船公司已建立了船公司总部、口岸分部上下协同的管理机制，实现了对航线舱位利用情况的实时跟踪，便于提前制定预案、采取措施。但是，从实践的效果来看，现有的舱位管理方式仍然存在诸多问题，长期没有得到很好的解决。从船公司的角度看，航线淡季亏舱而旺季舱位被大量低贡献值货源挤占，舱位价值没有得到有效发挥；从客户的角度看，舱位保障不稳定，缺乏明确的预期，季节性的舱位问题仍困扰和影响着客户服务体验。改进现有的舱位分配和管理办法，必须找出其中的难点和症结所在，因循施策。集装箱班轮船公司在舱位分配和管理中主要存在以下难点：

1. 客户货量的季节性波动

由于全球贸易季节性波动，客户在不同季节的出货量呈现出明显的差异，进而导致船公司舱位供应的局部或阶段性紧张。这种季节性的波动既与货主在传统节日备货及出货节奏调整有关，也受集装箱班轮船公司各种运价上涨计划及合约洽谈影响。在欧洲、地中海、北美、加拿大等航线，受圣诞节前出货高峰影响，货主往往在每年7月、8月、9月集中发货，使得这几个月份成为航线传统旺季。由于欧洲、地中海航线跨年度的合同谈判集中在每年11月、12月，美国、加拿大航线合同谈判集中在每年3月、4月，在新旧合同切换之时，对市场的不同预期也将显著影响客户的出运节奏。对于所有从中国始发的集装箱班轮航线，国庆长假、春节假期期间工厂因休假减少工班或暂停生产，集装箱班轮船公司通过临时停航减少航线班期密度，在长假前货量需求急剧增加，长假后断崖式下跌，给舱位安排带来显著影响。

2. 船公司运力调节措施有限

集装箱班轮船公司在旺季期间可以通过加班船临时增加运力，满足阶段性井喷的舱位需求，但是增加加班船运力受自身可用船舶限制，短期新增运力还需考虑对市场可能造成的冲击，避免因短期运力调节打破市场供需平衡。淡季期间，集装箱班轮船公司可以通过临时停航减少运力供应，但是要确保临时停航仍然维持现有的航线挂港和客户服务。同时，临时停航也要结合船舶坞修计划，避免因船舶抛锚等增加额外成本。总体上看，集装箱班轮船公司在航线网络布局完成后，临时的运力调节措施有限，增加了舱位分配和管理的难度。

3. 客户舱位需求预报困难，准确率低

客户舱位需求预报是实施舱位分配管理的重要依据，但是在实践中，客户给出相对准确的舱位需求预报是极为困难的。从合约客户看，全球性投标直接客户具有相对完整的供应链管理计划，从订单确定到履约跟踪均建立起较为完备的工作计划，在货量需求预报上较为完善，但是这种货量预报和舱位需求预报根据工厂生产订单完成情况经常需要作出调整，准确率不高；从即期市场客户看，无论全球性货代、中小货代还是中小直接客户均尚未建立起有效的货量预报和舱位需求预报制度。尤其在舱位紧张、市场出现整体爆仓时，客户担心出运计划无法得到保障，选择向多家船公司订舱，这种多头订舱的局面加剧了舱位的紧张局面，也让货量预报数据失真；在舱位过剩、市场出现整体亏舱时，客户在定舱时同时向多家船公司询价，不断寻求获得更低的报价，订单需求可能随时根据其获得的更优运价调整目标船公司，货量预报和舱位需求难度更大。

4. 客户订舱后退关较为普遍，缺乏有效的约束机制

集装箱班轮运输链条长，由于工厂无法及时完成订单生产，无法赶上预定船期，装箱进度不及预期无法及时将集装箱送港集结，或客户无法在预定时间内完成各种手续，造成客户订舱后退关、改配、漏装等较为普遍，与航空客运不同，集装箱班轮运输业中，对于客户的退关和改配往往不收取退关费，导致客户可能在最后时刻临时取消订舱，对舱位分配和管理带来极大困扰。

5. 信息系统的限制

集装箱班轮船公司总体舱位分配策略、分配原则由总部确定，而对于航线挂港的具体客户分配由口岸执行，客户订舱通过口岸分部本地的订舱系统操作并按规定时限上载。由于缺乏统一、集成的信息系统，无法对客户舱位需求、订舱动态、放箱进度等进行实时跟踪，使得船公司无法从全局角度优化调整，影响了舱位分配和管理的效率和效益。

（三）建立收益管理体系，改进舱位分配和管理方法

通过数学模型分析，我们建立了按照客户贡献值评估的舱位分配模型，为实现舱位利用率和舱位价值最大化给出方向。在实践中，由于客户的订单是不可分割的，其舱位需求在不同季节呈现明显的波动，如何将模型的定量分析与现有的舱位分配和管理体系结合，克服舱位分配和管理过程中的困难和不足，提升舱位利用率和舱位价值呢？以下给出相关建议和思路。

1. 建立收益管理团队，明确权责目标

在集装箱班轮船公司总部设立专门的收益管理团队，负责制定舱位分配和管理的总体策略、分配原则，制定收益管理目标及具体实施流程，跟踪舱位分配和管理的实施效果，持续优化和改进相关做法。

收益管理团队不对具体客户的舱位需求进行分配，对其工作绩效评估主要包括航次收益管理绩效、航线效益、市场份额、航线装载率、管理流程和效率、领导力等指标。其中，航次收益管理绩效考核按照客户贡献值及客户承诺实施舱位分配和管理带来的航次增量收益进行评估。其绩效评估不能用简单的航次平均单箱收入或总收入来衡量，而是重点评估其对航

次货源实施收益管理带来的增量收益或损失。航线效益要考核航线整体效益，避免为实现航次收益管理目标而忽视长期客户维护等各种短期行为。市场份额目标体现了在收益管理过程中，兼顾船公司在不同细分市场的目标规划和营销策略，为远期运力规划奠定货量基础；市场装载率目标，考核在收益管理过程中货量与贡献值的合理平衡，避免盲目追求"量"或"价"对航线收益带来的影响；管理流程和效率以及领导力指标考核收益管理中的效率。

2. 建立跨部门协作团队，明确内部工作机制

收益管理是一项系统性工程，涉及船公司船舶调度、经营管理、客户销售、收益管理、口岸分部等多个部门，为实现收益管理目标，必须建立相互协调、密切配合的工作机制。

船舶调度部门必须合理规划航线网络服务路径，根据船舶情况进行合理宣载，挖掘船舶装载潜力。经营管理部门根据不同细分市场份额目标、客户需求及市场研判，对船舶在不同航线挂港的舱位进行分配，与收益管理部门共同组成收益管理团队，研究制定舱位分配的总体策略和分配原则。客户销售部门负责客户投标，确定客户中标货流及货量承诺，根据中标货流及客户淡旺季货量分布，完成客户舱位模块录入系统并做好履约跟踪、定期收集客户货量预报、定期推送客户履约进度报表，及时制定提升客户履约进度的各项措施。收益管理部门负责与经营管理部门共同制定舱位分配的总体策略和分配原则，根据航线货量预报、订舱进度确定是否敞开订舱、停止接货或限制订舱，动态确定接受订舱的最低货流贡献值水平；定期下载客户履约进度报表，及时反馈销售部门做好履约进度跟踪。口岸分部负责落实执行总部的舱位分配策略和分配原则，跟踪客户在本口岸所辖各港口的货量预报、实际订舱进度、做箱及进港动态，完成各港口舱位装载率目标。各部门内部分工协作机制（如图2-10所示）。

3. 整合信息化系统，实现过程优化和管理

现有的舱位分配和管理流程中，客户订舱往往由口岸分部通过本地操作系统完成，在船舶开航前通过批量上载上传到船公司总部信息化系统，其显著弊端是整船的收益管理涉及不同的港口，无法通过大数据分析，从整体的角度进行整船优化。同时，由于集装箱班轮船公司总部无法实时掌

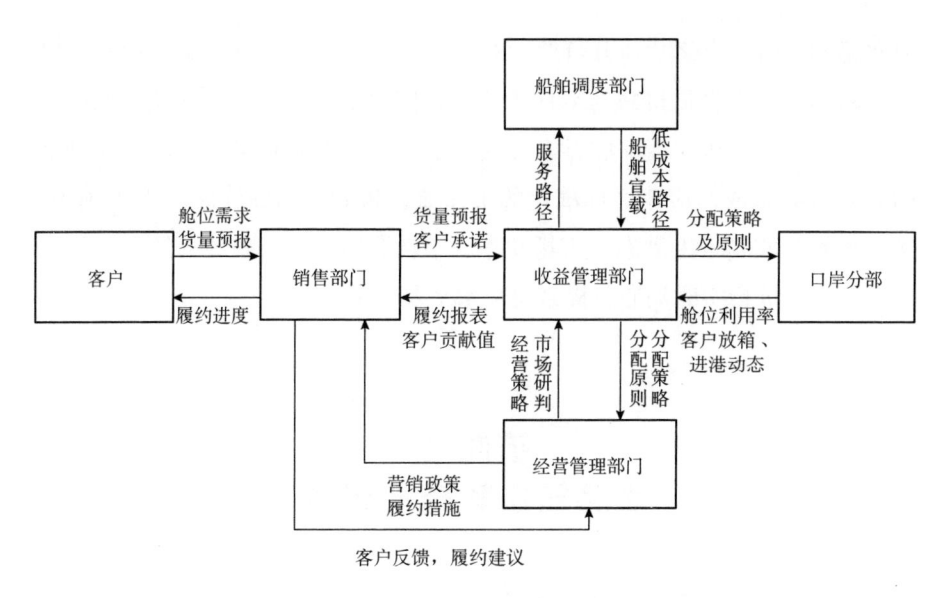

图 2-10　收益管理模式下跨部门协同工作流程图

握订舱动态，无法实时了解航线客户货量预报和舱位需求，既无法从订舱环节进行过程优化和管理，又影响市场研判和决策效率。

对信息化系统的整合，首先是集成客户的货量预报和舱位需求，增加系统模块，分航线录入客户货量预报、淡旺季舱位承诺，为实施收益管理奠定基础。其次是完善信息化系统的货流贡献值分析模块，实现对客户货流贡献值的自动计算，通过系统自动比较不同客户及同一客户在不同货流的贡献值水平，为建立按货流贡献值确定放舱优先次序的舱位分配和管理机制奠定基础。对于信息化系统的整合，同时应考虑提高信息系统的智能化水平，通过系统提供优化分配方案，为航次收益和管理绩效提供定量分析，为评估舱位分配和管理效果提供参考。

在整合信息化系统的基础上，如何实现过程优化和管理呢？由于市场瞬息万变，客户订舱后仍可能出现退关、漏装或改配等各种临时的调整，如何应对随机的客户需求变化，动态优化至为关键。一种可行的解决路径是通过收益管理团队，根据客户预报、订舱进度和市场研判，在系统中设定"Stop（停止）""Open（打开）""Pending（待定）"等简单标识，对航次船舶是否敞开订舱、停止订舱或等待确认进行标注，对于"Stop"的航次船舶，停止接受客户舱位保障承诺外的额外需求订舱；对于"Open"的航次船舶，对所有客户放开订舱；对于"Pending"的航次船舶，由收益管理团队动态设定最低接载的客户货流贡献值水平，满足最低接载控制线的客户订舱需求方可接受。收益管理团队成员由经营管理部门和收益管理部门人员共同组成，应建立标准化的工作流程机制，对航线客户需求预报、航线订舱及放箱进港动态、市场动态、中转滞留货源、航线后续舱位供应状况等信息进行实时沟通，提升决策水平及效率。

第四节
集装箱班轮箱务管理

一、集装箱定义与种类

集装箱在我国香港和台湾等地区被称为货柜，它是指具有一定规格和强度的专为周转使用的大型货箱，根据不同的划分标准，我们可以对集装箱进行不同的分类。

（一）按用途分类

1. 干货集装箱（Dry Cargo Container）

干货集装箱也称杂货集装箱，是一种通用集装箱，用以装载除液体货、需要调节温度货物及特种货物以外的一般件杂货。这种集装箱使用范围极广，常用的有 20 英尺集装箱和 40 英尺集装箱两种，其结构特点是常为封闭式，一般在一端或侧面设有箱门。

2. 开顶集装箱（Open Top Container）

开顶集装箱也称敞顶集装箱，是一种没有刚性箱顶的集装箱，但有可折式顶梁支撑的帆布、塑料布或涂塑布制成的顶篷，其他构件与干货集装箱类似。开顶集装箱适于装载较高的大型货物和需吊装的重货。

3. 台架式及平台式集装箱（Platform Based Container）

台架式集装箱是没有箱顶和侧壁，甚至有的连端壁也去掉而只有底板和四个角柱的集装箱。该集装箱装卸作业方便，适于装载长、重大件。由于密封程度差，台架式及平台式集装箱在通过海上运输时，必须装在舱内运输，在堆场存放时也应用毡布覆盖。同时，货物本身的包装也应适应这种集装箱。

台架式集装箱有很多类型。它们的主要特点是：为了保持其纵向强度，箱底较厚。箱底的强度比普通集装箱大，而其内部高度则比一般集装箱低。在下侧梁和角柱上设有系环，可把装载的货物系紧。台架式集装箱没有水密性，怕湿的货物不能装运，适合装载形状不一的货物。

台架式集装箱可分为敞侧台架式、全骨架台架式、有完整固定端壁的台架式、无端壁仅有固定角柱和底板的台架式集装箱等。

4. 通风集装箱（Ventilated Container）

通风集装箱一般在侧壁或端壁上设有通风孔，适于装载不需要冷冻而需通风、防止汗湿的货物，如水果、蔬菜等。如将通风孔关闭，可作为杂货集装箱使用。

5. 冷藏集装箱（Reefer Container）

冷藏集装箱是专为运输过程中要求保持一定温度的冷冻货或低温货而设计的集装箱。它分为带有冷冻机的内藏式机械冷藏集装箱和没有冷冻机的外置式机械冷藏集装箱。适用装载肉类、水果等货物。冷藏集装箱造价较高，营运费用较高，使用中应注意冷冻装置的技术状态及箱内货物所需的温度。

6. 散货集装箱（Bulk Container）

散货集装箱除了有箱门外，在箱顶部还设有2~3个装货口，适用于装载粉状或粒状货物。使用时要注意严格按照要求操作：一是每次掏箱后，要进行清扫，使箱底、两侧保持光洁；二是为防止汗湿，箱内金属部分应尽可能少外露；三是有时需要熏蒸，箱子应具有气密性；四是在积载时，除了由箱底主要负重外，还应考虑将货物重量向两侧分散。散货集装箱易于洗涤，主要适用于装运重量较大的货物，因此，箱子自重应减轻。

7. 动物集装箱（Pen Container）

动物集装箱是一种专供装运牲畜的集装箱。为了实现良好的通风，箱壁用金属丝网制造，侧壁下方设有清扫口和排水口，并设有喂食装置。

8. 罐式集装箱（Tank Container）

罐式集装箱是一种专供装运液体货而设置的集装箱，如酒类、油类及液状化工品等货物。它由罐体和箱体框架两部分组成，装货时货物由罐顶部装货孔进入，卸货时，则由排货孔流出或从顶部装货孔吸出。

9. 汽车集装箱（Car Container）

汽车集装箱是专为装运小型轿车而设计制造的集装箱。其结构特点是无侧壁，仅设有框架和箱底，可装载一层或两层小轿车。

（二）按主体材料分类

1. 钢制集装箱

钢制集装箱的框架和箱壁板皆用钢材制成。最大优点是强度高、结构牢、焊接性和水密性好、价格低、易修理、不易损坏，主要缺点是自重大、抗腐蚀性差。

2. 铝制集装箱

铝制集装箱有两种：一种为钢架铝板；另一种仅框架两端用钢材，其余用铝材。主要优点是自重轻、不生锈且外表美观、弹性好、不易变形，主要缺点是造价高，受碰撞时易损坏。

3. 不锈钢制集装箱

一般多用不锈钢制作罐式集装箱。不锈钢制集装箱主要优点是强度高、不生锈、耐腐性好，缺点是投资大。

4. 玻璃钢制集装箱

玻璃钢集装箱是在钢制框架上装上玻璃钢复合板构成的。主要优点是隔热性、防腐性和耐化学性均较好，强度大、刚性好，能承受较大外力，易清扫，修理简便，集装箱内容积较大等。主要缺点是自重较大，造价较高。

（三）按结构分类

1. 内柱式（Interior Post Type Container）与外柱式集装箱（Outside Post Type Container）

主要指铝合金集装箱，内柱式集装箱是指侧柱（或端柱）位于侧壁或端壁之内；外柱式集装箱是指侧柱（或端柱）位于侧壁或端壁之外。

2. 折叠式集装箱（Collapside Container）

折叠式集装箱是把所有部件指集装箱的主要部件（侧壁、端壁、箱顶等）能简单地折叠或分解，再次使用时可以方便地再组合起来。

3. 薄壳式集装箱（Monocoque Container）

薄壳式集装箱是把所有部件组成一个钢体，它的优点是重量轻，可以适应施加的扭力而不会引起永久变形。

（四）按外部尺寸分类

国际标准集装箱的宽度均为 8 英尺，高度有 8 英尺、8 英尺 6 英寸和小于 8 英尺三种，长度有 40 英尺、30 英尺、20 英尺和 10 英尺四种。目前，国际上通常使用的集装箱为 20 英尺箱、40 英尺箱、40 英尺高箱。

二、集装箱保有量决策

集装箱保有量决策指的是合理确定不同箱型的集装箱空箱设备数量，确定其采购或租赁决策，以满足客户用箱需求，压缩集装箱空箱设备成本。集装箱保有量的确定与船队运力规模、集装箱设备周转率密切相关，船队运力规模越大，需要配备的集装箱越多；集装箱设备周转率越低，同等规模的船队运力，需要配备的集装箱越多。由于货量在不同季节呈现明显的波动，集装箱空箱配备不仅要考虑总体数量还要考虑箱型结构。集装箱保有量的确定还与航线舱位利用率、客户货源结构、航线货流平衡等息息相关。航线舱位利用率越高，同等规模的船队运力，需要配备的集装箱越多。

客户货源结构决定了客户对不同箱型的结构性需求，进而影响集装箱保有量配备，比如，金属制品、石材、机械设备等重货对 20 英尺小箱需求较多，当船公司的客户结构以此类货源为主时，需要增加 20 英尺箱的配备。航线货流平衡对区域用箱需求产生影响，货流平衡越好，同等货量规模需要配备的集装箱空箱越少，成本越低。

（一）集装箱保有量确定

集装箱保有量的确定取决于船队的运力规模和集装箱设备的周转率，并受航线舱位利用率、客户货源结构和航线货流平衡等因素共同影响，那么如何根据这些影响因素，定量确定集装箱保有量规模呢？以下介绍几种定量的方法。

1. 通过"箱位比"确定集装箱保有量

"箱位比"，即集装箱班轮船公司持有的总集装箱箱量与总集装箱船队运力的比值，是确定造箱数量规模的重要依据。因此，"箱位比"常用于集装箱班轮船公司确定总体的集装箱规模，并被广泛用于衡量和比较不同船公司集装箱管理水平和效率。

以"箱位比"确定集装箱保有量，主要的步骤是：（1）调研了解业内主要集装箱班轮船公司的"箱位比"，确定"箱位比"目标（见表2-19）；（2）确定短期、长期船队运力规模，根据"箱位比"确定未来集装箱箱队规模；（3）根据箱队规模现状及可能的退租或出售计划，确定造箱或租箱

表2-19　2022年年底集装箱班轮船公司"箱位比"

序号	集装箱班轮船公司	运力	集装箱保有量	箱位比
1	MSC	4600851	6000000	1.30
2	MAERSK	4228174	6500000	1.54
3	CMA CGM	3393190	4900000	1.44
4	COSCO	2871859	4830000	1.68
5	HAPAG-LLOYD	1782791	2972000	1.67
6	EVERGREEN	1661865	2390000	1.44
7	ONE	1528921	2900000	1.90
8	HMM	816365	899600	1.10
9	YANG MING	707353	1350000	1.91
10	ZIM	533823	936000	1.85
	总计	25751000	47843000	1.86

数据来源：佛罗伦。

计划。假设集装箱班轮船公司的"箱位比"目标为 α，船队当前运力规模为 ρ，未来新增运力为 μ，当前集装箱箱队规模为 ∂，未来计划退租或出售的集装箱数量为 π，则当前和未来需要补充的集装箱空箱设备数量 C_1 和 C_2 分别为：

$$C_1 = \rho \times \alpha - \partial$$

$$C_2 = (\rho + \mu) \times \alpha - (\partial - \pi)$$

以"箱位比"确定集装箱保有量是一种简单易行的方法，可以从宏观角度确定船公司在不同船队运力规模下的箱队规模，估算可能需要增加或减少的集装箱设备数量。但是，使用"箱位比"确定集装箱保有量也有其局限性。一是"箱位比"只能确定总体用箱规模，不能确定集装箱不同类别、不同箱型的保有量，也不能反映船公司在不同季节、不同区域的结构性用箱需求。二是"箱位比"没有考虑船公司管理效率提升，集装箱设备周转效率变化、航线货流平衡改善对集装箱保有量配备的影响，简单按照"箱位比"配箱可能带来误差。三是船公司的船队运力布局、航线班期密度、客户结构、货流流向等差异较大，简单通过"箱位比"横向比较确定目标"箱位比"数值，据此确定集装箱保有量目标并不科学。

2.通过船队运力和在船、在岸周转天确定集装箱保有量

为解决按照"箱位比"确定集装箱保有量的弊端，需要考虑船公司客户结构和货源结构差异对不同箱型的结构性需求和集装箱设备周转效率对集装箱保有量的影响，我们通过船队运力和集装箱空箱在船、在岸周转天确定集装箱保有量。

以船队运力和集装箱空箱在船、在岸周转天确定集装箱保有量的思路是，假设现有的集装箱空箱规模基本符合当前船队运力规模和客户用箱需求，考虑未来各航线运力升级或改造可能增加的运力，根据航线当前不同集装箱箱型比例，测算运力调整后对不同箱型平均各周配箱变化，参考空箱在船、在岸周转天数，确定不同箱型的集装箱配箱数量，最终确定集装箱保有量。其主要的求解步骤是：（1）摸排航线运力升级或改造计划，确定船公司各航线当期运力、未来运力，计算周运力变化值；（2）下载航线货流报表，统计航线不同箱型平均货量比例，据此计算分箱型运力变化值；（3）根据集装箱在船、在岸周转天，计算各箱型配箱常数，计算分箱型运力变化应增加或减少的集装箱保有量；（4）汇总各航线集装箱保有量变化值，

算数求和。

假设集装箱班轮船公司 i 航线的当期运力为 C_i（$i=1, 2, 3, \cdots, n$），航线运力升级改造后 i 航线的运力为 V_i（$i=1, 2, 3, \cdots, n$），i 航线 k 类型集装箱的比例为 P_{ik}（$i=1, 2, 3, \cdots, n$，$k=1$ 或 2，其中 1 代表 20 英尺集装箱，2 代表 40 英尺集装箱），i 航线的航线周转天为 T_i，i 航线 k 类型集装箱的在岸周转天为 A_{ik}，根据以上求解步骤可得该船公司的集装箱保有量增加值为：

$$\sum_{i=0}^{n}(V_i - C_i) \times P_{ik} \times (T_i + A_{ik}) \div 7$$

以下通过算例求解说明：

假设某班轮船公司运营 5 条航线（见表 2-19），各航线的空箱在船周转天和在岸周转天见表 2-20，已知航线中仅有 20 英尺集装箱和 40 英尺集装箱两种箱型，航线运力计划如下表所示，求该船公司应增配的 20 英尺集装箱和 40 英尺集装箱集装箱数量。

表 2-20　算例已知条件附表

航线组	20英尺集装箱占比	40英尺集装箱占比	航线周转天	20英尺集装箱在岸周转天	40英尺集装箱在岸周转天	2022旺季舱位	2023旺季舱位	周舱位增加
美西南航线	10%	90%	45	36	25	23300	26100	2800
美西北航线	11%	89%	44	48	48	7855	8300	445
美东航线	15%	85%	70	40	42	12130	13645	1515
西北欧航线	20%	80%	75	45	42	25041	28009	2968
地中海航线	30%	70%	70	50	48	13810	14830	1020

根据以上计算公式，可知美西南航线应该增加配备的 20 英尺集装箱数量为：2800×10%×（45+36）÷7=3240；美西南航线应该增加配备的 40 英尺

集装箱数量为：2800×90%×（45+25）÷7=25200。同理，可求美西北航线、西北欧航线、地中海航线在运力升级后，应增配的空箱数量见表2-21。

表2-21 算例求解附表

航线组	20英尺集装箱占比	40英尺集装箱占比	航线周转天	20英尺集装箱在岸周转天	40英尺集装箱在岸周转天	2022旺季舱位	2023旺季舱位	周舱位增加	20英尺集装箱增加量	40英尺集装箱增加量
美西南航线	10%	90%	45	36	25	23300	26100	2800	3240	25200
美西北航线	11%	89%	44	48	48	7855	8300	445	643	5205
美东航线	15%	85%	70	40	42	12130	13645	1515	3571	20604
西北欧航线	20%	80%	75	45	42	25041	28009	2968	10176	39686
地中海航线	30%	70%	70	50	48	13810	14830	1020	5246	12036
总计									22876	102731

通过对算例求解进行分析，可以发现，通过船队运力和在船、在岸周转天确定集装箱保有量，充分反映了集装箱船队运力规模和集装箱设备周转率对空箱配备的影响。集装箱设备周转率，取决于集装箱在船周转效率和在岸周转效率，航线航程越长、挂港越多，集装箱在船周转时间越长，空箱配备越多；集装箱在岸周转率取决于集装箱班轮船公司在装港和卸港提取空箱、重箱堆存、重箱提箱、空箱还空等作业效率，集装箱在岸周转时间越长，需要配备的空箱越多。

3. 通过船队运力和重箱、空箱周转天确定集装箱保有量

通过船队运力和在船、在岸周转天确定集装箱保有量，解决了集装箱班轮船公司运力规模调整对集装箱空箱配备的影响，但是，在船周转和在岸周转的集装箱既包括重箱也包括空箱，如果不对重箱和空箱加以区分，可能由于空箱在船或在岸周转效率低，而增加集装箱保有量，带来偏差。

因此，有必要对航线的重箱和空箱进行细分，结合重箱需求确定集装箱保有量。

通过船队运力和重箱、空箱周转天确定集装箱保有量的主要步骤是：（1）摸排航线运力升级或改造计划，确定船公司各航线当期运力、未来运力，计算周运力变化值；（2）下载航线货流报表，统计航线不同箱型平均货量比例，据此计算分箱型运力变化值；（3）下载航线货流报表，统计航线提单重箱天、空箱停留天，计算航线配箱常数；（4）根据航线分箱型运力变化值及配箱常数，计算分箱型运力变化应增加或减少的集装箱保有量；（5）汇总各航线集装箱保有量变化值，汇总求和。

假设集装箱班轮船公司 i 航线的当期运力为 C_i（i=1，2，3，…，n），航线运力升级改造后 i 航线的运力为 V_i（i=1，2，3，…，n），i 航线 k 类型集装箱的比例为 P_{ik}（i=1，2，3，…，n，k=1 或 2，其中 1 代表 20 英尺集装箱，2 代表 40 英尺集装箱），i 航线的提单重箱天为 H_i，i 航线的空箱停留天为 E_i，根据以上求解步骤可得该船公司的集装箱保有量增加值为：

$$\sum_{i=0}^{n}(V_i - C_i) \times P_{ik} \times 2 \times \left(H_i + \frac{1}{2}E_i\right) \div 7$$

以下通过算例求解说明。

假设某班轮船公司运营以下 5 条航线，各航线的提单重箱天和空箱停留天见表 2-22，已知航线中仅有 20 英尺集装箱和 40 英尺集装箱两种箱型，航线运力计划见表 2-22，求该船公司应增配的 20 英尺集装箱和 40 英尺集装箱数量。

表 2-22 算例已知条件附表

航线组	20 英尺集装箱占比	40 英尺集装箱占比	提单重箱天	空箱停留天	2017 旺季舱位	2018 旺季舱位	周舱位增加
美西南航线	10%	90%	39.7	15.2	23300	26100	2800
美西北航线	11%	89%	39.7	15.2	7855	8300	445
美东航线	15%	85%	53.2	15.2	12130	13645	1515
西北欧航线	20%	80%	53.3	19.1	25041	28009	2968
地中海航线	30%	70%	52	19.1	13810	14830	1020

根据上述公式，可知美西南航线应该增加配备的 20 英尺集装箱数量为：$2800 \times 10\% \times 2 \times \left(39.7 + \frac{1}{2} \times 15.2\right) \div 7 = 3784$；美西南航线应该增加配备的 40 英尺集装箱数量为：$2800 \times 90\% \times 2 \times \left(39.7 + \frac{1}{2} \times 15.2\right) \div 7 = 34056$。同理，可求美西北航线、西北欧航线、地中海航线在运力升级后，应增配的空箱数量见表 2–23。

表 2–23 算例求解结果表

航线组	20英尺集装箱占比	40英尺集装箱占比	提单重箱天	空箱停留天	2017旺季舱位	2018旺季舱位	周舱位增加	20英尺集装箱增加量	40英尺集装箱增加量
美西南航线	10%	90%	39.7	15.2	23300	26100	2800	3784	34056
美西北航线	11%	89%	39.7	15.2	7855	8300	445	662	5352
美东航线	15%	85%	53.2	15.2	12130	13645	1515	3948	22370
西北欧航线	20%	80%	53.3	19.1	25041	28009	2968	10659	42637
地中海航线	30%	70%	52	19.1	13810	14830	1020	5381	12556
总计								24434	116971

（二）集装箱自购或租赁决策

集装箱班轮船公司确定集装箱保有量目标后，可以选择自购集装箱和租赁集装箱两种形式。自购集装箱，指集装箱班轮船公司自筹资金向集装箱造箱厂或其他供应商采购集装箱。租赁集装箱，指集装箱班轮船公司从租箱公司租箱，按照租箱协议约定的交接时间、交接地点提取集装箱，并支付相关租箱费用。租赁集装箱根据租赁的形式，又可分为期租、程租和灵活租赁。对于集装箱自购或租赁决策的选择，既要考虑船公司自身的资金状况、财务成本，更要结合其发展规划、箱队结构和货流平衡等相关要素，因地制宜、因时决策，充分发挥自购箱和租箱的优点，合理确定自有箱和租箱比例。

1. 自购集装箱

自购集装箱相对于租赁集装箱具有明显的成本优势，由于租箱公司资金回报率普遍达到 10% 以上，且在租箱时，由于租箱公司压缩成本，租赁的集装箱普遍使用相对便宜的造箱材料和简易的造箱工艺，租箱的后期运营管理费用较高。在租箱期届满退租时，退租箱按照国际集装箱出租者协会（Institute of International Container Lessors，IICL）标准进行估价修理，修箱标准显著高于集装箱班轮船公司运营所采用的货物价值（Cargo Worthy，CW）标准，使用租箱在退租时将产生每单元 180~200 美元的退租修理费，综合用箱成本较高。同时，维持一定比例的自有箱既有利于船公司锁定未来折旧年限内的成本，便于进行预算管理，也有利于集装箱班轮船公司在与租箱公司谈判时，提高议价能力、平抑租金上涨风险。维持合理的自有箱比例也可以增加集装箱班轮船公司资本运作选项，同时避免选择租箱受退租地点和退租限额的制约，增加用箱灵活性。

自购集装箱是集装箱班轮船公司获取集装箱相对经济和灵活的途径，尤其是对于自身资金状况好、财务成本低的集装箱班轮船公司，通过维持合理的自有集装箱比例，可以压缩集装箱用箱成本、提高运营的灵活性。自购集装箱也要结合自身资金状况，发展规划、箱队结构和货流平衡状况，尤其是对于货流不平衡较为严重的区域，自有箱比例过高可能增加空箱堆存、空箱调运成本，增加维修保养费用，需要在用箱决策时一并考虑评估。

2. 租赁集装箱

租赁集装箱的显著优点是可以降低集装箱班轮船公司短期的资金压力，根据临时用箱需求和航线货流平衡情况，选择租赁形式和退租箱地点，既满足客户用箱需求，又减少可能的空箱堆存成本、空箱调运成本。租赁集装箱总体成本高，平均租箱成本可能高于自购集装箱 50%~150%；退租时修箱标准高、对退租地点和退租限额有诸多限制。对于集装箱班轮船公司而言，租赁集装箱是其在自购集装箱外的有益补充，尤其是随着货量的季节性波动，船公司的用箱需求呈现明显的波动，如果仅为满足旺季用箱需求而大量订造新箱，可能导致淡季期间空箱大量闲置，增加空箱堆存成本、调运成本及维修保养以及折旧费用。

集装箱班轮船公司应该根据自身资金状况、融资成本及箱队结构，合理确定自有集装箱和租箱比例,并根据航线规划布局、经营策略和货流平衡状况,选择适当的租箱形式。一般而言,当集装箱班轮船公司订造新船并投入运营时,可以考虑通过自购集装箱或长期租赁,增加集装箱配备,满足客户用箱需求;当集装箱班轮船公司为满足特定航线用箱需求时,可以考虑程租租箱,满足阶段性用箱需求;当集装箱班轮船公司为满足多条航线用箱需求,且需要根据不同航线的货流平衡状况,选择最有利的起租点和退租点时,可以选择灵活租箱。

三、集装箱设备管理

集装箱设备管理是集装箱班轮船公司一项重要的经营管理活动,既关系到集装箱固定费、集装箱变动费等成本控制,又关系到客户用箱保障和服务体验,极为重要。各集装箱班轮船公司普遍建立了较为完备的集装箱箱管指标,通过各项指标体系,实现对集装箱重箱堆存、重箱拆箱、空箱还空、空箱调运等各环节管理,以下简要说明。

(一)在场空箱保有量

在场空箱保有量,指集装箱班轮船公司在各国家、地区堆场停留的空箱数量,常用于衡量其在不同国家、地区配备的集装箱空箱数量是否合理。在场空箱保有量目标通常根据某一国家或地区平均每周出口的重箱量与备箱系数的乘积确定。假设平均出口货量为 V,备箱系数为 α,则在场空箱保有量目标 T 可用数学表达式表示如下:

$$T = V \times \alpha$$

备箱系数 α 根据集装箱班轮船公司空箱配备目标确定,在场实际空箱数量与在场空箱保有量目标的差额,通常作为集装箱班轮船公司调出空箱的依据,以下举例说明。

假设某集装箱班轮船公司在欧洲各主要国家的备箱系数为 1.9~2.5,各主要国家平均每周的出口重箱数量和在场实际空箱数量见表 2-24,求各国家应调运空箱数量。

表 2-24 通过在场空箱保有量目标确定富裕空箱算例

国家	在场实际空箱（单位：TEU）	出口重箱（单位：TEU）	完成系数	目标系数	富裕空箱
希腊	1674	157	10.7	2.0	1360
葡萄牙	365	56	6.5	2.5	225
以色列	690	108	6.4	2.5	420
埃及	1153	182	6.3	1.9	807
罗马尼亚	129	21	6.1	2.5	76
克罗地亚	187	33	5.6	2	121
乌克兰	112	21	5.5	2.5	59

根据以上公式可知，希腊富裕空箱为：1674–157×2=1360；葡萄牙富裕空箱为：365–56×2.5=225；以色列富裕空箱为：690–108×2.5=420；埃及富裕空箱为：1153–182×1.9=807；罗马尼亚富裕空箱为：129–21×2.5=76；克罗地亚富裕空箱为：187–22×2=121；乌克兰富裕空箱为：112–21×2.5=59。

通过在场空箱保有量目标确定各国家或地区富裕空箱，可以直观比较各国家、地区的空箱盘存是否合理，为空箱海运调运、空箱平衡调运提供参考和依据。但是，对于在场空箱保有量目标的确定不能过于机械，由于平均出口箱量无法反应所在国家或地区在淡季、旺季的季节性货量波动，备箱系数的确定既要考虑航线处于淡季或者旺季，更要考虑新客户开发或客户流失对未来用箱需求带来的影响。同时，在场空箱保有量目标没有考虑不同集装箱箱型，简单按照在场空箱保有量对集装箱总量进行控制，不区分具体箱型结构安排调运可能带来偏差。

（二）空箱海运调运

空箱海运调运，指空箱在港口集结并通过集装箱班轮航线安排调箱。空箱海运调运因进出口货流不平衡产生，常用的控制性指标，包括空箱海运调运费和空箱海运调运量两项不同指标。空箱海运调运费用于衡量为安排空箱海运调运支付的成本，既与海运调运的绝对箱量有关，又与使用调运的服务路径及其成本密切相关。空箱海运调运量用于衡量通过集装箱班轮航线调运的空箱数量，用于从总体上衡量航线货流平衡状况和空箱调运规模。

集装箱班轮船公司临时的航线停航、航线并班或服务路径调整，可能导致原有服务路径的重箱或空箱需要通过其他服务路径中转，使用空箱海运调运费或空箱海运调运量评估航线整体货流平衡状况，需要考虑航线调整对空箱海运调运产生的影响。

（三）空箱内陆调运

空箱内陆调运，指为满足客户用箱需求或改善箱体平衡，在不同内陆点之间安排空箱调运，或从内陆点向基本港调运空箱。空箱内陆调运常用的控制性指标包括空箱内陆调运费和空箱内陆调运量两项指标。空箱内陆调运费用于衡量不同内陆点之间及内陆点与航线基本港之间为空箱平衡调运支出的成本；空箱内陆调运量用于衡量不同内陆点之间及内陆点与航线基本港之间安排平衡调运的箱量规模。

空箱内陆调运是集装箱班轮船公司成本控制的一项核心工作，也是衡量不同集装箱班轮船公司航线经营、集装箱设备管理水平的重要指标，必须建立并完善空箱内陆调运规则，规范相关调运行为。一是要规范客户还箱点，严格控制"Free Drop off"条款，即允许客户将某一基本港或内陆点的货物在完成重箱拆箱后，免费将空箱归还至其他内陆点；对自行安排内陆拖车运输（使用 MERCHANT HAULAGE）的客户，应严格限制其将空箱归还至出口货源较少甚至没有的多箱点，从源头压缩空箱内陆调运量。二是要规范空箱内陆调运路径，对存在多条调运路径的，要规范和使用成本相对最低的空箱调运路径，形成使用不同调运路径的优先顺序和路径使用控制规则。三是要着力强化空箱内陆调运的计划性和前瞻性，要提前做好客户用箱需求排摸，着力避免空箱连续多次调运或因暂时没有用箱需求而安排空箱调出，而后再安排空箱调入，从而发生往返调运成本；避免未优先考虑内陆点之间平衡调运而安排集港，而后又从基本港调回内陆点，产生额外费用；避免调入箱型不匹配，产生额外成本等各种不合理的空箱内陆调运行为。

(四) 空箱堆存费

空箱堆存费，指由于空箱堆存发生的成本和费用，一般用于分析各国家或地区为空箱停留所支付的成本。空箱堆存费常用的控制性指标包括空箱内陆场站堆存费和空箱基本港堆存费两项不同指标。空箱内陆场站堆存费是集装箱班轮船公司为保障内陆点客户用箱需求而设立内陆还箱点或通过平衡调运调入空箱发生的堆存成本，用于衡量集装箱班轮船公司在内陆堆场产生的堆存成本。空箱基本港堆存费是集装箱班轮船公司为调运空箱安排空箱集港在码头内发生的堆存成本，用于衡量集装箱班轮船公司在港口集港产生的堆存成本。空箱堆存费一般与衡量空箱停留时间的管理指标"空箱停留天"和"超期空箱"（一般指30天或60天以上），共同用于分析和监控集装箱空箱的周转效率。

(五) 重箱堆存费

重箱堆存费，指由于重箱堆存发生的成本和费用。集装箱卸船后由于集疏运体衔接、物流分拨配送效率、单证资料准备、收货人资金状况等各种原因可能导致集装箱重箱卸船后收货人未能在约定的免费堆存期限内从码头提货，产生码头额外堆存、超期用箱等各种成本。重箱堆存费与超期重箱（一般指30天或60天）、提单重箱天等管理指标，共同用于分析和监控集装箱重箱的周转效率。重箱堆存费是集装箱班轮船公司关注的重点指标，由于码头内堆存区域空间有限，重箱堆存费是船公司为超期重箱支付的刚性成本，应对超期重箱进行催拆，控制可能增加的额外成本，避免由于重箱长期未提箱，产生各种商务纠纷。

(六) 滞期费

滞期费，指集装箱班轮船公司为弥补客户超期用箱成本而收取的超期用箱费用，包括Demurrage和Detention。Demurrage指的是从集装箱卸到码头开始计算，直到集装箱被提离码头为止发生的超期用箱费用，根据码头费率谈判情况，有些码头超期用箱费条款中，Demurrage包含了码头的超期堆存费用；有些则仅包含集装箱班轮船公司超期用箱费用，需要加以区分。Detention 指的是集装箱从提离码头开始计算，到集装箱还空至码头或指定内陆还箱点为止发生的超期用箱费用。滞期费常用的控制性指标包括滞期费实收率、滞期费减免率、滞期费实收金额、滞期费减免金额等相关指标。滞期费是集装箱班轮船公司用于弥补集装箱额外用箱成本的重要收入，应规范滞期费审批流程，提高滞期费实收金额和实收比例。

四、集装箱改装及特殊操作业务

集装箱设备使用过程中，为满足不同客户的运输服务需求，可能需要对集装箱进行改造或采取套箱、异地还箱、冷箱干用等特殊操作，或由客户自备集装箱，了解这些特殊的操作极为重要。

（一）集装箱改造

集装箱的改造主要是通过在普通标准集装箱内，加装挂衣箱专用框架完成，该框架一般由立柱、侧梁、挂衣梁、底梁四部分组成，其中底梁主要用于加强框架支撑。根据改装的层数，一般将挂衣箱分成单层挂衣箱、双层挂衣箱、三层挂衣箱和四层挂衣箱。在实际业务中，单层挂衣箱和双层挂衣箱应用非常广泛，已成为集装箱班轮船公司一项非常重要的业务。

1. 单层挂衣箱

单层挂衣箱的挂衣梁为矩形钢管，外形尺寸为 5 厘米 ×3 厘米，共有 11 根挂衣梁，每根挂衣梁一般负荷为 2500 牛、约为 250 千克，极限负荷为 3000 牛、约为 300 千克。单层挂衣箱每根梁负荷一般不得超过 300 千克。

单层 20 英尺挂衣箱第一根挂衣梁距门端内壁为 44 厘米，最末端挂衣梁距前端内壁为 44 厘米，挂衣梁间距离为 49 厘米，挂衣梁下沿距顶部内壁为 14 厘米，每根挂衣绳长度为 100 厘米，每根挂衣梁上有 20 根挂衣绳，每根挂衣绳上共 10 个结，结间距离约为 10 厘米，挂衣绳末端距底部（木地板）内壁为 120 厘米。单层 40 英尺挂衣箱由 2 套 20 英尺挂衣箱框架组成，挂衣梁距底部（木地板）内壁 255 厘米，挂衣绳末端距底部（木地板）内壁 155 厘米，40 英尺高箱挂衣箱仅高度增加，其余数值不变。单层挂衣箱改装规范见表 2-25。

表 2-25　单层挂衣箱改装规范

	立柱	侧梁	挂衣架	底梁	金属压条
20 英尺挂衣箱	12	4	11	6	无
40 英尺挂衣箱	24	8	11	12	无

2. 双层挂衣箱

双层挂衣箱的挂衣梁为圆形钢管，钢管直径尺寸为 3.35 厘米，共有 22 根挂衣梁，分为上下两层，每层各 11 根梁。单根挂衣梁一般负荷为 1000 牛、约为 100 千克，极限负荷为 1200 牛、约为 120 千克。双层挂衣箱每根梁负荷一般不得超过 120 千克。

双层 20 英尺挂衣箱第一根挂衣梁距门端内壁为 44 厘米，最末端挂衣梁距前端内壁为 44 厘米，挂衣梁间距离为 49 厘米，挂衣梁下沿距顶部内壁为 15 厘米，层间的距离为 100 厘米。40 英尺挂衣箱由 2 套 20 英尺挂衣箱框架组成，挂衣箱层间的距离为 130 厘米，40 英尺高箱挂衣箱仅高度增加，其余数值不变。双层挂衣箱改装规范见表 2-26。

表 2-26　双层挂衣箱改装规范

	立柱	侧梁	挂衣架	底梁	金属压条
20 英尺挂衣箱	12	8	22	6	22
40 英尺挂衣箱	24	16	44	12	44

3. 三层挂衣箱

三层挂衣箱的挂衣梁为圆形钢管，钢管直径尺寸为 3.35 厘米，共有 29 根挂衣梁，第一层 10 根挂衣梁，第二层 9 根挂衣梁，第三层 10 根挂衣梁。单根挂衣梁一般负荷为 1000 牛、约为 100 千克，极限负荷为 1200 牛、约为 120 千克。三层挂衣箱每根梁负荷一般不得超过 120 千克。

三层 20 英尺挂衣箱中，第一、三层第一根挂衣梁距门端内壁为 44 厘米，第一、三层最末端挂衣梁距前端内壁为44厘米，第二层挂衣梁与门端、前端距离为72厘米，挂衣梁间距离为56厘米，挂衣梁下沿距顶部内壁为15厘米，层间距离分别为63.5厘米、63.5厘米、90厘米。40英尺挂衣箱由2套20英尺挂衣箱框架组成，一般情况下高箱仅提供单、双层挂衣箱，三、四层可根据客户需要提供。三层挂衣箱改装规范见表2-27。

表2-27　三层挂衣箱改装规范

	立柱	侧梁	挂衣架	底梁	金属压条
20英尺挂衣箱	12	12	29	无	29
40英尺挂衣箱	24	24	58	无	58

4. 四层挂衣箱

四层挂衣箱的挂衣梁为圆形钢管，钢管直径尺寸为3.35厘米，共有38根挂衣梁，第一层10根挂衣梁，第二层9根挂衣梁，第三层10根挂衣梁，第四层9根挂衣梁。单根挂衣梁一般负荷为1000牛、约为100千克，极限负荷为1200牛、约为120千克。四层挂衣箱每根梁负荷一般不得超过120千克。

四层20英尺挂衣箱第一、三层第一根挂衣梁距门端内壁44厘米，第一、三层最末端挂衣梁距前端内壁44厘米，第二、四层挂衣梁与门端、前端距离72厘米，挂衣梁间距离55.6厘米，挂衣梁下沿距顶部内壁15厘米，层间距离分别为27厘米、63厘米、27厘米和100厘米。40英尺挂衣箱由2套20英尺挂衣箱框架组成，高箱一般不提供四层挂衣箱。四层挂衣箱改装规范见表2-28。

表2-28　四层挂衣箱改装规范

	立柱	侧梁	挂衣架	底梁	金属压条
20英尺挂衣箱	12	16	38	无	38
40英尺挂衣箱	24	32	76	无	76

挂衣箱的改造工艺分为固定焊接式和活动拆卸式，固定焊接式挂衣箱

的优点是改造成本低、便于后期反复使用，但是对箱体有损坏、难以满足客户个性化的需求，对固定焊接式的挂衣箱要单独封闭使用，跟踪管理难度较大。活动拆卸式挂衣箱的优点是对箱体没有任何损坏，可以满足客户非标准的个性化需求，而且装卸灵活，可与普通箱互相替代，无须单独封闭管理使用，但是改造成本高、重复利用率低，对内架的控制比较困难。对于客户的个性化改造需求，一般的做法是提前3天以上预约，在集装箱班轮船公司审核确认后进行改装，并根据特别改造的难易程度和可能的风险收取相应附加费。

（二）冷箱干用

冷箱干用（Non-Operating Reefer，NOR）指的是使用冷箱在运输过程中不通电和使用制冷设备，将冷箱作为干货箱使用的特殊操作。冷箱干用业务源于冷箱货流的不平衡和集装箱班轮船公司在局部区域的缺箱。从全球范围看，冷箱货源主要为冻肉、冻鱼、果蔬、奶制品等货类品种，澳大利亚、新西兰、美国、挪威、瑞典、巴西、乌拉圭、阿根廷、秘鲁、厄瓜多尔、墨西哥、哥斯达黎加等国家是冷箱出口货源的主要生成地，由于双向货流不平衡，冷箱用箱保障依赖于空箱调运，需要支付高昂的调箱成本。通过冷箱干用，既可以满足缺箱区域的用箱需求，减少冷箱空箱调运成本，又可以获取运输服务收入，提升效益。因此，船公司对于冷箱干用货源常制定特殊运价政策，鼓励缺箱点冷箱干用。

冷箱干用适用于从冷箱多箱点至缺箱点的货流，对适箱货物的要求较为严格，必须满足以下要求：

（1）装箱货物不能对冷箱造成污染，影响冷箱使用，货物及其包装应该无污染、无腐蚀、无异味。

（2）装箱货物的包装、积载及绑扎（固定）不会损坏箱体，影响冷箱使用或增加修箱成本。

（3）装箱货物在装卸作业过程中不能对箱体内衬及地板产生破坏。

（4）装箱货物必须满足冷箱最大装载容积限制（20英尺冷箱体积为28.4立方米，是普箱的86%；冷高箱体积为68立方米，是高箱的89%），货物重量不能超过设备规范要求。

根据以上要求，危险品、化学品以及有腐蚀、有异味的货物，需要使用铲车及类似工具装卸的货物，包装坚硬（如木材、金属等）的货物及散装货物一般不适合冷箱干用。

冷箱干用有利于减少冷箱调运成本，满足客户服务需求，但也可能增加冷箱配备量，增加冷箱管理的难度和管理成本。尤其是冷箱干用操作过程中，如果装箱货物对冷箱造成污箱或由于不当操作导致冷箱制冷设备损坏，可能产生高昂的清洁费用或修箱费用。因此，集装箱班轮船公司对于冷箱干用货源需要建立相对规范的申请流程和操作程序，冷箱干用一般适用于装运港冷箱富裕而目的港冷箱缺箱、冷箱箱型匹配且冷箱干用的费率折扣低于目的港冷箱调运成本的情况。在实际操作中，由集装箱班轮船公司的航线销售部门向箱管部门提出冷箱干用申请，详细列明冷箱干用的装运港、目的港、箱型尺寸、箱量、预计配载的船名航次等信息，由箱管部门对相关货流进行审核批复，并在冷箱干用后做好跟踪管理。

（三）套箱业务

套箱业务指的是客户进口重箱提箱并拆空后，不将空箱归还至船公司码头或指定堆场，直接将集装箱作为空箱装运出口货物，并按正常出口业务流程安排重箱进港、装船等相应流程，其显著优点是可以加快客户用箱响应速度，显著改善双向货流平衡，提高集装箱设备使用效率。套箱业务只限于同一集装箱班轮船公司的航线网络，一般只适用于使用普通集装箱（20GP、40GP、40HQ）装载的普通货物，危险货物不适用套箱业务操作。

套箱业务由套箱申请人提供箱号、进口信息（船名、航次、提单号、货名）、待出口信息（船名、航次、订舱号、目的港、货名）等资料后，向集装箱班轮船公司或其指定代理进行申请，船公司审核确认后应签定长期套箱合同或单票套箱协议。一般而言，套箱申请人应委托与船公司或其指定代理有协议的车队办理进口、出口放箱业务，并领取对应套箱提单的进口、出口设备交接单，据此开展套箱业务，并作为动态信息录入及后续滞期费结算的凭据。

由于套箱业务归还空箱之前，不涉及真实的返空、提空操作，船公司审核确定的套箱日期，应作为套箱进口段、出口段的分界日期相应确定虚拟动态日期，按正常的进口重箱提重（返空）、出口重箱提空（返重）分别录入动态信息后，对于客户超期使用集装箱，按照一般的进出口滞期费费率征收滞期费。套箱进口滞期费起算日期与一般的进口滞期费的起算日期一致，截止日期与虚拟的进口回空日期一致。套箱出口滞期费起算日期与虚拟的出口放箱日期一致，截止日期与一般的出口滞期费的截止日期一致。套箱业务申请表模板见表2-29。

表2-29　套箱业务申请表

外（内）贸进口信息		外（内）贸出口信息	
船名航次：		船名航次	
抵港日期：		开航日期	
提单号：	箱号：	订舱日期	
	箱号：	B/L	
	箱号：	目的港	
	箱号：	货名	
	箱号：	备注：按套箱规定结算进口滞箱费	
货物品名			

（四）异地还箱业务

异地还箱业务指的是客户进口重箱提箱并拆空后，不将空箱归还至集装箱班轮船公司指定的码头或内陆堆场，而是将空箱归还至其他还箱点的特殊操作。通过异地还箱业务，鼓励客户将空箱归还至缺箱点，可以改善航线货流平衡，减少空箱平衡调运成本。但是，在实践中有异地还箱需求的往往是多箱点，在增加集装箱设备管理难度的同时，往往带来额外的空箱内陆调运成本，应限制缺箱点、基本平衡点到多箱点异地还箱业务，控制缺箱点到缺箱点、多箱点到多箱点、基本平衡点到基本平衡点的异地还箱业务。对于不平衡区域，应根据空箱积压情况、空箱调运成本按集装箱箱型制定异地还箱附加费，对申请异地还箱的客户征收，弥补额外成本支出。

（五）DTH 业务

DTH 业务指的是船公司在不改变提单签发条款的前提下，对特定货源流向，根据客户要求在基本港完成集装箱货物交接，改变基本港至中转港的运输模式，由客户自行安排卡车运输至门点，船公司按 DTH 费率与公布的支线费率之差额返还相关费用的特殊操作模式。

DTH 业务常见于远东装港至丹麦哥本哈根（Copenhagen）、奥胡斯（Aarhus）、腓特烈西亚（Fredericia）等流向货物，对于集装箱班轮船公司而言，在合理的 DTH 费率之下，通过 DTH 业务可以降低为开发特定流向货源对支线费率的补贴，同时，在 DTH 运输模式下，货代在欧洲基本港对货物进行交接，使用卡车运输代替集装箱班轮船公司的驳船支线运输，交货期大为缩短，既提高了航线产品服务的竞争力，也有利于加快集装箱空箱周转，提高集装箱空箱利用效率。对于货代而言，在 DTH 业务模式下，既可以获得船公司对 DTH 业务的费率补贴，又便于对客户供应链进行控制和管理，提高其服务竞争力，可谓一举两得。

以远东至丹麦奥胡斯和腓特烈西亚货物为例进行说明，在传统的业务模式下，集装箱班轮船公司在德国汉堡港（Hamburg）将货物卸下，通过驳船支线将货物由汉堡港运送至奥胡斯和腓特烈西亚。船公司由汉堡港至奥胡斯和腓特烈西亚的驳船支线费率为 USD 350/20GP、USD 520/40GP&HQ（包含燃油附加费、装港装卸费，不包含卸货费），为开发非基本港货源，船公司对支线费率进行补贴，对外宣布的奥胡斯和腓特烈西亚转运费率为 USD 150/20GP、USD 250/40GP&HQ，即在传统业务模式下，集装箱班轮船公司贴补的支线费率为 USD 200/20GP、USD 270/40GP&HQ。在 DTH 业务模式下，集装箱班轮船公司按 DTH 市场费率水平 USD 175/20GP、USD 350/40GP&HQ 与其公布的支线费率 USD 150/20GP、USD 250/40GP&HQ 的差额贴补使用 DTH 业务模式的货代，需要贴补的金额为 USD 25/20GP、USD 100/40GP&HQ，相比传统业务模式下对支线费率的补贴，减少 USD 175/20GP、USD 170/40GP&HQ 的支出。可见，合理的支线转运费率和 DTH

费率是集装箱班轮船公司在 DTH 业务模式下能否带来成本节支的关键。

DTH 业务模式下，对集装箱动态跟踪管理和滞期费计费征收带来一定的困难，货代在基本港交接货物后自行安排拖车运输，从基本港卸货后直至货代拆箱并将空箱归还至指定堆场前，集装箱的流转动态信息缺失；货物的实际运输方式与提单记载的运输方式不一致，在 DTH 业务模式下发生货损或其他运输事故，对责任方的界定可能产生争议。因此，对于 DTH 业务，应严格审核客户资质，规范操作流程，并做好客户供应商录入、DTH 费率创建和费用审核。

（六）SOC 箱业务

SOC 箱（Shipper's Own Container）指的是客户在使用集装箱班轮船公司提供的运输服务时，自行提供集装箱设备用于货物装箱。SOC 箱多见于客户出售集装箱或调运集装箱或为获取集装箱班轮船公司对 SOC 箱的运费折扣。

SOC 箱业务由客户自行对箱况进行检查，确保符合运输要求；客户需向集装箱班轮船公司提供箱体证书声明及保函，证明 SOC 箱满足国际标准规格。SOC 箱到港卸船后，客户提箱拆完重箱后将空箱运送至集装箱买家指定堆场，或根据客户要求安排空箱调运。

（七）液袋箱业务

液袋箱（Flaxitank）是一种新型散装液体运输容器，指的是在集装箱内通过安装可循环利用或回收的聚乙烯（PE），提供单程一次性包装容器业务，具有较强的经济性和实用性等特点。液袋箱每个容器可正好放置于 20 英尺的集装箱内，其容积为 14~24 立方米，最多可储运 24000 公升液体，适合运输的商品货类包括：食品类、工业用各类油脂、非危险液体化工品，如葡萄酒、果汁、天然食用油、糖浆、果糖、各种碳氢化合物、变压器油、树脂、钻探泥浆、润滑油、矿物油（白油）等。

液袋箱的优势在于节约成本。比起传统的罐箱，液袋箱操作和装卸简单，可以装载更多的货物，节约运输成本。除此之外，它是一次性使用的，既可以避免货物被污染，又卫生环保。液袋箱的缺点是可能造成泄漏，造成货损或污箱。尽管液袋制造技术一直在改进，但只是降低泄露的概率，泄露仍时有发生，产生泄漏的原因很多，包括液袋箱设计缺陷、液袋箱生产质量缺陷、使用不当（包括异物刮伤、猛烈碰撞）等。

对液袋箱业务，集装箱班轮船公司应建立严格的准入标准，仅对部分在液袋箱生产和包装领域具备良好信誉和资质的公司开放接运；对承运的货物品类进行严格限制，原则上只接受红酒、果汁等对船舶和货物影响较小的货物，限制可能造成严重污染或危险性较高的货物接运。使用液袋箱运输的客户必须提供专业机构出具的检验证书（Survey Report），证明该液袋箱已进行合理的包装、铺垫、箱内加固，以防止液袋箱渗漏并符合海上及陆上安全运输的要求。客户应出具保函，承诺一旦液袋箱发生渗漏，引起箱体、货物污染或损坏，并影响到其他箱体、货物、船体的污染和损坏，将承担所有相关费用及相关责任。集装箱班轮船公司配载时，必须根据货物的特性和隔离要求，确定液袋箱装载位置，尽可能配在舱底最下一层，禁止配在甲板上及危险品、冷箱、高值货附近。

本章小结

集装箱运输链条长，涉及从装运港提取空箱、工厂装箱、重箱进港、装船出运、到港卸船、海铁联运或陆运集疏运（如需）、重箱交付、空箱还至堆场等众多环节，对船公司各项成本进行梳理，其可以分为集装箱货物费、中转费、港口费、空箱变动费、空箱固定费、船舶费、燃油费。对各项成本的控制，可以从流程优化、管理提升、供应商谈判、整合协同等多维度多措并举，严加控制。优化航线网络服务路径选择是实现成本控制的关键所在，应根据服务路径成本差异兼顾航线交货期确定不同服务路径优先顺序，优先适用低成本路径。成本控制过程中，要注意处理好产品与服务、成本控制与收入提升、局部与整体、长期利益与短期利益及不同成本之间的关系。运价制定需要参考市场供求关系、竞争船公司定价策略、经营策略及市场目标、客户细分及客户评价、货物种类及货流流向、舱位利用率、客户需求及服务条款等内外部因素。在实践中，运价是多元化的定价主体激烈博弈的结果，"智猪博弈"模型、"囚徒困境"博弈模型揭示了定价过程中"跟随定价""跟跌不跟涨"等博弈过程；"好于调空"定价法、高于"停航点"定价法、高于"盈亏平衡点"定价法为集装箱班轮船公司定量定价提供参考和依据。浮动燃油定价、指数关联定价、货代列名货主定价等各种定价形式的创新，是船公司在市场博弈中响应客户需求、应对竞争环境的需要。运价与货量需要合理平衡，舱位分配和管理在于提升实际上船客户的运价水平，提升舱位利用率和舱位价值。舱位分配中要参考客服承诺及履约信誉、客户运价水平及贡献值、客户货流流向及货物类别、市场规划和客户战略及运力规划、航线布局及远近程舱位协同等相关因素。由于客户需求不可预测、订单不可分割，退关、漏装、改配等临时行为难以有效约束，运用收益管理的理念进行舱位分配和管理，必须建立跨部门协作团队，通过整合信息化系统进行大数据优化，实现过程优化和管理。集装箱箱务管理既关系到船公司成本控制，又影响客户用箱保障和服务体验，在确定集装箱保有量的同时，必须建立相应的箱管管理指标，对集装箱设备周转率及各项成本进行跟踪和管理。

推荐阅读

1. 石文. 浅谈降低箱管成本的途径 [J]. 集装箱化，2002 (9).
2. 林益松. 国际集装箱班轮运输实务 [M]. 北京：中国海关出社，2010.

思考与实训

1. 集装箱班轮船公司各项成本支出中哪些是固定成本？哪些是可控成本？对于固定成本和可控成本可分别采取哪些措施进行控制？

2. 试从成本控制角度，分析集装箱班轮船公司采取的加船减速、临时停航措施，这些措施有哪些好处？可能带来哪些影响？

3. 集装箱班轮船公司的运价是如何形成的？各项成本变动如何对船公司定价行为产生影响？

4. 货代列名货主运价是如何产生的？对于货代列名货主运价如何从客户资质审核、合同创建、履约跟踪等进行规范和管理，规避可能的套约行为？

5. 舱位分配和管理有哪些问题和难点？运用收益管理的理念进行舱位分配和管理需要解决哪些问题？如何实施？

6. 集装箱保有量如何确定？根据不同的方法确定集装保有量各有哪些优点和缺点？如何扬长避短？

第三章

集装箱班轮航线操作实务

关键术语

干线　支线　钟摆线　FMC　运价报备　运价本　服务合同　受控承运人　非受控承运人　货主　无船承运人　受益人　订舱　MLB　IPI　OCP　AMS　过境货物　底盘车　VGM　分并单　舱单　清关　放货　提单　拖车　堆场　改单　电放

学习目标

了解集装箱班轮航线的分类及不同航线的特点，掌握航线分析方法及全球主要航线特点；了解美国航线运价报备管理制度，了解FMC的监管及运作程序，熟练掌握FMC运价报备管理规定；熟练掌握美线服务合同的查看和使用方法，了解服务合同的构成，掌握不同合同类型的审核方法；熟练掌握合同运费计收规则，熟悉合同条款及运费计收；熟悉美国航线内陆转运模式，了解MLB、IPI、OCP等不同运输模式的特点，熟练掌握美国航线有关AMS舱单申报、进口清关、放货控制、美国内陆拖车等各种实务操作。

第一节
集装箱班轮航线

一、集装箱班轮航线类型

集装箱班轮航线按照航线距离的长短可以分为远洋航线、近洋航线、沿海航线；按航线的范围可以分为大西洋航线、太平洋航线、印度洋航线、环球航线；按照航线的作用不同可以分为干线航线、支线航线和区域内航线。

（一）按航程远近分

1. 远洋航线

远洋航线指航程距离较远的船舶航行跨越大洋的运输航线。我国习惯以亚丁港为界，把去往亚丁港以西，包括红海两岸和欧洲以及南北美洲广大地区的航线划为远洋航线。

2. 近洋航线

近洋航线指航程距离较近的某一国家与临近国家港口间的海上运输航线。我国习惯上把去往亚丁港以东地区的亚洲和大洋洲的航线称为近洋航线。

3. 沿海航线

沿海航线指本国沿海各港之间的海上运输航线。如上海至广州、青岛至大连等港口间的海上运输航线。

（二）按航线定位分

1. 干线航线

干线航线指主干港口之间的海上运输航线，一般也把主干航线的挂港称为基本港。主干航线的挂港集装箱吞吐量相对较大，配备较为齐全的集装箱装卸、运输机械和其他配套设施，由于货量稳定，船公司普遍配备大型船舶，班期密度高、服务稳定、参与航线运营的船公司相对稳定。远东—美国加拿大航线、远东—欧洲地中海航线、远东—中东航线、远东—印巴航线、远东—澳新航线、远东—南美西航线、远东—南美东航线、欧洲—北美航线都是主干航线。

2. 支线航线

支线航线指为干线航线提供喂给的支线港口与干线港口或支线港口与支线港口之间的航线，一般也把支线航线的挂靠港口称为非基本港。支线航线一般服务于干线航线无法直接靠泊的港口，或由于货量规模相对较小，干线船舶直接靠泊经济性较差的港口。支线航线具有货量规模相对较小、船期或班期密度相对较小、码头装卸作业条件相对较差等特点。但是，随着集装箱船舶大型化趋势的发展，支线航线的重要性日趋凸显。一方面，在船舶大型化的背景下，传统的基本港货源竞争日益激烈，如何通过支线航线网络加强市场营销和客户开发，为干线航线提供喂给，已成为船公司提升航线货量装载率的关键。另一方面，支线航线服务也是船公司"端到端"服务的一部分，支线航线与干线航线的衔接效率影响着船公司的综合服务水平，并对集装箱班轮船公司货流平衡、成本控制产生显著影响。

3. 区域内航线

区域内航线指在同一区域内不同国家（地区）之间或同一国家（地区）的不同港口之间的海上运输航线。区域内航线与支线航线的不同之处在于，支线航线很多时候是为干线航线而设，支线航线的船期、班期密度、挂靠港口、港序安排等在很大程度上取决于支线港口市场开发及支线航线与干线航线衔接的需要。但是，区域内航线完全不同，其航线设计的目标是区域内市场开发，航线的船期、班期密度、挂靠港口和港序安排等完全取决于区域内市场不同港口间的货流、货量。同时，由于市场保护、法律法规限制等原因，区域内航线对船舶船籍可能有严格限制。最典型的区域内航线是亚洲区域内航线（Intra Asia）、欧洲区域内航线（Intra Europe）和地中海区域内航线（Intra Mediterranean）。

（三）按航线形态分

1. 点对点穿梭快航

点对点穿梭快航指在航线挂港中只选择两个固定的港口进行往返穿

梭的航线，一般具有投入船型小、交货期快、准班率高等特点。点对点穿梭快航适用于两个集装箱吞吐量相对较大的港口，由于客户对交货期要求高，减少挂靠港口有利于保持交货期领先优势，提高客户吸引力。点对点穿梭快航的缺点是成本相对较高，由于航线挂靠局限在两个港口，可能难以支撑大型集装箱船舶，单舱位网络成本相对较高。

2. 两端港航线

两端港航线指在装港、卸港两端同时选取多个港口挂靠，按照一定港序进行往返运输的航线。两端港航线通过多港口挂靠，可以为大型集装箱船舶提供足够的货量支撑，便于在航线交货期与货量装载率之间实现平衡。同时，由于航线在装港、卸港两端挂靠多个港口，可以为不同港口提供服务路径，既可以实现航线舱位的多段利用，增加航线收入，又便于根据货流平衡状况，合理安排好空箱调运路径，优化货流平衡。

3. 钟摆航线

钟摆航线是以某个港口作为起点向一个方向航行，到达终点后返回起点，然后从该起点向另一个方向航行，到达另一个终点后再返回起点的航线，该航线轨迹类似于钟摆运动轨迹，因此被形象地称为钟摆航线。钟摆航线一般具有投入船舶少、挂靠港口多等特点，可以减少船舶成本投入和燃油消耗。同时，由于钟摆线常覆盖两个以上不同市场，可以为船公司打通不同市场服务路径、优化货流平衡奠定基础。钟摆航线的缺点是管理难度大，准班率受钟摆线中任一挂靠港口的影响大。

二、集装箱班轮航线网络布局

集装箱班轮航线网络布局是指集装箱班轮船公司根据市场需求及自身策略，确定航线投入船型、挂靠港口及对应港序的过程。航线网络布局，需要参考集装箱班轮船公司在不同市场的货量规模、货流流向、港口码头航道和泊位吃水等各项条件。

（一）集装箱班轮航线设计

集装箱班轮航线设计是航线网络布局的基础，在很大程度上影响了航线网络的竞争力和市场认可度。航线设计一般需要遵循以下规则：

1. 满足船舶适航条件

设计集装箱班轮航线时，应评估航线挂靠港口码头的航道和泊位水深条件，确保吃水满足船舶挂靠要求，对部分航道和泊位水深条件不够的港口码头应同时评估潮水水位，评估船舶是否满足候潮水靠泊条件；应评估港口码头泊位长度和桥吊作业限制，确保其不对船舶作业带来限制或影响。远东主要港口码头泊位作业条件见表 3-1。

表 3-1　远东主要港口码头泊位作业条件一览表

港口	码头	航道	泊位吃水（米）	泊位长度（米）	桥吊
天津	TCT	19.5	16	825	配置 10 台 60 吨桥吊
大连	DPCM	15	16	728	配置 8 台 65 吨桥吊
青岛	QQCTU	15	17	2250	配置 26 台 65 吨至 100 吨桥吊
上海	Sheng Dong	15	16	1600	配置 18 台 60 吨桥吊
宁波	Yuan Dong	30	17	1010	配置 12 台 65 吨至 80 吨桥吊
南沙	GOCT	15.5	15.5	2100	配置 18 台 65 吨桥吊
盐田	YICT	17	17	1716	配置 20 台 65 吨桥吊
香港	COS-HIT	15.5	15.5	640	配置 8 台 60 吨桥吊
新加坡	COS-PSA	15	15	720	配置 9 台 50 吨至 80 吨桥吊

2. 提供充足货源支撑

设计集装箱班轮航线时，应评估航线挂靠港口辐射的腹地市场及其货量规模，优先选择市场容量大，能为航线提供充足货源支撑的港口挂靠，确保航线开通后能维持较高的舱位利用率水平。

3. 维持稳定港口服务

设计集装箱班轮航线时，应评估航线挂靠港口码头的靠泊时间窗口，确保能为船舶提供稳定作业窗口，维持航线周班服务；应评估港口码头作业效率，确保作业效率处于合理期间，不因效率低下影响航线班期、增加航线运营成本；应评估港口码头工班安排情况，确保不因季节性码头工人罢工影响航线稳定运营；应评估港口码头区域内外堆存场地，确保有合理空间用于集装箱堆存作业。

4. 精简挂靠港口数量

设计集装箱班轮航线时，应在确保航线覆盖目标市场基础上，尽可能精简挂靠港口码头数量，减少航线往返班次时间，控制航线运营成本；应尽可能避免在同一港口挂靠不同泊位码头。

5. 兼顾联盟成员利益

随着集装箱班轮船公司联盟合作的深化，已经形成了 2M、OCEAN Alliance、THE Alliance 等多个联盟，设计集装箱班轮航线时，要兼顾不同联盟成员的利益诉求，确保在港口码头选择、船舶投放配置等多个方面兼顾不同成员市场规划目标，维持航线合作局面。

在遵循以上设计原则的基础上，集装箱班轮船公司在设计航线时，应重点关注投入船舶船型、数量及航速，合理确定航线船期、交货期及班期密度。一般而言，选择船舶时应结合市场容量选择最佳经济船型，"大船配大线"就是这种航线配船思路的典型代表。航线配船时应尽可能维持船舶大小均衡，避免由于船型波动影响航线服务稳定性。船舶投放数量与可用船舶、航线挂靠港口数量及船舶航速配置密切相关，在船舶数量充裕的情况下，航线挂靠港口数量越多，船舶航速越慢，完成往返航次的周期越长，需要投放的船舶越多。航线船期决定了客户为装船出运办理各项进出口手续的时间窗口，合理的船期可以确保客户有充裕时间完成各项进出口手续，确保货物顺利出运。航线交货期是不同集装箱班轮航线产品差异化的重要指标，交货期越短，客户应对市场反应的速度越快，越容易在激烈的市场变化中获得先机。班期密度决定了船公司提供航线产品和服务的频率，更高的班期密度有利于提高客户选择的灵活性。

（二）集装箱班轮航线选港决策

集装箱船舶大型化，显著地改变了集装箱班轮船公司的航线网络布局方式。一方面，集装箱船舶大型化对航线挂港带来更多限制，航线布局时除需要考虑港口航道能否满足船舶挂靠要求外，还需要评估码头泊位岸线长度及装卸作业设施对船舶的限制、港口码头作业效率、陆运集疏运体系及码头堆存设施对航线布局的影响；另一方面，船舶大型化使得市场供求关系发生逆转，运力供过于求的市场格局使得传统上在航线布局时更多关注航线网络成本、航线交货期、航线货流平衡等"产品导向"思维日益受到挑战。美国福特汽车公司创始人福特曾说过一句名言，"不管顾客需要什么，我们只生产一种颜色的汽车——黑色"，这种典型的"产品导向"思维在集装箱班轮运输业正日益受到挑战，随着集装箱班轮运输市场供求关系的逆转，如何以"客户导向"思维进行航线布局极为关键。下文以德国基本港选择为例进行说明。

随着 20000 TEU 以上超大型集装箱船舶成为亚欧航线的主流，集装箱班轮船公司在德国基本港挂港决策时可供选择的港口包括汉堡港、不来梅哈芬港、威廉港，根据集装箱班轮航线设计规则，对三个码头的作业条件进行比较（见表 3-2。）

表 3-2　德国基本港备选港口码头作业条件一览表

港口	码头	航道	泊位吃水（米）	泊位长度（米）	桥吊
汉堡港	CTT	航道出口：13.3 米 航道进口：14.5 米	15.1	1230	12* cntr cranes
	CTB		15.2	2850	14*70 tons Super post panama ganrty Crane, 6*35/70 tons post panama crane
	EUROGATE		15.3	2050	5*65 tons Super post panama(outreach 62m), 11*68 tons post panama
不来梅哈芬港	NTB	14.5	14	1830	12* super STS gantries
	EUROGATE CTB		14	1890	19 cranes including post/super post panama
	MSC GATE		14.5	1200	5 gantries
威廉港	EUROGATE	18	18.5	1725	16* cranes

与关注航线网络成本、航线交货期、航线货流平衡等"产品导向"思维不同，基于"客户导向"思维进行航线网络布局，需要更多了解客户需

求,结合客户对航线选择决策指标优化航线布局。为了解客户如何对航线评价选择,通过向亚欧航线客户发出问卷调查表,获知从客户视角重点关注指标如下:

1. 航线路径成本

航线路径成本,指集装箱班轮船公司选择挂靠港口码头对应的服务路径定价及相对市场上其他产品和服务的竞争力。"产品导向"思维下,集装箱班轮船公司往往关注不同港口码头的航道泊位水深、装卸作业效率、码头堆存条件及配套的集疏运运输网络。而在"客户导向"思维下,客户关注集装箱班轮船公司选择不同港口码头带来的成本差异如何体现为其服务路径定价,该服务路径给予的用箱条款是否具有竞争力,是否允许企业异地还箱并在运费结算时能否给予一定信用期。航线挂港选择确定后服务路径定价政策是否稳定,定价效率是否具有竞争力等。

2. 服务路径质量

服务路径质量,指集装箱班轮船公司选择挂靠港口码头对应的服务路径整体质量、效率及其稳定性。"产品导向"思维下,集装箱班轮船公司往往关注自身产品的交货期、准班率和班期密度等竞争力指标。而在"客户导向"思维下,客户除关心集装箱班轮船公司承诺的港口交货期、准班率和班期密度实际表现及相对市场上其他产品和服务的竞争力外,同时关注服务路径提供的货物运输状态查询、货物追踪等数据可视化的完整性、准确性、及时性,关注货物中转尤其是面临一次中转、二次中转等在港口的装卸作业效率及应急处置能力,关注服务路径港口节点的信息化水平及其信息系统与客户系统连接的有效性。

3. 双方关系

"产品导向"思维下,集装箱班轮船公司选择挂靠港口码头时较少关注双方关系,而在"客户导向"思维下,客户对航线挂港及产品服务的选择关注双方的合作关系及其紧密度,尤其对于集装箱箱量规模较大的全球投标客户、全球性货代都有相应的"核心承运人"和"备选承运人",在很大程度上确定了其在不同航线产品服务的市场份额配置。客户同时关注双方的合作年限及对未来的合作展望和预期,关注航线挂港出现各种风险和事故时,对应的风险分担机制和商务理赔效率。

4. 战略匹配度

"产品导向"思维下，集装箱班轮船公司选择挂靠港口时关注的往往是所选择的港口码头与自身市场规划、战略目标是否一致，较少考虑客户需求。而在"客户导向"思维下，客户考虑的是航线挂港及产品服务与其自身的战略目标是否匹配，这种目标有时候与集装箱班轮船公司一致，有时候两者会有显著的冲突。客户同时关注提供服务路径的船公司在市场的知名度、美誉度和诚信度，这种品牌溢价直接决定了集装箱班轮船公司在市场的总体定位和品牌象形，影响客户对航线产品服务选择。由于集装箱班轮运输周期性波动的特征，在市场低迷时，集装箱班轮船公司能否稳定经营直接影响到客户运输安全，航线产品服务决策时，客户还关注提供服务路径的船公司财务状况、现金流稳定性及安全性。"客户导向"思维下的航线选港布局指标见表3-3。

表3-3 "客户导向"思维下的航线选港布局指标

评价要素	序号	细分指标	指标描述
服务路径成本	1	服务路径价格	指服务路径价格水平，相对竞争对手竞争力
	2	辅助条款	指服务路径对应的信用期、用箱条款、异地还箱条款等
	3	箱量回扣激励	指客户在服务路径完成一定运输箱量后，从船公司所能获得的激励性价格回扣
	4	服务路径价格稳定性	指船公司对服务路径定价政策的稳定性、连贯性
	5	回复效率	指船公司对服务路径询价回复的效率
服务路径质量	1	服务路径竞争力	指服务路径对应的交货期、班期密度、准班率、独特性，以及相对其他竞争对手的竞争力
	2	服务路径数据可视化	指为服务路径提供货物运输状态查询、货物追踪等数据可视化的完整性、准确性、及时性
	3	服务路径效率	指在服务路径的中转、装卸等作业效率
	4	应急处理能力	指当服务路径出现突发状况时，应对突发状况，提供解决方案的应急处理能力及效率

表 3-3 续

评价要素	序号	细分指标	指标描述
服务路径质量	5	服务路径信息化	指服务路径港口节点的信息化水平及其信息系统与客户系统连接的有效性
双方关系	1	合作关系	指客户与船公司在所有服务路径的合作关系及其紧密程度
双方关系	2	合作年限及预期	指客户与船公司在所有服务路径的合作年限及双方对未来的合作预期
双方关系	3	风险分担	指服务路径出现风险或事故时,对应的风险分担机制和商务理赔效率
战略匹配度	1	战略兼容性	指客户与船公司对服务路径的规划目标一致性以及双方价值观匹配度
战略匹配度	2	商誉信誉	指提供服务路径的船公司在市场的知名度、美誉度、诚信度
战略匹配度	3	财务状况	指提供服务路径的船公司财务状况、现金流稳定性、安全性

以德国威廉港、汉堡港、不来梅港、不来梅哈芬港航线布局选港为例,对以上"服务路径成本""服务路径质量""双方关系"及"战略匹配度"等一级指标及各项指标对应的二级指标通过市场报价、客户访谈、专家调研等获得原始数据(见表3-4)。

表 3-4　德国港口评价指标原始数据

评价指标	威廉港	汉堡港	不来梅港	不来梅哈芬港	数据来源
服务路径价格(C1)	$1400/Feu	$1500/Feu	$1500/Feu	$1500/Feu	市场报价
辅助条款(C2)	14天	7天	9天	9天	市场报价
箱量回扣激励(C3)	$10/Feu	$10/Feu	$10/Feu	$10/Feu	客户访谈
服务路径价格稳定性(C4)	100	90	90	90	客户访谈
回复效率(C5)	100	100	100	100	客户访谈
服务路径竞争力(C6)	70	100	80	90	客户访谈

表 3-4 续

评价指标	威廉港	汉堡港	不来梅港	不来梅哈芬港	数据来源
服务路径数据可视化（C7）	100	100	100	100	专家调研
服务路径效率（C8）	80	100	90	90	客户访谈
应急处理能力（C9）	90	95	90	95	客户访谈
服务路径信息化（C10）	100	100	100	100	专家调研
合作关系（C11）	100	100	100	100	客户访谈
合作年限及预期（C12）	80	90	80	90	客户访谈
风险分担（C13）	90	100	100	100	客户访谈
战略兼容性（C14）	100	100	100	100	客户访谈
商誉信誉（C15）	100	100	100	100	专家调研
财务状况（C16）	100	100	100	100	专家调研

采用层次分析法对以上德国备选港口进行分析。层次分析法是由美国运筹学家 T.L.Satty 提出的一种解决多目标复杂问题的决策分析方法，其基本原理是根据具有递阶结构的目标、子目标、约束条件、部门等对方案进行评价。其计算步骤如下：

（1）确定目标和评价因素

P 个评价指标，$u = \{u_1, u_2, \cdots\cdots, u_p\}$。

（2）构造判断矩阵

判断矩阵元素的值反映了人们对各元素相对重要性的认识，一般采用 1 至 9 及其倒数的标度方法（见表 3-5）。但当相互比较因素的重要性能够用具有实际意义的比值说明时，判断矩阵相应元素的值则取这个比值，即得到判断矩阵 $S = (u_{ij})_{p \times p}$。

（3）计算判断矩阵

用 Matlab 软件计算判断矩阵 S 的最大特征根 λ_{max}，及其对应的特征向量，此特征向量就是各评价因素的重要性排序，即权系数的分配。

表 3-5　判断矩阵元素相对重要度

标度	含义
1	两个元素相比同等重要
3	两个元素相比，前者比后者略为重要
5	两个元素相比，前者比后者相当重要
7	两个元素相比，前者比后者明显重要
9	两个元素相比，前者比后者绝对重要
2，4，6，8	上述相邻判断的中间值
倒数	若元素 i 与元素 j 相比的 a_{ij}，则元素 j 与元素 i 相比得 $1/a_{ij}$

（4）一致性检验

为进行判断矩阵的一致性检验，需计算一致性指标 $CI = \dfrac{\lambda_{\max} - n}{n-1}$，平均随机一致性指标 RI。一般用随机的方法构造 500 个样本矩阵，然后对各个随机样本矩阵计算其一致性指标值，对这些 CI 值平均即得到平均随机一致性指标 RI。当随机一致性比率 $CR = \dfrac{CI}{RI} < 0.10$ 时，认为层次分析排序的结果有满意的一致性，即权系数的分配是合理的；否则，要调整判断矩阵的元素取值，重新分配权系数的值。平均随机一致性指标 RI 参考值详见表 3-6。

表 3-6　平均随机一致性指标参考值

数量 n	平均随机一致性指标 RI	数量 n	平均随机一致性指标 RI	数量 n	平均随机一致性指标 RI
1	0	6	1.24	11	1.51
2	0	7	1.32	12	1.54
3	0.58	8	1.41	13	1.56
4	0.90	9	1.45	14	1.58
5	1.12	10	1.49	15	1.59

（5）判别矩阵构建及权重的求解

根据客户问卷调研确定的评价指标体系，利用上述标度法，选取本领域 8 位专家，分别对指标的重要程度进行打分，然后对打分结果再进行内部讨论和归纳，可以得到选港决策一级指标两两判别矩阵（见表3-7）。

表 3-7　一级指标两两判别矩阵

	服务路径成本（B1）	服务路径质量（B2）	双方关系（B3）	其他指标（B4）
服务路径成本（B1）	1	1	2	9
服务路径质量（B2）	1	1	2	8
双方关系（B3）	1/2	1/2	1	5
其他指标（B4）	1/9	1/8	1/5	1

计算判断矩阵 S 的最大特征根得 λ_{max}=4.0047。为进行判断矩阵的一致性检验，需计算一致性指标：

$$CI = \frac{\lambda_{max} - n}{n - 1} = \frac{4.0047 - 4}{4 - 1} = 0.0016$$

平均随机一致性指标 RI=0.9。随机一致性比率：

$$CR = \frac{CI}{RI} = \frac{0.0016}{0.9} = 0.0017 < 0.10$$

因此认为层次分析排序的结果有满意的一致性，即权系数的分配是合理的，客户选港决策的各项一级指标权重分配结果为：服务路径成本 B1（0.3850）、服务路径质量 B2（0.3742）、双方关系 B3（0.1978）、其他指标 B4（0.0430）。对一级指标"服务路径成本 B1""服务路径质量 B2""双方关系 B3""其他指标 B4"项下的各项二级指标，继续采用层次分析法分别求出指标权重。

一级指标"服务路径成本 B1"项下，对各二级指标构造判断矩阵 $S(u_{ij})_{p \times p}$（见表 3-8）。

计算判断矩阵 S 的最大特征根得 λ_{max}=5.0133。为进行判断矩阵的一致性检验，需计算一致性指标：

$$CI = \frac{\lambda_{max} - n}{n - 1} = \frac{5.0133 - 5}{5 - 1} = 0.0033$$

表 3-8　一级指标"服务路径成本 B1"项下二级指标构造判断矩阵

	服务路径价格（C1）	辅助条款（C2）	箱量回扣激励（C3）	运价政策稳定性（C4）	回复效率（C5）
服务路径价格（C1）	1	1	2	8	8
辅助条款（C2）	1	1	2	6	6
箱量回扣激励（C3）	1/2	1/2	1	4	4
运价政策稳定性（C4）	1/8	1/6	1/4	1	1
回复效率（C5）	1/8	1/6	1/4	1	1

平均随机一致性指标 RI=1.12。随机一致性比率：

$$CR = \frac{CI}{RI} = \frac{0.0033}{1.12} = 0.0030 < 0.10$$

因此认为层次分析排序的结果有满意的一致性，即权重系数的分配是合理的，因此，可以得到一级指标"服务路径成本 B1"项下各二级指标权重分配结果为：服务路径价格 C1（0.3761）、辅助条款 C2（0.3363）、箱量回扣激励 C3（0.1880）、运价政策稳定性 C4（0.0498）、回复效率 C5（0.0498）。同理，计算可得一级指标"服务路径质量 B2""双方关系 B3""战略匹配度 B4"及二级指标权重（见表 3-9）。

表 3-9　层次分析法下二级指标权重分配

一级指标	权重	二级指标	权重	综合权重
服务路径成本（B1）	0.385	服务路径价格（C1）	0.3761	0.1448
		辅助条款（C2）	0.3363	0.1295
		箱量回扣激励（C3）	0.188	0.0724
		运价政策稳定性（C4）	0.0498	0.0192
		回复效率（C5）	0.0498	0.0192
服务路径质量（B2）	0.3742	服务路径竞争力（C6）	0.4574	0.1711
		服务路径数据可视化（C7）	0.2181	0.0816
		服务路径效率（C8）	0.2181	0.0816

表 3-9 续

一级指标	权重	二级指标	权重	综合权重
服务路径质量（B2）	0.3742	应急处理能力（C9）	0.0532	0.0199
		服务路径信息化（C10）	0.0532	0.0199
双方关系（B3）	0.1978	合作关系（C11）	0.4	0.0791
		合作年限及预期（C12）	0.4	0.0791
		风险分担（C13）	0.2	0.0396
战略匹配度（B4）	0.043	战略兼容性（C14）	0.5	0.0215
		商誉信誉（C15）	0.25	0.0108
		财务状况（C16）	0.25	0.0108

根据表 3-9 层次分析法计算所得客户选港一级评价指标、二级评价指标权重，对德国港口标准化数据进行计算，计算公式为 $Z_i = \sum_{j=1}^{p} \omega_j x'_{ij}$，可得各港口得分为：威廉港（0.78339）、汉堡港（0.78855）、不来梅港（0.75481）、不来梅哈芬港（0.78177），即按照优先级别由高至低的选港顺序为汉堡港、威廉港、不来梅哈芬港、不来梅港。

三、主要集装箱班轮航线介绍

全球集装箱航线包含远东—欧洲航线、远东—北美航线、海湾航线、拉丁美洲航线、非洲航线、欧洲—北美航线、亚洲区域内航线、欧洲区域内航线、大洋洲航线等众多航线。根据 Alphaliner 统计，截至 2023 年 7 月，远东—欧洲航线运力投入最多，占比达 22%；远东—北美航线次之，占比为 18%；其他主要的集装箱航线有中东及波斯湾航线、拉美航线等。对各主要航线的简介如图 3-1 所示。

（一）远东—欧洲航线

远东—欧洲航线包括远东—西北欧线、远东—地中海线两个细分市场，其中远东—地中海线可以进一步细分为远东—地中海西岸、远东—地中海东岸、远东—亚得里亚海、远东—黑海等多个不同市场。远东—西北

Global Capacity Deployment Breakdown by Trade (by TEU capacity)

Trade area	100-999	1,000-1,999	2,000-2,999	3,000-3,999	4,000-5,099	5,100-7,499	7,500-9,999	10,000-12,499	12,500-15,199	15,200-17,999	>18,000	Total Cellular TEU	Non-cellular	Total Liner TEU	%
Eur-N.Am		11,177	54,027	74,486	338,846	200,470	373,124	69,580	39,276			1,160,986		1,160,986	4%
FE-N.Am		7,165	42,403	29,473	233,830	481,319	1,283,540	919,026	1,810,310	170,908		4,977,974	12,356	4,990,330	18%
FE-Eur		20,612	38,712	28,275	90,476	67,591	240,203	126,526	844,714	994,710	3,365,647	5,817,466	1,878	5,819,344	22%
ME/ISC	26,216	231,761	273,341	98,537	391,974	739,511	740,992	265,337	513,247	126,408	102,134	3,509,458	21,155	3,530,613	13%
Africa	13,774	112,603	193,525	206,101	577,772	328,907	210,280	120,310	235,332	46,462		2,045,066	15,138	2,060,204	8%
LatAm	29,551	173,224	302,287	207,828	204,061	386,989	973,009	741,353	365,526	108,424		3,492,252	14,944	3,507,196	13%
ANZ/Oceania	6,592	73,295	116,379	84,826	224,599	271,064	229,384					1,006,139	22,658	1,028,797	4%
Intra FE	329,928	1,067,141	749,581	99,395	563,948	110,024			28,116			2,948,133	157,728	3,105,861	11%
Intra-Europe	167,281	332,813	190,944	88,607	153,659	60,463	83,633					1,077,400	33,320	1,110,720	4%
In repair yard (RY)	22,299	36,177	47,471	40,899	94,821	71,275	57,490	21,070	83,097	31,302	38,464	544,365		544,365	2%
Idle	13,325	35,662	34,879	3,267	13,831	30,166	51,337	10,589	40,470		42,686	276,212		276,212	1%
Other/Unas.	17,880	12,839	18,050	10,678								59,447	6,369	65,816	0%
Total	626,846	2,114,469	2,061,599	972,372	2,887,817	2,747,779	4,242,992	2,273,791	3,960,088	1,478,214	3,548,931	26,914,898	285,546	27,200,444	100%

图 3-1　2023 年 7 月全球集资装箱船队运力布局

（数据来源：Alphaliner）

欧线的主要基本港有：鹿特丹（荷兰）、安特卫普（比利时）、泽布吕赫（比利时）、汉堡（德国）、南安普顿（英国）、费利克斯托（英国）、勒哈佛尔（法国）。远东—地中海西岸主要的基本港有：瓦伦西亚（西班牙）、巴塞罗那（西班牙）、福斯（法国）、热那亚（意大利）、那不勒斯（意大利）、拉斯佩齐亚（意大利）、焦亚陶罗（意大利）。远东—亚得里亚海的主要基本港有：安科纳（意大利）、特利耶斯特（意大利）、拉维纳（意大利）、科佩尔（斯洛文尼亚）、里耶卡（克罗地亚）、威尼斯（意大利）。远东—地中海东岸的主要基本港有：比雷埃夫斯（希腊）、伊斯坦布尔（土耳其）、伊兹密尔（土耳其）、梅尔辛（土耳其）、盖姆利克（土耳其）、亚历山大港（埃及）、塞得港（埃及）、阿什杜德（以色列）、海法（以色列）。远东—黑海的主要基本港有：康斯坦萨（罗马尼亚）、伊利乔夫斯克（乌克兰）、敖德萨（乌克兰）、诺沃西比尔斯克（俄罗斯）等。2023 年 7 月，远东—欧洲航线市场运力布局分布如图 3-2 所示。可见市场运力投放主要为地中海航运（MSC）、马士基（Maersk）、中远海运（COSCO）、达飞（CMA CGM）等干线承运人，中小集装箱班轮船公司已逐渐淡出远东—欧洲航线市场。

远东—欧洲航线是东西航向最重要的航线之一，参与经营的船公司众多，基本涵盖了所有主流船公司。由于投入的集装箱船舶多为超大型集装箱船舶，对码头进出港航程距离、泊位前水深、船舶调头区大小和集装箱岸桥的外伸距和提升高度都有诸多限制，各船公司在远东—欧洲线选择的

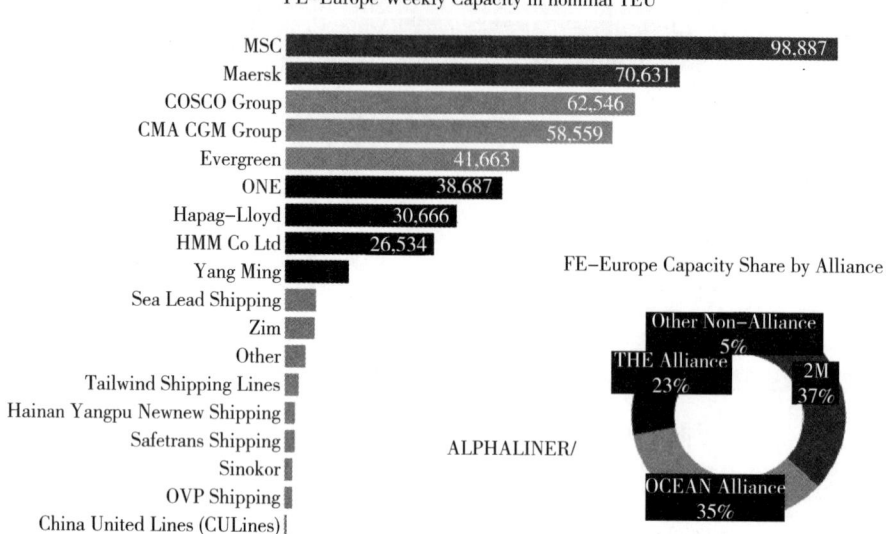

图 3-2　2023 年 7 月远东—欧洲航线市场运力布局分布
（图片来源：Alphaliner）

挂靠港口高度重合。

远东—欧洲航线，自 2008 年 10 月 18 日起，随着欧盟委员会废除 4056/86 条例的决议生效，班轮公会取消，集装箱班轮船公司仅在"共同确定班期以及挂靠港；舱位互换、出售或互租；船舶和 / 或港口设施的联合经营；使用一个或多个联合办公场所；提供集装箱、底盘车及其他设备和 / 或此类设备的租入、租出或购买合同；使用计算机数据交换系统和 / 或联合单证体系；临时运力的调整"等方面获得豁免，集装箱班轮船公司在经营中要特别注意符合欧盟反垄断规定。集装箱班轮船公司不得以公会形式制定公会运价或发布码头装卸费率（THC 费率）、燃油附加费率（BAF 费率）等运费附加费，不得制订公会商业计划、讨论运力安排或确定各自的市场份额；船公司直接从竞争对手获取运力、价格等敏感信息也是非法的，将可能被认定为合谋垄断。一旦被认定为存在操控运价、共同控制运力或者划分市场份额等限制竞争的行为，集装箱班轮船公司将面临最高可达公司总收入 10% 的罚款，而且还会面临客户的起诉和索赔。除了欧盟委员会的处罚外，欧洲各国还可能通过国内法对垄断行为进行制裁，例如根据英国的法律，被认定实施垄断行为的公司的管理人员还可能承担刑事责任，面临牢狱之灾。

（二）远东—北美航线

远东—北美航线包括远东—美国航线和远东—加拿大航线两个细分市场，其中远东—美国航线可以进一步细分为远东—美西南航线、远东—美西北航线、远东—美东航线等多个不同细分市场。远东—北美航线主要的基本港有：洛杉矶、长滩、奥克兰、西雅图、塔科马、纽约、诺福克、查尔斯顿、温哥华、王子港等。2023年7月，远东—北美航线市场运力布局分布如图3-3所示。主要投船的集装箱班轮船公司包括中远海运（COSCO）、马士基（Maersk）、海洋网联（ONE）、达飞（CMA CGM）等，个别中小船公司如美森（Matson）、万海（Wan Hai Lines）等依托聚焦企业个性化服务需求，提供差异化产品和服务，获得客户青睐，在市场占有一席之地。

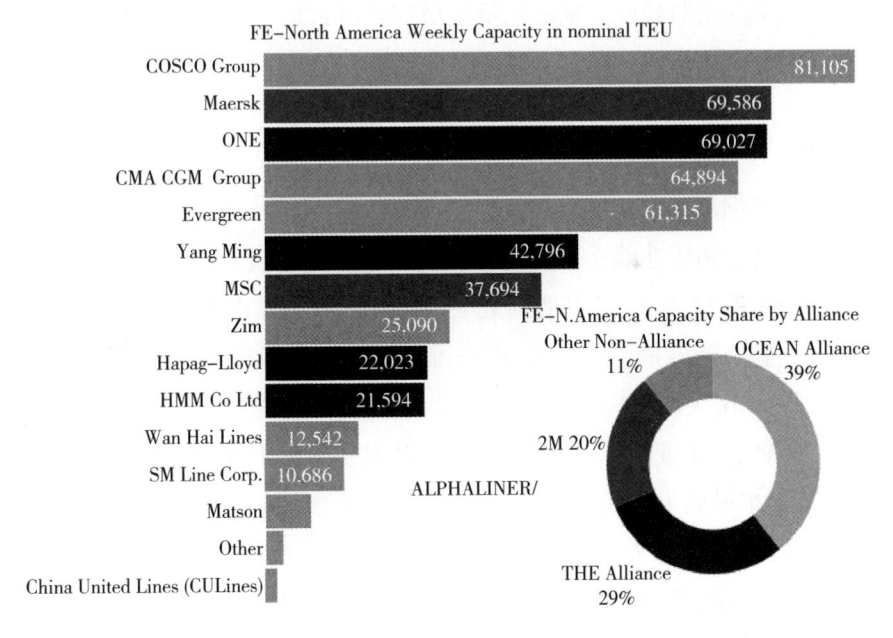

图3-3　2023年7月远东—北美航线市场运力布局分布
（图片来源：Alphaliner）

远东—北美航线是东西航向最重要的航线之一，参与经营的船公司众多，基本涵盖了所有主流船公司。由于美国航线特殊的合同管理模式、进口操作流程和内陆转运模式使得美国航线成为最具代表性的集装箱班轮航线，本章后续章节将专题介绍，此处不再赘述。

（三）海湾航线

海湾航线包括波斯湾航线、印度及巴基斯坦航线、红海航线三个细分市场，主要的基本港有：卡拉奇（巴基斯坦）、瓜达尔（巴基斯坦）、阿巴丹（伊朗）、阿巴斯港（伊朗）、布什尔（伊朗）、霍拉姆沙赫尔（伊朗）、沙迦（阿联酋）、迪拜（阿联酋）、阿布扎比（阿联酋）、达曼（沙特阿拉伯）、利雅得（沙特阿拉伯）、多哈（卡塔尔）、乌姆赛义德（卡塔尔）、科威特港（科威特）、巴林港（巴林）、亚丁（也门）、荷台达（也门）、亚喀吧（约旦）、吉布提港（吉布提）、吉达（沙特阿拉伯）、苏丹港（苏丹）、纳瓦西瓦（印度）、孟买（印度）、马塔拉斯（印度）、马希（印度）、本地治里（印度）等。

海湾航线涉及印度、巴基斯坦、中东地区、红海周边众多国家，由于港口水深条件相对较好，集装箱货量呈显著增长趋势，波斯湾航线、红海航线等成为13000 TEU以上大型集装箱船舶另一重要的投放航线。

（四）拉丁美洲航线

拉丁美洲航线包含南美东线、南美西线、中美洲加勒比航线三个细分市场，其中南美东线主要的基本港有：布宜诺斯艾利斯（阿根廷）、蒙得维的亚（乌拉圭）、桑托斯（巴西）、帕拉那瓜（巴西）、里奥格兰德（巴西）、里约热内卢（巴西）、伊塔雅伊（巴西）、亚松森（巴拉圭）、培森（巴西）。南美西航线主要的基本港有：布埃纳文图拉（哥伦比亚）、卡亚俄（秘鲁）、瓜亚基尔（厄瓜多尔）、伊基克（智利）、瓦尔帕莱索（智利）、圣安东尼奥（智利）。中美洲加勒比航线的主要港口有：威廉斯塔德（荷属安的列斯群岛）、伯利兹城（伯利兹）、利蒙港（哥斯达黎加）、哈瓦那（古巴）、太子港（海地）、金斯敦（牙买加）、巴拿马城（巴拿马）等。

拉丁美洲航线涉及阿根廷、乌拉圭、巴西、巴拉圭、哥伦比亚、秘鲁、智利、古巴、哥斯达黎加、牙买加、海地、巴拿马等众多国家，是重要的新兴市场区域。

总体而言，集装箱班轮航线众多，对于不同的集装箱班轮航线，既要对航线产品和服务进行分析，更要对航线合同管理模式、进口操作流程和内陆转运模式进行研究和分析，本章后续章节将以美国航线为例进行说明。

第二节
美国航线运价报备管理规定

运价报备制度是美国政府对航运管控的一项重要规定，也是美国航线区别于其他集装箱班轮航线的一个重要特征。美国政府通过美国联邦海事委员会（Federal Maritime Commission，FMC）对经营美国航线的相关各方进行监管，规范集装箱班轮船公司运价合同报备、班轮公会运作等相关事宜。FMC 将班轮船公司分为受控承运人和非受控承运人，并制定了受控承运人法规，受控承运人一旦被怀疑运价报备的费率、收费标准、规则或规定是"不公平"或"不合理"的，而受控承运人又不能证明其合理性，FMC 有权终止这些运价、收费标准的实施。1984 年航运法实施后，FMC 规定实行强制的运价报备制度，对违反运价报备的，FMC 可以采取处罚措施。

一、FMC 的监管及运作程序

FMC 是美国航运立法的执行机构，其具体的职责和功能是根据航运法授予的权责对经营美国航线的相关各方进行监管，监管的核心集中在海运协议和运价以及对具有垄断性质的班轮公会的限制上。

（一）FMC 的主要职能

FMC 作为独立的承担航运法执法的管制机构，其功能是随着航运立法的变化而变化的。其主要职能如下：

1. 核发许可证

FMC 被授权制定申请美国航线运营的货代所应具有的资质，并签发经营许可证。

申请从事美线货代业务的个人、公司、合伙人及独立的分支机构，应满足以下条件：必须具有在美国从事三年以上货代业务的经验，并须缴付

3万美元的保证金。FMC具体规定了货代的服务项目和一般义务及代理费、补偿费的要求，向FMC提交反佣金回扣证明书和保存档案资料的要求。规定有关一般财务资料、服务类型、运输收支等资料要保存5年。如果无合适证书而从业的，FMC可依法给以民事处罚，每次罚金为5000美元；故意违反的，每次罚金不超过25000美元，其他罚款为5000~25000美元。

2. 签发客船证书

具体包括签发客船经营人的经营证书和客船人身伤亡赔偿证书。FMC负责审核50位及以上在美国港口接受旅客上船的客船经营人的财务能力，并接受其提供的保证金或其他担保，以便决定是否向其签发经营证书。负责审核并签发给上述客船的船东或租船人人身伤亡赔偿证书，证明其有财务能力对其航次上的旅客或其他人的死亡、伤残予以赔偿。

3. 约束无船承运人

FMC为执行无船承运人法制定了具体细则来约束所有从事美国外贸运输船的无船承运人。

无船承运人必须向FMC提供能被其认可的担保形式以证明其有能力承担运输过程中的相关责任，担保的形式有：

（1）保证金（即Surety Bond），保证金额为单个NVOCC5万美元，以NVOCC集团或协会（Group Association）为单位的，则每个成员5万美元或总体共100万美元。

（2）保险证明（Insurance）。

（3）保证（Guaranty）。这些担保形式可选其一，并连同运价表一同提供给FMC审核。

对不居住在美国的无船承运人，要求必须至少有一人在美国居住作为法定代表人，公共承运人有义务在与无船承运人交易之前确定其有必需的报备运价表和担保形式。

4. 运价和服务合同的报备

即FMC接受并审查美国航线相关的海运运价和服务合同，监督运价和服务合同是否按要求的时间期限、内容条款等进行报备。

5. 限制不公平行为

即FMC限制并制裁外国政府或船公司不公平贸易和歧视性法律或行

为，以保护美国承运人和托运人的利益。

（二）FMC 对协议的管理

FMC 管理的协议范围不但包括由远洋公共承运人与其客户签订的运价协议，还包括码头经营人之间签订的协议（仅限于涉及美国外贸运输的范围）和码头经营人与远洋公共承运人之间签订的协议以及各种班轮公会协议、联营体和联合服务协议、班轮联盟内各船公司的舱位互租协议等。

1. 协议管理的一般要求

所有上述协议必须向 FMC 申报，并经 FMC 在严格的法定期限内按航运法第 6 条的规定对协议进行初步分类和审查以确保协议合法。为此，FMC 有信息获得权。具体做法为：FMC 要求协议的格式和内容要满足规定的最低要求；FMC 对协议进行了 A、B、C 分类，各类协议报备时要同时提交 FMC 所要求的相应信息资料表。

除非要求提供更多的信息，FMC 接受申报的协议一般于 45 天后生效。而根据航运法第 7 条的规定，凡是根据航运法申报并未生效的协议，以及在该法范围内有合理根据认定其为依据某一申报协议而采取的任何行动，均受反垄断法的约束。

2. 豁免申报的协议范围

航运法本身免除了一些协议申报的要求，并授权 FMC 可以豁免其他协议申报的权力，其目的在于保证一般协议的贯彻执行和避免不必要的管制而增加公、私成本费用。FMC 认定的标准是认为这种豁免"不会在实质上削弱其有效管理，不会造成不公正的歧视，也不会引起竞争的大量减少，或有损于商业活动"。

（三）FMC 监管的运作程序

FMC 由五名委员组成，总统指定一名为主席，其运作程序包括：调查；预审会；在行政法法官面前正式听审，该法官的初裁，委员会面前的口头辩论；终裁等。

1. 调查

任何人均可就违反航运法的行为向 FMC 递交经过宣誓的起诉书，并可要求就该违法行为对其造成的损害进行赔偿。FMC 根据起诉书，也可以根据其自身的动议对认为可能违反航运法的任何行为或协议进行调查。在提出起诉后 10 天内，FMC 将公布它将做出终裁的最后期限（一般为一年）。FMC 可以在发布调查令后，发出调查问卷要求受其执行法律约束的承运人等各方（包括外国承运人等）回答其提出的有关问题，如航线、运价、货载等广泛内容。

2. 预审会

委员会或主审官员可以在正式听审之前主持一次或多次预审会，目的在于：（1）寻求争议各方通过调解解决问题；（2）起诉之外的解决方法是否适当或有用；（3）查明并系统地列出争议的焦点或确定其他有关的事实。

3. 听证会和口头辩论

行政法法官支持听证会，由各方提供自己的证据和事实。行政法法官做出初裁或建议性裁决。

有权做出初裁的法官的裁决，一般在初裁后 30 天生效而成为 FMC 的裁决。在这 30 天之内或经 FMC 同意延长的期限内，任何一方不服都可以就初裁提出抗议或异议而要求复审，FMC 也可以自行决定复审。

一旦行政法法官做出全部或部分驳回起诉的裁定，任何一方不服可以在 22 天内提出复审；若无复审请求或无 FMC 自行的复审，30 天之后驳回令则生效为 FMC 令。FMC 的自行复审需由委员个人提出要求并在规定的期限内送至秘书处。

基于自己的动议或一方的书面请求（包括对初裁的异议），FMC 可以听审口头辩论。FMC 有权决定是否进行辩论，并可要求各方提出特定的且是关键性的争议焦点。

4. 终裁

需要做出终裁的，下列日期为提交终裁之日：

（1）进行口头辩论时，辩论完成之日；或者如果允许记录法律要点的备忘录在辩论后提交的话，在提交备忘录的最后之日。

（2）如没有口头辩论，在异议或对应的答辩提交的最后之日；或者若无异议提出，在可提异议期满之日。

（3）在初裁的情形下，如果 FMC 通知复审，通知之日。

终裁结束要做出书面报告并发布。报告要裁明所举行的听证会、结论、裁决、案情调查结果及发出命令等。经公布的报告可在美国法院作为合法证据。终裁命令发布后 30 天之内，如果有重大事实上的变化或适用法律上的改变，或事实认定上的重大错误，可以申请重新考虑程序。

5. 申请限制令

依照航运法进行的任何调查，FMC 均可向美国地区法院提出要求中止违法行为的申请。法院认为条件具备，则可发布临时限制令或预备限制令。此命令的期限不得超过 FMC 发出审理被调查案件的裁决令之后 10 天。

6. 非司法调查

为履行航运法赋予的管制责任，FMC 拥有广泛的调查权。一般 FMC 鼓励自愿的协作，但也可以就调查中的任何事宜，依法发布强制性的程序上的要求，如传唤强令证人出庭并提供账目、文件、单证和其他证据等。

FMC 可以基于自己的动议自主发起非司法调查。其理由有：为制定法规需要所必要的信息资料；对决定政策和执行其职责有必要和有帮助等。

在 FMC 调查的任何阶段都可以由委员们或其指定的代表举行听证，以听审证据证言及接受有关资料文件。对不遵守 FMC 规定的调查程序的，FMC 可以采取适当的强制行动，包括罚款或刑事措施。

7. FMC 命令的执行

对违反航运法，或违反 FMC 根据航运法制定的法则，或违反 FMC 发布的命令的任何人，FMC 均可处以金额在 5000 美元至 25000 美元之间的民事处罚，FMC 也可对之处以中止运价本等附加处罚。

FMC 在确定处罚时，可根据违法行为的性质和严重程度、违反方支付能力等因素，有条件地或无条件地放弃、修正或免除任何民事处罚，时效为 5 年，即确定民事处罚应在违法行为发生之日起 5 年内开始。

二、FMC 运价报备管理规定

运价报备制度是美国政府对航运管控的重要制度安排，也是 FMC 规范承运人定价行为的重要手段之一。1978 年，美国制定了受控承运人法规，授权 FMC 终止受控承运人"不公平"或"不合理"的运价；1984 年航运法实施，FMC 规定实行强制的运价报备制度，对违反运价报备管理规定的，FMC 可以采取处罚措施。

（一）运价报备的一般规定

除规定的散装货、木材、回收的废金属、废纸等可免于报备运价的商品外，每一公共承运人及公会均要向 FMC 登记报备其经营航线及联运航线各点或各港口间的一切费率、费用和货物分类。内陆部分的费用可以不必单独列出而只报全程费用。运价报备的具体内容包括：

（1）货物运输的地点；

（2）货物分类；

（3）承运人或公会向远洋货代支付的补偿费用；

（4）单独列出每一项码头费、各种附加费、优惠费率、船公司或公会提供的便利以及各种可能改变或影响总运价和附加费的条款或规定；

（5）忠诚合同、提单、运输合同及其他证明运输合同的文件的样本。

服务合同向 FMC 秘密申报，但其基本条款可以以运价本形式公开。处于相似地位的托运人可享有相同的合同条款，相同起运点和相同货种的托运人应得到相同的运价。服务合同的基本条款包括：

（1）港到港运输：起运港和目的港，全程多式联运；起运点和到达点；

（2）货物类别；

（3）最小货量，即船公司在签订服务合同时所谓的最低货量承诺；

（4）全程运费；

（5）合同期限；

（6）服务承诺；

（7）未履行合同的补偿。

FMC 有权拒绝接受不符合要求的运价报备，对不遵守报备运价规定而收取运费、提供延期回扣、故意利用虚假和伪造的单证低于标准收费等各种违禁行为和其他违法行为，FMC 可以给予民事处罚或附加处罚。

（二）受控承运人的运价报备规定

所谓"受控承运人"是指其本身或其营运的资产是由所悬国旗的国家

政府直接或间接拥有或控制的远洋公共承运人。目前世界上共有100多家船公司被美国列为受控承运人。FMC对受控承运人的运价报备作了单独的规定，具体包括：

（1）FMC有权对受控承运人报备的费率、分类或规则进行"公平性"和"合理性"的审查以决定是否批准；受控承运人负责证明其公平性、合理性。未经FMC批准而被驳回、或被中止、或被取消的运价均无效力。

（2）费率标准。航运法专门列举了FMC在批准受控承运人运价时应当考虑的因素，包括：①是否低于该受控承运人按其实际开支或推定开支得以充分补偿的水平；②是否和同一航线上的其他承运人所登记或计收的相同或类似；③是否需要保证某一特定货物在该航线上的运送；④是否需要保持公共承运人在有关港口间的服务具有可接受的连续性。

（三）费率的生效日期和费率的取消

受控承运人报备的运价不得在早于向FMC登记之日起30天内生效。对业已生效的运价，FMC可在发出述有中止理由的指令和至少60天前通知的情况下，中止该项报备运价的实施。中止期限不得超过180天。中止期间受影响的承运人申报的新运价，FMC没有异议的，可在中止期间立即生效。

（四）总统的审核

FMC在正式公布其做出的中止或取消受控承运人运价报备的裁定的同时，应将其提交总统。总统在收到FMC的裁定后或在该裁定生效之日起10天内，出于国家安全或外交政策的考虑，可以提出中止该裁定。

同时，"受控承运人的费率、收费标准、分类、规则或规定，如无FMC特许，不得早于向FMC登记之日起第30天生效"，同时"对受控承运人在其本国和美国之间货物运输可以不受上述条款限制"。因此，在实践中，运价报备的登记、生效时间既取决于承运人是受控承运人还是非受控承运人，也取决于承运人所登记报备的运价的内容和范围，以中远海运集运为例，其美国航线运价登记生效的时间限制见表3-10。

表 3–10　某公司美国航线运价报备生效时间表

第三方贸易	中美贸易	合同报备内容
30 天	1 天	登记新运价
30 天	30 天	涨价
30 天	1 天	降价
30 天	30 天	登记新条款
30 天	30 天	改变条款，增加或减少条款中的费率
1 天	1 天	服务合同

（五）运价报备管理新规

2018 年 8 月 22 日，FMC 正式通过关于运价报备的新规，极大简化了船公司和无船承运人运价备案的手续和流程。

根据 FMC 关于运价报备的新规，承运人服务合同的修改备案要求和无船承运人合同的备案要求，由新规实施前的"出运前备案"修订为"合同修改生效之日起 30 天内"；数据传输错误备案要求，由新规实施前的"数据发送到 FMC 的 48 小时内"修订为"数据发送到 FMC 后 30 天内"；合同更正修改备案，由新规实施前的"合同发送到 FMC 后 45 天内"修订为"合同发送到 FMC 后 180 天内"。这些规定的实施，极大简化了集装箱班轮船公司和无船承运人的运价备案手续，集装箱班轮船公司和无船承运人不必在货物出运前完成所有运价备案，而是可以选择在合同生效的 30 天内，一次性将多次修改的运价集中进行备案，极大简化了运价备案的手续和流程，也避免了由于运价备案不及时，货物不能出运或出运后只能适用更高运费乃至公布运价本的窘境。

三、服务合同及运价本

根据 FMC 运价报备制度的规定，远洋公共承运人或公会与托运人或托运人协会展开合作，运价的报备有运价本和服务合同两种形式。

（一）运价本

运价本是承运人公布的针对所有客户适用的、有广泛规定的条款和运价的运价报备形式，一般由运价条款、运价费费率、内陆转运费费率和免登商品四部分组成。其中运价条款部分以美国为中心，分进、出口运价本，美国进口为 FMC-001 号运价本，也就是通常所说的东行运价本；美国出口为 FMC-002 号运价本，也就是通常所说的西行运价本。条款主要包括运输条款、附加费、提单背面条款、免费用箱条款、责任义务条款等内容。运价费费率部分即通常所说的运价本运价，是针对所有客户使用的大类别运价，它以美国为中心分进、出口（Inbound/Outbound）运价费费率，再按区域细分为：

中国 / 美国　　　　　　　　　　FMC-032/016 号
日本、韩国 / 美国　　　　　　　FMC-027/017 号
中国香港地区及东南亚 / 美国　　FMC-028/018 号

内陆转运费费率部分同样是以美国为中心分进、出口陆运运价本，美国进口为 FMC-047 号本，美国出口为 FMC-040 号本，一般来说内陆转运费费率本也适用于全球范围（意大利、法国除外）。美国以外的陆运运价本一般在 FMC-001（出口到美国）/FMC-002（美国出口）予以登记。

免登商品指根据 FMC 规定，可以不向其登记运价的商品，主要有废品、森林制品，包括废纸、木材、纸浆、废金属、牛皮卡纸、新闻纸等，1998 年航运改革法草案中增加了"新组装的汽车"。免登商品一般多为回程（Outbound）货物，无须签订服务合同，只需签订服务协议（Service Agreement）。

需要说明的是，公布运价本是承运人公布的针对所有客户的公开运价，其价格水平是相当高的，在实际业务中使用很少。使用公布运价本一般是由于没有登记相应的服务合同优惠运价或所登记的服务合同优惠运价与货物实际出运不匹配造成仅能使用公布运价本。

1998 年航运改革法实施之后，运价报备不必向政府机构——FMC 报备，改由通过私营服务系统或承运人通过网络登记公开，提高了运价的透明性和航运市场信息的公开性。集装箱班轮船公司的公布运价本，可以通过其发布运价本的网址进行查阅。

（二）服务合同

服务合同是指由远洋公共承运人与托运人签订的具有法律效率的运输服务合同。在合同中，托运人承诺，在某一期限之内提供某一数量或比例的货载，而远洋公共承运人承诺按某一优惠费率或运价表收费，并提供舱位保障和服务承诺。所以服务合同包含了两个层面的含义：（1）托运人承诺在合同规定的期间内，按照合同中约定的责任和义务，在订立合同的承运人船上出运一定箱量的货物；（2）承运人承诺以一定的运价或运价表，并承诺提供一定的服务标准（如转运时间、服务保障等），满足托运人的运输服务需求。服务合同还可就任何一方不履行合同时如何处理一事做出规定，在合同中一般同时还规定了对于合同订立双方未履行合同责任和义务，导致合同未履行或未完全履行的惩罚性条款。

服务合同的商业目的，是通过提供比运价本优惠的费率，来使货量大的托运人将货物交由承运人承运。一个好的服务合同，能够给班轮承运人带来更多的货物，并使效益得到保证。根据 FMC 的规定，能与班轮承运人签订服务合同的有：

（1）直接货主；

（2）非营利的货主协会；

（3）在美国 FMC 报备的无船承运人。

我们习惯上把（1）（2）类客户与集装箱班轮船公司签订的服务合同称为"货主合同"（Cargo Owner S/C），把（3）类客户与集装箱班轮船公司签订的服务合同称为"货代合同"（NVOCC S/C），"货主合同和货代合同在实际操作中对服务合同的管理和使用各有相关规定予以规范，我们将在本章后续章节进行介绍。

在签订服务合同时，需要提供的签约资料一般应包括：签约方的公司名称，签约方的性质，签约方的公司详细地址、电话、传真号码，签约方公司中负责签署这份服务合同的代表人的姓名，签约方公司中负责签署这份服务合同的代表人的职务，签约方希望与承运人签订的服务合同的期限，签约方在这份服务合同有效期内承诺的最低箱量等。

FMC 对无船承运人签订的货代合同监管是非常严格的，FMC 要求无船承运人为托运人提供服务之前，必须先提交一份由可接受的美国担保公司签发的数目为 7.5 万美元的保证金；无执照的无船承运人须提交的保证金达 15 万美元。保证金用以偿付无船承运人在运输过程中的损害赔偿责任或支付 FMC 对其违规行为的罚金。当托运人对无船承运人发起诉讼时，FMC 具有广泛的管辖权，可以指令无船承运人在法定罚金之外支付更多的罚款；当索赔不能满足时，FMC 可以要求其通过保证金兑付。在实际操作中，无船承运人一般通过提交保证金或提供经 FMC 认定的足以对托运人提供充分保护并足以支付 FMC 可能做出的民事罚金的担保来实现责任保险。

第三节 美国航线服务合同的查看和使用

服务合同是指由远洋公共承运人与托运人签订的具有法律效率的运输服务合同，它包含了托运人承诺在合同规定的期间内，按照合同中约定的责任和义务，在订立合同的承运人船上出运一定箱量的货物和承运人承诺以一定的运价或运价表，并承诺提供一定的服务标准，满足托运人的运输需求两方面的含义。

在实践中，多数集装箱班轮船公司的服务合同构成相对比较固定，一份完整的合同包括合同签约双方的公司名称及性质，合同号码、更新次数及生效日期、合同签约人的姓名和职务及联系信息、运价费费率及价格条款、说明条款、货类品名、合同有效期间、附加费费率及内陆转运费费率表等各部分。每张服务合同根据签约双方事先的约定和实际需要，格式可能略有不同，但是，构成服务合同的条款和要素是基本一致的。

一、服务合同的构成

（一）签约双方的公司名称及性质

签约双方的公司名称及性质指的是签订服务合同双方的公司全称及

性质类别，由于签订合同的一方一般为集装箱班轮船公司，所以在合同中对签约方的性质的限定主要指对与船公司签订服务合同的另一方的限定。根据与集装箱班轮船公司签订合同的一方的性质不同，可以分为货主（Beneficial Owner of Cargo）、货主协会（Shipper's Association）、自动发送舱单信息的无船承运人（Automated NVOCC）、非自动发送舱单信息的无船承运人（Non-Automated NVOCC）及其他（Other）5种不同的性质状态。其中货主和货主协会签订的服务合同为"货主合同"；自动发送舱单信息的无船承运人和非自动发送舱单信息的无船承运人签订的服务合同统称为"货代合同"，两者的区别在于能否直接向美国海关发送舱单信息。在实际操作中，船公司对24小时舱单申报系统AMS（Automated Manifest System）舱单发送是按照AMS舱单发送次数进行计费，所以，非自动发送舱单信息的无船承运人的舱单发送费用一般为USD 50/Bill，而自动发送舱单信息的无船承运人的舱单输送费用一般为USD 25/Bill。

签约方的名称和性质是承运人在签订服务合同时，对签约方进行审核和资质认定的基础，也是合同谈判的基础。如果签约方为无船承运人，则该无船承运人无论是否能直接向美国海关发送舱单信息，都需要事先向船公司提交该无船承运人在美国FMC登记报备的证明（Tariff）和向FMC交纳保证金（Bond）的证明。

（二）合同号码

合同号码是根据承运人的编号规则，对已经达成服务合同意向的承托双方在制作完成合同文本后而形成的一个独立无二的合同编号。一经确定，合同号码在合同期内一般不会发生变更。

（三）更新次数及生效日期

服务合同签订后，签订服务合同的各方，可在原有合同内容的基础上，增加或修改起运港和目的港、增加出运品名、修改或增加新的运价组或对浮动附加费费率进行限定或取消，即对合同进行更新。合同更新后，每累加一次更新次数，都须在签订服务合同双方提交签字页后重新向FMC报备。生效日期指对当次合同创建或更新的生效日期，由于在实际操作中，承运人的运价计收规则一般分为按照开航日计收运费（Sailing Date）和按照进港日计费（Receiving Date），有效的合同更新生效时间必须早于承运人约定的开航日或者进港日。否则，即使合同报备、运价登记无误，运价仍然按照合同更新之前的相关条款计收。

（四）合同签约人的姓名、职务及联系信息

合同签约人的姓名、职务及联系信息指的是代表承运人和托运人双方签订服务合同并提供初次创建合同及后续合同更新签署签字页的人员的姓名、职务及联系方式等。合同签约人一旦确定后，在合同约定的有效期间内一般不再进行变更，如承运人和托运人双方因人员变动等原因需要对签约人进行变更，可在双方沟通确认后进行更新报备后生效。

（五）运价条款

运价条款是服务合同的核心，约定了承运人为托运人不同港群对或门到门地点提供服务的运费及运费附加费，一般包括装运港、卸货港、运输条款、运费及运费附加费金额等。同一货类品名在相同的港群对或门到门地点之间可能存在多组运价，运费计收时应按相关规则执行。

（六）说明条款

合同条款是合同的核心内容，包括最低履约箱量、服务条款、备注条款、惩罚条款等内容。其中，最低履约箱量条款约定托运人在合同期间为承运人提供的最低货量承诺；服务条款约定承运人在合同期间为托运人提供的服务承诺和保障，如保证提供适航船舶，保证所有的船期信息及船舶变更及时通知发货托运人及其代理等；备注条款约定承运人与托运人在合同期间的权利、义务和责任，并对合同取消、中止、信用期、合同报备、合约受益人等进行约定和说明；惩罚条款约定承运人与托运人之间的违约责任。

（七）货类品名

货类品名约定承运人为托运人不同港群对或门到门地点提供服务而收

取的运费及运费附加费所对应的货类品名。货类品名是用来判定合同是否被误用的重要依据，托运人托运的品名必须与其经营范围一致。

（八）合同有效期

合同有效期指的是合同存续的时间期限，美国航线服务合同一般从每年的 5 月 1 日生效至次年 4 月底终止。

（九）附加费费率和内陆转运费费率表

附加费费率和内陆转运费费率表是对驳船支线的转运费费率或中转港的中转费费率或其他相关附加费费率，如燃油附加费、旺季附加费等在合同中做出的特殊约定。

二、服务合同的使用

根据 FMC 的有关规定，禁止一方与另一方共享服务合同，或一方使用另一方的服务合同出运货物。只有与承运人签订服务合同的托运人或托运人列明的附属公司或受益人才能使用已签订的服务合同。托运人的客户不能使用托运人与承运人签定的服务合同。

（一）对合同受益人的界定

FMC 认为，不正当地使用服务合同，是一种给予托运人回扣的行为，如果承运人允许合同中未列入的成员使用服务合同，FMC 将对承运人处以巨额民事罚款。因此，服务合同的使用必须限于与承运人签定服务合同的托运人（含托运人协会）及托运人的附属公司。对于托运人及托运人协会的附属公司，应向承运人提交附属证明并在获得承运人认可后方可使用服务合同；对于托运人协会与承运人签定的服务合同，在合同中应该具体列明作为托运人协会签订合同的所有或限定的特定受益人的名称、公司营业地址及联系信息。

同时，FMC 规定托运人及其附属公司在使用合同时负有保密义务，不得将服务合同运价及其条款泄露给托运人的货运代理人或报关代理人或其他第三方，也不得将服务合同交给非合同签约方或非列明受益方使用。托运人与承运人签定服务合同的所有受益人应当按照 FMC 规定的运价报备程序进行备案。

（二）对合同订舱的审核

在服务合同受益人界定的基础上，承运人对托运人使用合同订舱发货应进行必要的审核，审核的主要内容包括：发货人是否为服务合同列明的托运人（含托运人协会）及其附属公司、托运人的订舱委托与服务合同登记的港群对或门到门地点是否匹配、货类品名是否一致、运输服务路径及运输条款是否一致、合约生效日期是否匹配等。由于货主合同与货代合同在订舱审核时略有差异，以下分别进行说明。

1. 货主合同的审核

当货主或者货主协会作为发货人使用货主合同时，提单"发货人"栏中必须为服务合同的签约方，即该货主或货主协会指定的受益人。同时，必须将服务合同号码及货物分组号码（如有）打在相应的提单上。提单上对应的通知人可以为贸易公司或者货代公司或收货人指定的仓库或报关行等，但是提单上的收货人一般必须为真实的收货人，不能为货代公司或收货人指定的报关行。

当货主或者货主协会作为收货人使用货主合同时，提单"收货人"栏中必须为服务合同签约方，即该货主或货主协会指定的受益人。同时，必须将服务合同号码及货物分组号码（如有）打在相应的提单上。提单上对应的通知人可以为贸易公司或者货代公司或收货人指定的仓库或报关行，但是提单上的发货人必须为与收货人签订贸易合同的真实发货人。如果使用服务合同订舱的一方与签约方的名称不完全一致，承运人必须核查该使用方的名称是否被列入合同受益人或附属公司名单之中。如该使用方的名称被列入以上名单之中，则可以接受合同订舱；否则，不得使用该服务合同。在实际操作中，经常会碰到以下几个问题：

（1）因为贸易关系，在货主合同订舱出运时，合同发货人要求显示为中国台湾、中国香港地区或者其他非中国内地的中间商是否可行？

（2）如果以上可行，如何操作？如果以上不可行，另外提供真实发货人信息是否可以接受？

首先，根据美国海关发送 AMS 的规定和实施细则，所提供的资料必须显示为真实的发货人，贸易关系的中间商显然不能满足 AMS 舱单发送的要求，中国内地的工厂等作为发货人时，合同发货人不能显示为台湾地区、香港地区的中间商，即合同的发货人必须为中国内地的真实发货人。

其次，即使另外提供真实的收发货人信息，也不能将台湾、香港等地区的中间商作为发货人而不显示真实发货人，因为对于货主合同而言，提单上显示的发货人信息就应该为真实的信息，AMS 舱单发送时，输单中心将直接抽取订舱信息发送，无须且不能再次提供真实的发货人信息。在实际操作中只能更改信用证或在提单上只显示发货人的名称而不显示地址。

如果货主使用未提供成员名单的托运人协会所签定的货主合同，托运人协会的名称应显示在发货人或收货人栏内，同时，必须将服务合同号码及（如有）货物分组号码显示在相应的提单上。与前述要求类似，提单上对应的通知人可以为贸易公司或者货代公司或收货人指定的仓库或报关行，但是提单上的收货人或发货人必须为真实的发货人或收货人。

如果货主使用已提供成员名单的托运人协会所签定的货主合同，成员公司的名称应当显示在发货人或收货人栏内，同时，必须将服务合同号码及货物分组号码（如有）显示在相应的提单上。提单上对应的通知人可以为贸易公司或者货代公司或收货人指定的仓库或报关行，但是提单上的收货人或发货人必须为真实的发货人或收货人。

使用货主合同订舱，承运人签发船公司提单，在提单的发货栏中不得使用"For the account of"或"On behalf of"等字样。在实际操作中，经常会出现 FOB 签约客户要求使用"To order"的情况，承运人的一般规定为：当客户出具的提单为 Seaway Bill 时，签约方或者受益人必须显示在提单收货人栏中，如果要把签约方或者受益人放在通知人栏而收货人显示为不相关的第三方，则需要承运人审核确认。当客户出具正本提单时，如果收货人要求显示为"To order"或者"To order of shipper"或者"To order of xxx bank"或者"To order of ×××Financial Corporation"，这种情况下，签约方或者受益人必须为提单的第一通知人，如果收货人要求显示为"To order of our S/C Holder or Its Affiliate"，那么通知人可以为任何公司。

由于货主合同中,提单的收发货人必须为真实的收发货人,承运人向美国海关发送的舱单信息直接来源于提单信息,因此,托运人提出的任何提单更改必须在承运人指定的订舱代理或船代部门发送 AMS 舱单信息之前,否则会产生舱单更改费。

无论何种情况,当收发货人使用与承运人签订的货主合同进行订舱出运时,只需要向承运人提供准确的进港箱单,承运人即可安排 AMS 申报。

2. 货代合同的审核

当无船承运人作为发货人使用与承运人签定的货代合同时,无船承运人的名称应当显示在发货人栏内,由于具备与承运人签约资质的无船承运人必须在美国 FMC 报备登记,所以在发货人栏内还应将其在 FMC 注册的许可证编号列明,收货人栏中可以为该无船承运人或其在美国的指定代理(部分承运人要求收发货人均必须为该签约的无船承运人,如一方为无船承运人的指定代理则须提供授权证明或关系证明);同时,必须将服务合同号码及货物分组号码(如有)显示在相应的提单上,按照通常缮制提单的做法,填制其他栏目。

当无船承运人使用货运代理发货时,货运代理的名称可与无船承运人一同显示在发货人栏内,须注明"货代作为无船承运人的代理人"。例如无船承运人 A 与承运人签定货代合同但是用货代 B 发货,则在提单发货人栏中,应显示"B 作为 A 的代理人";但是绝大多数承运人禁止无船承运人将一个代理人作为发货人显示在提单发货人栏,而将另一个代理人作为收货人显示在提单收货人栏,这种情况将被视为该无船承运人将其与承运人签定的服务合同中的有关运价优惠转卖给第三方,是不被 FMC 允许的。

无船承运人使用货代合同订舱,将从承运人获得签发的船公司提单,提单收货人、发货人均为该无船承运人或发货人、收货人中的一方为该无船承运人指定的代理;当提单中收货人或发货人一方为无船承运人代理时,必须使用"As Agent of"或"As Agent for"字样,"As Agent of"适用于无船承运人在与承运人签定的服务合同中列明的受益人,"As Agent for"适用于与合同无关的货代人员。在获得承运人签发的船公司提单后,无船承运人将签发货代提单,货代提单的收发货人为贸易双方的真实发货人和收货人。

无论何种情况,使用货代合同时,无船承运人必须按照承运人的规定和要求，填报 AMS 舱单申报信息，AMS 舱单申报信息中包含了贸易双方的真实发货人和收货人信息，这种制度安排与欧盟的舱单报关单（Entry Summary Declaration，ENS）申报显著不同，为承运人规避各种可能的 Name Account 套约奠定了基础。有关 AMS 申报的提单信息或申报资料的修改，必须在船代发送 AMS 舱单信息之前，否则将产生舱单更改费。

货代合同是美国航线上非常普遍的合同形式，合同情况是监督的重点，FMC 将无船承运人虚报货名（也称为谎报货名或假货名）的做法视为严重的违法行为。虽然在 FMC 的监管规则中，如果仅是无船承运人的违法，而承运人没有过失，对承运人将不予追责；但在实际中证明承运人不存在过失常常是困难的。FMC 认为，由于海运提单上的货名与同一份提单上包装、件数、标志、尺码和重量等有明显不符之处，承运人知晓并允许无船承运人虚报货名、使其在未变更运价本或服务合同运价的情况下，得到了优惠运价，构成了非法折扣。承运人应从订舱、签单和收取运费等各环节对货代合同使用进行规范：

（1）核实发货人的订舱委托书，委托书上货物类别、包装、件数、标志、尺码和重量必须清晰明了，并与服务合同保持一致；货物类别、包装、件数等不一致的，应核对托运人的海关报关单和商业发票在内的其他货物资料。

（2）承运人在签发提单时，应与场站收据核对，确保承运人所签发的船公司提单上的货类品名与场站收据上的货类品名一致。

（3）如场站收据上的货类品名被更改或涂改，承运人应要求场站收据上的托运人盖章确认或通过书面更改通知予以确认，如场站收据上的托运人为无船承运人，应同时要求其出示由实际发货人提供的，包括但不限于海关报关单和商业发票在内的货物资料。

（4）对发货人和收货人均为无船承运人、货名未被更改或涂改的场站收据，如货类品名与该场站收据的其他项目有明显的不一致之处，承运人可以要求该无船承运人出示由实际发货人提供的，包括但不限于海关报关单和商业发票在内的货物资料，同时应对这些资料认真审核并留存备查。

（5）货物报关或出运后，应该谨慎接受无船承运人更改货类品名的要求，任何情况下，无船承运人都不能代为签发船公司提单，承运人指定的订舱代理或船代部门也不应代签无船承运人提单，如承运人怀疑货名被虚报，应要求无船承运人按要求提供相关证明资料。

三、服务合同运费计收

按照货类品名和港群对或门到门地点登记运价是美国航线区别于其他航线的一个重要特征，这种定价制度有利于承运人针对不同客户或同一客户的不同货类品名、货源流向制定差异化的运价政策，提高了定价策略的针对性。因此，在美国航线的服务合同中，既存在着按照细分货类品名登记运价（如按 The Refrigerator 登记运价）和按照大品名登记运价（如按 Electrical Appliances Product 登记运价）的差别，又存在按照限定港口登记运价（如按 Shanghai to Los Angeles 登记运价）和按照港群对登记运价（如按 China Base Port to United States West Coast Base Ports 登记运价）的差别。针对服务合同中同时登记生效的不同运价组，如何判定客户出运的货物应适用哪个运价组呢？一般应遵循以下原则：

（1）服务合同中，同时存在按照细分货类品名和大品名登记的不同运价，与细分货类品名匹配时，优先适用细分货类品名运价组；

（2）服务合同中，未登记细分货类的小品名运价，是否适用服务合同中登记的大品名运价，以货物的 HS CODE 代码及在海关的归类为判定依据；

（3）服务合同中，同时存在按照限定港口登记运价和按照港群对登记运价，与限定港口匹配时，优先适用限定港口登记的运价组；

（4）服务合同中，对附加费作出特别限定，与承运人公布的附加费费率（Tariff 费率）冲突时，优先适用服务合同费率；

（5）服务合同中，登记的运价组对中转路径、适用航线代码、运输条款等进行限定，只有当满足所有限定条件时，运价组才适用；

（6）服务合同中，未明确限定某一运价组是否适用于基本港或通过基本港中转至内陆门点的运价，既可以适用匹配的基本港运价，又可以在基本港运价基础上，按照承运人公布的中转港及内陆点费率或服务合同中限定的中转港及内陆点费率，适用内陆点运价；

（7）服务合同中，既存在匹配的按基本港加承运人公布或合同限定的中转港及内陆点费率运价组，又存在匹配的内陆点全程运价（Through Rate）运价组，优先适用内陆点 Through Rate 运价组。

以下举例进行说明：

Appendix A to Service Contract（服务合同条款范例）

Carrier: A
Merchant: B

Service Contract number:
Essential Term number:
Amendment number:

The following provisions of this appendix are incorporated in the above referenced Service Contract:

1. ORIGIN COUNTRIES/Areas: China Hong Kong

2. DESTINATION COUNTRIES: United States

3. COMMODITIES:
Group A: General Cargo, N.O.S. (Excluding Garments and Textiles N.O.S.)
Group C: Garments & Textiles N.O.S.

Group 1: Auto parts, Nos;
Group 2: Wheels, Nos;
Group 3: Auto parts, Nos;

4. MINIMUM QUANTITY COMMITMENT(S): 5000 TEU
5. DURATION
　　COMMENCEMENT: May 1, 2008
　　TERMINATION: June 30, 2009

6. CONTRACT RATES (IN US DOLLARS UNLESS SPECIFIED): Far

East to USA, Canada

Commodity: Group A

Origin	Destination	Mode	Via (Dest.)	D20	D40	D40H	Notes
Ningbo, ZJ, China; Shanghai, SH, China	USEC	YY	USEC	2800	3500	3938	NC;S1
Ningbo, ZJ, China; Shanghai, SH, China	USWC	YY		1560	1950	2194	N1;NC;S1
Ningbo, ZJ, China; Shanghai, SH, China	USWC	YY	USWC	1560	1950	2194	N2;NC;S1

Note N1: Rates can only be applied to goods destined to USWC base ports CY or Door delivery destinations in the states of CA, WA, and OR.

Note N2: Rates can be applied to goods destined to U.S. inland points (CY or door) or to USEC via MLB service.

Note NC: The THC, ORC, MSC charges may go prepaid or collect.

Note S1: Rates are not subject to the Destination Delivery Charge (DDC) and the Panama Canal Charge (PNC). Rates are subject to the Advance Manifest Security Charge (MSC), Advance Manifest Security Charge for Auto NVOCC (MSA), Alameda Corridor Charge (ACC), BUNKER CHARGE (BUC), Carrier Security Charge (CAS), Inland Fuel Charge (IFC), Origin Documentation Fee (DOC), Origin Receiving Charge (ORC), Peak Season Charge (PSS), Port Security Charge at Discharge (PSD), Shanghai Port Surcharge (SPS) and the Terminal Handling Charge at Load (THC) and all other surcharges, including those, if any, specified in the contract and those published in the Governing Tariff(s) at the time of shipment.

Commodity: Group C

Origin	Destination	Mode	Via (Dest.)	D20	D40	D40H	Notes
Ningbo, ZJ, China; Shanghai, SH, China	USEC	YY	USEC	2880	3600	4038	NC;S1
Ningbo, ZJ, China; Shanghai, SH, China	USWC	YY		1640	2050	2294	N1;NC;S1
Ningbo, ZJ, China; Shanghai, SH, China	USWC	YY	USWC	1640	2050	2294	N2;NC;S1

Note N1: Rates can only be applied to goods destined to USWC base ports CY or Door delivery destinations in the states of CA, WA, and OR.

Note N2: Rates can be applied to goods destined to U.S. inland points (CY or door) or to USEC via MLB service.

Note NC: The THC, ORC, MSC charges may go prepaid or collect.

Note S1: Rates are not subject to the Destination Delivery Charge (DDC) and the Panama Canal Charge (PNC). Rates are subject to the Advance Manifest Security Charge (MSC), Advance Manifest Security Charge for Auto NVOCC (MSA), Alameda Corridor Charge (ACC), BUNKER CHARGE (BUC), Carrier Security Charge (CAS), Inland Fuel Charge (IFC), Origin Documentation Fee (DOC), Origin Receiving Charge (ORC), Peak Season Charge (PSS), Port Security Charge at Discharge (PSD), Shanghai Port Surcharge (SPS) and the Terminal Handling Charge at Load (THC) and all other surcharges, including those, if any, specified in the contract and those published in the Governing Tariff(s) at the time of shipment.

Commodity: Group 1

Origin	Destination	Mode	Via (Dest.)	Svc.	Soc	D40	D40H	Notes
Shanghai, SH, China	Long Beach, CA; Los Angeles, CA; Oakland, CA	YY			N	1800	1850	NC;S4,S1
Shanghai, SH, China	Long Beach, CA; Los Angeles, CA; Oakland, CA	YY			Y	1500	1550	NC;S4,S1
Shanghai, SH, China	Long Beach, CA; Los Angeles, CA; Oakland, CA; Portland, OR	YY		CEN	N	1850	1900	NC;S4,S1
Shanghai, SH, China	New York, NY	YY	New York, NY		N	3450	3600	NC;S4
Shanghai, SH, China	New York, NY	YY	USWC		N	4450	4600	NC;S5
Shanghai, SH, China	USWC BP	YY			N	2000	2100	D2;NC;S4

Note D2: Rates effective through May 31, 2009.

Note NC: The THC, ORC, MSC charges may go prepaid or collect.

Note S1: Rates can only be applied to goods destined to USWC base ports CY or Door delivery destinations in the states of CA, WA, and OR.

Note S4: Rates are inclusive of the Agriculture Quarantine Surcharge (AQS), Carrier Security Charge (CAS), Destination Delivery Charge (DDC), Inland Fuel Charge (IFC), Panama Canal Charge (PNC), Port Security Charge at Discharge (PSD) and the Shanghai Port Surcharge (SPS). Rates are not inclusive of the Advance Manifest Security Charge for Auto NVOCC (MSA), BUNKER CHARGE (BUC), Origin Documentation Fee (DOC), Peak Season Charge (PSS) and the Terminal Handling Charge at Load (THC) and all other surcharges, including those, if any, specified in the contract and those published in the Governing Tariff(s) at the time of shipment.

Note S5: Rates are inclusive of the Alameda Corridor Charge (ACC), Carrier Security Charge (CAS), Destination Delivery Charge (DDC), Inland Fuel Charge (IFC) and the Shanghai Port Surcharge (SPS). Rates are not inclusive of the Advance Manifest Security Charge for Auto NVOCC (MSA), BUNKER CHARGE (BUC), Origin Documentation Fee (DOC), Peak Season Charge (PSS) and the Terminal Handling Charge at Load (THC) and all other surcharges, including those, if any, specified in the contract and those published in the Governing Tariff(s) at the time of shipment.

Commodity: Group 2

Origin	Destination	Mode	Svc.	D40GP	Notes
Shanghai, SH, China	Long Beach, CA; Los Angeles, CA	YY		1700	NC;S8
Shanghai, SH, China	Long Beach, CA; Los Angeles, CA	YY	CEN	1650	NC;S8

Note NC: The THC, ORC, MSC charges may go prepaid or collect.

Note S8: Rates are inclusive of the Carrier Security Charge (CAS), Destination Delivery Charge (DDC), Panama Canal Charge (PNC) and the Shanghai Port Surcharge (SPS). Rates are not inclusive of the Advance Manifest Security Charge for Auto NVOCC (MSA), BUNKER CHARGE (BUC), Inland Fuel Charge (IFC), Origin Documentation Fee (DOC), Peak Season Charge (PSS), Port Security Charge at Discharge (PSD) and the Terminal Handling Charge at Load (THC) and all other surcharges, including those, if any, specified in the contract and those published in the Governing Tariff(s) at the time of shipment.

Commodity: Group 3

Origin	Destination	Mode	Svc.	D40GP	Notes
Shanghai, SH, China	Long Beach, CA; Los Angeles, CA	YY		1900	NC;S8
Shanghai, SH, China	Long Beach, CA; Los Angeles, CA	YY	CEN	1850	NC;S8

Note NC: The THC, ORC, MSC charges may go prepaid or collect.

Note S8: Rates are inclusive of the Carrier Security Charge (CAS), Destination Delivery Charge (DDC), Panama Canal Charge (PNC) and the Shanghai Port Surcharge (SPS). Rates are not inclusive of the Advance Manifest Security Charge for Auto NVOCC (MSA), BUNKER CHARGE (BUC), Inland Fuel Charge (IFC), Origin Documentation Fee (DOC), Peak Season Charge (PSS), Port Security Charge at Discharge (PSD) and the Terminal Handling Charge at Load (THC) and all other surcharges, including those, if any, specified in the contract and those published in the Governing Tariff(s) at the time of shipment.

Fixed Surcharges (Far East to USA, Canada)

BUNKER CHARGE (BUC) is fixed at USD 500.00 per 20ft container, USD 625.00 per 40ft container, USD 703.00 per 40ft high-cube refrigerated container, and USD 780.00 per 45ft container effective through May 31, 2009.

Peak Season Charge (PSS) is fixed at USD 0.00 per container effective through June 30th, 2009.

对于以上样本合同中 Group 1 运价组中，从 Shanghai 至 Los Angeles、Long Beach、Oakland 的运价组中，由于其包含条款 S1 的内容为"Rates can only be applied to goods destined to USWC base ports CY or Door delivery destinations in the states of CA，WA，and OR"，即该运价只能适用于从 Los Angeles、Long Beach、Oakland 基本港或从这三个港口中转至 CA、WA、OR 的货物，不能适用于从 Los Angeles、Long Beach、Oakland 中转至除了 CA、WA、OR 以外内陆点的货物。而在 Group 1 中，同时存在 Shanghai 至 USWC BP 运价组（即美西基本港，合同说明条款已对 USWC BP 包含的港口进行限定，包括 Los Angeles、Long Beach、Seattle、Oakland、Portland），因附加条款 S4 未对是否适用内陆点进行限制，因此，该运价组可适用于从美西基本港中转至内陆门点运价。

对于以上样本合同中 Group2 中，同时存在 CY TO CY 条款下 Shanghai 至 Los Angeles、Long Beach 两组运价，但是第二组运价中，限定航线代码为"CEN"，因此，对于所有 Shanghai 出口至 Los Angeles、Long Beach 的货物均可适用第一组运价；对于 Shanghai 出口至 Los Angeles、Long Beach 并且使用"CEN"航线服务的客户，可以适用第二组运价。

对于以上样本合同中，当品名为"Wheels"的货物从 Shanghai 出口至 Long Beach、Los Angeles 存在按照小品名"Wheels"登记的 Group 2 和按照大品名"Auto Parts"登记的 Group 3 两组不同的运价，按照"优先适用细分货类品名运价组"的原则，客户出运"Wheels"，优先适用 Group 2 运价。

对于以上样本合同中，品名为"Auto Parts"自 Shanghai 走小陆桥运输至 New York 的货物，在服务合同中，存在通过美西基本港另加公布的转运费费率和通过美西中转至 New York 的 Through Rate 两组不同运价，Through Rate 运价优先级别较高，优先适用。

第四节
美国内陆转运模式介绍

作为东西航向的两条主干航线，美国航线的内陆转运模式与欧洲航线有着显著的区别。美国幅员辽阔，通过水路运输送达美国港口的货物主要通过铁路和公路配送至客户指定的仓库或分拨配送中心，由于内陆城市众多、铁路系统发达，美国航线建立起相对完善的海铁联运转运模式，小陆桥运输（Mini Land Bridge，MLB）、内陆点多式联运（Interior Point Intermodal，IPI）、内陆公共点运输（Overland Common Points，OCP）等多种内陆转运模式高效便捷、相对成熟。欧盟国家星罗密布、港口众多，由于驳船支线网络、公路运输网络发达，欧洲航线建立起相对完善的水路中转、公路中转体系，其中公路运输体系尤为重要，德国、荷兰、比利时、法国、奥地利等欧盟国家公路运输比例甚至超过50%。

美国航线以海铁联运为主、公路联运为辅的内陆转运模式，是其区别于欧洲航线和其他集装箱班轮航线的一个重要特征，集装箱班轮船公司充当了多式联运承运人的角色，既扩大了运输的责任和区间，又增加了船公司成本控制的难度和压力。但是，美国航线独特的内陆转运模式，对提高运输效率、控制运输过程是有极为有利的，以下对不同内陆转运模式简要进行介绍。

一、小陆桥运输

小陆桥运输是指集装箱通过海运在港口卸货后，再由陆桥铁路或公路运送至内地或陆桥另一侧海岸的目的地，或者相反方向的运输。以远东—北美航线为例，小陆桥运输一般是将货物在美国西岸主要港口卸下，经美国铁路运输系统，将货物转运至美国东岸或美湾地区。由于铁路运送时间明显快于海运运输，使用小陆桥运输至美国东岸，将比传统走巴拿马运河至美国东岸的全水路运输节约7天以上时间，这对服装、时尚品和电子产品等对交货期要求较高的客户具有较强吸引力。

小陆桥运输在美国西岸的主要港口有洛杉矶、长滩、西雅图、奥克兰、波特兰、塔科马，铁路供应商主要包括BNSF和UP。其中，BNSF提供内陆转运的主要运输路径有两条：一条是经西雅图、塔科马、波特兰中转至美国西北部、美国中西部、美国五大湖地区；另一条是经长滩、奥克兰中转至美国西南部、美国中部、美国南部和美国中东部的广大地区。同时，BNSF连接芝加哥、辐射底特律、印第安纳波利斯、匹兹堡、纽约等地区。而 UP 提供美国西北部的西雅图、塔科马、波特兰和美国西南部的长滩、洛杉矶、奥克兰以及美湾地区港口到美国全境的内陆转运服务。

小陆桥运输是完整的多式联运，由集装箱班轮船公司签发全程联运提单，并收取全程运费，对全程运输承担责任。对小陆桥运输的集装箱货物，其提单应分别注明"卸船港：×××港，交货地：×××交货地"。

二、内陆点多式联运

内陆点多式联运是指集装箱通过海运在港口卸货后，再由铁路或公路运送至指定的内陆点的运输。一般来说，内陆点多式联运指的是货物从美国西岸港口卸船，而后通过铁路或公路运送至内陆点的运输；货物从美国东岸或美湾地区的港口卸船，而后通过铁路或公路运送至内陆点的运输常称为反内陆点多式联运（Reverse Interior Point Intermodal，RIPI）运输。内陆点多式联运与小陆桥运输的差别在于，内陆点多式联运的目的地是美国内陆点，而小陆桥运输的目的地则为美国东岸或美湾的港口。

内陆点多式联运具有运输时间快、中转效率高、交货期稳定的特点，由于美国铁路运输系统发达，货物在美国西岸或美国东岸、美湾地区的港口卸船后，可以通过港区内铁路运输系统直接运送至收货人指定的仓库或分拨配送中心，提高了运输的效率。但是，内陆点多式联运也有其局限性，其内陆转运效率受铁路运输能力的制约，铁路场站也有严格的免费堆存期限制，超期需要承担高昂的额外堆存成本。同时，美国联邦法律对内陆点多式联运的货物也做出严格规定，危险等级为 1.1 类、1.2 类、1.3 类的爆炸品和 2.3 类的有毒气体、6.1 类且包装类别为 I 类的有毒材料、6.2 类的传染性物质、7 类的活性物质等在使用内陆点多式联运前，必须事先获得美国公路监管部门确认。对于卷筒状重金属制品，使用内陆点多式联运，其绑扎和加固必须符合美国铁路协会的操作指南，必须申明货物的具体品名、形状和包装；对由于绑扎和加固等不合格，需要加固或翻工的货物，铁路公司有权要求其加固或翻工，并由货主承担所发生的费用。

三、内陆公共点运输

内陆公共点运输是指使用两种运输方式将卸至美国西海岸港口的货物通过铁路转运至美国的内陆公共点地区，并享有优惠运价。美国的OCP地区是以洛矶山脉（Rocky Mountains）为界，即除紧临太平洋的美国西部九个州以外，从美国的北达科他州、南达科他州、内布拉斯加州、科罗拉多州、新墨西哥州起以东的地区均属于OCP地区。

内陆公共点运输包含海运、陆运两种不同的运输方式，但不属于国际多式联运。国际多式联运是由一个承运人负责的自始至终的全程运输，而内陆公共点运输中，海运、陆运段分别由两个承运人签发单据，运输与责任风险分段负责，因此，它并不符合国际多式联运的含义。内陆公共点运输的目的在于鼓励至OCP地区的货源，通过OCP费率，收货人可以获得比当地正常费率低3%至5%的地区优惠费率，因此，在签订贸易合同时，在运输条款和开具信用证过程中必须注明OCP字样，如在信用证中显示"自×××（装运港口）至×××（卸货港口）O.C.P.×××（OCP地区内陆点）"（英文表述为：Shipment From XXX to XXX O.C.P.XXX），提单中卸货港栏、目的地栏和货物的品名、唛头等也必须注明OCP字样，以便在货物装卸、转运时识别。如卸货港为美国西雅图（Seattle），最终目的地为底特律（Detroit），提单卸货港栏应填制"Seattle O.C.P."，目的地栏应填制"O.C.P. Detroit"，货物的品名、唛头及货物包装上也应注明"Seattle O.C.P. Detroit"，提单空白处也要标注"O.C.P. Detroit"。

采用内陆公共点运输，即使货物的最终目的地分散在美国内陆区域的几个地方，只要把所有货物品名并列在一份提单上，且在最终目的地处注明O.C.P.陆路共通点，收货人即在指定目的地提货，从而大大方便了收货。但是，内陆公共点运输模式下，收货人在收到货物单证10天内，必须申请进口保税运输，以保证将货物最终运抵交货地，如不按时提出申请，货物即转至保税仓库，可能产生高昂费用。同时，在内陆公共点运输模式下，凡运往内陆公共点的集装箱货物，应在卸船45天内由收货人向铁路公司提供证明，如陆上运输单证、转运单、海关转口申请单等，如未在规定时间内提供上述单证或证明，货主将失去铁路优惠运价。由于地区优惠费率已经与实际费率差距不大，操作较为烦琐，所以目前在实际业务中使用并不多。小陆桥运输、内陆点多式联运、内陆公共点运输模式比较见表3-11。

表3-11 小陆桥运输、内陆点多式联运、内陆公共点运输模式比较

比较项	内陆公共点运输	小陆桥运输	内陆点多式联运
货物成交价	卖方承担的责任、费用终止于美国西海岸港口	卖方承担责任、费用终止于最终交货地	卖方承担责任、费用终止于最终交货地
提单签发	仅适用海上区段货物运输	适用全程运输	适用全程运输
运费计收	海、陆运输分段计收运费	收取全程运费	收取全程运费
保险区段	海、陆运输分别投保	可全程投保	可全程投保
货物运抵区域	内陆公共点	美国东海岸和美湾港口	内陆公共点
多式联运方式	不是多式联运	完整的多式联运	完整的多式联运
空箱回运	船公司	收货人	收货人
运单使用	海运不使用运单，陆运用运单	不用	不用
运输责任	海运、陆运分别由对应承运人承担运输责任	提单签发人	提单签发人

第五节
美国航线实务操作

美国航线在实务操作中具有许多区别于其他集装箱班轮航线的特征，如上述章节提到的美国的运价备案和登记制度以及FMC对实际承运人、

无船承运人、班轮公会的监管。美国航线特殊的内陆转运模式以及由船公司提供底盘车的业务模式，也使得集装箱运输链中各相关主体，对货物卸港后不同运输方式衔接、清关放货、美国内陆拖车运输等都建立起相对规范的运作流程体系，极大提升了全程运输效率。"9·11"事件后，美国基于反恐的要求，实施了 24 小时舱单申报制度，从而开启了海关舱单预申报的先河。以下从实务操作中的重要环节入手，对美国航线进口清关、放货控制、内陆拖车及其他特殊服务和操作简要进行介绍。

一、AMS 申报

AMS 申报即美国 24 小时舱单申报，是美国海关为加强反恐，于 2002 年 10 月 31 日宣布实施的新的货物舱单申报制度，要求所有到美国及途经美国的货物，须于装船前 24 小时向美国海关申报舱单。该项规定于 2002 年 12 月 2 日起正式实施，申报舱单使用美国海关指定的系统，直接发送到美国海关数据库中，由美国海关系统自动进行检查并回复，未通过舱单申报的货物不得装船。

（一）AMS 申报的主要内容

AMS 申报的主要内容包括全程及涉及的港口（Port）、船名和注册情况（Vessel Name and Registry）、SCAC CODE、航次（Voyage Number）、预计抵港时间（ETA）、第一到达的美国港口（First U.S. Port of Arrival）、发货人与收货人的名称和地址（Shipper and Consignee Names and Addresses）以及详细的货物描述（Precise Description of Cargo）等。

1. 港口

AMS 申报的港口包括所有装货港口、开往美国且抵达美国前最后一个停靠港口、停靠的第一个美国港口以及停靠美国的最后一个港口。

2. 船名和注册情况

AMS 舱单发送中要求申报的船名和船舶注册信息包括船名、船籍、国际海事组织给予该船的正式船名号码及船长名称。

3. SCAC CODE（标准承运人数字代码）

美国海关要求在发送 AMS 舱单信息时，必须提供 SCAC CODE 号码，该 SCAC CODE 既包括实际承运人的 SCAC CODE，也包括在美国联邦海事局注册为无船承运人并提交过保证金的 Auto NVOCC 的 SCAC CODE。如果无船承运人通过实际承运人发送 AMS 信息，其 SCAC CODE 可不重复申报。

4. 航次

即投入美国航线运营的船舶在所对应的航线的航次及其代码。

5. 预计抵港时间

船舶预定抵达美国第一个港口的日期及具体到港（Port Of Discharge）的日期和时间。

6. 第一到达的美国港口

AMS 申报信息中的第一到达的美国港口指的是申报航线途经的第一个停靠的美国港口，而非货物卸货第一到达的港口。

7. 发货人与收货人的名称和地址

发货人和收货人须提供完整的公司名称、地址和识别号，即 Identification Number，是美国海关依据自动化商业环境（Automated Commercial Environment）给予发货人或收货人的一个识别号码。

8. 详细的货物描述

详细的货物描述包括货物的详细描述或美国海关规定的描述货物的 6 位代码及货物重量。货物重量和货类品名必须准确并尽可能详细，并与美国海关税则（Harmonized Tariff Schedule，HTS）一致，采用的 HTS 号码必须准确至前六位。美国海关不接受笼统的货类品名描述，如 FAK（Freight for All Kinds Rates）、普通货物（General Cargos）、化工品（Chemicals）、食品（Foodstuffs）等都不被接受。如果一个集装箱内含有多种货类品名，不同货类品名的包装件数、毛重、体积等应逐一申报，不可有遗漏。

如以上 AMS 舱单申报信息不正确或不完整，美国海关将依据有关规定对货物进行检查并对承运人及申报人进行惩罚（罚款）。

2008 年以后，美国海关要求 AMS 舱单申报中，必须增加进口商安全申报（Importer Security Filing，ISF）即所谓的"10+2"申报计划，"10"是指舱单申报中新增加的 10 个信息单元，包括：（1）生产商（供应商）的名称和地址（Manufacturer/Supplier Name and Address）；（2）卖方的公司名称和地址（Seller Name and Address）；（3）集装箱的装箱地址（Container Stuffing Location）；（4）拼箱（装箱）公司的名称和地址（Consolidator and Stuffer Name and Address）；（5）买方的公司名称和地址（Buyer Name and Address）；（6）货物送达的公司名称和地址（Ship to Name and Address）；（7）进口商的海关登记号（Importer of Record Number）；（8）收货人的美国保税号码（Consignee Numbers）；（9）货物的原产地（Country of Origin）；（10）商品海关关税编号（Harmonized Tariff Schedule Number）。所谓的"2"是对船公司提出的新的舱单申报要求，包括：（1）集装箱配积载信息（Vessel Stow Plan）；（2）集装箱状态信息（Container Status Message）。

AMS 申报具有数据内容广泛、数据来源分散的特点，申报的新规定直接推动了物流信息系统的发展。

（二）AMS 申报操作流程

AMS 申报一般包括单证审核、输单、制单和填报舱单申报信息表、接受舱单申报回执、确认或更改申报信息等不同操作流程，以下简要介绍。

1. 单证审核及输单、制单

单证审核及输单、制单即收集和核实单证信息，完成输单、订舱、制单等一系列单证操作。单证操作人员在规定时间内完成单证制作，核实是否由承运人向美国海关申报或是由无船承运人自行向海关申报，做好相关文件标识，填报《订舱保函》、《自行申报担保函》（无船承运人自行申报情况下）、《无船承运人自行传送舱单担保书》（无船承运人自行申报情况下）等确认表格。

如果货物可在卸货港清关，则在提单上显示只在卸货港清关等字样；如必须在内陆点清关，即使为可自行申报的无船承运人（Auto NVOCC），也应根据与实际承运人签定的输单协议确认是否由实际承运人或无船承运人向海关进行申报。单证审核中，应核对发货人、收货人完整名称、地址、电话、传真号码；核实货类品名、件数、重量、尺码及详细货物描述等信息；核实箱号和集装箱铅封号。如对舱单申报信息进行更改，应满足提前 24 小时申报的条件，并重新提供《订舱保函》。

2. 填报舱单申报信息表

填报舱单申报信息表即按照美国海关舱单申报信息要求，妥善填制舱单申报信息，及时转交单证中心，由相关申报部门完成海关舱单申报。

在实际操作中，负责海关舱单申报的实际承运人一般都根据申报要求制定专门的舱单信息申报表，其中包含船籍（Vessel Flag）、船舶七位数代码（RMO Code）、承运人代码（Carrier Code）、是否是直达船、船到美国前的最后一个外国挂靠港口、船到美国后的第一个美国挂靠港口、船舶挂靠始发港的日期等。

3. 接受舱单申报回执

舱单申报回执是美国海关对通过指定系统发送至海关数据库的舱单申报信息，自动检查并由系统自动回复的申报回执，一般在AMS信息发送成功后5~10分钟后就会得到结果。常见的AMS回执代码及解决途径如下：

1Y：2003年，美国海关开始要求特别式提单（Special Bill），也就是对船公司在舱单申报中提交的船公司提单号码与无船承运人在舱单申报中提交的船公司提单号码进行比对，两者一致就会得到"1Y"的回执。只有得到"1Y"回执，货物才能装船出运，如无船承运人自行申报海关舱单，未得到"1Y"回执而在装船前未通知船公司，由此产生的任何额外费用或者美国海关罚款将均由无船承运人承担。

6I：AMS资料通过，美国海关接受。

REJECT：内容不符，直接拒绝，解决方法为在AMS规定时间进行补发。

6H：代表待回复（Holding），表示发送的内容模糊，AMS资料没有通过。可发送邮件向美国海关解释，如果解释得到海关接受，海关会人工放行，得到"6I"的最新回执。

2Z：2007年以后美国海关加大审查力度，核对船公司申报的海关舱单信息与无船承运人申报的海关舱单信息是否匹配，如两者信息不匹配，将得到"2Z"回执。无船承运人自行申报海关舱单并得到"2Z"的回执，应立即核对并更改，直到收到"1Y"信息，否则货物在美国无法清关。

4. 确认或更改申报信息

海关舱单信息申报后，应及时根据美国海关回执，及时确认或更改申报信息。对于美国海关确认申报通过的货物，负责海关舱单信息申报的单证人员，应及时提醒目的港代理获取航次到港信息、客户提货信息，按要求录入，直至完成全部操作流程。对于申报未通过的货物，应根据美国海关申报回执，及时调整或补充申报，若由于海关舱单申报未获得通过不能装船出运，应及时通知发货人。

（三）过境货物的 AMS 申报

过境货物的 AMS 申报包括国际中转货的 AMS 舱单申报和国际过境货的 AMS 舱单申报两种类别。对于国际中转货的 AMS 舱单申报，应以最后一个国际中转港的申报信息为准，所以时间相对宽裕。在实际操作中，国际中转货的 AMS 舱单申报截止时间一般为船开前一天。如对于从中国香港地区中转至美国诺福克的货物，AMS 舱单申报应以中国香港地区确定申报的时间窗口，其 AMS 申报的截止时间为香港港船舶始发前一天。

对于国际过境货物，必须注意的是船舶在开航中途经港口挂靠美国（其他有 AMS 舱单申报要求的港口，如墨西哥等也一样）的货物也要做美国的 AMS 舱单申报。如某航线挂港港序为：上海—宁波—青岛—西雅图—波特兰—温哥华，对于卸货港为温哥华的货物，由于船舶在挂靠温哥华之前先挂靠了美国的港口（西雅图和波特兰），在 AMS 舱单申报时应同时申报，即按照美国、加拿大海关的不同要求分别申报海关舱单信息。

（四）分并单的海关舱单申报

对于分并单的海关舱单申报一般有两种不同的操作模式，一种模式是在处理并单操作时先按照每票分单发送 AMS 舱单信息，在船舶开航后由船公司做 AMS 更正，同时进行并单，该过程虽然不向客户收取任何额外的费用，但是需要根据船公司的操作流程安排，及时做 AMS 舱单更正并进行并单，一旦忘记更正舱单将导致货物在目的港无法进行清关。另一种模式是只对并单后的主单信息进行 AMS 舱单申报，在 AMS 舱单申报前进行并单不收取并单费用，在 AMS 舱单申报后进行并单，收取舱单申报更正费用。

二、美国航线目的港操作实务

在前面的章节中，我们已经介绍了美国航线的内陆转运模式，无论是小陆桥运输还是内陆点多式联运、内陆公共点运输，不同运输方式高效衔接，极大地提升了美国航线的全程运输效率，而这一切，离不开美国航线相对规范和完善的清关放货程序和转运衔接流程，以下对其简要进行介绍。

（一）如何通知客户提货

集装箱船舶在抵达卸货港口前，无论是基本港交付还是通过小陆桥运输、内陆点多式联运、内陆公共点运输交付，船公司在目的港的代理将提前5天同时向收货人和第一通知人发送到货通知书（Arrival Notice，A/N），到货通知书的主要内容包括：发货人、收货人及通知人的名称、地址和电话，船舶名称及船舶航次，货物描述及货物的件数、毛重和体积，到付费用及其支付状况，IT号码（Immediately Transport的简称，对于转运到内陆点的货物，由船公司系统生成的识别号码，可以理解为美国海关对某票货物允许保税运输至某个内陆点的识别号，在美国内陆点清关时须提供IT号码）。客户收到到货通知书后，即可开始办理货物进口清关手续。

对于通过铁路将货物转运至美国东岸或美湾地区港口或美国内陆点的客户，船公司在发送到货通知书的基础上，还将发送一份铁路公司出具的通知（一般称为Arrival Notification），通知客户铁路到达的时间，并提醒客户根据到达时间提前办理进口清关放货手续。铁路公司的通知中一般包括：船名航次、提单号、集装箱箱号、提柜地点、还空地点、还车架地点以及铁路场站的提箱号码、免费堆存期限、到付费用支付状态等信息。客户根据收到的通知，结清到付费用、交回正本提单并清关完毕后，将收到显示提柜号码的通知，即可安排提货。

需要注意的是，铁路公司出具的通知只发送提单第一通知人，而不发送收货人或提单上其他通知人，要确保提单第一通知人的地址、电话、联系人等所有信息准确无误，否则可能由于延迟提货，在铁路堆场产生额外超期费用。

（二）如何安排目的港清关

根据美国海关规定，清关手续只能由专业的清关公司来办理，船公司不能代客户办理清关手续，因此，船公司在到货通知发送后，将跟踪并提醒客户做好清关安排。对于货物到达后 15 天，未安排进口清关的客户，船公司将发送通知提醒客户尽快完成清关。如客户未能在货物到达后 20 天完成清关，普通货物将会被拖到海关的监管区域进行拆箱，集装箱空箱将还空至船公司堆场；特种箱或危险品，海关将要求保留集装箱并对货物进行监管。如货物到达 6 个月后客户仍不安排清关，美国海关有权拍卖货物，并将所得用于支付海关的监管费用、仓储费用，最后用于偿付船公司的相关费用。为避免货物到达后，收货人弃货或无法清关，货物被拖到海关监管仓库，发货人通过收货人的清关公司或船公司向美国海关提出申请退运货物（一般称为 Cut Import and Export），在得到美国海关批复后，可以原船带回（已经清关的货物也可以申请退运，但是必须由专业的清关公司按重新出口向美国海关申报）。

清关中需要的文件包括：提单（不需要正本提单，只需要提单复印件）、发票、装箱单及特殊文件证明（如需），由于美国航线涉及多种不同运输方式，对于清关地点的选择极为重要。在实际操作中，一般遵循以下原则：（1）通过内陆点多式联运（IPI 或 RIPI）或者内陆公共点运输（OCP）运送到美国内陆门点的货物，必须在最后一个铁路保税场站或者集装箱堆场完成清关，而不能到内陆门点地址，即最后的交货门点清关。（2）通过内陆点多式联运（IPI 或 RIPI）或者内陆公共点运输（OCP）运送到美国内陆点的铁路保税场站或者集装箱堆场的，可以选择在最后一个铁路保税场站或者集装箱堆场完成清关，也可以选择在卸货港口进行清关，其中，默认的清关地点为内陆点的铁路保税场站或者集装箱堆场，如需更改至卸货港清关，必须在船舶到港前至少两个工作日提出申请。选择在卸港清关，必须要等到海关放行以后才能安排转运到内陆点，选择内陆点清关的话，则可以直接安排转运。（3）通过全水路运输或者小陆桥运输，在货物抵达卸货港口后，通过卡车公路运输运送至客户指定门点的，必须在卸货港口进行清关。

美国海关清关相对透明,根据一定的比例对货物进行查验,提交的单证文件不齐全、频繁变更清关地点或新进口商可能会提高海关查验的比例,海关查验常见的内容包括文件查验(Document Hold)、食品药品监督管理查验(FDA Hold)、X 光查验(X-Ray Exam)、国土安全查验(Homeland Security Exam)。

(三)如何控制放货

对于船公司在航线挂靠的美国港口交付的货物(CY TO CY 条款),客户只需要向船公司交回正本提单(或提单电放),在结清所有费用并完成货物清关后,集装箱班轮船公司将放行信息通过电子数据交换(Electronic Data Interchange, EDI)系统发送给航线挂靠的码头,码头公司将货物状态调整为"放行"。收货人通知清关代理公司在完成货物清关后,将提货单(Delivery Order, D.O,包括具体的送货地址、联系电话、送货时间,拖车公司名字等信息)分别发给码头公司和卡车公司一份。卡车司机凭提货单提柜,码头负责检验核对提货单内容,核对无误后放行。对于船公司在航线挂靠的港口卸货但须运送至客户指定门点的货物(CY TO DOOR 条款),收货人通知清关代理公司完成货物清关后,将提货单发送给船公司,由船公司安排卡车司机到码头提货,码头核对船公司提供的拖车公司名称及提货单等信息,确认无误后放行,由卡车公司将货物运送至客户指定门点。

对于船公司在内陆门点交付的货物,船公司根据铁路公司出具的通知提醒客户到货信息,在客户结清所有费用、交回正本提单(或提单电放)并完成进口清关手续后,船公司在最后一份到货通知中给出提货信息(Pick Up Number),客户按提货信息到铁路堆场或门点提货。

(四)如何安排美国内陆拖车

集装箱货物到达美国卸货港口或铁路场站后,货物可能需要运送至收货人指定的仓库、卖场或客户指定的分拨配送中心,"门到门地点"的运输主要通过美国内陆卡车运输实现。根据运输条款的不同,美国内陆卡车运输既可以由船公司安排,也可以由收货人或其指定的代理安排。无论卡车运输安排的主体是船公司还是收货人或其指定的代理,都需要考虑美国公路的限制、卡车司机卸货等待时间等问题,根据送货地址和送货时间提前预约,并做好计划和安排。以下对相关条款作简要介绍。

1. 美国公路限重规定

美国出于对公路、桥梁的保护,制定了严格的公路限重规定,尽管各州法律规定的重量限额略有差异,但在高速公路设置地磅强制称重,对超重货物处以巨额罚金的规定基本相同。同时,公路限重不仅考虑集装箱货柜的总重量,还考虑局部的重量负荷,比如对于卡车车头的两个轮子的承受限重规定为 12000 磅[①](5.4 吨),中间的两对轮子承受的重量为 34000 磅(15.5 吨),最后的两对轮子承受的重量为 34000 磅(15.5 吨),整个车辆加起来不能超过 80000 磅(36.6 吨),任何一个位置超出重量限制都将被认定为超重并处以巨额罚款。超重严重的,甚至可能会被强制托运至就近的集装箱堆场进行拆箱,产生巨额成本。在安排卡车运输时,必须提醒客户在货物积载时必须均匀、合理配载,避免因为局部或总体超重被处以巨额罚款。美国公路限重如图 3-4 所示。

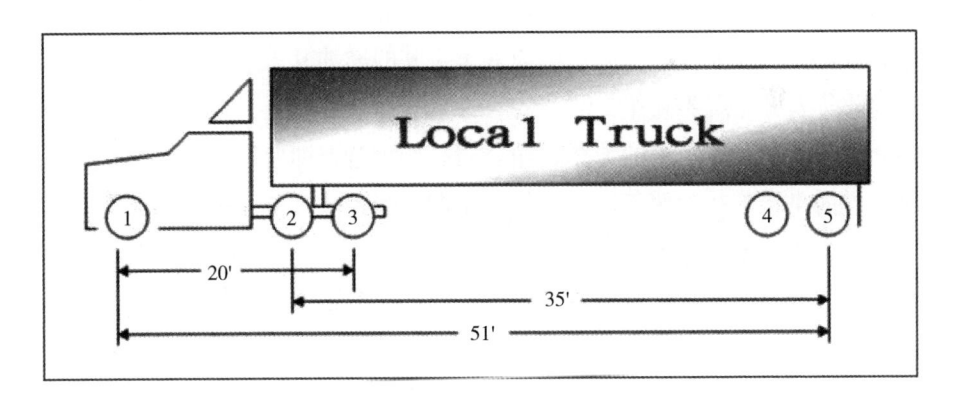

图 3-4 美国公路限重示意图

那么对于集装箱班轮船公司或者铁路承运人,如何发现货物是否超重呢?首先,根据 2016 年 7 月 1 日生效的《国际海上人命安全公约》(SOLAS 公约)关于出口集装箱重量查核(Verified Gross Mass,VGM)

---

① 磅:英制中计量重量的单位。1 磅等于 453.59 克。

的相关要求，托运人需要申报并提供集装箱货物重量，未提供准确的 VGM 申报信息货物将不得装船；其次，集装箱通过场站道口设有地磅、卡车配置有测量仪表、高速公路检查站设有地磅等都可以对集装箱货物重量进行测量。

对于超重的货物，在集装箱班轮船公司配置有三轴底盘车，使用三轴底盘车可以适当放宽需要运送至门点的集装箱重量限额，但是即使使用三轴底盘车，美国的公路限重规定也不得超过 44000 磅 /20GP（即 20 吨 /20GP），并需要支付三轴底盘车使用费及由于三轴底盘车短缺待时，可能增加的额外堆存成本、用箱成本。

2. 美国拖车卸货待时限制

集装箱货柜通过卡车运送至客户指定门点，收货人可以要求司机在现场等待卸货完成后，直接拉回已经拆空的集装箱，这种服务一般称为"Live Unload"（也称 Base on Standby）服务，但实际的免费待时时间一般限额为 2 个小时，超出免费待时时间，需要额外支付费用。

收货人也可以要求卡车司机直接将集装箱卸下，等待收货人完成卸货后另行约定时间到现场拉回已经拆空的集装箱，这种服务一般称为"Drop and Pick Up"服务，由于需要增加卡车空驶的燃油及人工成本，根据运送距离收货人可能需要额外支付 1~2 倍的卡车运输费用。

由于收货人与特定的卡车运输公司长期配合，即使在船公司负责运送至门点的条款下，为便于协商可能的超期待时费或其他原因，或许会提出使用指定的卡车公司的要求（一般称为 Prefered Carrier 服务）。船公司经常是满足这种服务需求的，只要客户指定的卡车公司购买了足够的保险，且是美国统一的联运交换协议（Uniform Intermodal Interchange Agreement）成员，与船公司选定的卡车公司收费相同或更低。

（五）其他特殊操作或服务需求

集装箱到达指定卸货港口后，由于客户对卡车门点运输、海铁联运中转效率要求，或由于贸易、单证安排等，需要对清关地点、货物交付目的地或运输单证等进行调整或变更，衍生出多种特殊操作或服务需求，以下简要介绍。

1. "On Dock Rail"

"On Dock Rail"是指美国铁路公司的运输网络延伸至集装箱班轮船公司船舶挂靠的码头，集装箱货物到达挂靠港口后，货物卸船后不用运出码头，而是直接运送至码头内的铁路堆场，并通过美国铁路系统运送至客户指定的铁路场站或门点。

集装箱班轮船公司作为海铁联运的多式联运承运人，在与铁路公司洽谈铁路转运费费率时，从码头到铁路场站的运输费用已包含在铁路中转费费率之中，即使铁路公司的运输网络无法延伸至码头，客户并不需要支付额外的短驳成本。但是，船公司如能提供"On Dock Rail"服务，客户可以节省从码头运送至码头外的火车编组场站时间，以及在火车编组场站等候上车的时间，中转效率将大幅提高。在实际操作中，由于码头内的铁路场站受场地大小、铁路车皮容量的影响，常有诸多限制，"On Dock Rail"一般根据货流流向，优先提供给货量较多的重要内陆点和重要客户。危险品、冷冻箱、特种箱等由于报关手续复杂，海关可能需要查验，一般不能提供"On Dock Rail"服务。

美国港口中能够提供"On Dock Rail"服务的港口包括：孟菲斯、达拉斯、休斯顿、芝加哥、克利夫兰、哥伦布、底特律、堪萨斯城、路易斯维尔、波士顿、纳什维尔、纽约等。

2. "On Wheel"

"On Wheel"是指集装箱货物到达挂靠港口，货物卸船后直接卸至车架上，集装箱班轮船公司或收货人及收货人指定的代理确定美国内陆卡车安排情况后，卡车司机可以直接提货并按要求送至门点。

"On Wheel"可以节省码头和铁路场站将集装箱吊装到卡车的操作环节，节约码头和铁路场站的集装箱吊装设备的人工和等待时间，提高了卡车的运送效率。但是"On Wheel"操作也存在浪费场地、增加底盘车配置成本等缺点。在实际操作中，美国东岸的大部分码头由于场地容量的限制，一般无法采取"On Wheel"操作，而是由卡车公司先去专门的底盘车场地提取底盘车，再到码头提货并安排集装箱吊箱。美国西岸的港口尽管场地面积较大，但由于"On Wheel"操作增加了底盘车的配置成本，一般也仅限于对船公司制定的核心客户提供"On Wheel"服务。

3. "Off Ramp CY"

"Off Ramp CY"是指集装箱班轮船公司为满足部分客户对铁路场站（Ramp）的额外免费堆存时间要求并控制成本，在铁路场站外提供堆场，将客户送达铁路场站的集装箱运送至场外堆场，提供额外堆存时间。由于美国铁路场站的免费堆存时间普遍在2~3天，超期需要支付高昂的额外堆存成本，船公司在客户投标或洽谈时，为满足部分核心客户的额外堆存需求，提供"Off Ramp CY"服务。需要指出的是，对于船公司而言，"Off Ramp CY"虽然可以部分节约铁路场站堆存成本，但需要额外支付场外的堆存成本和短驳运输成本，应避免大范围提供"Off Ramp CY"服务增加成本开支，或应通过适当分摊机制，从客户获得补偿。由于"Off Ramp CY"不是保税堆场，客户必须先在铁路场站完成各项清关手续，才能安排送至场外堆场。

美国能提供"Off Ramp CY"服务的主要场站包括：芝加哥、堪萨斯城、明尼阿波里斯、克利夫兰、哥伦布等。

4. 变更卸货港或目的地

变更卸货港或目的地，一般要求在船舶挂靠第一个卸货港72小时之前提出申请，同时经船公司装港确认并通知目的港代理。如因特殊原因晚于72小时提出的，船公司与目的港代理确认所更改的港口航线路径可行、运价报备无误或无其他原因导致不能改港等之后可以更改，但最迟不得晚于船舶抵港前一天中午12时。

同时，变更卸货港或目的地的申请方必须持有全套正本提单，申请更改的货物必须是整箱货，必要时，船公司可以要求申请方出具有效的银行保函。

在接到凭指示提单的正本提单持有人、记名提单的收货人或海运提单下的收货人，或者其他代表以上利益方的被授权人或代理人提出的变更卸货港或目的地的要求后，船公司将确定该集装箱的位置和状态，确定可能的倒箱费用、改港费用或运费差价，由相关代理制作更改确认单，收回客户确认后进行更改，并更新海关舱单申报信息。

5. 更改货物运输单证

更改货物运输单证也称为"改单"，包括更改舱单申报信息或提单信息。在美国海关24小时舱单申报系统申报后，凡涉及港口、收发货人、运输条款、支付条款、货物描述、重量、件数等的更改必须以标准格式提出申请，经船公司确认后更改。

运费支付条款的更改，由"到付"改为"预付"时，在确定装港预付运费已经收回的前提下即可进行更改，已签发的全套正本提单无须收回，只须将舱单更正发送至船公司相关代理及单证部门。由"预付"改为"到付"的，如果预付提单尚未签发或全部收回，可将舱单、提单同时更改为"到付"，并将舱单更正通知同时发送装运港代理和目的港代理；如果预付提单已经无法收回，一般不得进行更改，特殊情况下，在目的港代理确认货物仍未放行并已收到所有到付费用的前提下可以更改。

改单申请格式如下：

Application for Amendment of 24-Hour Advance Vessel Manifest

To：XXX（船公司）

Adress：（船公司的具体地址）

Carrying Vessel/Voyage：

Loading Port：

Discharge Port：

Bill of Lading：

With respect of the above-mentioned consignment, we would request the amendment as followings：

Original	Amendment

In consideration of your agreement of our above request, we hereby agree as followings：

We agree to pay advance manifest security charge USD 40 per correction for above mentioned shipment.

We warrant and represent that we shall comply with all applicable U.S. Customs and other regulations and applicable law in respect of the amendment aforesaid, including but not limited to the obligation to file accurate and complete information in a timely manner.

We undertake and warrant that the amendment as aforesaid is in compliance with your requirement in respect of booking, communications, equipment management and EDI.

We warrant and represent that the amendment as aforesaid will be subject to B/L clause. We further arrant and represent that we shall indemnify you, your servants and agents to hold all of you harmless in respect of any liability, loss or expends resulting from our negligence in applying the amendment as aforesaid.

For and on Behalf of
Applicant
Signature
Date：

6. 货物电放操作

货物电放一般在船公司指定或确认的代理之间进行，办理电放需要由订舱单上的托运人提出书面申请，如已签发正本提单，需收回全套正本提单。如果托运人不能交回全套正本提单，则至少必须交回一份经正确背书的正本提单，同时按照船公司要求签署保函。对于记名提单，电放申请的收货人只能是记名提单上的收货人。

在进行电放操作时，船公司应核对舱单信息及提单收货人，记名提单应电放给记名提单收货人，指示提单应由提货人出具公司保函。货物电放前，必须确保客户已结清所有应支付费用。

电放通知应采取统一格式，并用固定方式发出。电放通知必须包含拟稿人和签发人的签字，并加盖电放章，按照正规流程签发提单，在收回正本提单后进行电放操作，避免未签发提单就进行电放。

附录Ⅰ：电放申请格式

Application Form for Telex Release

To:（Full Style of the Agency Company of Its Address）　　　Date:

Dear Sirs:

Name of Carrying Vessel/Voy:

Port of Loading:

Port of Discharge:　　　　　　　　Place of Delivery:

B/L No:　　　　　　　　　　　　　Container No:

Cargo:

We（Full style of the shipper）confirm and hereby authorize a telex release of the above mentioned containers/cargo for which we surrender all sets of original B/L（duly endorsed）and you are release the containers to：

（Full style of the party to receive the goods including but not limited to address/tel/fax/person in charge）

We hereby undertake to keep（Agency Company Name），their principles or agents harmless from any responsibility and consequences for this telex release of the containers/cargo in this manner.

Name:

Position:

Signature:

附录 II：电放保函格式

Indemnity Letter

To:（Full Style of the Agency Company of Its Address）　　　Date:

Dear Sirs:

Name of Carrying Vessel/Voy:

Port of Loading:

Port of Discharge:　　　　　　　　Place of Delivery:

B/L No:　　　　　　　　　　　　　Container No:

Cargo:

We（Full style of the shipper）confirm and hereby authorize a telex release of the above mentioned containers/cargo for which we surrender all sets of original B/L（duly endorsed）and you are release the containers to：

（Full style of the party to receive the goods including but not limited to address/tel/fax/person in charge）

We accept full responsibility and all the consequences for the containers/cargo in this manner, with no liability to（Agency Company Name）, their principals or agents. The remaining（state）of original Bills of Lading are to be considered now null and void and are now of no value.

Name:

Position:

Signature:

附录 III：电放通知格式

To/attention: Agency of Discharging Port/Person in charge　　　Date:

CC: Agency of the Transshipment Port

CC: Related person

CC: Shipper and/or his agency

FM: Agency of Loading Port/Person in charge

Re: M.V. Voyage :（Port of Loading）/Port of DischargeVia（Transshipment Port）

Subject: TELEASE RELEASE

Please be advised that we are holding full set of original Bills of Loading for the above mentioned shipment, therefore please release said container to:

（Full style of the cargo receiver's name/address/tel/fax/person in charge）

The shipper accept full responsibility and all consequences of releasing the cargo in this manner.

Furthermore please keep the record and collect all relevant charges at your end prior to release of shipment.

Signature:

本章小结

集装箱班轮航线根据航程的远近可以分为远洋航线、近洋航线和沿海航线；根据航线定位可以分为干线航线、支线航线和区域内航线；根据航线的形态可以分为点对点穿梭快航、两端港航线和钟摆航线。集装箱班轮航线设计是航线网络布局的基础，航线设计要遵循满足船舶适航条件、提供充足货源支撑、维持稳定港口服务、精简挂靠港口数量、兼顾联盟成员利益等规则，重点关注投入船舶船型、数量及航速，合理确定航线船期、交货期及班期密度等布局方案。集装箱船舶大型化，显著地改变了集装箱班轮船公司的航线网络布局方式，迫切需要从"产品导向"思维向"客户导向"思维转变。

全球的主要航线中，美国航线由于美国联邦海事局（FMC）对美国航线运价登记备案和航线运营监管，以及美国独特的内陆转运模式、AMS舱单申报、底盘车配备等差异，使得其显著区别于其他航线。从实务操作角度划分，可以将不同的集装箱航线划分为美国航线和非美国航线。非美国航线一般采用运价协议（部分长期合约客户也采用运价合同），而美国航线采用服务合同，承运人被划分为"受控承运人"和"非受控承运人"，分别遵循不同的运价登记备案管理要求，在运价登记备案生效时间FMC审查要求等各方面有明显差异。根据与实际承运人签订服务合同的签约方性质，美国航线合同被划分为"货主合同"和"货代合同"，由于在服务合同中，按照不同货类品名、港群对等制定差异化的运价，船公司对于"货主合同"和"货代合同"分别制定了不同的订舱审核要求，核心在于确保合同不被非合同受益人误用，规避可能的套约行为和FMC罚款。由于服务合同中可能存在多组同时适用的运价，合同运费计收应按照"合同优先，最优匹配"的原则，选择匹配的运价，合同约定的费率优先层级高于公布费率、全程运价（Through Rate）优先层级高于转运运价（基本港加中转附加费）、小品名优先层级高于大品名（同时匹配前期下）。

美国内陆转运模式包括小陆桥运输、内陆点多式联运、内陆公共点运输等不同模式。小陆桥运输与内陆点多式联运的区别在于目的地是美国东岸或美湾地区的港口还是美国内陆点，由于海铁联运、水路加公路联运等多式联运发达，美国航线建立起相对规范的操作流程体系，并发展出"On Dock Rail""On Wheel""Off Ramp CY"等多种不同服务和操作。在美国航线的实务操作中，既要熟练掌握美国航线 AMS 舱单发送的流程和方法，更要掌握美国航线进口操作流程中进口清关、放货控制、美国内陆拖车等重点环节实务操作。

推荐阅读

1. 吴翊. 美国底盘车管理经验介绍 [J]. 集装箱化, 2007（3）.
2. 唐丽敏. 彻底搞懂海运航线 [M]. 北京：中国海关出版社, 2009.

思考与实训

1. 美国航线区别于其他航线的特点有哪些？产生这些区别的根源在哪里？这些特点对美线经营带来哪些影响？

2. 某美国收货人仓库 A 一直作为该收货人的第一通知人，该客户可否直接与船公司签订服务合同？如果可以签约，请说明该合约性质；如果不能，请简要说明理由。

3. 请简要说明 Automated NVOCC 和 Non-Automated NVOCC 的主要区别。

4. 某无船承运人发送 AMS 舱单后收到海关回执信息"2Z"，根据船公司发布的船期表，船舶预计在 36 个小时候开航，该无船承运人能否按计划安排重箱进港装船？应如何操作？

5. 某客户向承运的船公司提出投诉，反馈由于船公司到货通知书发送不及时，导致客户未能及时安排提货，在铁路堆场产生高昂的堆存费用，要求船公司对产生的费用全额予以减免，应如何判定双方责任并妥善处理客户投诉？

6. 某客户在集装箱抵达内陆场站前，提出将原定于基本港清关的货物改由目的地清关，是否可行？应当如何操作？

第四章

集装箱货运操作实务

关键术语

提单 码头收据 装箱单 积载图 货物清单 装船 卸船 提货单 报关 商业发票 原产地证 场站收据 设备交接单 预配清单 装载清单 预配船图 FORM A 换单 结汇 理货 重箱 到货通知书 仓储 分拨 配送 拖车 合同物流 延伸物流 供应链 DDP DDU 船东 货代 拼箱 MCC 直拼 转拼 货运站 计费吨 发货人 通知人 收货人 MQC 受益人 博弈论

学习目标

了解集装箱进出口货运流程,学会从船公司视角、港口码头视角、发货人视角和收货人视角看整个进出口货运流程;熟悉各种集装箱进出口货运单证、了解相关单证的组成,熟练掌握单证的功能及其流转程序;了解货代企业的分类,熟悉货代企业的业务模式,熟练掌握货代不同业务模式的特点及其工作原理,熟练掌握货代提供的各种延伸物流服务,熟练掌握其工作流程、业务原理及价值创造,熟练掌握货代拼箱作业流程、拼箱运价指定方法,熟悉国际拼箱业务区别于一般拼箱的特点、工作流程及实际操作;熟悉货代套约的不同表现形式及其特征,熟练掌握货代套约的核查途径和方法,了解货代合约规范管理的措施和方向。

第一节
集装箱进出口货运流程

集装箱运输链条长，其整个货运流程如下：

（1）贸易合同签定后，货主将订舱委托书连同报关单据（一般包括退税单、外汇核销单、商业发票等）交由货代，向集装箱班轮船公司或其指定的船公司订舱，集装箱班轮船公司或船公司接受订舱并发放空箱。

（2）货代至集装箱班轮船公司指定的堆场提取空箱，空箱提取后根据货主安排到工厂装箱。

（3）货物装箱后货代根据货主委托，办理海关各项手续，并将完成装箱的集装箱重箱送至船舶靠泊码头。

（4）码头装船作业并编制船舶离港报告。

（5）货物装船出运到达目的港口完成卸货，集装箱班轮船公司根据运输条款，将货物送至收货人指定的门点或通知收货人到码头提货。整个流程如图4–1所示。

流程图中工作流程节点说明：

（1）货主与货代建立委托关系；

（2）货代向船公司或船代提交订舱委托书；

（3）船公司或船代审核订舱委托书，提供订舱回执、提单号、设备交接单（EIR）；

（4）货代将订舱信息反馈货主，凭设备交接单到指定空箱堆场提取空箱；

注意：随后的工作是提取空箱、装箱、制作装箱单、交装重箱，具体流程根据货主与货代协商确定，分别用（5a）（5b）（5c）（6a）（6b）（6c）（7a）（7b）（7c）表示。

（5）货主"自拉自送"方式，先从货代处取得设备交接单（图4–1中5a流程），然后提空箱，装箱后制作装箱单（图4–1中5b流程），并按要求及时将重箱送码头堆场（图4–1中5c流程），即集中到港区等待装船；

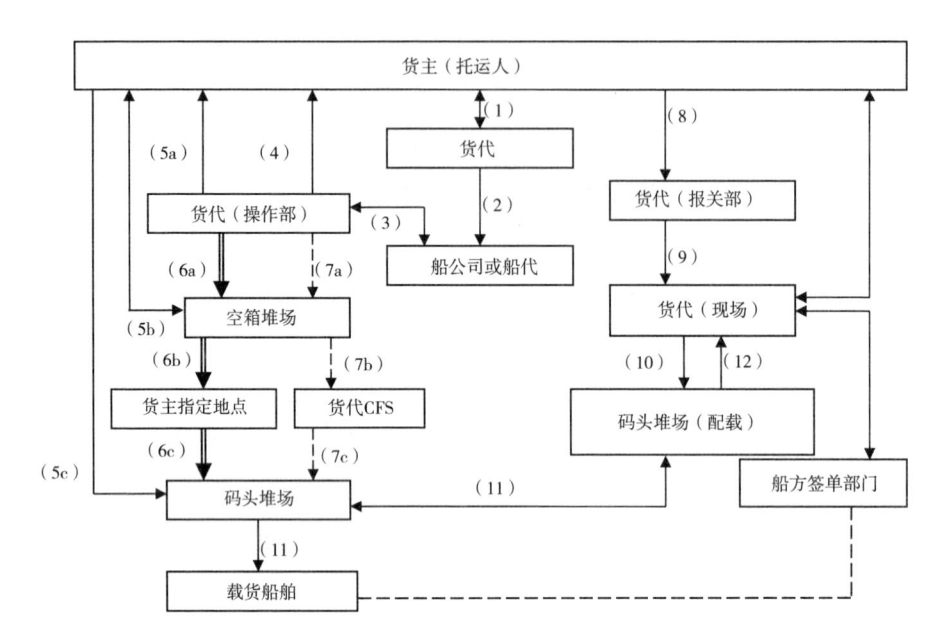

图 4-1　集装箱进出口货运流程图

（6）货代上门装箱方式：货代凭设备交接单至指定堆场提取空箱（图 4-1 中 6a 流程），提空箱后至货主指定地点装箱并制作装箱单（图 4-1 中 6b 流程），装箱完毕后将重箱送港集结，等待装船（图 4-1 中 6c 流程）；

（7）货主送货上门，货代装箱方式：货主将货物送到货代集装箱货运站（CFS），货代到指定堆场提取空箱（图 4-1 中 7a 流程），在集装箱货运站完成货物装箱并制作装箱单（图 4-1 中 7b 流程），装箱完毕后将重箱送港集结，等待装船（图 4-1 中 7c 流程）；

（8）货主委托货代代理报关，办妥有关手续后将单证交货代现场；

（9）货主也可自行报关，完成报关后将报关资料连同其他单证交货代现场；

（10）货代现场将办妥手续后的单证交码头堆场配载；

（11）配载部门制订装船计划，经船公司确认后实施装船作业；

（12）实践中，在货物装船后可以取得场站收据（D/R）正本；

（13）货代可凭场站收据正本到船方签单部门换取提单（B/L）或其他单据。

以下分别从船公司、货主、码头和货代角度，对集装箱进出口货运流程进行分析和梳理。

一、从船公司视角看进出口货运流程

集装箱班轮船公司在进出口货运流程中完成物理的空间位移，随着其向供应链两端延伸，即从传统的"港到港"服务向"端到端"服务延伸，不同船公司根据其在供应链的职能和定位不同，提供的延伸物流服务也略有差异，从共性的角度分析，船公司在进出口货运流程中主要包括以下各项工作。

（一）航线规划和布局

航线规划和布局是指集装箱班轮船公司根据市场需求及自身策略，确定其整体船舶运力规划和航线布局，确定不同航线投入船型、挂靠港口及对应港序的过程。航线规划和布局决定了集装箱班轮船公司所能提供的航线产品和服务，在很大程度上影响其经营绩效。以 2009 年至 2016 年为例，在东西航向市场长期疲弱的市场环境下，一部分在南北航向布局船舶较多的干线承运人和一部分专注于亚洲区域内市场的支线承运人，取得明显优于同行的经营业绩。这既归功于其在成本控制、收益管理和客户销售等各方面的成果，更与其在航线规划和布局中，将船舶投放到市场景气度更高的细分市场、航线布局更加合理、结构更加优化密不可分。截至 2023 年 7 月，全球前 20 集装箱承运人运力布局如图 4-2 所示。

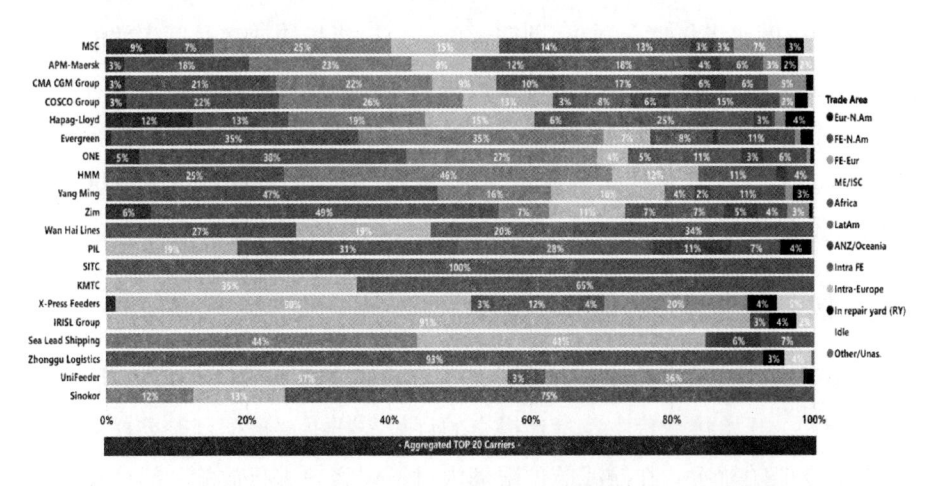

图 4-2　截至 2023 年 7 月，全球前 20 集装箱承运人运力布局
（数据来源：Alphaliner）

（二）航线调度

航线调度是指在航线规划和布局确定后，确定航线船舶宣载、设定航线服务路径，根据船舶实际离港、到港及装卸作业情况，做好航线准班率跟踪及可能的航线班期、挂靠港口、作业安排等各方面的调整。船舶宣载指根据投入航线运营船舶确定航次舱位和载重吨位情况，船舶宣载确定后集装箱班轮船公司将舱位和吨位分配数额录入系统，便于不同港口根据舱位安排做好货源组织和舱位分配管理。做好船舶实际离港、到港及装卸作业情况跟踪是航线调度的一项重要工作，集装箱班轮航线普遍挂靠多个港口，船舶实际离港、到港出现延迟，航线调度人员需要根据航次班期情况在后续港口抢抓班期；船舶在前序港口出现短装或溢装，航线调度人员需要根据船舶总体舱位和载重吨位情况，通知后序港口做好补货或漏装改配。航线调度是集装箱班轮船公司实现过程优化管理的重要环节。

（三）定价及销售

定价及销售是集装箱班轮船公司在进出口货运流程中实现从"提供航线产品和服务"向"获取运输服务收入"转变的重要工作。集装箱班轮船公司对客户定价包括长期合同（一般指年度及年度以上合约）、短期合同（一般指季度或半年度合同）、即期运价（一般指按周或者月度生效的运价协议）等不同形式，这里的定价及销售更多指的是针对即期市场的客户定价及销售。对于长期合同和短期合同客户，集装箱班轮船公司将摸排客户订舱需求，结合双方约定的舱位保障条款，做好服务保障；旺季爆仓期间，集装箱班轮船公司也可针对客户舱位承诺外的额外需求重新定价。

（四）接受客户订舱

接受客户订舱是指集装箱班轮船公司在船舶开航前（一般提前10天至56天），开始接受货主、货代提交的订舱委托书，根据订舱委托书指定的船舶及船舶航次，在航线舱位限额内对不同客户进行放舱。船公司在接受客户订舱委托时应核实以下信息：

（1）发货人、收货人及通知人要有详细的公司名称、地址、电话或传真。若信用证等规定不予显示的，可以不显示，但订舱时必须提供并注明签发提单时省略。

（2）订舱的船名、航次、挂靠港口与船公司发布的船期表一致，如有不一致应及时与客户沟通，并按航线服务路径及实际船期表给出相关建议。

（3）订舱的运输条款必须与船公司接受的运输条款或客户运价登记的条款一致。

（4）货物的数量、中英文品名、重量、尺码、付费方式必须详细注明。

（5）订舱时必须注明所签发的提单的类型，是正本提单还是海运单，并注明提单份数。

（6）如果是向船公司发送手工订舱委托书的，委托书上需加盖委托方公章或有委托方明显标识。

（7）订舱时箱量、箱型准确无误，冷藏箱必须显示冷藏温度，框架箱、平板箱、开顶箱订舱时无论是否超过集装箱箱体尺寸，必须申报积载货物的尺码。

（8）超尺寸的特种箱、SOC 箱、非标准运输条款、需要多次中转的危险货物订舱及运价合同中未列明的内陆交付门点订舱，在接受订舱前应事先与相关港口或代理复核确认。

（9）危险品订舱必须注明该危险品的级别、联合国编号、国际海运危险货物规则页码，并提供经港务监督处审核的"危险货物安全适运申报单"及危险品中英文说明书。

（10）对于自拼箱的货物，在"CY TO CY"条款下，各票之间收货人、通知人（包括详细地址、电话）信息必须完全一致。

船公司接受客户订舱后，将反馈订舱预配，提供包括提单号、设备交接单等在内的相关信息，客户收到相关订舱回执后，根据设备交接单信息到指定堆场提取空箱，安排后续装箱、集港等各项工作。

（五）发放空箱

集装箱运输中使用的集装箱，除少数是货主自有或发货人向第三方租赁公司租借的外，绝大多数集装箱都是由船公司提供的。船公司发放空箱一般通过指定代理或协议堆场完成，主要工作流程如下：

（1）放箱车队放箱员根据现场查询电脑中的订舱数据填妥"出口设备交接单申领单"，至现场打单窗口打单。

（2）现场打单员在收到车队放箱员递交的申领单后核对申领项目：放箱申请所填提单号、船名、航次、箱型、箱量等信息是否与放箱系统的信息一致；放箱车队申请的提单号所配的船舶是否在船公司提供的每日放箱船舶名单（为提高集装箱使用效率，船公司一般规定外贸航线船舶提前7天放箱、内贸航线船舶提前5天放箱）。如内容核对无误，受理放箱业务；如果核对内容不符合放箱要求，则退回申请单、说明原因，不受理该放箱业务。

（3）受理的放箱业务按申领项目将提箱点代码、车队代码、申领单条形码输入放箱系统并打印设备交接单。设备交接单打印完成后再将设备交接单条形码扫描到放箱系统对应栏目内保存，并将申领单交至收费窗口，暂时保留打印好的设备交接单。

（4）现场收费员在收到打单员提供的"出口集装箱发放申请单"后，对所记载的内容信息（船名、航次、箱型、箱量等）进行核对。若内容不一致，退回打单窗口进行重新审查，审查一致后再次递交；内容一致，则在收费系统中输入申领单条形码和箱型箱量，并在车队IC卡中扣取相应上下车费，扣费后在申领单上打印箱型、箱量、扣费金额和收费员姓名，然后将申领单白联留底归档，其他交还于打单员处。

（5）打单员在收到已收费的申请书后核对提单号、箱型、箱量，以及是否和先前已打的设备交接单提单号、箱型、箱量、应付金额一致，核对一致后则将设备交接单及申请书发放给车队放箱员。

（六）接收货物

集装箱班轮船公司应根据运输条款及场站收据上确定的交接方式接收货物，接收货物的地点一般是集装箱码头或内陆堆场（CY）、集装箱货运站（CFS）或货主的工厂和仓库（DOOR）。在CY接收整箱货一般由船公司委托堆场接收；在CFS接收拼箱货物一般由集装箱货运站作为船公司的代理人接货；在DOOR接收货物一般由船公司或其代表（委托的代理人或内陆承运人）接货，并由船公司安排接货地至码头堆场的拖车运输。

（七）装船出运

装船出运是指集装箱班轮船公司根据航线班期，在船舶靠泊后，对已经接收并在码头内集港、堆存的重箱实施装船。由于码头装卸作业需要一定时间，船舶装船一般根据装卸效率，在船开航前3天实施，相应的集装箱重箱进港集结的截止时间被称为"截港日"。

（八）制作装船单证

船舶装船离港后，集装箱班轮船公司（或通过其指定船代）应立即缮制有关装船单证，包括提单副本或场站收据副本、集装箱号码单、货物舱单、集装箱装箱单、箱位积载图、装船货物残损报告、特殊货物表等。装船单证应及时发送目的港代理，以便其编制卸船计划、安排转运或门到门运输等各项工作。

（九）接收装船单证，做好卸船准备

船舶装船离港后，集装箱班轮船公司在目的港的代理，将做好装船单证文件接收工作，制订船舶预计到港计划、卸船计划，并与港口码头、收货人、通知人、海关和其他有关部门沟通，办理各项手续，做好卸船、交货各项准备工作。主要的装船单证应包括以下文件。

1. 提单副本或码头收据副本

提单副本或码头收据副本是船公司制定船舶预计到港通知书、交货通知书、交货凭证、货物舱单、动植物清单，以及回复收货人或通知人任何有关货物方面询问的依据。

2. 积载图

积载图是集装箱班轮船公司编制集装箱卸船计划、堆场堆存计划、交货计划，以及有关集装箱、机械设备的保管、管理的资料。

3. 集装箱装箱单

集装箱装箱单是集装箱班轮船公司在目的港办理保税内陆运输，办理货物从码头堆场出场手续，并作为集装箱货运站办理掏箱、分类及交货的依据。

4. 集装箱号码单

集装箱号码单是集装箱班轮船公司在目的港向海关办理集装箱暂时进口手续、设备管理的依据，并作为与其他单据的核对文件。

5. 装船货物残损报告

装船货物残损报告是集装箱班轮船公司在目的港卸船后，向有关责任方提出索赔的依据，是货损事故处理的主要单证之一。

6. 特殊货物清单

特殊货物清单是集装箱班轮船公司向海关和有关方面办理危险品申报，以及冷藏货物、活牲畜等特殊货物交货的单据。

（十）建立船舶航次档案，做好系统预录

接收装船单证及集装箱班轮船公司有关放货指示后，目的港代理应对单证文件进行审核，如根据海关要求审核舱单上每票货物的中英文品名、收货人、重量、件数等信息，审核确认后做好系统预录，并建立船舶航次档案。同时，根据船舶动态做好船期预报，在船舶到港前10天、7天、5天、3天、1天，分别向进口舱单的收货人或通知人发送船舶动态，并向收货人确认舱单内容是否正确，根据客户确认的舱单做好系统预录，录入时特别注意提单号、收货人、卸港、存货地、中英文货名、规格型号（如有）、件数、毛重、体积、箱号等的准确性。

（十一）寄送有关单据

船舶到港前（一般提前5个工作日），集装箱班轮船公司应向提单收货人或通知人寄送有关单据，提醒客户船舶到港卸货情况，并根据运输条款做好货物交付、转运等各项手续。主要的单据包括：

1. 船舶预计到港通知书

船舶预计到港通知书是向提单所记载的收货人或通知人寄送的单据，其内容和提单大致相同，除货物情况外，还记载该船预计抵港日期。船舶预计到港通知书目的在于通知收货人或其指定的通知人，提前做好船舶抵港前的接货准备，提高客户提货效率。

2. 到货通知书

到货通知书是货物具体交付日期的通知,是在确定了船舶抵港日期和时间,并且确定了集装箱船舶的卸船计划和时间后,集装箱班轮船公司通知收货人货物到达情况的单据;到货通知书一般先用电话通知,然后寄送书面通知,以提升效率。

(十二) 卸船

卸船是指船舶抵达卸货港口后,港口码头根据集装箱班轮船公司提交的卸船计划,将货物从船舶卸下,并堆存在码头内堆场(参照前面章节,在美国航线中,也可以直接卸货至底盘车车架或港区内铁路堆场),等待客户提货或中转至其他港口或目的地门点。

(十三) 签发提货单

集装箱班轮船公司根据收货人出具的到货通知书、正本提单(或者电放提单),并在结清到付运费和其他费用后,签发提货单。在签发提货单时,首先要核对正本提单签发人的签署,如签发提单的日期、提单背书的连贯性,判定提单持有人是否正当,然后再签发提货单。在实际业务中,提单审核时须特别注意以下几点:

(1)确认集装箱班轮船公司对该票货物是否有扣货指示,如有,则及时协助收货人解决放货问题。

(2)提单内容与舱单中有关该票货物的信息是否一致。

(3)提单是否为集装箱班轮船公司签发的正本海运提单,如提供的有关单证资料中有签发的提单复印件,要将收货人出示的正本提单与提单复印进行核对,以确认其真实性。

(4)对于指示提单需审核背书是否连贯、完整。

(5)海运费等费用是否到付,如是,应收取所有到付运费和其他费用。

(6)对于记名提单,由该收货人加盖公章背书、签名,第一次提货应提供身份认证信息,如收货人公司的公章不便外带,需提供其他印章代替公章背书的授权委托书,并用授权的其他印章背书。

(7)对于指示提单,"CONSIGNEE"一栏为"TO ORDER",需有发货人和收货人同时背书；如果"CONSIGNEE"一栏为"TO ORDER OF×××"则必须有×××的背书，最后提货人的公章背书必须和船公司签发的提货单收货人一致。

提单审核无误后，签发提货单，同时收回正本提单。提货单应具有提单所记载的内容，如船名、交货地点、集装箱号码、铅封号、货物名称、收货人等交货所必备的项目。

（十四）归档

集装箱班轮船公司完成所有提货单签发后，收货人或收货人指定的通知人凭提货单到指定地点提取重箱，船公司交付货物。相关单证文件，包括进口舱单、提货单留底联、有效背书的正本提单（或电放提单）等，连同货物放货时有关沟通确认文件应一并归档，并在档案封面上登记有关归档材料信息。

二、从港口码头视角看进出口货运流程

港口码头在集装箱进出口货运流程中，是重箱集港、空箱还空，航线船舶靠泊、卸货，不同运输方式中转衔接的重要场所，部分港口码头还提供集装箱修理、熏蒸、清洗等各项服务，是集装箱运输链的重要一环。以下分别从集装箱货物出口和进口的不同视角，梳理港口码头在进出口货运流程中的各项工作和流程。

（一）港口码头在出口货运环节的业务和流程

集装箱码头在出口货运环节中，主要业务包括编制出口作业计划、接收重箱进港、编制船图和装船顺序单、装船理箱、装船结束归档等各项工作，具体说明如下：

1. 编制出口作业计划

集装箱船舶靠泊前，港口码头从集装箱班轮船公司获得船期预报和确保信息、船舶预配清单、预配船图等信息。其中，船期预报和确保信息用于港口码头公司指定船舶装卸作业计划、船舶预配清单，便于码头提前了

解船舶待运清单、预配船图以便港口码头公司编制配载图。

港口码头将据此制定船舶计划和堆场计划，船舶计划确定集装箱班轮船公司船舶靠泊的泊位安排、靠泊时间、作业任务、作业要求、作业持续时间和船舶离泊时间，堆场计划确定集装箱重箱进港集结后堆存的区域和位置，便于船舶作业时快速实施船舶作业，提升效率。

2. 接收重箱进港

接收重箱进港，是港口码头在截港日前，对船舶预配清单的货物，核对订舱单、场站收据、装箱单、出口许可证、设备交接单等单据，检查集装箱数量、集装箱箱号、铅封号等是否与场站收据一致，箱子外表是否异常、铅封是否完整等情况，并代表集装箱班轮船公司接收货物的过程。港口码头接收重箱进港后，应在场站收据上签章并退还给发货人，如发现异常情况，应在场站收据上说明或予以拒收。

3. 编制船图和装船顺序单

编制船图是指港口码头根据集装箱班轮船公司提交的预配船图，按照船舶既定的技术规范和码头作业特点而编制的航次出口箱在船舶上的具体船箱位的计划。装船顺序单，是根据重箱进港集结，并完成报关等手续的集装箱货物清单而编制的装船顺序清单。

4. 装船和理箱

集装箱船舶装船作业由港口码头根据船舶计划、配载图、装船顺序单等作业计划，有序地指令堆场发箱、集装箱卡车运输、岸边装船，并对整个装船作业进行监控和协调。装船前，场站收据大副联和理货联送交理货公司，装船过程中，理货员应在船边理货，并与集装箱班轮船公司办理货物交接。此外，港口码头应制作装船清单及积载图，连同接收货物时货主提供的其他单证一并送船公司。

在装船过程中，对堆存在集装箱码头场站的冷藏集装箱应及时接通电源，每天应定时检查冷藏集装箱的冷冻机的工作情况是否正常，箱内温度是否保持在限定的温度区间，在装卸和出入场内时，应及时断开电源。

对于装运危险品的集装箱，应根据可暂时存放和不可暂时存放确定是安排在港区内堆存还是在预定装船时间进场后直接装船。

5. 装船结束归档

装船作业后，港口码头将编制装船作业签证、系解缆作业签证作为向集装箱班轮船公司收费的凭证；编制装船作业小结，详细列明实施装船作业的船名航次、靠泊时间、离泊时间、装卸作业集装箱数量及类别；将编制船舶离港报告，包括船名航次、靠泊时间、离泊时间、装卸时间、装卸箱量、作业时间等内容，提供给集装箱班轮船公司或其指定船代，以便其掌握船舶动态情况。

（二）港口码头在进口货运环节的业务和流程

集装箱码头在进口货运环节中，主要包括编制进口作业计划、卸船理箱、卸船工作结束小结、交付重箱、制作交货报告与未交货报告、回收空箱等各项工作，具体说明如下。

1. 编制进口作业计划

港口码头在集装箱船舶靠泊前，从集装箱班轮船公司（船公司目的港代理）获得船期预报和船期确报、进口舱单、进口船图和装运港理货报告。其中，船期预报和确报信息用于安排集装箱船舶卸船计划；进口舱单提供按照提单号序列编制的船舶所载运的进口集装箱汇总信息，既是用于安排卸船作业的重要单证，也是安排收货人提取货物的原始依据；进口船图列明每一只进口集装箱在船舶的具体位置（船箱位），用于安排卸船；装运港理货报告作为港口与集装箱班轮船公司对可能的货损的责任认定的原始凭证。在实践中，装运港理货报告一般在装运港外轮理货时根据装船实际情况编制。

港口码头将据此编制船舶作业计划、堆场计划和卸船顺序单。其中，船舶作业计划确定每一艘船舶靠泊的泊位、靠泊时间、作业任务、作业要求、作业时间期限和船舶离泊时间；堆场计划是根据进口船图、进口舱单以及集装箱码头堆场可利用情况等编制的作业计划，确定集装箱卸船后在码头内堆场堆存的位置和作业计划；卸船顺序单是港口码头根据进口船图和进口舱单编制的集装箱船舶卸船作业顺序单，是集装箱船舶卸船的作业计划书。

2. 卸船理箱

卸船理箱是在船舶靠泊后，由港口码头对需要卸港的集装箱（包括重箱和空箱）安排卸货，并按船舶作业计划和堆存计划，确定可能的水平搬运、堆场堆箱作业计划。卸船后，理货公司代表集装箱班轮船公司与港口码头进行集装箱交接，对于发生货损的集装箱（比如集装箱外表损坏或铅封不完整等），填制残损记录单，双方明确责任并签字。

3. 卸船工作小结

港口码头在卸船作业结束后，编制卸船作业签证，用于向集装箱班轮船公司结算卸船费用；编制进口卸船小结，汇总实际卸船货物清单。

4. 交付重箱

交付重箱是指由港口码头按集装箱班轮船公司提单签发的运输条款，向收货人或收货人指定的通知人交付集装箱重箱的过程。在实际操作中，交付重箱的对象主要有收货人（CY 条款）、集装箱货运站（CFS 条款）或内陆承运人（内陆 CY、RAMP、DOOR 条款等）等。

交付货物对象为提单收货人时，提单收货人应结清所有到付费用，并出具在集装箱班轮船公司换取的提货单（可参照第三章有关美线放货控制内容）。港口码头堆场与收货人在交货记录上签字交接，如交接的货物有问题或运输中有批注，应把问题及批注记入交货记录。

交付货物为集装箱货运站时（一般为拼箱货），由集装箱货运站到堆场提取集装箱，运送到货运站拆箱后交给收货人。如果码头堆场和货运站是各自独立的机构，交接时应制作交接记录，否则可由双方在装箱单上签字作为交接的依据。

交付货物为内陆承运人时，如集装箱班轮船公司是全程多式联运承运人，可将集装箱运送至港口码头中内陆承运人指定堆场（可参照第三章有关美国航线 On Dock Rail 操作内容）或其他场外堆场（可参照第三章有关美国航线 Off Ramp CY 操作内容），在堆场完成装运后运送至内陆铁路场站或门点再办理交货记录。如集装箱班轮船公司仅是海运承运人，则在港口码头内堆场凭交货记录进行交接。

5. 制作交货报告与未交货报告

港口码头交付重箱后，应根据实际交货情况制作交货报告和未交货报告，提交集装箱班轮船公司（船公司目的港代理）。集装箱班轮船公司可以根据已经卸船未交付货物的清单，及时做好重箱催提，避免由于客户延期提箱在码头产生高昂的堆存费用。

6. 回收空箱

收货人或其指定的通知人提取重箱后，根据合同约定的还箱条款，可能需要将集装箱空箱还空至港口码头，港口码头堆场业务应负责集装箱回收工作，办理设备交接单手续，回收集装箱空箱。

三、从发货人视角看进出口货运流程

发货人在集装箱进出口货运流程中，主要业务包括生产备货、订舱委托、备制单证文件、提空装箱、报关、重箱拖运进港、准备其他运输单证和文件、办理保险、支付运费和换单结汇、发出装船通知、登记存档等各项工作，以下简要说明。

（一）生产备货

生产备货是指发货人根据贸易合同双方达成的贸易条款、交货地点、交货日期，在货物装箱前完成货物生产、验货、备货等各项工作，满足订单发货要求。

（二）订舱委托

订舱委托是指发货人根据贸易合同订单和贸易条款，自行选择承运的集装箱班轮船公司、货代或按收货人要求配船，并向集装箱班轮船公司或通过货代下达订舱委托书，预定船舶舱位的过程。

（三）备制单证文件

备制单证文件是指发货人根据贸易和进出口货运流程要求，准备各种申报文件的过程，常见的文件包括贸易合同、出口商业发票、出口货物托运单、核销单、报关单、报关委托书、报验委托书、商检换证凭单、纸箱检验单等各项文件。

（四）提空装箱

提空装箱是指在订舱委托被集装箱班轮船公司或货代接收后，发货人或其委托的货代根据设备交接单和船舶预配信息，到指定堆场提取空箱，并到工厂进行装箱的过程。

（五）报关

报关是指发货人在货物装船出运前，凭场站收据、出口许可证、商品检验证书等单证向海关申报，海关同意放行后在场站收据上加盖放行章的过程。2018年4月，国家质量监督检验检疫总局的出入境检验检疫管理职责和队伍划入海关总署后，发货人不再需要在商品检验部门换出通关单后再向海关申报，而是在属地做好商检后，提供商检通关单号及其他报关资料，直接向海关报关，实现"一次申报、一次查验、一次放行"，极大简化了报关手续。

（六）重箱拖运进港

重箱拖运进港是指在集装箱货物装箱完毕后，凭场站收据、装箱单、设备交接单、出口许可证等，将重箱送至集装箱码头堆场，取得堆场签署的场站收据正本，等待装船出运的过程。对于拼箱货，发货人应凭场站收据、出口许可证等单证将货物运送至指定的集装箱货运站，并取得货运站签署的场站收据正本。

（七）准备其他运输单证和文件

发货人需要准备的其他运输单证和文件一般包括以下几种：

1. 商业发票

信用证（L/C）要求提供的文件中，对商业发票要求最严格。发票的日期要在确定的开证日之后、交货期之前。发票中的货物描述要与L/C上的完全相同，小写和大写金额都要正确无误。

2. FORM A 原产地证

FORM A 原产地证要在发货之前到当地商品检验局申办。需注意的是运输日期要在 L/C 的交货期和开船日之前，在发票日期之后。未能在发货之前办理的，要办理后发证书，需提供报关单、提单等文件。

（3）一般原产地证：一般原产地证可在中国贸易促进会办理，要求低一些。可在发货之后不太长的时间内补办。如果原产地证书要办理大使馆加签，一般需要提前 20 天以上办理。

（4）装运通知：一般要求在开船后几天之内办理，通知收货人发货的细节，包括船名、船舶航次、开船日、预计抵港日、货物及数量、金额、包装件数、唛头等。

（5）装箱单：装箱单提供货物的装箱明细，应清楚列明集装箱内所装货物的数量、毛重、净重、体积和外箱尺寸，并与提单的信息保持一致。

（6）汇票：汇票一般一式两份，两份具有同等效力，任何一份付讫，另一份自动失效。在信用证收付方式下，须说明是根据哪家银行在何日开立的哪一份信用证出具的汇票。

（7）商业发票：商业发票是出口企业开立的凭此向买方收款的发货价目清单，是供买卖双方凭此发货、收货、记账、收付货款和报关纳税的依据。

（8）产地证明书：产地证明书是一种证明货物原产地或制造地的证件，主要用途是提供给进口国（地区）海关以确定货物的生产地、适用的关税税率或证明货物的来源。

（八）办理保险

根据贸易条款［如到岸价格（Cost, Insurance and Freight, CIF）、运费保险付至（指定目的地）（Carriage and Insurance Paid to, CIP）或其他类似价格条款］，发货人还需要办理货物运输保险，并支付相关保险费用。投保完成后，发货人从保险公司获得保险单和保险凭证，当被保险货物遭受保险合同责任范围内的损失时，它们是被保险人索赔、保险人理赔的依据。

（九）支付运费和换单结汇

在预付运费情况下，发货人应在支付全部运费后凭场站签署的场站收据（正本）向集装箱班轮船公司或其代理换取提单。如运费是到付的，则可凭已签署的场站收据直接换取提单。

（十）向收货人发出装船通知

在以船上交货价（Free on Board，FOB）、成本加运费（Cost and Freight，CFR）、货交承运人（指定地点）（Free Carrier，FCA）和运费付至（Carriage Paid to，CPT）等价格条件成交时，发货人在货物装船后有向收货人发出装船通知的义务，以便收货人能及时对货物进行投保。

（十一）业务登记及归档

在集装箱货物装船出运后，发货人要对进出口货运流程中的各种运输单证和文件进行归档和整理，留存备查。

四、从收货人视角看进出口货运流程

收货人在集装箱进出口货运流程中，主要业务包括签订贸易合同、申请开证、付款取单、报关、换取提货单、提取重箱、归还空箱、货损理赔等各项工作，以下对相关内容进行简要说明。

（一）签订贸易合同

签订贸易合同指的是收货人与卖方（可能是发货人或中间人）签订贸易合同，确定贸易条款、交货地点、交货日期等各项信息。贸易合同签订后由买方或卖方根据贸易条款及双方协商，确定进出口货运流程中承运的集装箱班轮船公司，选择直接向船公司订舱或通过货代向船公司订舱，启动进出口货运流程。

（二）申请开证

申请开证指的是收货人与卖方签订贸易合同后，向开证银行申请开具信用证。开证时可以对运输条款、运输方式、交付时间期限、提单签发等进行约束或明确。

（三）付款取单

付款取单指的是在开证行收到启运地银行寄来的全套运输单据后，收货人必须向开证行支付货款（或开信托收据），领取包括正本提单在内的全套进出口货运单证。

（四）报关

报关指的是收货人凭交货记录、装箱单和其他报关所必需的运输单证和文件向海关及有关机构办理报关及纳税手续。在实际操作中，报关一般由收货人指定的清关代理公司完成。

（五）换取提货单

换取提货单是收货人收到集装箱班轮船公司（船公司目的港代理）到货通知书后，凭正本提单（或电放提单）及到货通知书，在结清全部应付费用后，换取的提货凭证。

（六）提取重箱

海关放行后，收货人凭提货单到港口码头堆场（CY 条款交付）、内陆铁路场站（RAMP 条款交付）或门点（DOOR 条款交付）提货，双方签署交货记录。

（七）归还空箱

归还空箱指的是收货人接收货物后，对集装箱货物进行拆箱，并按约定的还箱条款将集装箱空箱归还至港口码头堆场或指定的其他内陆堆场。

（八）货损理赔

货损理赔是指收货人在接收货物时，对于发生货损的，及时向有关责任方（发货人、承运人保险公司等）提出索赔，并提供有效单据和证明。

第二节
集装箱进出口货运单证及流转

集装箱进出口货运单证是集装箱运输过程中，集装箱班轮船公司、港口码头、发货人、收货人及集装箱运输链中其他相关主体进行货物交接，责任、权利和义务发生转移的凭证，对集装箱运输的发展起着极为重要的作用。以下结合集装箱出口货运流程和进口货运流程，对相关货运单证进行介绍。

一、集装箱出口货运单证及其流转

集装箱出口货运单证主要包括：出口货代委托书、场站收据、装箱单、设备交接单、集装箱提单、集装箱预配清单、集装箱装载清单、集装箱预配船图、集装箱船舶积载图、理货报告单、集装箱载货清单、集装箱载货运费清单、危险品集装箱清单和冷藏集装箱清单等。

（一）出口货代委托书

出口货代委托书简称为委托书，它是委托方（如发货人）向被委托方（如船公司或货代）提出的委托申请，一般包括委托单位的名称与编号、托运货物内容、装运事项、提单记载事项、货物交付日期、装运日期、运输方式、货物备妥日期、集装箱运输有关要求等。

（二）场站收据（Dock Receipt，D/R）

场站收据是国际集装箱专用的出口货运单证，它是由集装箱班轮船公司签发的证明已收到托运货物并对货物开始负有责任的凭证，场站收据一旦经集装箱班轮船公司或其代理人签收，就表明承运人已收到货物，责任随之开始。

1. 场站收据的作用

场站收据是一份综合性单证，它把货物托运单（订舱单）、装货单（关单）、大副收据、理货单、配舱回单、运费通知等单证汇成一份，对提高集装箱货物托运效率和流转速度有很大意义。一般认为场站收据的功能和作用有：

（1）集装箱班轮船公司或船代确认订舱并在场站收据上加盖有报关资格的单证章后，将场站收据交给托运人或其代理人，意味着运输合同开始执行；

（2）是出口货物报关的凭证之一；

（3）是集装箱班轮船公司已收到托运货物并对货物开始负有责任的证明；

（4）是换取海运提单或联运提单的凭证；

（5）是集装箱班轮船公司、港口组织装卸、理货、配载的资料；

（6）是运费结算的依据之一；

（7）如信用证中有规定，可作为向银行结汇的单证。

2. 场站收据的组成

场站收据是集装箱班轮运输重要的出口单证，其组成格式在不同区域和港口的使用略有不同，其联数有 7 联、10 联、12 联不等。在实际业务中，比较常见的是 10 联的场站收据，此处以 10 联场站收据为例进行说明：

第 1 联　集装箱货物托运单——货主留底　　　　白色
第 2 联　集装箱货物托运单——船代留底　　　　白色
第 3 联　运费通知（1）　　　　　　　　　　　白色
第 4 联　运费通知（2）　　　　　　　　　　　白色
第 5 联　场站收据副本——装货单（关单联）　　白色
第 6 联　场站收据副本——大副联　　　　　　　粉红色
第 7 联　场站收据（正本联）　　　　　　　　　淡黄色
第 8 联　货代留底　　　　　　　　　　　　　　白色
第 9 联　配舱回单（1）　　　　　　　　　　　白色
第 10 联　配舱回单（2）　　　　　　　　　　　白色

标准格式为 12 联的场站收据第 11、12 联供仓库收货及点数使用。标准格式为 7 联的场站收据无第 1、3、4、10 联，但增加集装箱理货留底联（第 5 联）。

3. 场站收据的流转

集装箱进出口货运流程中，场站收据要在多个机构和部门之间流转，主要涉及托运人、货代、船代、海关、堆场、理货公司、船长或大副等。现以 10 联单格式为例说明场站收据的流转过程及程序。

（1）发货人或其指定的代理填制场站收据 1 式 10 联，留下第 1 联（发货人留底联）以备查询，将其余 9 联送船代订舱。发货人或其指定的代理在填制场站收据时应注意核对货物装卸地、交货地、运输条款、运输方式、运输要求、货物详细情况、装船期、分批转运要求、所需箱子规格、种类、数量等信息。同时，场站收据的收货方式和交货方式应根据运输条款如实填写，同一单内不得出现两种收货方式或交货方式。冷藏货出运应正确填报冷藏温度，危险品出运应正确填报危险品对应的类别、性能、《国际海运危险货物规则》页数和联合国编号（UN No.）。船代接受场站收据第 2~10 联，经编号后自留第 2 联（船代留底联）、第 3 联［运费通知联（2）］、第 4 联［运费计收联（2）］，并在第 5 联（关单联）上盖章确认订舱，然后将第 5~10 联退回发货人或其指定的代理。

（2）集装箱班轮船公司或船代对发货人或其指定的代理的订舱委托书进行审核，接受订舱则反馈预配信息，确定船名航次、提单号，将提单号填入 9 联单相应栏目，并在第 5 联（装货单联）加盖确认订舱章，然后留下 2~4 联，其余 5~10 联退还发货人或其指定的代理。

（3）在发货人缮制提单和其他运输单证的情况下，发货人留存第 9 联［配舱回单 / 联（1）］，否则将第 9 联［配舱回单 1 联（1）］和第 8 联（货代留底联）交给发货人指定的代理，由其缮制提单和各项运输单证并留底备存。

（4）发货人或其指定的代理将第 5、6、7 联（已盖章的装货单联、场站收据大副联、场站收据正本联）随同报关单和其他出口报关单证向海关办理货物出口报关手续。

（5）海关对发货人或其指定的代理提交的报关资料进行审核，放行后在第 5 联（关单联）上加盖海关放行章，并将第 5、6、7 联退还给发货人或其指定的代理。

（6）海关放行后，发货人或其指定的代理可以安排货物装箱。发货人或其指定的代理将退回的第5、6、7联及第10联［配舱回单联（2）］连同集装箱或待装货物送装箱地点（货主指定地方、CY或CFS）装箱。

（7）堆场或货运站在接受货物时进行单、货核对，核实第5联（关单联）上是否有海关放行章（没有海关放行章，不得签发"场站收据"，并不安排集装箱装船），进堆场或货运站的货物与单证记载内容是否相符，进堆场的箱号、关封号是否与单证记载内容相符，一起送交的单证其内容是否单单相符等信息。如果无误，则在第7联（场站收据正本联）上加批实收箱数并签字、加盖场站收据签证章，在第10联［配舱回单联（2）］上签章。如实际收到的集装箱货物与单证不符，则需在第5联、第10联上做出批注，并将其退还发货人或其委托的货代公司，由其根据批注修改已缮制的提单等单证。堆场或货运站自留第5、6联，第5联（关单联）归档保存以备查询，第5联附页用来向托运人或货代结算费用；第6联（大副联）连同配载图应及时转交理货部门，由理货员在装船完毕后交船上大副留底。

（8）发货人凭签收的第7联去船代处换取待装船提单，或在装船后换取已装船提单。在实际业务中，发货人或其指定的代理一般不取回第7联，而是在集装箱装船4小时内，由船代在港区和现场人员与港区场站签证组交接将其带回，船代据此签发装船提单。

（9）货物装船时，堆场将第6、8、10联送外轮理货，外轮理货公司于货物实际装船后在第8联（货代留底联）上签收并自留。

（10）等集装箱全部装上船舶，外轮理货公司将第6联（大副联）和第10联［配仓回单联（2）］交船方留存。第10联也可供有关方使用。

场站收据的流转流程如图4-3所示。

（三）装箱单

集装箱装箱单是详细记载集装箱内货物的名称、数量及箱内货物积载情况等内容的单据，也是记载每一个集装箱内所装货物详细情况的唯一单

第四章　集装箱货运操作实务

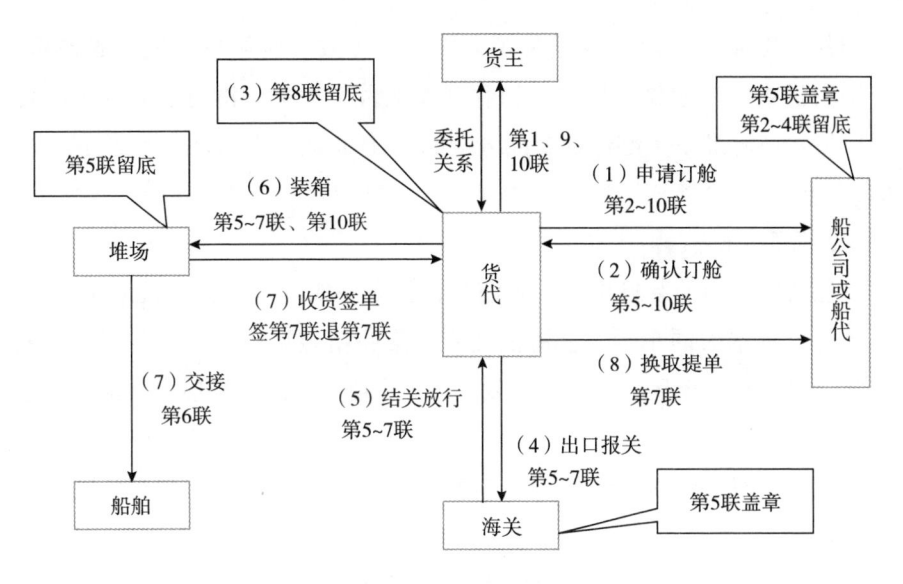

```
第5联留底 ← 堆场
（3）第8联留底
（6）装箱 第5~7联、第10联
（7）收货签单 签第7联退第7联
（7）交接 第6联 → 船舶

货主
委托关系
第1、9、10联

货代
（1）申请订舱 第2~10联
（2）确认订舱 第5~10联
（8）换取提单 第7联
→ 船公司或船代
第5联盖章 第2~4联留底

（5）结关放行 第5~7联
（4）出口报关 第5~7联
→ 海关
第5联盖章
```

图 4-3　场站收据流转流程

据。不论是由发货人自己装箱的整柜（Full Container Lood，FCL），还是由集装箱货运站负责装箱的拼箱货（Less than Container Lood，LCL），负责装箱的一方都要根据已装运的货物明细制作装箱单。

1. 装箱单的作用

（1）作为发货人、集装箱货运站与集装箱码头堆场之间货物的交接单证。

（2）作为发货人向集装箱班轮船公司通知集装箱内所装货物的明细表。

（3）单据上所记载的货物与集装箱的总重量是计算船舶吃水差、稳性的基本数据。

（4）在卸货地点是办理集装箱保税运输的单据之一。

（5）当发生货损时，是处理索赔事故的原始单据之一。

（6）卸货港集装箱货运站安排拆箱、理货的单据之一。

集装箱装箱单的主要内容包括船名、航次、装卸港口、发货地、交货地、集装箱箱号、集装箱规格、铅封号、场站收据或提单号、发货人、收货人、通知人及货物名称、件数、包装、标志、重量、尺码等。对特殊货物还需说明闪点（对危险品）、箱内温度要求（保温或冷藏货）、是否检疫（需检疫货物及器材）等内容。集装箱装箱单以箱为单位制作，由装箱人填制并经装箱人签署后生效。装箱单一般一式数份，分别由货主、货运站、装箱人留存和交船代、海关、港方、理货公司使用，另外还需准备足够份数交船方随船带往卸货港以便交接货物、报关、拆箱使用。

2. 装箱单的流转

各港口使用的装箱单有一式四联，也有一式五联甚至一式十联之分，但是内容基本大同小异。上海港使用的集装箱装箱单为一式五联，由码头联、船代联、承运人各一联、发货人/装箱人共二联组成，其流转程序如下：

（1）装箱人将货物装箱，缮制实际装箱单一式五联，并在装箱单上签字。

（2）五联装箱单随同货物一起交付给拖车司机，指示司机将集装箱送至集装箱堆场，在司机提箱时应要求司机在装箱单上签字并注明车牌号。

（3）集装箱送至堆场后，司机应要求堆场收箱人员签字并写明接收集装箱日期，以作为集装箱已进港的凭证。

（4）接收集装箱的堆场在五联单上签章后，留下码头联、船代联和承运人联（码头联用以编制装船计划，船代联和承运人联分送给船代和承运人用以缮制积载计划和处理货损事故），并将发货人/装箱人联退还给发货人或货运站。发货人或货运站除留一份发货人/装箱人联备查外，将另一份送交发货人，以便发货人通知收货人或卸箱港的集装箱货运站，供拆箱时使用。

装箱单的流转流程如图4-4所示。

装运危险货物的集装箱，在提供装箱单的同时，应同时提供海运出口包装容器使用鉴定结果单、危险品使用性能证明书、危险货物安全适运申报单和危险品装箱证明书。

（1）海运出口包装容器使用鉴定结果单

海运出口包装容器使用鉴定结果单包括1份正本、3份副本，正本由发货人或其委托的货代保存，副本送交港务部门。其流转过程为：商检机关审核后签发海运出口包装容器使用鉴定结果单正本1份、副本3份，发

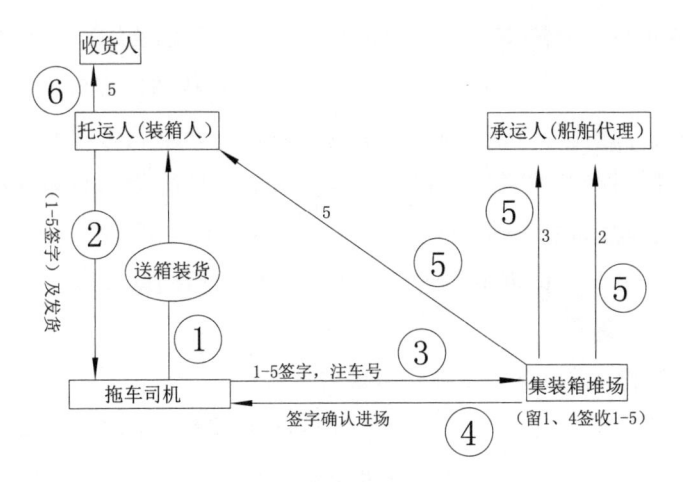

图 4-4　装箱单流转流程图

货人留存 1 份正本结果单，其余 3 份副本 1 份交货运站留底、1 份交港务部门办理出口手续、1 份交港务监督处申报"包装危险货物安全适运申报单"（如图 4-5 所示）。

（2）危险品使用性能证明书

对于《国际海运危险货物规则》中未列明的新产品，发货人必须向有关部门申请鉴定证明，由该部门出具"危险品货物签定表"或"危险货物技术说明书"。在实际操作中，申报"危险品使用性能证明书"之

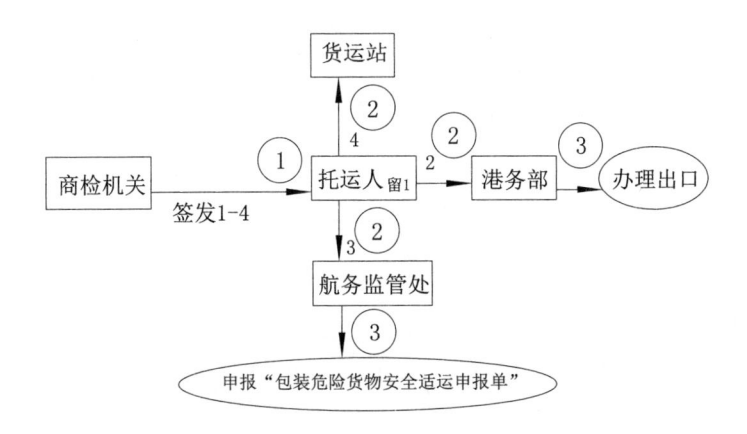

图 4-5　海运出口包装容器使用鉴定结果单流转流程图

前必须先准备货物包装使用/性能结果单（一式两份）、包装危险货物安全适运申报单（一式三份）、货物说明书、危险货物核准单、危险货物装箱证明书。备妥所需文件后，首先到场地办事处拿危险货物装箱证明书（正本），再到港务监督处申报，在申报台查找危险货物装箱证明书（复印件）、危险品货物的使用证（副本）和性能证（正本）交给港务监督处，在进（出）登记本上登记，再把申报单的后两联和危险货物装箱证明书取回送至船代。

（3）包装危险货物安全适运申报单

包装危险货物安全适运申报单的审批依据为《水路危险货物运输规则》、《船舶载运外贸危险货物申报规定》（港监字〔1993〕298号）。在实际业务过程中，一般在货物装船前3天提出申请，除提供包装危险货物安全适运申报单外，根据危险品种类或包装不同还需要提交集装箱装箱证明书、限量危险货物证明、放射性剂量证明或液态危险货物添加剂证明。

包装危险货物安全适运申报单一式三份，由委托人向海事局申请，一份由海事局留底，一份返回委托人，由其转交集装箱班轮船公司或船代办理船申报手续，一份由客户留底。

包装危险货物安全适运申报单的使用流程如图4-6所示。

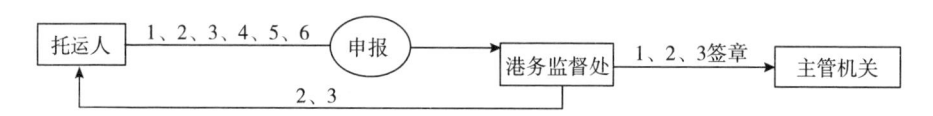

图4-6 包装危险货物安全适运申报单使用流程图

（4）危险货物装箱证明书

危险货物装箱证明书是海上监管安全监督机关允许危险货物装箱的证明文件，该证明书由装箱现场检查员填写，一式两份，正本应于集装箱船舶开航前3天向海上安全监督机关提交，副本应在办理集装箱进场时，随集装箱转交给码头部门。它是办理出口的附件之一，供港务监督处核准。

（四）设备交接单（Equipment Receipt, E/R）

集装箱设备交接单是集装箱所有人签发的用于进行集装箱及其他设备交接，并证明集装箱及其他设备在交接时状况的书面凭据，是集装箱运输的三大基本单证之一。集装箱设备交接单既是集装箱所有人发放、回收集装箱和用箱人提取、归还集装箱的凭证，也是双方交接时集装箱状态的凭证及划分双方责任、义务和权利的依据。

1. 设备交接单的组成

各类集装箱所有人（包含集装箱班轮船公司、集装箱租赁公司等）印刷的设备交接单格式不一，但内容大同小异，一般包括用箱人/运箱人、提箱地点、发往地点、返回/收箱地点、船名、航次、集装箱号、铅封号、提单号、进出场状态、进出场检查记录等信息。集装箱设备交接单分进场设备交接单（IN）和出场设备交接单（OUT），每种交接单一式三联，分别为集装箱班轮船公司或其代理联、码头或堆场联、用箱人或运箱人联。

第1联　箱主或箱管代理留底联　白色

第2联　码头或堆场联　红色

第3联　用箱人或运箱人联　橘黄色

2. 设备交接单的流转

无论是集装箱提箱出场还是还箱进场，集装箱设备交接单的制作和流转过程大致都包括以下环节：

（1）集装箱所有人制作设备交接单，并交集装箱用箱人（或运箱人）。

（2）在集装箱出口业务中，发货人或其委托的货代到码头堆场提取空箱时出示设备交接单（OUT联），由经办人员对照设备交接单，检查集装箱外表状况后，双方签字，码头或堆场留下码头或堆场联、船公司或其代理联，将用箱人或运箱人联退还给发货人或其委托的货代，码头或堆场将留下的船公司或其代理联交还给集装箱班轮船公司。当用箱人装箱后交还重箱给码头或堆场时出示设备交接单（IN联），由经办人员对照设备交接单、检查箱体后，双方签字，码头或堆场留下码头或堆场联、船公司或其代理联，将用箱人或运箱人联退还给发货人或其委托的货代，码头或堆场将留下的船公司或其代理联交还给集装箱班轮船公司。

（3）在集装箱进口业务中，收货人或其委托的货代到码头堆场提取重箱时出示设备交接单（OUT联），由经办人员对照设备交接单，检查集装箱外表状况后，双方签字，码头或堆场留下码头或堆场联、船公司或其代理联，将用箱人或运箱人联退还给用箱人或运箱人，码头或堆场将留下的船公司或其代理联交还给集装箱班轮船公司。当用箱人拆箱后交还空箱给码头或堆场时出示设备交接单（IN联），由经办人员对照设备交接单、检查箱体后，双方签字，码头或堆场留下码头或堆场联、船公司或其代理联，将用箱人或运箱人联退还给用箱人或运箱人，码头或堆场将留下的船公司或其代理联交还给集装箱班轮船公司。

集装箱设备交接单的流转如图4-7所示。

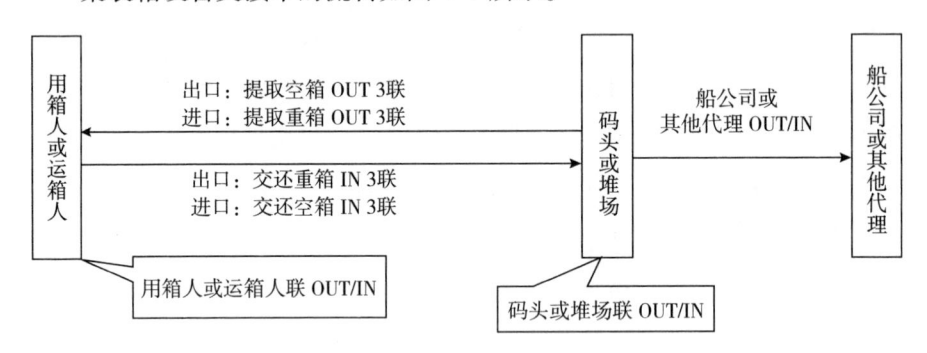

图 4-7 集装箱设备交接单流转流程图

（五）集装箱提单

集装箱提单，简称提单，是由集装箱班轮船公司在收到集装箱货物后，签发给托运人，证明货物已经收到并保证在目的地凭以交付货物的书面凭证。提单是物权凭证，是承运人与托运人运输合同成立的证明文件。

提单的内容一般包括提单号码、托运人的名称地址、收货人的名称地址、通知人信息、船名、航次、接货地、装货港、卸货港、交货地、货物的品名、货物件数及包装、货物重量、运费与费用、提单签发地点及签发日期和签发份数等信息。提单背面印刷有背面条款，通常包括定义条款、首要条款、管辖权条款、承运人责任条款、承运人的责任期间、装货及卸货和交货条款、运费和其他费用条款、自由转船条款、选港条款、赔偿责任限额条款、危险货物条款、舱面货条款等内容。碍于篇幅这里不做详细介绍。

提单的流转过程一般包括下面几个环节：

（1）集装箱班轮船公司签发正本提单（Master B/L）或海运提单（Seaway B/L）给托运人（发货人直接订舱）或货代（货代作为托运人订舱）；

（2）货代根据集装箱班轮船公司提单签发货代提单（House B/L）并将货代提单通知真实发货人（发货人直接向船公司订舱无此环节）；

（3）托运人向银行提交相关贸易合同、运输单证，由银行安排结汇；

（4）收货人向托运人支付货款及相关费用，托运人寄送正本提单及其他相关单证资料给收货人；

（5）货物到达目的港或铁路堆场或门点前，集装箱班轮船公司将到货通知发送正本提单或海运提单收货人及其通知人，以便其安排清关提货等各项工作；

（6）货代出具货代提单情况下，货代通知货代提单真实收货人及其通知人，以便其安排清关提货等各项工作；

（7）收货人用正本提单换回提货单，清关提货，并办理银行结汇等各项手续。

提单的流转过程如图4-8所示。

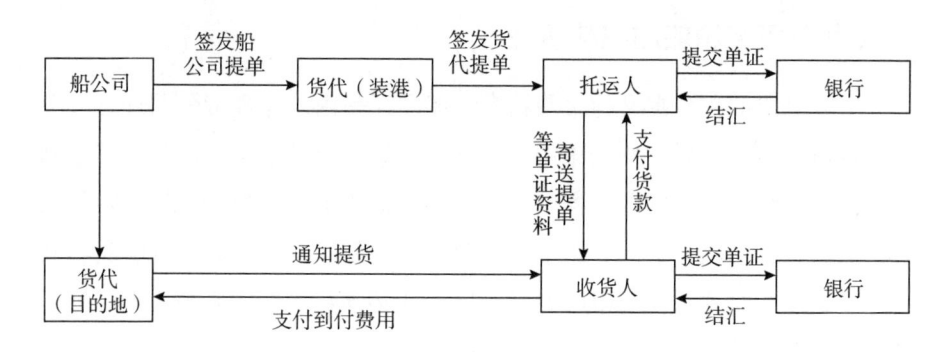

图4-8　提单流转流程图

（六）集装箱预配清单

集装箱预配清单是集装箱班轮船公司为集装箱管理需要而设计的一种单据，其格式和文本根据不同的船公司略有差异，主要内容包括提单号、船名、航次、货物品名、件数、毛重、体积、目的港、集装箱类型、尺寸和数量、装箱地点等。

集装箱预配清单的主要作用，一是作为集装箱所有人发放设备交接单的依据，二是作为集装箱预配船图编制的依据。

（七）集装箱装载清单

集装箱装载清单是由集装箱班轮船公司或其代理公司根据外轮理货公司的船舶出口装船理箱单及装箱单编制的。一般包括箱号、铅封号、箱型、尺寸、提单名、货名、货重、总重及备注等信息。集装箱装载清单一般用于集装箱跟踪管理，也用于卸货港编制卸船计划。

（八）集装箱预配船图

集装箱预配船图是由集装箱码头堆场依据集装箱班轮船公司或其代理公司制作的集装箱计划预配船图填制的，由集装箱码头堆场在空白的船图上按有关配载原则填上集装箱箱号、总重量、卸货港名称等信息。如有危险品集装箱，则必须在恰当的船箱位上用醒目的标志标出。集装箱预配船图主要用于港口码头堆场编制作业计划并实施装船理箱等作业。

（九）集装箱船舶积载图

集装箱船舶积载图又称集装箱实装船图，是由外轮理货公司理货人员在集装箱装船完毕后，按船箱位上实际装载集装箱的情况缮制的，其缮制的形式与集装箱预配船图一样，所不同的是由于退关、堆场机械故障等因素，船舶积载图箱位上部分箱子的原定位置会发生变更。对于危险品集装箱，根据预配船图，在征得船方确认后，亦必须在实装的船箱位上用醒目的标志标出。

（十）理货报告单

理货报告单是由外轮理货公司理货人员在出口装船完毕时编制而成的，它主要包括理箱单和集装箱残损单，另外还有集装箱清单和集装箱货物清单。其主要作用是供集装箱班轮船公司或其代理公司审核和编制有关出口单证。

（十一）集装箱载货清单

集装箱载货清单又称集装箱舱单，是一份按卸货港顺序逐票列明全船实际载运集装箱及其货物的汇总清单。集装箱载货清单是在集装箱及其货物装船完毕后，由集装箱班轮船公司或其代理公司根据场站收据，核对理货报告单而编制的，编妥后还须送交船长签字认可，其内容包括集装箱货物提单号、标志、货名、件数、重量、收发货人、集装箱箱号、铅封号、船名、航次、国籍、装货港、卸货港、开航日期等内容。

集装箱载货清单主要用于船舶向出境地海关和进境地海关办理报关手续，是海关对出口船舶所载货物出关境进行监督管理的单证。

（十二）集装箱载货运费清单

集装箱载货运费清单又称集装箱运费舱单，它和载货清单一样，也是在集装箱及其货物装船完毕后，由集装箱班轮船公司或其代理公司编制的。所不同的是，集装箱载货运费清单的内容除载货清单记载的事项外，增加了计费吨、运费费率、预付或到付栏。

集装箱载货运费清单除用于收取到付运费外，还可作为核对集装箱船舶航次装载货物之用。另外，由于载货运费清单的内容包括了载货清单的内容，因此它也可以代替载货清单作为船舶出（进）口报关及安排卸货应急之用，故有的集装箱班轮船公司或其代理公司，只编制和使用集装箱载货运费清单，省略了集装箱载货清单。

（十三）危险品集装箱清单

危险品集装箱清单是在危险品集装箱装船完毕后，由集装箱班轮船公司或其代理公司专门列出的船舶所载运危险品集装箱及其货物的汇总单。危险品集装箱清单所记载的内容除载货清单所应记载的外，还增加了货物的性能、类别、联合国编号、页号和装船位置。它的主要作用是为确保船舶、货物、港口及装卸、运输的安全，让有关部门及人员在装卸作业和运输保管中特别注意。

（十四）冷藏集装箱清单

冷藏集装箱清单是在冷藏集装箱装船完毕后，由集装箱班轮船公司或其代理公司专门列出的船舶所载运冷藏集装箱及其货物的汇总单。冷藏集装箱清单所记载的内容，除载货清单相关内容外，还增加了所需温度和装船位置。它的主要作用是方便有关各方进行操作管理，使冷藏货物在装卸运输中质量不受影响。托运人在托运冷冻或冷藏货物时，普遍要求承运人在运输和保管过程中，将冷藏集装箱的箱内温度控制在一定的范围内，并且要求承运人在运输和保管货物方面承担高于普通货物的责任。托运人向承运人和集装箱堆场提供的冷藏集装箱清单上，必须逐箱填报货物的名称和指定的温度范围等相关内容，交集装箱堆场由堆场业务人员汇总交集装箱班轮船公司。

二、集装箱进口货运单证及流转

集装箱进口货运单证主要包括到货通知书、卸箱清单、理货单证、拆箱单、设备交接单、待提箱报告或待提货报告，以下简要介绍。

（一）到货通知书

到货通知书是集装箱班轮船公司在卸货港的代理人向收货人或收货人指定的通知人，发出的船舶预计到港时间的通知。

到货通知书一般包括发货人、收货人及通知人的名称、地址和电话，船舶名称及船舶航次，货物描述及货物的件数、毛重和体积，到付费用及其支付状况等信息，并且只发送给收货人及第一通知人，是集装箱班轮船公司在货物到港前提醒客户货物预计到达情况，及时安排好清关提货各项准备工作的一份重要文件。

（二）卸箱清单

卸箱清单是由码头理货人员编制的关于集装箱船舶卸货的清单，其作用是记录船舶卸下的集装箱的数量和有关情况，主要包括船公司名称、船名、航次、卸箱港、卸箱日期、集装箱经营人、箱号、集装箱情况、装卸港及集装箱外表批注等信息。

（三）理货单证

理货单证主要有理货计数单和溢短残损单两种，都是由码头理货人员编制的。理货计数单是在货运站拆箱时，理货人员核对装箱单及货物舱单点验件数，根据理货时的数量、件数及其异常情况编制的清单；溢短残损单是根据卸箱清单对溢短残损情况进行登记的清单。

（四）拆箱单

拆箱单是由货运站有关人员根据理货计数单编制的清单，主要内容包括船公司名称、船名、航次、箱号、拆箱日期及起讫时间和提单号等。

（五）设备交接单

设备交接单在集装箱出口货运流程中已做详细介绍，进口货运流程的设备交接单与出口货运流程基本一致，这里不再赘述。

（六）待提箱报告或待提货报告

待提箱报告或待提货报告是港口码头堆场编制的，关于集装箱卸货后收货人或其指定的通知人在一定时间后，仍未提取重箱的报告清单。待提箱报告或待提货报告可用于集装箱班轮船公司重箱催拆，加快重箱周转。

第三节
货运代理企业业务介绍

货运代理企业，简称货代，是指接受进出口货物发货人、收货人或承运人的委托，以委托人的名义或者以自己的名义，为委托人办理国际货物运输及相关业务并收取服务报酬的法人企业。货代按照注册金额及开票资质可以分为一级货代和二级货代；按照是否在交通主管部门缴纳保证金并提交提单样本，取得签发提单资格分为无船承运人货代和非无船承运人货代；按照服务的对象和范围可以分为全球性货代和区域性货代。无论是哪一类货代，其在集装箱运输链中的定位和作用是相近的，即通过为发货人、收货人或承运人提供服务，获取利润。以下从货代的业务模式、延伸增值服务和实务操作出发，对货代的业务进行介绍。

一、货代的业务模式

集装箱班轮运输链条长，流程手续烦琐，货代弥补了集装箱班轮船公司在装卸港两端服务能力的不足，为促进供应链效率提升起到积极作用。传统上，集装箱班轮船公司专注于"港到港"服务，在装卸港两端，与集装箱运输有关的拖车、报关、仓储、分拨、配送等业务迫切需要有人填补，弥补服务缺口。随着船公司将服务范围从"港到港"向"端到端"延伸，也迫切需要成立自己的货代物流团队，既提供延伸增值服务、满足客户服务需求，又为船队营销揽货，提高航线舱位利用率。对发货人而言，出口涉及订舱、提取空箱、货物装箱、重箱进港集结、报关及各种运输单证文件准备和流转，迫切需要由专业的公司提供咨询和服务，确保运输和贸易顺利开展。对收货人而言，集装箱货物卸港后，需要办理清关、缴纳关税等各项手续，货物需要通过铁路、公路或驳船支线运送至指定的门点，货物到达仓储或分拨中心后，后续还要根据订单和销售情况做好分拨和配送，而这一切都离不开货代。

货代的业务模式与货代服务的对象和范围密切相关，不同类型的货代由于服务对象不同、提供的产品和服务也各异，这既是货代企业生存的选择，也是其竞争的形态。总体而言，可以将货代的业务模式分为几大类：一是为发货人或收货人提供海运报价，赚取海运运费差价；二是为发货人或收货人办理订舱和单证文件服务，赚取佣金；三是作为合同物流承运人，赚取合同物流收益；四是为发货人或收货人提供延伸物流服务，赚取增值服务收益；五是提供供应链全过程解决方案，赚取供应链服务收益；六是作为船东货代，为船队揽货和销售。以下简要对不同业务模式进行介绍。

（一）提供海运报价，赚取海运运费差价

在集装箱运输链中，提供海运报价、赚取海运运费差价是货代最典型的业务模式。货代根据发货人或收货人的运输服务需求，从集装箱班轮船公司获得运费报价，在此基础上根据市场行情、客户谈判、竞争对手报价等综合评估，确定对客户的报价，运费差额即为货代的利润。

提供海运报价，赚取海运运费差价本质上是一种基于信息不对称的商业模式。集装箱班轮运输市场价格波动幅度大、周期短，不同集装箱班轮船公司根据其运力投放规模、货流平衡情况、舱位利用率水平等提供的报价可能有显著的差异，这就为货代在海运报价中赚取差价提供了条件。典型的即期市场运价走势如图4-9所示。

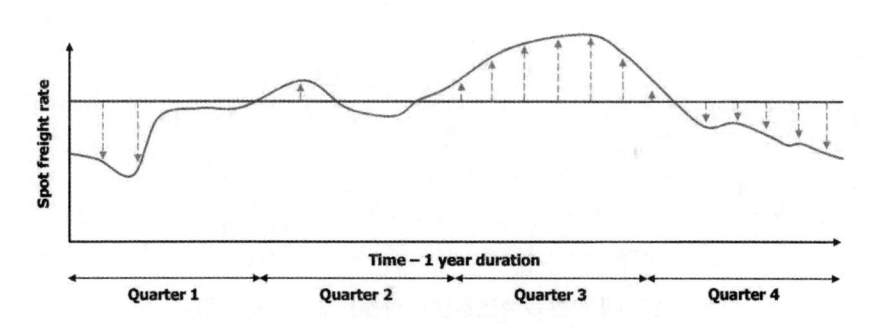

图 4-9 典型的即期市场运价走势图
（来源：克拉克森）

提供海运报价，赚取海运运费差价的模式适用于所有的货代，对于中小货代而言，报价被作为货主的发货人或收货人接纳后，向集装箱班轮船公司订舱，根据托运人需求安排提箱、装箱、重箱集港、装船出运等各项流程。由于不能签发提单，货代直接将船公司签发的船公司提单转交托运人（发货人或收货人），收取运费及其他服务费用。作为无船承运人的货代，从集装箱班轮船公司获得船公司提单后，将签发货代提单，并将货代提单转交托运人，收取运费及其他服务费用。整个流程包括：

（1）托运人（发货人或收货人）向货代询价，提出某一装港（或"端

到端"门点）至某一卸港（或"端到端"门点）报价需求，明确服务需求。

（2）货代向集装箱班轮船公司询价，获得运价确认。

（3）货代根据集装箱班轮船公司报价，向托运人报价。

（4）托运人还盘，与货代就报价进行磋商，直至达成交易或寻求其他货代报价。

（5）货代根据托运人下达的订舱委托书，向集装箱班轮船公司订舱，放舱后根据设备交接单等信息到堆场提箱。

（6）货代到托运人工厂装箱，并在截港日前将重箱送港集结，装船出运。

（7）货代向集装箱班轮船公司付费，取得船公司提单，转交托运人或签发货代提单，并向托运人收费。

以上流程如图4-10所示。

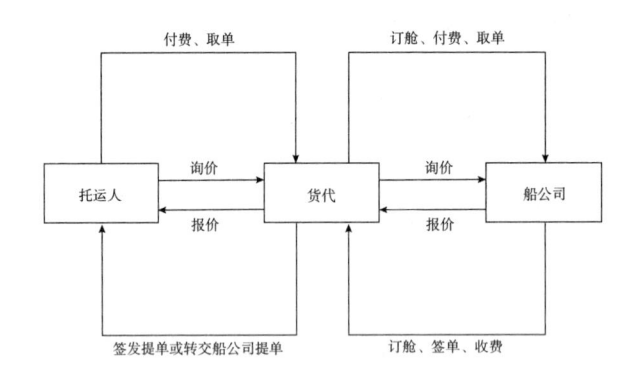

图4-10　货代赚取海运运费差价操作业务模式流程图

（二）办理订舱和单证文件服务，赚取佣金

办理订舱和提供单证文件服务，赚取佣金是货代另一个典型的业务模式，多见于中小货代与其服务的发货人或收货人之间。在这种业务模式之下，货代不对发货人或收货人的海运服务需求进行报价，由发货人或收货人直接向集装箱班轮船公司询价，在双方达成价格协议后，由发货人或收货人通知货代向指定船公司订舱并做好单证文件准备、提箱装货等本地服务，发货人或收货人支付一定佣金给货代作为其服务收益。

办理订舱和提供单证文件服务，赚取佣金的业务模式，对货代而言是一种相对简单但盈利能力相对较弱的业务模式，采用这种模式的原因可能源于货代企业规模实力较弱、对船公司议价能力较差,或是由于发货人、收货人自身对船公司具有较强的议价能力,直接询价能争取到更好的价格条件。这种模式的业务流程可以概括为:

(1)托运人(发货人或收货人)向集装箱班轮船公司询价,提出某一装港(或"端到端"门点)至某一卸港(或"端到端"门点)报价需求,明确服务需求。

(2)集装箱班轮船公司根据托运人询盘进行报价。

(3)托运人还盘,与集装箱班轮船公司就报价进行磋商,直至双方达成运价共识或托运人寻求其他船公司报价。

(4)集装箱班轮船公司根据与托运人达成的运价创建运价协议或服务合同,通知托运人运价协议或服务合同号码,告知相关价格条款(如付款信用期、免费用箱天、免费堆存条款等)。

(5)托运人委托货代向集装箱班轮船公司订舱,下达订舱委托书,货代根据托运人提供的运价协议或服务合同号码,向集装箱班轮船公司订舱。

(6)货代根据托运人指令,在集装箱班轮船公司放舱后安排提箱、装箱、重箱进港集结等各项工作,完成各项单证文件准备,办理各项进出口手续,直至货物装船出运。

(7)货代垫付运费及本地费用(即 Local Charge,包括码头装卸附加费、文件费、订舱费等),从集装箱班轮船公司取得船公司提单(正本提单或海运提单)。

(8)货代向托运人全额收取垫付费用及其服务佣金,并将提单及其他运输单证转交托运人。以上流程如图 4-11 所示。

(三)作为合同物流承运人,赚取合同物流收益

货代作为合同物流承运人,赚取合同物流收益,指的是货代参与发货人或收货人的合同竞标,承担合同期间运价波动风险,获取合同物流收益的业务模式。在这种业务模式之下,货代从集装箱班轮船公司获得"背靠背"报价,根据海运报价及其合同物流服务项目收费对托运人进行报价。在实践中,也有部分货代对托运人进行对赌报价,在合同中标后将合同期

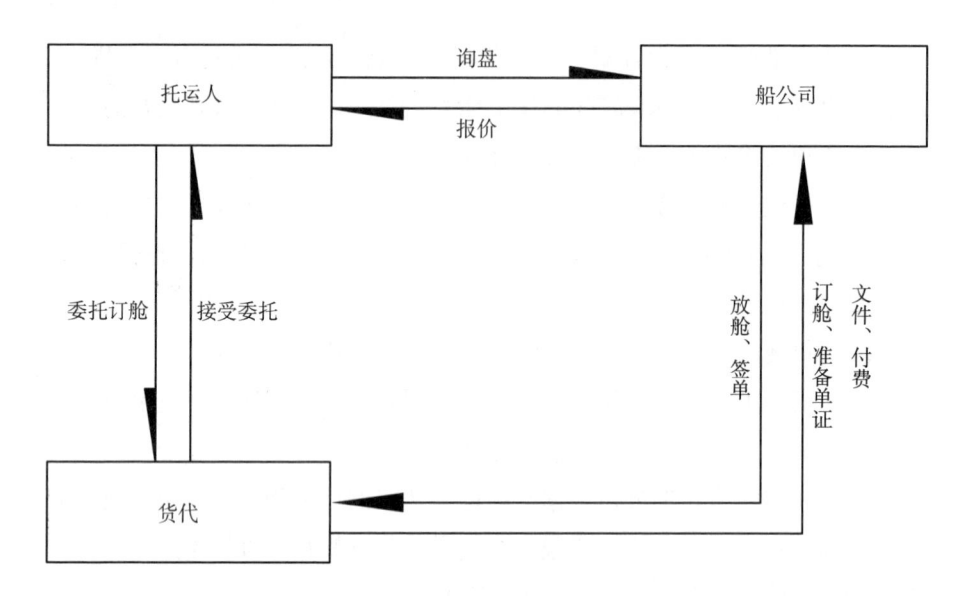

图 4-11 货代提供订舱及单证文件服务，赚取佣金模式流程图

限分拆成若干周期在即期市场向集装箱班轮船公司询价，由于集装箱班轮运输市场价格波动大、周期短、难以准确预测，这种模式之下，货代可能承担较高的风险或收益。

货代作为合同物流承运人，源于货主的选择，尤其是对于全球性投标的大型直客，除了传统的海运服务需求，从订单安排到库存管理，从货物交付到仓储、分拨、配送，都离不开货代，尤其是全球性货代的服务。将一定比例的投标货源交给货代承运，可以选择更多集装箱班轮船公司的产品和服务，减轻其在旺季舱位需求的压力，分散风险。因此，货代尤其是全球性货代，在投标市场上与集装箱班轮船公司共同竞标，作为合同物流承运人，越来越普遍。

货代作为合同物流承运人，赚取合同物流收益的业务模式包括以下流程：

（1）托运人（发货人或收货人）向货代和集装箱班轮船公司邀标，告知投标入门条款及投标进度安排。

（2）货代和集装箱班轮船公司分别制定投标策略，研究托运人服务条款，确定投标意向。

（3）货代将标书进行分解，向不同集装箱班轮船公司询标，确定目标船公司，选择核心承运人和备选承运人。

（4）货代根据集装箱班轮船公司报价及服务条款提交投标方案，对托运人报价。

（5）货代从托运人获取投标结果，明确中标货流及淡旺季货量分布。

（6）货代选取一家或多家集装箱班轮船公司作为核心承运人，确定备选承运人，以货代 Name Account 名义创建运价协议或服务合同。

（7）货代对客户进行履约跟踪，动态调整其在不同集装箱班轮船公司的份额。

以上流程如图 4-12 所示。

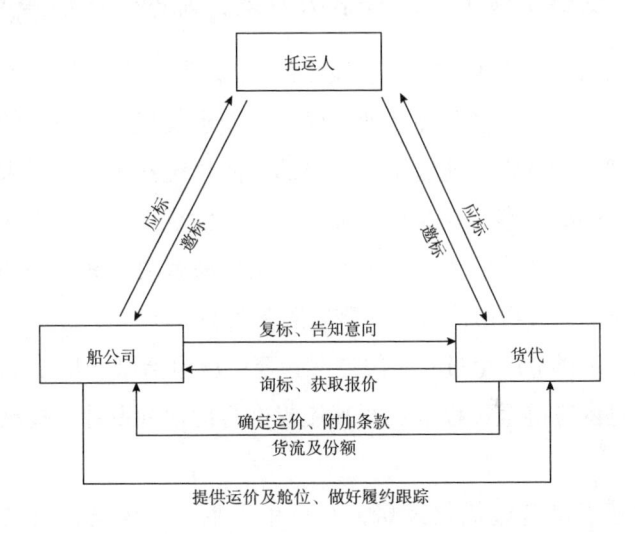

图 4-12　货代作为合同物流承运人，赚取合同物流收益模式流程图

（四）提供延伸物流服务，赚取增值服务收益

无论是提供海运报价，赚取海运运费差价，还是办理订舱和提供单证文件服务、赚取佣金，或是作为合同物流承运人，赚取合同物流收益，货代在这三种业务模式之下，主要着眼于为发货人或收货人的海运需求提供服务，获取收益。这种业务模式容易受宏观市场环境影响，且替代性较强。提供延伸物流服务，赚取增值服务收益的模式主要聚焦发货人或收货人在装卸港两端的延伸物流服务需求，客户黏性更强，收益模式更加多元。

发货人或收货人在装卸港两端的延伸物流服务需求是多样化的，在装运港，发货人需要拖车、仓储、贴标、包装、装箱、报关、拼箱等各种服务；在卸货港，收货人可能需要在分拨仓库对货物进行重新贴标、包装或其他简单加工组装，集装箱货物交付前需要办理清关等各种手续；集装箱货物交付后，需要通过卡车运输运送至指定仓储分拨中心或工厂、卖场等门点。各种延伸物流服务需求，既是货代企业提供服务获取收益的源泉，更是其打造差异化服务、提升核心竞争力的关键。专业化、个性化便成为货代提供延伸物流服务，打造差异化服务、提升核心竞争力的重要方向。

（五）提供供应链全过程解决方案，赚取供应链服务收益

货代通过提供供应链全过程解决方案，赚取供应链服务收益是一种准入门槛、专业化程度更高的业务模式，要求货代对供应链的每个节点都有深刻的理解和认识，能够结合客户的实际情况和个性化需求，给出供应链的全过程解决方案。在这种业务模式下，发货人或收货人的海运服务需求、供应链延伸物流服务需求等都只是供应链解决方案的一部分，货代通过优化供应链全过程解决方案，赚取服务收益。

货代提供供应链全过程解决方案，至少应包括以下几方面的内容：

（1）对供应链全过程节点及其流程进行优化和设计，提高效率、控制成本。

（2）基于供应链优化策略，对订单、生产、运输、仓储、分拨、配送、售后物流等进行过程优化管理，提出解决方案。

（3）建立并完善供应链信息系统，通过供应链各节点信息的实时共享和大数据分析，对供应链进行动态优化。

（六）作为船东货代，为船队揽货和销售

货代作为船东货代，为船队揽货和销售的业务模式多见于集装箱班轮船公司成立的货代，其主要的职责是围绕船队的航线布局和运力投入，有针对性地做好市场开发和客户销售，提供配套的服务和设施。与其他货代比较，船东货代具有几个典型的特征：

（1）船东货代也追求利润和收益，但其核心目标在于服务船队，船队的效益和长远发展是第一位的，无论是营销揽货还是拓展延伸物流服务，

船东货代的重心都在于服从船队经营和发展的需要。

（2）船东货代盈利模式相对单一，船东货代不适合通过海运报价，赚取运费差价的模式，通过为船队客户提供延伸物流服务或直接从船东获取服务佣金是其获得服务收益的主要途径。

（3）船东货代具有一定局限性，由于其主要服务于所在的船队，提供的产品和服务较为单一。

通过以上对货代业务模式的分析可以发现，货代通过为发货人、收货人或承运人提供服务，既弥补了集装箱班轮船公司在装卸港两端的服务短板，又满足了客户的多样化需求。随着互联网产业的兴起，各类航运电商平台、比价平台、船公司垂直电商平台等迅速崛起，给传统的货代业务模式带来冲击，货代面对冲击也在积极谋求转型，从传统的依赖某一种业务模式向多元模式转型。

二、货代延伸物流服务介绍

延伸物流服务是货代填补集装箱班轮船公司在装卸港两端服务空白，为集装箱运输链创造价值的重要体现。在实践中，货代从立足于装运港为发货人提供拖车、仓储、贴标、包装、集拼、报关，到立足于卸货港为收货人提供仓储、分拨、贴标、打包、订单整合、装载协调、反向物流、分拨、配送、清关、信息系统集成等各种延伸物流服务层出不穷。以下对延伸物流服务内容进行简要介绍。

（一）仓储、分拨及配送服务

仓储、分拨和配送服务是货代在集装箱运输链中提供的一项常见的延伸物流服务。在传统的集装箱运输链中，不同的发货人根据其与收货人签订的贸易合同进行生产，在货物装箱后分别将集装箱重箱运送至港口码头集结，等待装船；集装箱货物到达目的港（CY 条款）、指定堆场（RAMP 条款）或内陆门点（DOOR 条款）后，通过卡车或其他运输方式将货物运送至收货人指定的仓库或地区配送中心，并在该配送中心进行流通加工和整理后，配送至各个超市、卖场等。上述整个流程如图 4-13 所示。

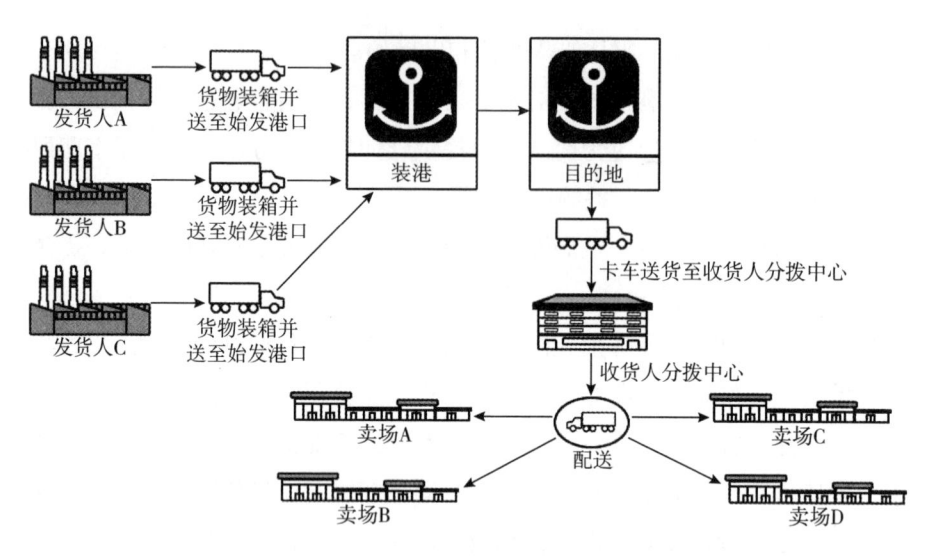

图 4-13 传统的仓储分拨配送体系流程图

货代对现有的仓储、分拨、配送体系进行优化，不同发货人的货物统一运送至保税仓库，由货代按照贸易条款、货物流向和配送区域对货物进行整理，通过转运、分票、保管、流通加工和信息处理等各种手段，对配送区域相同或相近的货物进行归类，在货物到达目的港口后，可以直接配送至指定的超市、卖场。上述整个过程如图 4-14 所示。

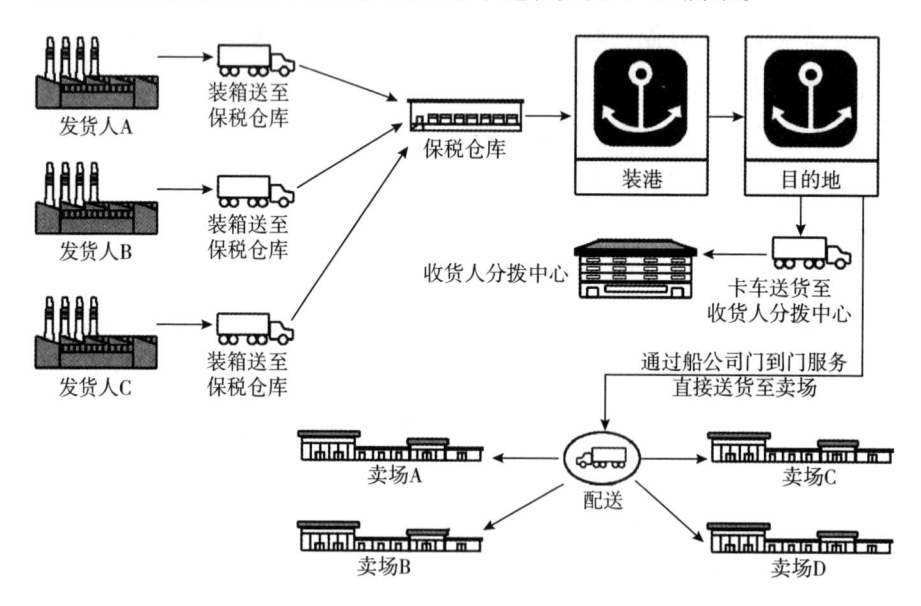

图 4-14 改进的仓储分拨配送体系流程图

货代提供仓储、分拨及配送服务，可以有效降低集装箱运输链的物流成本，提高分拨配送效率，加速收发货人现金流转，可谓一举多得。

1. 节约物流配送成本

货代的这种延伸物流服务，可以有效降低集装箱运输链的物流配送成本，并减少库存。下面举例说明，假如有 55 立方米的货物从中国深圳运输至美国，其中 25 立方米的货物从中国深圳运输至美国休斯顿（Houston，TX），30 立方米的货物运输至美国芝加哥（Chicago，IL），在传统配送模式和货代整合分拨配送模式下物流成本分别为：

（1）传统模式下物流配送成本

在传统配送模式下，全程配送成本由装运港至卸货港的运输费用成本（图 4-15 中第一段），卸货港至仓储配送中心的运输成本和流通加工费用（图 4-15 中第二段），仓储配送中心至最终卖场、超市配送成本（图 4-15 中第三段）组成。各项成本费用如下。

第一段：

深圳盐田至洛杉矶海运运输成本：USD 2000/40GP。

第二段：

卸货港堆场（洛杉矶堆场）至仓储配送中心运输费用：USD 250/40GP。

仓储配送中心流通加工费用：USD 200/40GP。

第三段：

仓储配送中心至最终卖场、超市配送成本：市场报价约为 USD 40/m^3，USD $40 \times 55m^3$=USD 2200。

以上全程物流成本合计：USD 4650。

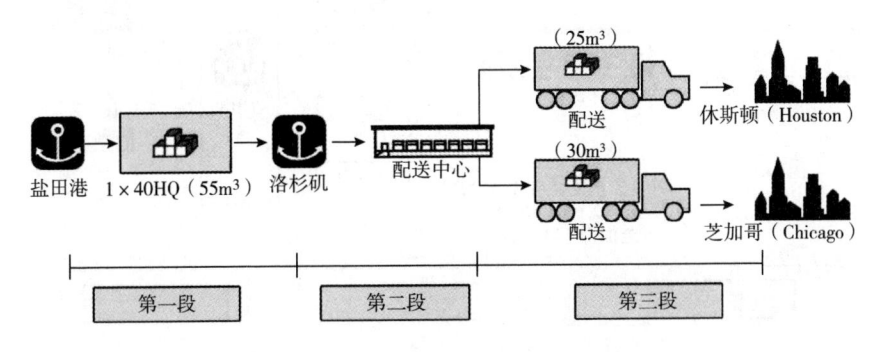

图 4-15　传统模式下物流配送流程图

（2）货代整合分拨配送模式下物流配送成本

通过货代提供物流延伸服务，全程的物流配送成本包括货物由工厂运送至货代保税仓库的成本（图4-16中第一段），货代在仓储分拨中心的流通加工成本（图4-16中第二段），从货代仓储分拨中心至最终卖场、超市的配送费用（图4-16中第三段）。各项成本费用如下。

第一段：

一般由工厂负责送货，无额外成本。

第二段：

货代在仓储分拨中心的流通加工成本：

市场报价约为 USD 10/m^3，USD 10×55m^3=USD 550。

第三段：

从货代仓储分拨中心至最终卖场、超市的运输成本：

盐田港至休斯顿的运费成本假定为 USD 3000，通过货代对仓储、分拨、配送体系整合后，该票货源将与其他客户的相同货流集拼配送，按照40英尺高箱平均利用舱容58立方米计算，该票休斯顿货源分摊的配送成本为：25/58×USD 3000=USD 1300。

同理可求，通过货代对仓储、分拨、配送体系整合后，芝加哥货源与其他客户的相同货流集拼配送，按照40英尺高箱平均利用舱容58立方米计算，该票芝加哥货源分摊的配送成本为：30/58×USD 3000=USD 1550。

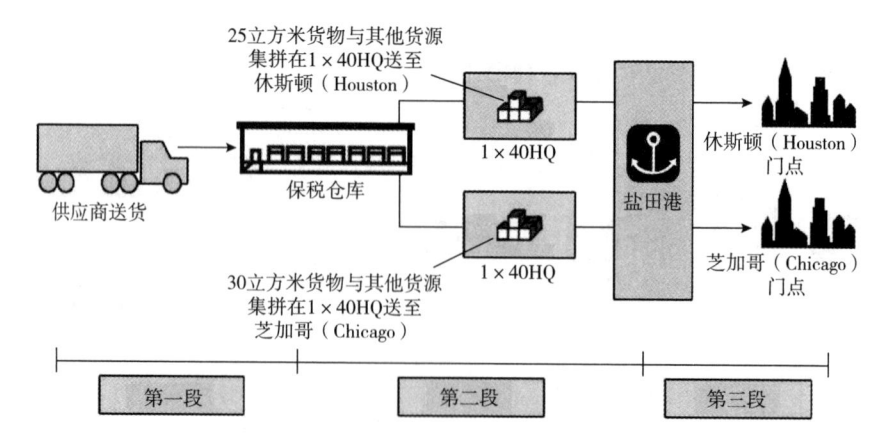

图4-16 货运对仓储、分拨、配送体系整合后的物流配送流程图

全程配送成本为USD3400。可见，通过货代对不同发货人的集装箱货物进行整合，优化仓储、分拨、配送体系，可以有效节约物流配送成本。

2.节省海运运输成本

通过以上算例可以看出，通过对不同发货人的货源按照贸易条款、货流流向、配送区域等进行整合，可以有效利用集装箱的舱容，从而大幅降低海运成本。为了更详细说明货代是如何通过整合仓储、分拨、配送等业务节省运费成本支出的，下面再举一例子予以说明。

假定某收货人从广东出口30000立方米货物至美国，该货物由分布在广东地区的10余家工厂生产，按贸易订单要求，货物需要运送至美国休斯顿（Houston，TX）门点。

根据传统的运输模式，货物从广东出口至休斯顿，根据集装箱的容量及体积限制，发货人累计需要使用500个40英尺集装箱或者390个45英尺集装箱。在实际操作中，由于不同的供货商独立生产、备货、装箱、送货，最终装船出运时实际使用的集装箱箱型大致为55%的40英尺高箱（约240×40HQ）、40%的40英尺平箱（约200×40GP）、5%的20英尺小箱（约11×20GP）。

通过货代整合仓储、分拨、配送体系后，实际使用的各集装箱箱型比例大致为20%的45英尺箱、60%的40英尺高箱和20%的40英尺平箱，两者的海运运输成本对比见表4-1。

表4-1 传统的分散备货运输与货代整合仓储、分拨、配送体系后运输成本对比表

传统的工厂分散备货运输	货代整合仓储、分拨、配送体系后备货运输
由于货物分散，一般需要使用240×40HQ、200×40GP和11×20GP接运该批次货物	通过货代对不同供应商进行整合，可以使用75×45HQ、250×40HQ和96×40GP接运该批货物
海运运输总成本（按平均运价计算）：USD 2000×1.125×240+USD 2000×200+USD 2000×0.75×11=USD 956500	海运运输总成本（按平均运价计算）：USD 2000×1.266×75+USD 2000×1.125×250+USD 2000×96=USD 944400
货代整合仓储、分拨、配送后再集中安排海运运输，理论上可以节约运费金额USD 12100	

3. 加速现金流转

在传统的运输模式中,不同的发货人根据自己工班安排、备货进度,独立安排运输,运输杂乱而没有规律,发货人和收货人都要提前准备大量资金,用于支付各种费用,降低了资金的使用效率。

通过货代对仓储、分拨、配送体系进行整合后,货物出运较为规律和集中,发货人或收货人,只需要根据货物交付日期,在对应的时间窗口安排好资金,提高了资金的使用效率。同时,由于货物到港后,可以直接配送至指定的超市、卖场等终端场所,物流配送效率大大提高,有利于加快资金流转效率。

(二)海关申报服务

货代的海关申报服务包括在起运港为发货人提供出口报关服务和在目的港为收货人提供进口清关服务两种类型,以下分别介绍。

1. 出口报关服务

出口报关服务是货代提供的最为常见的延伸物流服务之一,一般由货代报关业务部门负责。根据相关法律法规规定,发货人在出口运输前,需要在规定的时间期限内,向海关办理申报手续。根据贸易性质、商品特性和海关有关规定,必要时还需提供出口许可证、核销手册等文件,经海关审核后,根据不同情况分别予以直接放行或查验后出具证书放行方可安排出口运输。货代作为发货人的委托代理人,为其提供出口报关服务是目前最为普遍的形式之一。

货代为发货人提供出口报关服务,一般的业务流程包括:

(1)发货人签署报关委托书,委托货代办理出口报关业务。

(2)发货人向货代提供报关单证和文件,一般包括商业发票、装箱单、场站收据(第5~7联)、产地证明书、进出口货物许可证(按规定免领进出口许可证的免交)、品质检验单证(属法定商检货物,报关时交验商检证书或在报关单加盖有效印章,非法定检验货物可以免交)、减免税和免验证明(经批准予以减免税和免验的货物,要交验批准减免税免验的文件或证明材料)、贸易合同或合同副本。出口集装箱货物为危险品时,须同时提供危险品清单、危险品性能说明书、危险品包装证书、危险品装箱说明书、危险品准装申报单等文件。

（3）报关单证和文件初审，确保单证之间互相一致（即"单单相符"），单证数据和海关关区等信息准确无误。如发现单证文件不一致或不完整，应及时联系客户，查明问题和原因，做好更正。

（4）货代将单证和文件预录进报关公司内部系统。

（5）货代填制报关单，并对正式报关文件进行最终复核，重点审核数据的合理性与规范性，各数据项之间及审证提示信息与报关单数据项之间的逻辑对应关系，比如进出口口岸及口岸与运输方式之间的逻辑是否匹配，件数与包装种类是否相对应，商品名称、规格型号的录入是否明确规范，征免规定输入是否准确，单证文件与贸易方式及商品属性之间的逻辑关系是否正常，等等。

（6）海关对货代提交的报关单证和文件进行审核，确定是否予以放行或安排查验。如海关查验，由现场接单关员打印查验通知单，安排查验的具体时间和计划，并通知报关的货代。查验时，发货人或其委托报关的货代应到查验现场，负责装卸搬运货物及开启、重封货物包装，查验后在查验记录单上签名确认。

（7）货代将海关放行或拒绝放行的通知告知发货人，协助发货人做好后续各项工作。

整个出口报关流程如图 4-17 所示。

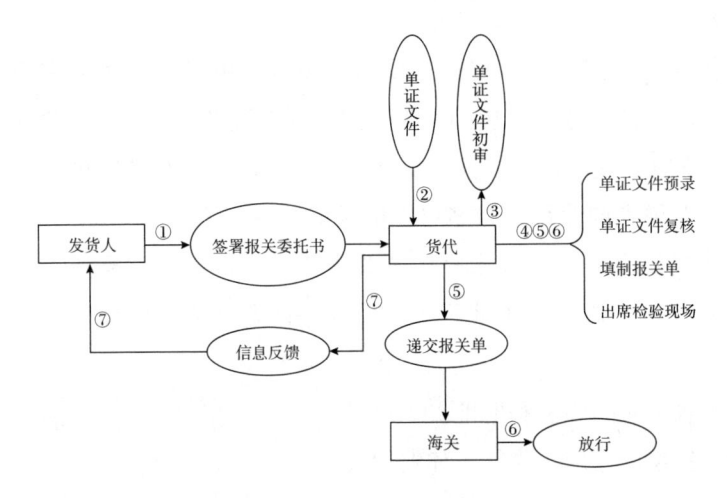

图 4-17　货代出口报关流程图

2. 目的港清关服务

货代在目的港为收货人提供清关服务，所提供的清关单证和文件与出口报关略有区别，但是海关申报的基本流程是一致的，由收货人委托货代（包括货代设立的报关公司，美国要求报关手续须由专业的报关公司办理）报关，并签署报关授权委托书。货代审核相关单证和文件后，向海关进行申报，根据海关查验或放行指令，通知收货人，协助做好后续工作安排，这里不再赘述。

与出口报关不同的是，目的港的清关可以分为完税清关（Delivered Duty Paid，DDP）和未完税清关（Delivered Duty Unpaid，DDU）两种模式。在完税清关模式之下，发货人负责在指定的目的地，办理进口完税清关手续，将运输工具尚未卸下的货物交予收货人，完成交货；发货人必须按贸易合同提供货物，出具商业发票及其他能证明货物符合贸易合同的相关凭证，缴纳货物清关的关税和税费，将货物运送至收货人指定交付地点。完税清关模式下，发货人须取得目的地进口许可证及其他官方许可或文件，据此办理货物在目的地及其他过境国家（地区）的海关手续，在发货人不能直接或间接地取得进口许可证，不应使用完税清关模式。

未完税清关模式下，发货人在指定的目的地将货物交付收货人，不办理进口手续，也不从运输工具上将货物卸下，即完成交货。收货人负责办理进口清关手续，并缴纳货物清关的关税和税费。这种模式在实际中使用较为普遍。

货代在目的港既可以提供完税清关服务，也可以提供未完税清关服务，主要的延伸服务内容包括：为客户选择合适的清关地点，以进口商的增值税号码办理进口清关（Fiscal Representative），为客户垫付关税、增值税、码头税和商业税，为客户提供保税运输，等等。

货代提供完税清关或未完税清关服务，应特别注意委托人出具的商业发票必须符合进口国（地区）相同商品商业性交易的惯例，并包括以下内容：

（1）收货人的姓名和地址。

（2）货物启运地、收货人和发货人。

（3）进口货物在目的地的进口港。

（4）进口货物确认订货的时间和地点，货物的购买人或同意购买人的姓名和地址。

（5）货物的唛头、号码、数量和种类。

（6）货物详细的品名、质量等级、大小和规格以及商标等。

（7）货物按其启运地或启运国的计量单位统计的数量，或按进口国（地区）的计量单位统计的数量。

（8）用销售货币列出单位售价和货物数量的总价、总的发票价。

（9）货物承担的所有费用（如各种 FOB 费用如已包括在发票价格里，无须逐一列出相应的金额）。

（10）商品出口时出口国（地区）的回扣、退税或其他优惠必须分别列出。在实践中，商业发票一般应提供 4 份（英文发票），每张发票都应包括由船舶或其他交通运输工具为收货人提供的货物。

完税清关和未完税清关是货代在目的港提供的一项重要延伸物流服务，尤多见于美国航线。通过提供完税清关或未完税清关服务，货代既收取清关服务费用，又为争取清关后的内陆运输、仓储、分拨、配送等业务创造了条件和机会。

（三）内陆拖车服务

内陆拖车服务是货代提供的最为常见的延伸物流服务之一，既存在于装运港，为发货人提供送货至仓库或门点装箱、重箱进港集结、保税运输等各种业务流程之中，也存在于目的港，在集装箱货物卸港（CY 条款）或到达铁路堆场（RAMP 条款）后，为收货人提供送货至工厂、卖场、仓储分拨中心等指定门点，及货物在仓储中心重新贴标、包装、托盘打包、货物整理后的分拨配送服务。

货代提供内陆拖车服务，一般的业务流程包括：

（1）向自营拖车运输服务部门询价或向第三方拖车公司询价，确定拖车运输成本。

（2）根据拖车运输成本向收货人报价，达成协议后，提供内陆拖车运输服务。

（3）向拖车运输服务部门或第三方拖车公司发送到货通知书，提醒提箱并安排内陆运输。

（4）拖车运输服务部门或第三方拖车公司向收货人预约送货时间。

（5）拖车运输服务部门或第三方拖车公司送货，确认在现场等待卸货完成后，直接拉回已经拆空的集装箱，还是直接将集装箱卸下，等待收货人完成卸货后另行约定时间到现场拉回已经拆空的集装箱。收货人收付货物后在交货通知单签字确认。

（6）拖车运输服务部门或第三方拖车公司将空箱归还至指定堆场。

（7）按拖车报价及提供的额外服务收费。

货代提供的内陆拖车服务，是一种门槛较低的延伸物流服务，随着各类"车货匹配"的电商平台的出现，货代提供的内陆拖车服务需要结合客户需求进行升级转型，拓展增值服务内容。

（四）提供供应链解决方案

提供供应链解决方案是货代为发货人或收货人提供的一项附加值相对较高的专业物流服务，一般要求货代对专业领域供应链各流程节点有深刻理解，善于结合行业特点和客户个性化需求，提出系统性方案，在实践中，服装物流、跨境电商物流、医药物流、冷链物流、汽车物流等都是其典型代表。以下举例简要说明。

1. 服装物流

服装物流是一种常见的供应链专业物流服务，货代围绕服装类客户在集装箱运输过程中面临的运输时效性和质量控制两大痛点，对现有的供应链体系进行优化，服装从工厂加工生产后，将被运送到集装箱货运站中的质量检测中心进行质量认证，经过挑选和包装后，按照货流流向、配送区域等重新打包（打托盘），通过集拼后将货物配载在交货期快、准班率高的集装箱班轮航线；在服装货物到港前，货代提前备妥清关单证和文件，按照海关申报流程进行预清关。集装箱货物完成清关提货后，货代根据货流流向、配送范围拆箱后直接运送至卖场、超市，解决了服装类客户对运输时效和质量控制的要求。

以上流程如图4-18所示。

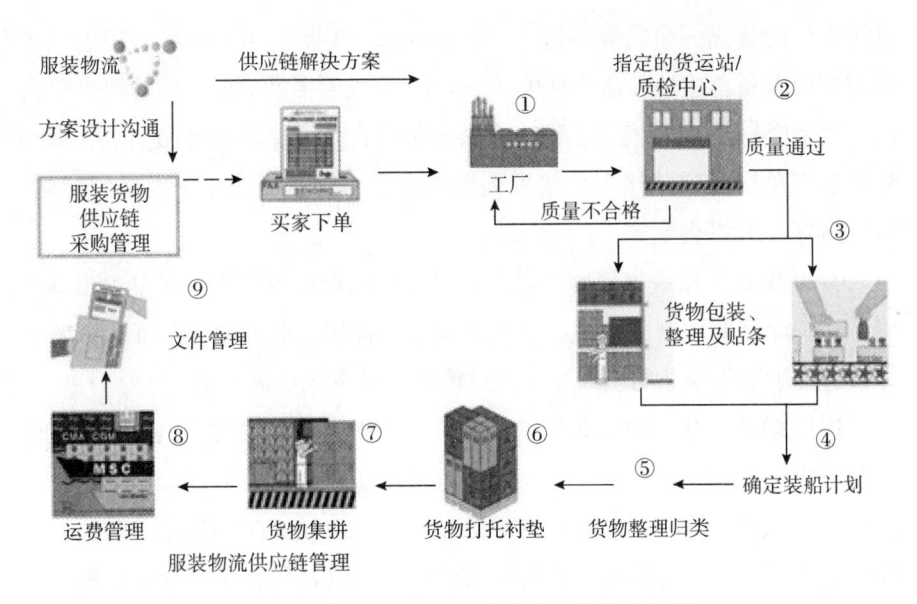

图 4-18　货代对服装客户供应链优化流程图

2. 跨境电商物流

跨境电商物流是货代抓住跨境电商集聚发展、拓展专业物流的重要方向。货代依靠互联网、大数据、信息化与计算机等先进技术，围绕跨境电商 B2B 出口海外仓模式（9810 模式）、跨境电商 B2B 直接出口模式（9710 模式）、一般贸易模式（0110 模式）、市场采购模式（1039 模式）、跨境电商 B2C 零售直邮模式（9610 模式）、保税跨境贸易电子商务模式（1210 模式）、保税跨境贸易电子商务 A 模式（1239 模式）等不同跨境电商业务模式，提供包括货物进出口、转口、过境，在特定区域完成货物塑封、贴标、质检等物流增值服务。

9810 模式，指境内企业将出口货物通过跨境物流送达海外仓，通过跨境电商平台实现交易后从海外仓发货给买家。该监管方式适用于跨境电商出口海外仓的货物，包括亚马逊仓、第三方海外仓以及自建海外仓。9810 模式的难点在于海关系统无法与海外仓系统全面对接，对货物销售监管困难，退税模式尚不清晰。

9710 模式，指境内企业通过跨境电商平台与境外企业达成交易后，通过跨境物流将货物直接出口至境外企业。该监管方式适用于跨境电商 B2B

直接出口的货物，包括亚马逊、乐天、eBay、Wish、速卖通、阿里巴巴等电商平台以及自建站都是此种模式。9710模式更多针对的是跨境电商平台已经发生交易的B2B模式。因为要求上传平台生成交易的截图信息，即海外企业下单后货物从国内直接发到海外企业手中，更适用于阿里国际站、敦煌网等B2B平台卖家。

0110模式，指我国境内有进出口经营权的企业单边进口或单边出口的贸易，企业需要随附委托书、合同、发票、提单、装箱单等单证。该监管方式适用于境内企业与境外企业通过传统贸易方式达成交易。

1039模式，指由符合条件的经营者在经国家商务主管部门认定的市场集聚区内采购的、单票报关单商品货值15万美元以下（含15万），并在采购地办理出口商品通关手续的贸易方式。1039模式是为特定采购贸易市场的中小出口企业打造的一种特殊监管模式，其优势在于执行增值税免征免退、允许不具有进出口经营权的商家直接结汇。目前服饰类、箱包类、日用类、五金类等商品较多使用1039模式。1039模式申请的前提是在指定的试点区域内。

9610模式，采用"清单核放、汇总申报"的方式，电商出口商品以邮包、快件方式分批运送，海关凭清单核放出境，定期把已核放清单数据汇总形成出口报关单，电商企业或平台凭此办理结汇、退税手续。该监管方式适用于境内企业直邮到境外消费者手中的情况。9610模式针对更多的是小包裹的集货模式，通过快递、邮政、专线渠道，将货物从境内运输到终端消费者手中。跨境电商卖家需要"三单齐全"（即订单、运单、支付单）推送到"单一窗口"，海关核实放行，定期汇总申报退税（每月15日前汇总上个月的清单）。

1210模式，也称"保税电商"模式，指境内企业把生产出的货物存放在海关特殊监管区域或保税监管场的仓库中，即可申请出口退税，之后按照订单由仓库发往境外消费者。该监管方式适用于境内个人或电子商务企业在经海关认可的电子商务平台实现跨境交易，并通过海关特殊监管区域或保税监管场所进出的电子商务零售进出境商品。

1239模式，也称"保税电商A"模式，指境内电子商务企业通过海关特殊监管区域或保税物流中心（B型）一线进境的跨境电子商务零售进口商品。国内保税进口分化为两种：一是具备保税进口试点的城市，二是开放保税进口业务的其他城市。对于免通关单的试点城市（国内37个试点城市），继续使用1210代码；对于需要提供通关单的其他城市（非试点城市），采用新代码1239。

跨境电商物流是随着跨境电商兴起而迅速发展的一种新型物流模式，具有快速反应、功能集成、作业规范及信息电子化、服务系统化等特征。随着跨境电商业务的兴起和发展，尤其是各类独立站的兴起，对跨境物流灵活性要求更高，跨境电商物流将成为货代拓展专业供应链服务，实现转型和差异化竞争的重要方向。

3.医药物流

药品根据性质可以分为日常药品、化学原料药及其制剂、抗生素、生物制品、血清疫苗、血液制品及诊断试剂，根据管理要求可以分为处方药和非处方药。医疗器械根据安全性要求可以分为三类，即通过常规管理足以保证其安全性、有效性的第一类医疗器械；通过对其安全性、有效性应当加以控制的第二类医疗器械；植入人体用于支持、维持生命或对人体具有潜在危险，对其安全性、有效性必须严格控制的第三类医疗器械。医药物流，指根据药品和医疗器械的分级分类管理要求，依托一定的物流设备、技术和物流管理信息系统，对药品和医疗器械进行验收、存储、分拣、配送等作业过程。

保税区加工及物流服务是货代拓展医药物流服务的重要内容，其优势在于保税区内企业贸易项下进口药品和医疗器械享受进口关税及进口环节增值税保税，企业经营性自用医疗设备、仪器等享受进口关税及进口环节增值税免税；允许企业在保税区内开展保税研发业务，建立专用的电子手册进行管理，研发所用耗材全部享受免税政策，有效降低企业研发成本。保税区内开展加工及物流服务，需要根据药品和医疗器械分级分类管理要求，做好标识，按照控制温度、湿度要求进行储存，做到"按温度分开存放，整散分开存放"。原则上，药品与非药品应分开存放，内用药与外用药应分开存放，外包装容易混淆的品种应分区管理分开存放，药品、中药材、中药饮片、危险药品药与其他药品应分库存房，特殊监管类药品如蛋白同化制剂、肽类激素、精神药品、麻醉药品、放射性药品等应分库存储；

不合格药品应单独存放，并有明显标志。

货物通关服务是货代拓展医药物流服务的另一种常见服务形式，一般与保税区内加工及物流服务结合。货代将货物存储在保税区内，享受"分批送货，集中报关"（即"分送集报"），通关效率大幅提升。货代加入预报检系统后，如分拨中心的货物需要检验检疫，检验检疫环节可前置至进境备案，大大减化出库清关流程，降低通关时间。在部分区域，国家食品药品监督管理局与海关联合提供"一站式"服务，实现"一次进境，分批清关"柔性入境管理。

大健康物流解决方案是货代为药品和医疗器械企业提供的一项综合性供应链解决方案，涵盖包装贴标、临床试验服务、供应链融资及综合物流配送等全过程解决方案。进口药品分包装贴标，常见服务内容是由货代对已在境外完成最终制剂生产过程的药品，在境内将大包装规格改为小包装规格，或者对已完成内包装的药品进行外包装、放置说明书、粘贴标签等。临床试验是新药上市的必经阶段，货代提供医药物流服务一般包括为临床试验提供配套，为背景药、联合药、对照药的采购以及设备的采购、租赁以及相关仪器校准提供服务，为相关新药进出口、仓储、贴签、包装、赋码，以及提供温控运输服务等。货代结合医药物流提供供应链融资是一种附加值较高的增值服务，常结合保税区内"两票制"使用。所谓"两票制"，是指药品生产企业到流通企业开一次发票，流通企业到医疗机构开一次发票。境外药品国内总代理（全国仅限一家国内总代理）可视同生产企业。"两票制"的优势在于将保税区视同"境内关外"，企业可将境外生产药品进境备案至保税区内有资质的医药物流企业，经由该流通企业渠道直接销售给国内医疗机构（一票），整个过程只开一张增值税发票，降低药品流通环节成本，提高药品市场竞争力。

三、货代拼箱业务介绍

货代拼箱是指货代接受发货人或收货人的委托，将数量不足整箱的集装箱货物，根据货类品名、货流流向等进行整理，将去往同一目的地的零散货源拼装在集装箱内,货物运抵目的港口后在集装箱货运站进行拆箱、分别交付给不同收货人的操作。根据拼装的集装箱货物是否需要中途拆箱、卸货或转船,可以把货代拼箱进一步分为直拼和转拼。

直拼是指在装船港把发货人或收货人托运的货类相近、货流相同的若干票货物拼装在同一集装箱内直接运送至卸货港,货物在抵港前不拆箱、不卸货、不转船的拼箱操作。直拼要求装卸港具有较为充裕的拼箱货源,多见于主干航线的基本港。

转拼是指在装船港把发货人或收货人托运的货类相近、货流不同的若干票货物拼装在同一集装箱内,在中途挂靠港口或转运港口需要安排拆箱、卸货,再按直拼的方式运送至目的港的操作。转拼由于需要在中途挂靠港口或转运港口重新拆箱、卸货、拼箱,交付时间相对较长,多见于装卸港口拼箱货源不足或根据贸易合同需要在第三地重新贴标等情况。

(一)货代拼箱作业流程

货代拼箱的作业流程一般包括货代揽货、向托运人报价、货代拼箱、向船公司办理整箱订舱、托运人备货、将拼箱货物送至集装箱货运站、货代装箱、在集装箱货运站对不同托运人货物进行集拼和装箱、货代送箱、将重箱送港集结等候装船、货物装船出运、做好在途跟踪、货物卸船、运送至集装箱货运站、收货人换单提货、货代归还集装箱空箱9个不同阶段。以下对上述的内容进行简要说明。

1. 货代揽货、向托运人报价

货代揽货、向托运人报价是货代获取拼箱货源的关键。拼箱的产生源于托运人零散、小批量货源的运输服务需求,拼箱货源越多,货代对拼装在集装箱内的货物选择的余地越大,单一托运人承担的拼箱成本越低,拼箱实现的效益越明显。

2. 货代拼箱、向船公司办理整箱订舱

货代拼箱、向船公司办理整箱订舱是指货代对承揽的拼箱货源按照货类品名、货流流向等整理之后,对不同托运人需要拼装的货源确定拼箱方案,按整箱向集装箱班轮船公司订舱,并办理设备交接单接收、提单签单、集装箱空箱提箱等各项手续。对于集装箱班轮船公司而言,货代拼装的集装箱是以整箱进行运输，与其他非拼箱货源并无显著区别，船公司向货代签发船公司提单；其中，货代作为提单发货人，货代目的港公司或代理作为提单收货人。对于货代而言，由于同一集装箱内装运着不同的实际托运人的货源，货代将根据不同托运人签发多份货代提单，以便收货人在货物到港后凭货代提单换单提货。例如，同一份船公司正本提单下的货物由5家不同托运人的货源组成，货代将签发5份货代提单，提单号码相同，但在提单号之后以A、B、C、D、E对不同分提单予以区分。同时，货代对不同的托运人都要缮制一套托运单（场站收据），并附一套汇总的托运单（场站收据）上，5家托运人的货物按货类品名、重量、体积、包装、尺码等各自缮制托运单（场站收据），另外缮制一套总的托运单（场站收据），重量、体积、尺码等为各票货物汇总的数据。

3. 托运人备货、将拼箱货物送至集装箱货运站

货代拼箱的运输条款一般为"CFS TO CFS"，即货代在装运港集装箱货运站收货，在卸货港集装箱货运站交货，集装箱货运站是货代将不同托运人的零散货物拼装在同一集装箱内的场所。由于拼箱货源由不同托运人的货源组成，每票货物的单证是否齐全、货物的品名、规格、包装、数量、重量、尺码等是否有误差都会影响原有的拼装方案能否顺利实施。集装箱货运站在接收货物时，必须对货物的包装、数量、重量、尺码等进行测量并做好记录，同时逐票核对货物的单证文件、唛头确认单等信息。货物交接后，应填制到货记录单，记录货物的包装是否完好，有无破损，是否按时到达等情况，由经办人和送货人双方签字。

4. 货代装箱、在集装箱货运站对不同托运人货物进行集拼和装箱

托运人的货物在集装箱货运站交接后，货代将根据拼箱方案对不同托运人的货源进行拼装，拼装的依据为货物类别、货流流向、货物的规格、包装、数量、重量、尺码等信息，拼装的目的在于最大限度利用集装箱的重量或舱容体积，实现拼箱效益。装箱时应遵循以下原则：

（1）确保货物不超重，以保证集装箱装卸及海上运输的安全。箱内货物的重量分布要均衡，不能使负荷在局部过轻或过重，防止箱底变形及脱箱。

（2）货物在箱内码放要整齐，尽量不留空隙，以免货物在运输中相互

碰撞导致包装损坏。

（3）如需使用木料支撑或垫料进行分离，要确保其清洁、干燥、无污染。装箱完毕后，箱内货物的件数、提单号、唛头等信息应详细登记并与到货记录单一致。

5. 货代送箱、将重箱送港集结等候装船

货代送箱、将重箱送港集结等候装船与本章前述章节介绍基本一致，这里不再赘述。需要注意的是，集装箱内拼装的不同托运人的货物，报关的要求可能各不相同，任何一票货物发生延误都可能影响整个集装箱装船出运，必须预留好时间。

6. 货物装船出运、做好在途跟踪

货物装船出运、做好在途跟踪，是指拼装的集装箱装船出运后，货代应做好货物跟踪，及时将货物动态告知托运人，并根据船舶预计到达信息，通知目的港代理做好到港提货准备。

7. 货物卸船、运送至集装箱货运站

货物送抵目的港，集装箱班轮船公司将向货代在目的港的公司或代理发送到货通知书，通知货代换单提货，货代凭船公司提单换单并支付到付费用后，安排提货，将集装箱送至集装箱货运站，等候拼箱收货人提货。

8. 收货人换单提货

集装箱送至集装箱货运站之后，货代按装箱单记载顺序在集装箱货运站安排掏箱取货，并将取出的货物按票堆存。不同拼箱货物的收货人根据货代签发的货代提单换取提货单，凭货代签发的、海关放行的提货单（交货记录）向集装箱货运站提货。集装箱货运站核对单证文件、货物信息，查核所交付的货物在货运站期间是否发生保管、再次搬运等费用。如发生，则收取相关费用后交货；如未发生，则向收货人或其指定代理人交货。货物交接后，集装箱货运站根据货物交付情况制作交货报告和未交货报告，并寄送给货代，作为其向客户催提的依据。

9. 货代归还集装箱空箱

集装箱重箱在货运站掏箱后，货代将按照与船公司约定还箱地点，将集装箱空箱还至港口码头或内陆门点，与其他非拼箱集装箱基本一致，这里不再赘述。

以上流程如图 4-19 所示。

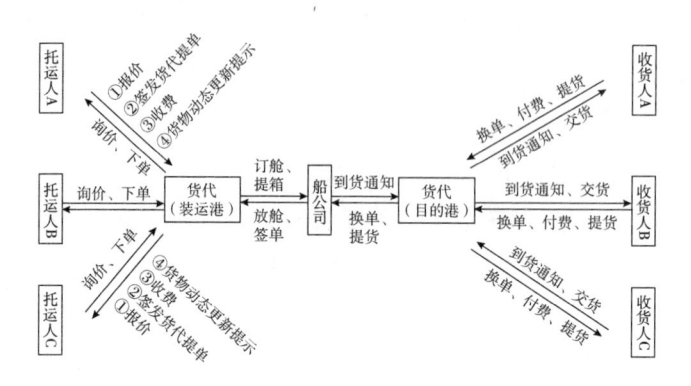

图 4-19 货代拼箱作业流程图

（二）货代拼箱运价制定

集装箱整箱定价本书前述章节已有介绍，集装箱班轮船公司定价是个多主体博弈的复杂过程，在实践中往往由市场份额领先的船公司率先定价，形成定价标杆，其他公司采取"跟随定价"的策略，在定价标杆确定后根据自身品牌定位、市场预期等进行定价，最终通过市场机制调整达到动态平衡。那么，集装箱拼箱如何定价呢？

与集装箱整箱运价形成机制相似，在货代拼箱市场上往往形成几家市场份额领先的拼箱货代，这些货代或控制众多拼箱货源，或在特定航线、特定货流上占有较高市场份额，其对拼箱货源的定价往往成为市场定价的标杆，其他拼箱货代在定价标杆确定后，结合市场运价、成本测算和自身拼箱货源结构综合评估定价，这种情况与集装箱整箱定价极其相似。

但是，集装箱拼箱定价也与整箱有着显著的差异。首先，集装箱拼箱定价的主体是经营拼箱业务的货代，轻资产、低投入的格局决定了其经营灵活、快速应变的特征，而集装箱整箱定价的主体是集装箱班轮船公司，重资产、高投入的格局决定了其更加注重服务的长期性和稳定性。这种差异，使得货代对拼箱货源的定价更加关注成本，成本加成定价成为货代对拼箱货源定价的一个重要参考。货代从集装箱班轮船公司获得整箱报价后，拼装在同一集装箱内的所有拼箱货源，将共同分摊海运运输成本。拼箱货源运送至装运港口集装箱货运站，需要由货代进行拼装，拼箱定价还要考虑货物拼装成本。集装箱送达目的港口后，可能需要通过陆运短驳运送至集装箱货运站，并在货运站拆箱，拼箱定价同时需要考虑货运站拆箱成本。货代经营拼箱业务需要投入管理人员，管理成本也是拼箱货源定价不可忽略的重要成本。其次，托运人选择集装箱拼箱的原因在于分摊海运运费及其他费用，拼箱报价不能高于托运人使用整箱运输时需要支付的成本和费用，否则客户将选择集装箱整箱运输，集装箱拼箱定价存在明确的价格参照体系。

在实际的拼箱操作过程中，拼箱货运费的计收标准通常为立方米，这是因为拼箱货多为"轻抛货"，即计费标准为"M"。由于货代将不同拼箱货源拼装在同一集装箱内，既受到集装箱舱容体积的限制，也受到集装箱接载重量的限制，当拼箱货源为重货时，计费标准应以货物毛重为准，即计费标准为"W"。因此，货代对拼箱货源的定价常常以体积或货物毛重择大者计收，即计费标准为"M/W"。为了计算和操作简便，拼箱货代通常根据其从集装箱班轮船公司所获得的某一港口的整箱运价，以及该箱型的重量和体积的比率、目的港拆箱费用、陆运短驳费用及拼箱市场运价水平，确定出某一港口的拼箱基本费率后，根据其设定的换算比例，对托运人所托运的拼箱货源进行定价。举个例子来说，某拼箱货代从集装箱班轮船公司获得上海至温哥华（Vancouver）的运价为 USD 2300/40HQ，从温哥华（Vancouver）中转至卡尔加里（Calgary）转运费为 USD 1260/40HQ，根据对装港、卸港集装箱货运站拆箱费用、陆运短驳费用等进行测算，计算出温哥华的基本运费标准为 USD 60/立方米，从温哥华中转至卡尔加里的转运费率标准为 USD 35/立方米，拼箱货代根据其设定的重货、轻抛货换算比例为基本港为 1 立方米 : 1000 千克、内陆点为 1 立方米 : 300 千克。根据以上换算标准，当托运人托运从上海至卡尔加里（通过温哥华中转）的某票货物，货物规格为 168 箱 /4485 千克 /4.95 立方米时，货代对该拼箱货源的收费如下：

上海至温哥华：USD 60/立方米，按照（1 : 1000）计费，体积为 4.95 立方米；

温哥华至卡尔加里：USD35/立方米，按照（1 : 300）计算，计费体积为 14.95 立方米；

海运费：USD 60/ 立方米 ×4.95 立方米 =USD 297

转运费：USD 35/ 立方米 ×14.95 立方米 =USD 523.25

即拼箱运费总额为 USD 820.25。

值得注意的是，对于重货、轻抛货的换算比例标准不是一成不变的，货代根据拼箱货源情况、海运运输成本、集装箱货运站拆箱成本、陆运短驳成本及拼箱市场运价等可能确定不同换算标准，需要在拼箱货源定价时予以注意。

货代拼箱实践中，有时候会出现单票拼箱货源太少，按照货物体积或货物毛重择大者收费，仍低于拼箱成本，普遍采用的解决方法是规定最低收费标准，如规定最低计费标准为 2 个运费吨，不足 2 个运费吨的拼箱货源一律按 2 个运费吨计价收费。如单票拼箱货源太大，按照货物体积或货物毛重择大者收费，拼箱运价高于或接近整箱运价，普遍采用的解决方法是选择更大的集装箱进行拼装。例如，对于某票从上海运往纽约的拼箱货物，根据货代的重货、轻抛货的换算比例标准，计费标准为 26 运费吨，假如使用集装箱整箱，托运人可以选择 20 英尺普箱运输，假定当期海运运价为 USD 1950/20GP（不包含目的港整箱 DDC 收费 USD 535/20GP）；而货代拼箱，按当期拼箱费率 USD 42/ 计费吨（不包含目的港拼箱货 DDC，收费标准为 USD 31/ 计费吨），计算拼箱成本为 USD 1092，节省运费达 USD 858。但是，事实并非如此，对于集装箱整箱货物，收货人仅需要在目的港支付金额为 USD535 的 DDC 费用；而对于拼箱货物，收货人不仅需要在目的港支付 USD 31/ 计费吨 ×26=USD 806 的 DDC，还需要按操作惯例，支付集装箱货运站的掏箱成本 USD 25/ 计费吨 ×26=USD 650。发货人通过拼箱运输节约的成本仅是通过价格条款转嫁给了收货人，实际的运输总成本甚至高于整箱货物运输，这显然是不合理的。解决的方法是将该拼箱货源使用 40 英尺普箱或 40 英尺高箱，与其他拼箱货源一起拼装，为托运人提供更优惠报价。

（三）国际中转集拼业务

国际中转集拼业务是指境外货物通过远洋航线、近洋航线运送至港口，在海关指定监管区域（港区或港区外海关指定监管区域）作业场所内拆箱分拣，与其他中转货物或本地货源进行拼箱后运送出港的一种港口物流业务。

国际中转集拼箱量占比是衡量港口国际航运枢纽能级的重要指标。从全球范围看，主要的国际中转集拼中心包括香港、新加坡、鹿特丹、科伦坡。我国港口国际中转集拼业务尚处于起步发展阶段，主要国际中转集拼中心包括上海、深圳等地。

1. 境外港口国际中转集拼模式

香港地区国际中转集拼业务以国际拼箱模式最为常见，即拼箱货物在装运港口拼箱并装船出运后，不直接运送至目的港，在香港港区内卸下，在港区内指定监管区域与其他国际中转或本地货源进行拼箱，再发送至目的港口。国际拼箱业务，属于转拼拼箱，拼箱货代需要在装运港口和第三地港口两次订舱，并在第三地港口重新提交拼箱后的单证文件、重新发送舱单信息（如美国航线 AMS 舱单、欧洲航线 ENS 舱单等），是一种较为特殊的拼箱操作，不适用于危险品，其业务流程如下：

（1）货代向船公司询价，确定国际拼箱业务下，装运港至第三地港口运价（一般为 CY TO FO 条款）及第三地港口至最终目的港运价（一般为 FI TO CY 条款）；

（2）货代在装运港向集装箱班轮船公司第一次订舱，目的港为第三地港口，并在订舱系统中单独标注"MCC"业务，以跟其他非"MCC"业务区分开来；

（3）船公司审核并放舱，签发设备交接单，货代凭设备交接单提箱并按正常出口业务将装箱后的集装箱送港集结等待装船，船公司对第一程订舱不签发船公司提单（正本提单或海运提单）；

（4）集装箱送达第三地港口前 24 小时，货代向船公司在当地的代理提交单证资料及其他相关文件；

（5）集装箱到达第三地港口后，船公司将集装箱卸下，并安排码头堆场至指定保税监管仓库陆运驳运，货代承担相应驳运成本；

（6）货代在保税监管仓库内对集装箱重新拼箱，拼箱完成后向船公司第二次订舱，装运港为该第三地港口，目的港为拼箱后的货物卸货港口；

（7）货代向船公司在该第三地港口的指定代理提交单证资料和文件；

（8）船公司在该第三地港口的指定代理根据海关舱单发送要求进行舱单申报（美国航线 AMS 申报、欧洲航线 ENS 申报等），并将重新拼箱后的集装箱拖运至码头堆场等待装船；

（9）船公司在第三地港口的指定代理，根据货代重新拼箱发生的码头装卸费用、码头堆场与仓库内陆短驳费用、改港费用、舱单更正费用、舱单发送费用及货代在码头可能发生的超期用箱、超期堆存成本向货代收费，完成系统录入，并向货代签发提单；

（10）集装箱货物送达目的港后，货代按正常流程换单提货，将货物运送至集装箱货运站后，在货运站掏箱，并向拼箱收货人交货。上述流程如图 4-20 所示。

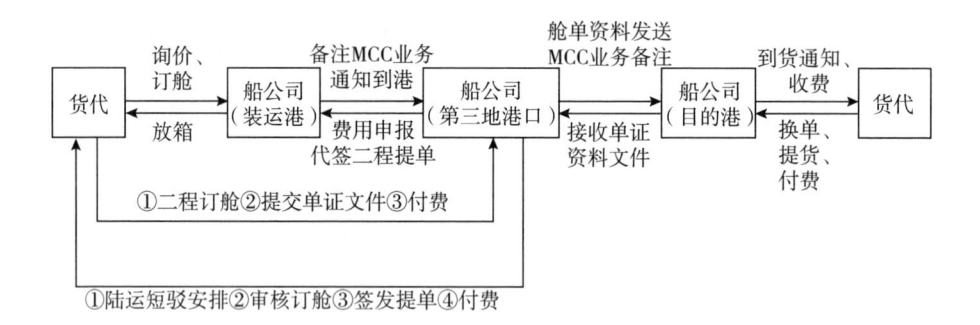

图 4-20 国际拼箱业务流程图

新加坡和鹿特丹的国际中转集拼业务模式与香港略有不同，新加坡国际中转集拼指定监管仓库分别位于 Pasir Panjang 港口和 Keppel Distripark 保税区码头等多个区域，进行进口流向国际中转集拼业务，如果货物在 Pasir Panjang 港口卸船并在港内指定监管仓库完成国际中转集拼则无须报关；如果货物在 Pasir Panjang 码头卸船而在 Keppel Distripark 保税区码头完成国际中转集拼，需要在提取货物之前完成海关申报方可将货物从 Pasir Panjang 运输到 Keppel Distripark 进行集拼。对出口流向国际中转集拼业务，如果货物在 Keppel Distripark 保税区码头集拼，货物进入保税区之前需要发送出口报关电子文件至保税区海关，包括提单、发票、装箱单、原产国（地区）和 HS 编码，出口报关可以在船开 7 天内完成；如果货物在 Pasir Panjang 码头指定监管仓库拼箱，则无须报关。鹿特丹国际中转集拼主要在保税监管仓库完成，报关行需要在货物卸船从码头运送至保税监管仓库前完成 T1 中转材料申报（主要包括 duty 和 tax），货物到达保税监管仓库登记入仓后不能再次安排送货集拼。国际中转集拼相关单证文件由报关行发送至保税监管仓库，每票货物在保税监管仓库拆箱后做进口报关；国际中转集拼货物离开保税监管仓库前，预报信息需要提前发送至码头，并在码头截关前送至码头。

2. 境内港口国际中转集拼模式

境内港口国际中转集拼业务起步较晚，至今未有明显突破。2018 年 9 月，海关总署发布《关于海运进出境中转集拼货物海关监管事项的公告》（2018 年第 120 号），对开展国际中转集拼业务提供政策依据，明确中转集拼货物包括国际转运货物（需在境内拆拼的货物）、进口货物（与国际转运货物拼箱进境并在境内拆箱的货物）、出口货物（与国际转运货物拼箱出境的货物）三种情况。该公告明确，国际转运货物应在船舶抵达卸货港前、集拼进口货物应在装船前 24 小时发送原始舱单，在办理整箱货物通关手续前提交分拨申请，在整箱货物到达拆拼作业场所时提交分拨货物运抵报告，在拆箱完毕后提交货物理货报告，在理货数据发送之后完成进口分拨货物报关进口，在集拼出口货物和国际转运货物报关、报备前发送预配舱单，在实施拼箱前完成国际转运货物转运准单提交，在指定国际中转仓库实施拼箱后完成集拼出口货物报关，在出口货物装箱后运抵至拆拼作业场所时提交整箱运抵报告，在所有货物装箱完毕后送港完成集港。该公告同时明确，进口环节一般采用总／分单模式、出口环节一般采用总／总单模式，原始舱单采用总／分单模式，总单中货物海关状态代码项填写"MIX"，预配舱单采用总／总单模式，总单中普通货物海关状态代码项无须修改，国际转运数据项中原始舱单、预配舱单中货物海关状态代码项填写"002"。上海、深圳等地根据海关总署相关指导意见，结合自身区位条件、货源结构、货流流向，形成差异化的国际中转集拼业务模式。

上海港近洋航线主要分布在外高桥港区，远洋航线分布在洋山深水港，由于内支线只挂靠外高桥港区，需要穿梭巴士往返驳运至洋山深水港，货物周转时间和成本相应增加。同时，由于洋山深水港码头作业区域有限，国际中转集拼监管仓库设立在洋山特殊综合保税区，洋山深水港集拼货物需要通过陆运送至洋山特殊综合保税区与外高桥驳船运输或陆运至监管仓库货物进行混拼，开展国际中转集拼业务成本相对较高。上海港国际中转集拼业务包括国内集拼出口、国际集拼出口和国际集拼进口三种业态。国内集拼出口，指国内一般贸易出口货物通过出境申报方式进入国际中转集拼监管仓库，与监管仓库内的境外进境中转货物进行混拼后经出境备案、出口报关后运送至境外目的港的中转集拼模式。国际集拼出口，指在洋山深水港卸货的境外进境中转货物与在外高桥港区卸货的境外进境中转货物在国际中转集拼指定监管仓库进行拼箱，经出境备案、出口报关后运送至境外目的港的中转集拼模式，该模式业务流程如图 4-21 所示。国际集拼进口，指在洋山深水港或外高桥港区卸货的境外进境货物在国际中转集拼监管仓库重新拼箱，按货物流向分拨至国内沿海沿江口岸的中转集拼模式，该模式业务流程如图 4-22 所示。

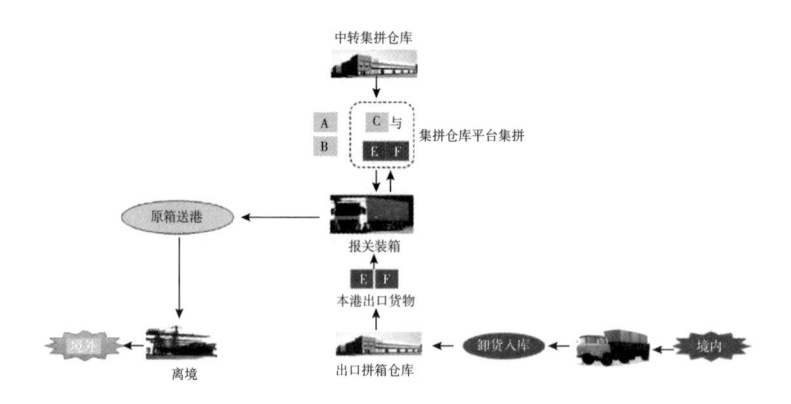

图 4-21　国际集拼出口业务流程图

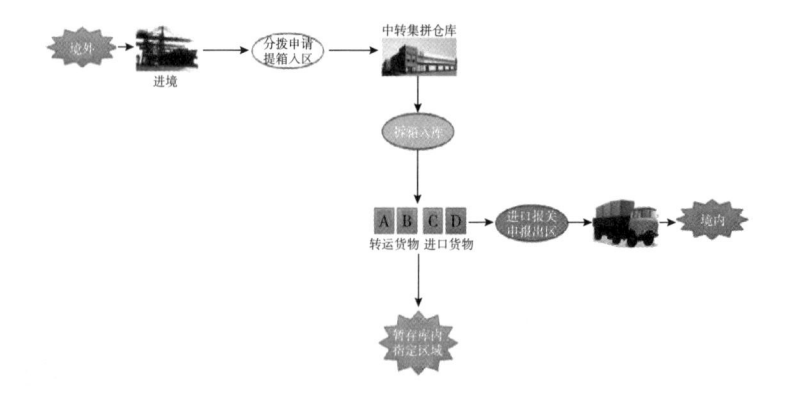

图 4-22　国际集拼进口业务流程图

深圳港区作业区域有限，国际中转集拼主要依托前海综合保税区，借鉴香港国际拼箱模式和海关总署有关规定，形成保税模式下国际中转集拼业务模式，其主要特点是国际中转货物通过舱单分拨系统，采用"先进后报"方式，从一线快速提入前海综合保税区后与区内出口货物进行拼箱，再以区港联动方式便捷出境。主要创新包括：一线进境货物采用"先进区后报关"模式，利用海关舱单分拨系统，将货物从一线快速提离码头，进入前海综合保税区，完成理货后，再通过海关金关二期系统进行进口申报（进口分拨），或向海关监管平台备案（国际中转）。二线入区采用"先进区后报关"模式，利用货物状态分类监管，将区外待出口货物先以国内普通货物入区，等实际转为出口货物时，再进行报关；实行电子围网，在海关监管系统中直接进行状态转换，不需移转货物。一线离境实现区港联动，货物在区内完成集拼后，在前海综合保税区内完成出区报关后，视同已运抵口岸，可触发口岸海关查验，之后可直送口岸。业务流程如图4-23所示。

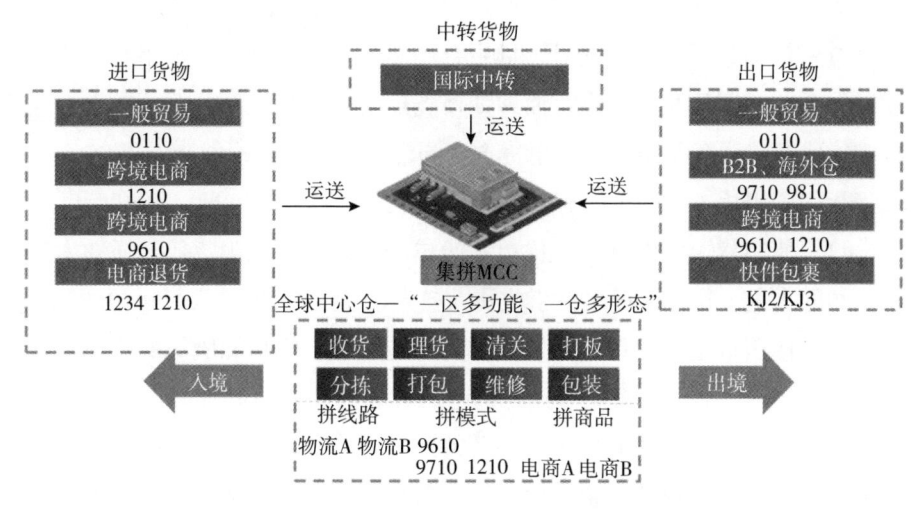

图 4-23 深圳前海国际中转集拼业务流程图
（图片来源：有信达）

三、货代套约行为及其规范管理

套约是指非运价合同签约方或列明的受益人，或者非合同中列明的货类品名，而使用了该合同约定签约方、列明受益人签定的特定货类品名的特殊运价，从而套取运费差价的行为。

货代套约行为是长期困扰集装箱班轮运输市场的一大顽疾，一些货代通过套用合约，既获得高额的不正当运费差价，又严重影响了市场的正常秩序，造成市场定价混乱、运价带宽明显放大。因此，有必要对货代的套约行为进行分析，给出货代合约规范管理的相关建议。

（一）货代套约的表现形式

货代套约的表现形式多种多样，常见的有货代套用货主合约、货代套用货代 NAC 合约、货代套用特殊货类品名约价、货代套用代理约价等多种形式，以下简要举例分析。

1. 货代套用货主合约

货代套用货主合约是货代套约的常见形式，由于集装箱班轮船公司与货主，尤其是全球性或区域性的大货主，签定运价协议或合同时，为争取客户货量支持，常给予一定的运价折扣，这就为货代通过套约获取不正当的运费差价创造了条件。同时，货主合同多数为季度合约、半年合约或年度以上合约，运价相对固定，而即期市场运价随市场波动，振幅较大，这也为货代在航线旺季期间，套用货主合同，赚取运费差价创造了机会。

货代套用货主合约可能有多种形式，包括：

（1）使用货主合约订舱、提单和舱单的收发货人均为货代，通知人显示签约的货主，这种情况多见于收货人签定的货主合约。

（2）使用货主合约订舱，货代作为订舱代理，提单和舱单的收发货人均不是合同签约方，或合同签约方的附属公司，或合同中列明的受益人。

（3）以发货人签约的货主合同，签约方及其附属公司或列明的受益人却出现在提单和舱单的收货人栏，而货代作为发货人，或是以收货人签约的货主合同，签约方及其附属公司或列明的受益人却出现在提单和舱单的发货人栏，而货代作为收货人。

（4）以货主合约订舱，提单和舱单的发货人或收货人及其附属公司或列明的受益人与合同约定一致，但是客户出运的货类品名与签约方的经营范围或合同约定有明显差异。

（5）以货主合约订舱，在同一港口出现订舱货代或付费人异常多，或合同到付付费方异常多、不固定的情况。

（6）以货主合约订舱，合约品名异常多，几乎涵盖市场主要出货品名，合同附属公司众多，提单或舱单一方虽为合同签约人或其附属公司或列明受益人，但另一方不固定。

当出现以上各种情况时，对货代是否套用货主合约应留有疑问，通过核实发货人或收货人是否为合同签约方或其附属公司或列明的受益人，核实客户货类品名是否与合同约定一致，为判定货代是否套约提供参考。可以核实的途径包括：核实客户报关单信息是否为合同签约方或其附属公司或列明的受益人、货物货类品名是否与服务合同约定一致，核实提单收货人、发货人、通知人等与合同签约方或其附属公司或列明的受益人的关系，核实货代签发的货代提单的真实收发货人，核实货代申报的海关舱单信息（适用于货代需要发送货代舱单信息的美国航线）。

通过对以上单证文件信息的核对，判断货代是否套用货主合约并不困难，但基于部分航线的操作惯例，判定货代是否套约要困难得多。以欧洲线为例，在远东—欧洲航线上，全球性货代与集装箱班轮船公司共同面对直接货主招标，对于全球性货代而言，无论是否中标，其作为货主的订舱代理，接受货主委托向船公司订舱后，所签发的提单及舱单中，提单的发货人、收货人、通知人都是该全球性货代，作为签约方的货主可能作为通知人（第一通知人或第二通知人），根据欧洲航线的舱单发送规则，货代并不需要向集装箱班轮船公司报备真实的收发货人信息，这意味着，对于船公司而言，判定货代是否套约所依赖的对报关单或货代签发的货代提单中真实收发货人的核对操作起来是极为困难的。

2. 货代套用NAC合约

货代套用NAC合约是货代套约的另一种常见的形式，由于货代与集装箱班轮船公司共同面对直接客户招标，船公司为争取货代的货量支持，可能针对货代列明的投标客户，参照投标市场定价给予价格折扣，从而形成与即期市场的运价价差，为货代套约创造了条件。无论是全球性货代、区域性货代还是中小货代，以NAC合约的形式为直接客户申请合约运价（一般为季度、半年或年度以上合约）是一种常见形式，需要加以规范。

货代套用 NAC 合约的形式多种多样，包括：

（1）以货代 NAC 合约订舱，将货代自身控制的其他 FAK 货源套用货代 NAC 合约，赚取运费差价。

（2）以货代 NAC 合约订舱，将其他货代的 FAK 货源，套用货代 NAC 合约，赚取运费差价。

（3）以货代 NAC 合约订舱，让不属于货代 NAC 合约列明的发货人或收货人或其附属公司的其他客户，套用签约的货代 NAC 合约，赚取运费差价。

（4）以货代 NAC 合约订舱，让不属于货代 NAC 合约列明的货流流向、货类品名的其他客户，套用签约的货代 NAC 合约，赚取运费差价。

（5）以 FAK 合约订舱，在货代 NAC 合约约定的合同期间内，在货代 NAC 合约运价暂时高于即期市场 FAK 运价时，将所有 NAC 货源转移到 FAK 货源。

货代套用 NAC 合约是一种较为隐蔽的套约方式，特别是当货代签定的 NAC 合约，对货类品名、货流流向没有严格限定，无法核实货代签发的货代提单的真实发货人、收货人信息时更为困难。对货代 NAC 合约是否套约，可以核实的途径包括：货代出运的货类品名、货流流向与货代 NAC 合约洽谈时是否一致；货代 NAC 合约的出货量是否与货代 NAC 合约约定的货量存在明显差异；货代 NAC 合约的订舱代理、付费方等是否异常多或不固定；货代签发的货代提单的真实收货人、发货人是否为 NAC 合约限定的收货人或发货人或其附属公司或合约列明的受益人等。

（二）货代合约规范管理

货代套约行为扰乱了市场秩序，造成市场定价机制的紊乱和运价带宽明显放大，特别是随着即期市场运价波动幅度加大、运价周期缩短，部分货代通过套用长期约价（季度合约、半年合约及年度以上合约），在市场波动中攫取了高额的运价价差，对集装箱班轮运输链的持续健康发展带来冲击。套约行为屡禁不止，既有利益驱动、商业伦理等多方面的原因，也有集装箱班轮船公司签约资质审核把关不严格、合约创建不规范、合同履约监督不力等多方面的原因，有效控制货代套约行为，对合约的规范和管理极为重要。

（1）严格审核直接客户签约资质，特别是针对由货主协会、贸易公司等长期运价合约签约需求，应详细核实货主协会和贸易公司的所有附属公司及其受益人名单、货流流向、货类品名及历史履约信誉，在签约前，就目标箱量及其淡旺季分布、舱位承诺条款以及具体承运的货流流向等进行详细沟通，明确订舱货代、限定货类品名，做好履约跟踪。

（2）对货代 NAC 约价，应同时审核货代及需要签订 NAC 合约的直接客户资质，原则上只应接受投标类直接客户或履约信誉较好的区域性直接客户的 NAC 签约需求。签约前，应核对该 NAC 合约对应的直接客户是否有明确的招标项目、招标程序及履约承诺，对该直接客户网站、经营范围、货流流向、货类品名等进行核实，与客户标书进行比对，对直接客户的附属公司或受益人应查证其关联关系。对于同时有 FAK 业务和 NAC 业务的货代应同时设定好 FAK 货量与 NAC 货量的比例，并做好履约跟踪。

（3）规范合约创建和系统校验。货代 NAC 合约，合约控制方（Control Party）只能为真实的发货人或收货人，货代只能作为通知人（Notify Party）或货代，NAC 合约应严格按照标书及双方确定的货流流向、货类品名严格限定，并在合同中对最低履约箱量条款（Minimum Quantity Container，MQC）进行约定。货主合约，发货人（Shipper）或收货人（Consignee）一方必须为签约的货主或其附属公司以及双方明确的合同受益人。服务合同应严格按照标书及双方确定的货流流向、货类品名进行严格限定，合同中对 MQC 应该进行约定并约定违约责任条款。集装箱班轮船公司还应加强对提单签单权的管理，规范电放操作流程，建立严格的系统校验逻辑，对货主合约、货代 NAC 合约履约进行事后监控，规范各类合约使用。

四、对货代业务的思考

集装箱班轮船公司与货代企业在供应链中是典型的竞合关系，对集装箱班轮船公司而言，货代企业首先是其客户，通过合作，船公司获得货主之外的稳定货源，在船舶大型化的趋势背景下，获得一定货量支撑；货代企业也填补了集装箱班轮船公司在"端到端"服务能力方面的不足，通过为货主企业提供基于客户需求定制的个性化服务，货代企业为供应链的稳定运行创造价值。货代企业与集装箱班轮船公司也存在激烈的竞争关系。一方面，由于运力快速扩张，市场供求关系失衡，货代企业作为独立的定价主体在市场报价，形成多元定价的格局，双方进行激烈博弈。两者之间的博弈具有典型的"零和博弈"的特征，集装箱班轮船公司在博弈中的运价上涨体现为货代物流企业成本上升，运价下跌体现为货代物流企业成本下降，即"一方所得即另一方所失"。另一方面，集装箱班轮船公司不断向"端到端"延伸，致力于向货主提供延伸物流服务，对货代企业传统市场造成冲击。各类航运电商平台兴起，显著增强了市场的透明度，也让一切基于信息不对称的商业模式变得岌岌可危，对货代企业尤其是中小型企业带来冲击。以下通过博弈模型对双方竞合关系进行研究。

（一）集装箱班轮船公司与货代合作的博弈模型

在集装箱班轮运输市场中，对供应链定价的主体为集装箱班轮船公司和货代企业，即货主是在船公司和货代企业之间做出选择，由于市场信息相对透明，运价水平往往为货主选择的依据，这样一方发现另一方的定价较低，那么就会以更低价格持平，这种策略称为"价格一致承诺"。

假定集装箱班轮班轮船公司对供应链的报价为 P_1，货代对供应链的报价为 P_2，在价格一致承诺下，当 $P_1 \leq P_2$ 时，供应链的最终定价为 P_1；当 $P_1 > P_2$ 时，供应链的最终定价为 P_2，即价格承诺生效。用 $minP_1P_2$ 表示 P_1P_2 的最小值。假设 a，b 为不变参数，且 $a \geq 0$，$b \geq 0$；Q 为供应链的市场需求量，包括货物费、中转费、港口费、船舶费、燃油费、集装箱变动成本、集装箱固定成本在内的各项成本为 c；假设供应链需求常数为 $Q=a-bP$，则收益函数为 $R=P-c\times(a-bP)$。

此时，集装箱班轮船公司的收益函数 $R_1=[minP_1\ P_2-c]\times 1/2\times[a-b\times minP_1\ P_2]$，货代企业的收益函数 $R_2=[minP_1\ P_2-c]\times 1/2\times[a-b\times minP_1\ P_2]$。

假定市场上只有船公司对供应链进行定价，根据收益函数 $R=(P-c)\times(a-bP)=(a+bc)P-bP^2-ac$，令其一阶导数 $-2bP+a+bc=0$，可得 $P=(a+bc)/2b$ 收益达到最大值，由于此时市场只有船公司一家对供应链报价，该价格即为垄断价格。假设一个策略组合中参与者的定价均为 P^*，且

$c \leqslant P^* \leqslant (a+bc)/2b$，即对供应链的定价处于成本价格与垄断价格之间。若船公司以垄断价格定价，价格与收益间的曲线为图 4-25 中的虚线；若船公司与货代企业实行价格一致策略，定价均为 P^* 时，即 $P_1 P^*$ 以 P^* 进行销售，在价格 P^* 右侧的关系曲线恒为直线，此时，价格与收益间的关系如图 4-24 中实线所示。

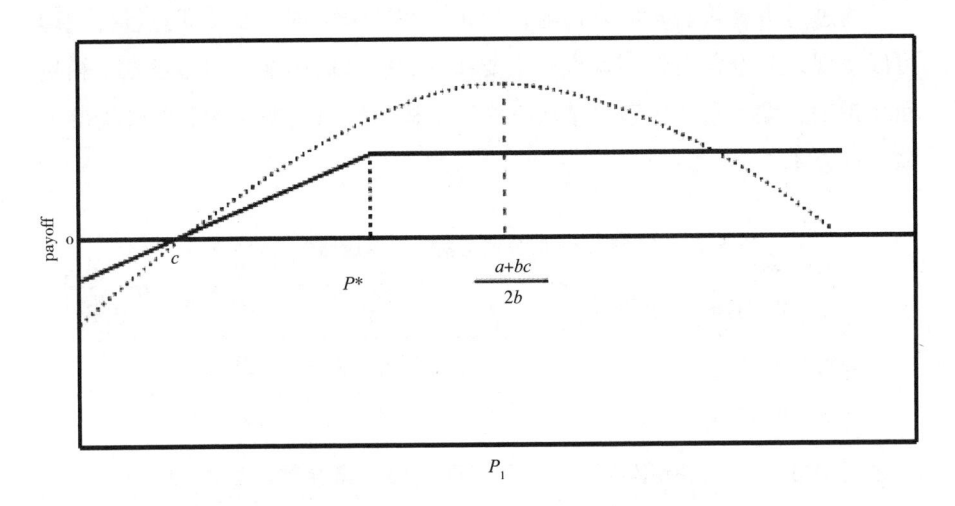

图 4-24　集装箱班轮船公司定价与收益曲线图

由以上分析可知，任何一个高于或等于 P^* 的价格都是船公司定价的最优反应，此时收益最大，P^* 是一个最优反应。根据策略组合的对称性，P^* 也是货代定价的最优反应，即对于满足条件 $c \leqslant P^* \leqslant (a+bc)/2b$ 的任一价格 P^*，均是一个纳什均衡解。实施价格一致承诺策略，会有许多对称纳什均衡，但如以收益最大为目标，当 $P^*=(a+bc)/2b$ 时，船公司和货代企业在供应链定价中的收益最高，此时，两者的竞争消除，最终定价与只有船公司或货代企业一家定价的垄断价格相同。因此，在价格承诺一致条件下，降价对争夺货源不起作用，一方降价，货主仍会在原有渠道以同一较低价格完成其购买行为，反之亦然。即价格一致承诺打消了船公司、货代企业之间互相压低价格，争抢货主货源的动机，有利于将运价稳定在合理水平，这是两者供应链定价中进行合作的重要基础。

从行业实践看，船公司与货代企业在供应链定价中的合作较为普遍，以投标市场定价为例，船公司在每年投标季节前，普遍寄希望于通过即期市场涨价，对新的年度合约报价形成支撑，此时，货代企业往往会在即期市场进行配合，通过上调市场报价，提高市场实际成交水平，双方达到价格一致承诺策略中的纳什均衡。

（二）集装箱班轮船公司与货代企业竞争的博弈模型

通过对集装箱班轮船公司与货代企业在竞争中的主要博弈点进行梳理可以发现，双方各自的利益点，主要在于运价、信用期、用箱条款、箱量回扣条款、堆存条款、客户结构、货流结构、轻重货源结构和舱位资源保障（见表4-2）。

表 4-2　集装箱班轮船公司与货代在供应链的博弈分析

集装箱班轮船公司	货代
提高运价，获取更高利润	降低运价，获得更低采购成本
及时收款，严控账期	延迟付款，降低自身资金成本
严控免费用箱天，加快箱体周转	争取额外用箱条款，增加灵活性
严控额外堆存条款，避免额外支出	争取额外堆存条件，降低成本
更多直接货主，提高货源掌控力	提升份额，提高话语权
争取高贡献值货流，严控低贡献值货流	不受限制，保持最大限度灵活性
根据客户贡献值分配舱位，提升收益	所有合约敞开订舱，不受限制
控制箱量回扣协议，减少支出	争取更多箱量回扣，增加收入
控制重货，鼓励轻抛货	不受限制，根据客户需求满足服务需求

由表4-2可知，对于集装箱班轮船公司与货代企业而言，一方获益将导致另一方损失，假定各方的每个利益值为1，则船公司与货代物流企业的利益最大值均为9，因双方在此博弈中是零和博弈，双方利益同时最大化，即实现（9，9）是不可能的。因为任一方利益达到最大值9，另一方利益将为0，任何一方不会在利益为0时与对方合作。集装箱班轮船公司需要货代企业为其提供货源，满足航线运力扩容需求，提升航线装载率；货代企业需要船公司提供海运运输服务，满足客户服务需求。两者

的博弈与博弈论中的经典博弈模型"斗鸡博弈"相似,可能出现三种情况:

(1)集装箱班轮船公司与货代都不理性,都追求自身最大收益,最终结果是双方合作关系破裂,集装箱班轮船公司与货代的博弈策略为(坚持,坚持),博弈收益为(0,0)。

(2)集装箱班轮船公司与货代都是理性的,双方反复试探对方底线,对于坚持的一方,双方反复沟通直至达成妥协,即集装箱班轮船公司与货代的博弈策略为(坚持,妥协)或(妥协,坚持),最终双方在妥协下保持合作,假定集装箱班轮船公司的收益为 $X(0 \leq X \leq 9)$,则集装箱班轮船公司与货代的收益为(X, 9–X)。

(3)集装箱班轮船公司与货代企业都是理性的,双方都认定各自为其不可或缺的一部分,对于各自需求,均在第一时间进行满足,即博弈结果为(妥协,妥协)。此时,由于双方更关注妥协而忽视效率或管理,导致部分利益受损,以额外用箱、额外堆存、客户信用期等为例,如双方均无原则满足对方要求,货主将不再对额外用箱、额外堆存或信用期进行控制,既导致整体效率下降,又影响整体收益。假定集装箱班轮船公司的收益为 Y,设 $0 \leq Y \leq 6$,船公司与货代的收益为(Y, 9–Y)。

由此不难得出,对于集装箱班轮船公司与货代而言,为维持双方这种竞合关系,现实和理性的选择是基于以上第2种策略,通过沟通,在博弈中寻求妥协。那么这种妥协是否存在一个博弈的均衡点呢?我们假定集装箱班轮船公司对货代的报价为 P,货代对直接货主的加价为 S,集装箱班轮船公司的成本为 C_1,货代的销售成本为 C_2,销售量为 Q,集装箱班轮船公司的利润为 Y_1,货代的利润为 Y_2,不考虑集装箱班轮船公司为鼓励货代揽货而给予箱量激励回扣,对集装箱班轮船公司和货代分别计算其利润,可得利润函数:

$$Y_1 = (P-C_1) \times Q$$
$$Y_2 = (S-C_2) \times Q$$

集装箱班轮船公司和货代要实现各自利润最大化须满足:$\partial Y_1/\partial P=0$,$\partial Y_2/\partial S=0$,联合求解可得:

$$P = (a-bC_2+2bC_1)/3b$$

$$S=(a+2bC_2-bC_1)/3b$$
$$Y_1=Y_2=(a-bC_1-bC_2)^2/9b$$

其中，a，b，ϵN，可以发现集装箱班轮船公司与货代企业在竞合博弈中双方实现纳什均衡的博弈平衡点为双方平均分享整个集装箱运输链的收益，即货代与集装箱班轮船公司应合理分工、密切协作，实现合理的利益分配机制，促进行业持续健康发展。

本章小结

集装箱运输链较长，货主或货代向船公司提交订舱委托书后，船公司或其船代接受订舱委托并发放空箱，货主或货代提箱后到工厂装箱、办理报关等各种手续，并将集装箱重箱送港区集结，等候装船；货物装船出运并运抵目的港（CY条款）或铁路堆场（RAMP条款）或内陆门点（DOOR条款）前，船公司发送到货通知书，通知收货人支付到付费用、换单提货；收货人或其委托的通知人完成清关、商检等各项手续，换单提货。

整个运输过程中，场站收据、装箱单、设备交接单、集装箱提单、集装箱预配清单、集装箱装载清单、集装箱预配船图、集装箱船舶积载图、理货报告单、集装箱载货清单、危险品集装箱清单、冷藏集装箱清单、卸箱清单、拆箱单、待提箱报告等各类运输单证和文件在集装箱班轮船公司、发货人、港口码头、收货人等不同主体有序流转，成为货物交接、责任风险划分、确定物权等的重要凭证。

货代是集装箱运输链条中不可或缺的一部分，货代接受发货人或收货人或船东的委托，办理进出口手续、准备单证文件、提供延伸物流服务或为船东揽货，演化出"提供海运报价，赚取运费差价""办理订舱和单证文件服务，赚取佣金""作为合同物流承运人，赚取合同物流收益""提供延伸物流服务，赚取服务利润""提供供应链全过程解决方案，赚取供应链收益""作为船东货代，为船队揽货和销售"等不同业务模式。其中，延伸物流服务作为货代对集装箱运输链提供的产品，对货代提升存在价值、打造核心竞争力具有重要意义。而货代的延伸物流服务，包括仓储分拨配送、出口报关、目的港清关、内陆拖车、提供供应链解决方案，都离不开对集装箱供应链的价值创造。

集装箱拼箱是货代为集装箱运输链提供的另一个产品和服务，满足了小批量、零散客户的运输服务需求，通过对不同客户的货源进行整合，有利于集装箱运输链的整体效益。根据拼箱货源在中途挂靠港口或转运港口是否需要安排拆箱、卸货等，可以将拼箱细分为"直拼"和"转拼"，国际拼箱业务是一种常见的转拼业务，其业务流程与传统拼箱的显著区别在于一程订舱不签发提单，在拼箱枢纽（Consolidation Hub）对集装箱进行重新拼箱后，重新订舱并签发提单。

研究货代的业务，还需要熟练掌握货代套约的几种典型形式及其核查途径和方法，无论是货代套用货主合约还是货代套用NAC合约，可以通过核实是否合同签约货主或其附属公司或列明的收货人，核对货物的货类品名、货流流向等是否与合约相符，来对合约是否被套用进行核查。

推荐阅读

1. 王学锋. 国际货运实务[M]. 北京：高等教育出版社，2006.
2. 王学锋. 国际物流[M]. 北京：高等教育出版社，2009.

思考与实训

1. 场站收据由哪些单据组成？这些单据在集装箱运输链中如何流转？流转过程中各单据的交接主体有哪些？

2. 在CY TO CY运输条款下，收货人在目的港换单提货后，发现集装箱内所装的货物与提单不符，可以通过查核哪些单证对可能的问题进行排查？如何判定各方责任并进行索赔？

3. 货代在集装箱运输链中起到什么样的作用？货代的业务模式有哪些？不同业务模式的特点是什么？决定货代业务模式选择的原因是什么？互联网浪潮下，如何影响货代对业务模式的选择？

4. 货代通过集拼为发货人提供仓储、分拨和配送服务与传统的业务流程有哪些区别？在集拼过程中货代如何为供应链创造价值？

5. 集装箱班轮船公司与货代提供的延伸物流服务有哪些区别？双方为客户提供延伸物流服务的着力点在哪里？各有哪些优势和不足？

6. 集装箱班轮船公司收到客户投诉，反馈某货代在当地市场以明显低于即期市场的运价揽货，通过查询货代订舱数据，委托该货代订舱的货主合约和该货代的 NAC 合约货量都有显著上升，如何处理？

7. 如何理解集装箱班轮船公司与货代的这种竞争与合作的关系？双方在集装箱运输链中应如何定位？如何协作？

第五章

集装箱危险货物运输

关键术语

危险货物　TDG 分类　GHS 分类　爆炸品　气体　易燃液体　易燃固体　易自燃物质　氧化性　过氧化物　感染性　腐蚀品　《国际海运危险货物规则》　装箱　隔离　配积载　危险等级　联合国编号　包装类别　副危险性　限量　内装　船申报　货申报　MSDS　危包证　标记　集合包件　堆码　衬垫　系固　隔离　鉴定报告　瞒报

学习目标

了解危险货物类别及细分类别项，了解 TDG 分类体系与 GHS 分类体系的差别及联系，了解不同危险货物的危险特性及其在集装箱运输的注意事项；了解危险货物相关的法律、法规和规范性文件，熟悉相关规定并能将有关规章制度与危险货物运输实践紧密结合起来；了解危险货物与普通货物运输的区别，熟练掌握危险货物运输的相关流程及重点环节，熟悉危险货物运输单证，了解相关单证的功能及其流转，学会对危险货物单证进行审核；熟练掌握危险货物包装、装箱、隔离、配积载的要求和方法，掌握相关原则和做法，并能在实践中熟练运用；了解危险货物瞒报手法，熟悉容易被瞒报的各种危险货物，熟练掌握预防危险货物瞒报的各种方法。

第一节
海运危险货物介绍

危险货物运输是集装箱班轮运输的重点和难点，由于危险货物常具有爆炸、易燃、毒害、感染、腐蚀、放射性等危险性质，在集装箱班轮运输中对其处置不当，可能导致安全事故，造成人身伤亡、船舶损毁或环境污染，需要高度重视。

为规范危险货物运输，有效降低运输风险，各种国际公约、国内法律法规和其他有关危险货物运输的规范性文件，对危险货物申报、运输监管，危险货物的包装、标记、装箱、隔离和配积载都做了详细规定，本章将结合集装箱危险货物运输中的实务操作进行简要介绍。

一、危险货物类别

危险货物指的是根据经修正的《国际海上人命安全公约》第Ⅶ章分类和《经 1978 年议定书修订的〈1973 年国际防止船舶造成污染公约〉》附则Ⅲ规定，以及受《控制危险废物越境转移及其处置巴塞尔公约》（简称《巴塞尔公约》）约束，同时符合《国际海运危险货物规则》标准的，具有爆炸、易燃、毒害、腐蚀、放射性等危险性质，在运输、装卸、搬运和储存过程中，可能对船舶、人员和作业场所带来危险性伤害的货物。

（一）TDG 分类体系与 GHS 分类体系

TDG 分类体系，是指根据联合国《关于危险货物运输的建议书——规章范本》(*Recommendation on the Transport of Dangerous Goods—Model Regulations*)对危险货物进行分类的体系。在 TDG 分类体系之下，危险货物被分为九类，包括爆炸品、气体、易燃液体、易燃固体及易自燃物质及遇湿放出易燃气体的物质、氧化性物质和有机过氧化物、有毒和感染性物质、放射性物质、腐蚀品和杂类危险物质或物品。每类危险品之下又分为多个项，每一类项的危险品又按照危险性从大到小的顺序分为Ⅰ、Ⅱ、Ⅲ类包装（某些危险类别或细分危险项下无包装类别，如1类、2类、7类、5.2项、6.2项、4.1项中的自反应物质等）。同时，在TDG分类体系下，同时具有多种危险性的货物将被分配主次危险，并据此确定货物的危险属性。详细分类见表5-1。

表5-1 TDG分类体系下危险货物类别及类别项

TDG分类体系下危险货物分类		危险货物分类下细分项
1	爆炸品	1.1 具有整体爆炸危险的物质或物品
		1.2 具有进射危险但无整体爆炸危险的物质或物品
		1.3 具有燃烧危险并有较小爆炸危险或较小进射危险，或这两种危险都有，但无整体爆炸危险的物质或物品
		1.4 无重大危险的物质或物品
		1.5 具有整体爆炸危险但极不敏感的物质
		1.6 没有整体爆炸危险的极度不敏感物质
2	气体	2.1 易燃气体
		2.2 非易燃、无毒气体
		2.3 有毒气体
3	易燃液体	
4	易燃固体、易自燃物质、遇湿放出易燃气体的物质	4.1 易燃固体、自反应物质、固体退敏爆炸品
		4.2 易于自燃的物质
		4.3 遇湿放出易燃气体的物质
5	氧化性物质和有机过氧化物	5.1 氧化性物质
		5.2 有机过氧化物
6	有毒和感染性物质	6.1 有毒物质
		6.2 感染性物质
7	放射性物质	
8	腐蚀品	
9	杂项危险物质和物品	

GHS 分类体系，是指根据《化学品分类与标记全球协调制度》（The Globally Harmonized System of Classification and Labelling of Chemicals）对危险货物进行分类的体系。与 TDG 分类体系不同，GHS 分类体系下，同时具有多种危险性的货物不区分货物的主次危险，GHS 分类体系从危险货物的物理危险属性区分，将危险货物分为爆炸物、易燃气体（包括不稳定气体）、气溶胶、氧化性气体、压力下气体（压缩气体、冷液化气体、液化气体、溶解气体）、易燃液体、易燃固体、自反应物质、自燃液体、自燃固体、自热物质、遇水反应放出易燃气体的物质、氧化性液体、氧化性固体、有机过氧化物、金属腐蚀物共 16 类危险货物。从健康危害属性区分，将危险货物分为急性毒性、皮肤腐蚀及刺激、严重眼损伤及刺激、呼吸或皮肤过敏、生殖细胞致突变性、致癌性、生殖毒性、特异性靶器官毒性（单次接触）、特异性靶器官毒性（反复接触）、吸入危险共 10 类危险货物。从环境危害属性区分，将危险货物分为水生毒性和危害臭氧层共 2 类危险货物。每类危险类别下进一步细分为若干类别项，详见表 5-2、表 5-3 和表 5-4。

表 5-2　GHS 分类体系下物理危险分类（16 类）

序号	物理危险	类别					
1	爆炸物	不稳定爆炸物	1.1 项	1.2 项	1.3 项	1.4 项	1.5 项	1.6 项
2	易燃气体（包括不稳定气体）	1	1A	1B	2	2A	2B	
3	气溶胶	1	2	3			
4	氧化性气体	1					
5	压力下气体（压缩气体、冷液化气体、液化气体、溶解气体）	1					
6	易燃液体	1	2	3	4		
7	易燃固体	1	2				
8	自反应物质	类型 A	类型 B	类型 C	类型 D	类型 E	类型 F	类型 G

表 5-2 续

序号	物理危险	类别					
9	自燃液体	1					
10	自燃固体	1					
11	自热物质	1	2				
12	遇水反应放出易燃气体的物质	1	2	3			
13	氧化性液体	1	2	3			
14	氧化性固体	1	2	3			
15	有机过氧化物	类型A	类型B	类型C	类型D	类型E	类型F	类型G
16	金属腐蚀物	1					

表 5-3　GHS 分类体系下健康危险分类（10 类）

序号	健康危险		类别				
1	急性毒性	急性经口	1	2	3	4	5
		急性经皮					
		急性吸入					
2	皮肤腐蚀及刺激		1A	1B	1C	2	3
3	严重眼损伤及刺激		1	2A	2B		
4	呼吸或皮肤过敏		1	1A	1B		
5	生殖细胞致突变性		1A	1B	2		
6	致癌性		1A	1B	2		
7	生殖毒性		1A	1B	2		
8	特异性靶器官毒性（单次接触）		1	2	3		
9	特异性靶器官毒性（反复接触）		1	2			
10	吸入危险		1	2			

表 5-4　GHS 分类体系下，环境危险分类（2类）

序号	环境危险		类别			
1	水生毒性	急性	1	2	3	
		慢性	1	2	3	4
2	危害臭氧层		1			

　　GHS 分类体系下，多数危险货物类别和类别项都可以在 TDG 分类体系下找到对应的危险货物类别或类别项，如 GHS 分类体系下，有关"爆炸物"的 1.1 至 1.6 危险货物类别项对应 TDG 分类体系下的 1.1 至 1.6 危险货物类别项，有关"急性毒性"的 GHS 类别 1、2、3 分别对应 TDG 分类体系下 6.1 Ⅰ类、6.1 Ⅱ类和 6.1 Ⅲ类。但是 GHS 分类体系和 TDG 分类体系并非完全对应，GHS 分类体系下的部分危险类别如"不稳定爆炸物"，在 TDG 分类体系中不存在相关危险类别、也不受理运输；GHS 分类体系下有关"易燃液体"的危险类别 4，在 TDG 分类体系下不属于危险货物；TDG 分类体系中的部分危险货物，如 6.2 项下的"感染性物质"、7 类的"放射性物质"和 9 类的"杂项危险物质和物品"和不属于化学品的物品，如制冷机、火柴、发动机等在 GHS 分类体系中均不存在对应的危险品类别。

（二）危险货物的危险特性

　　不同类别的危险货物，由于其危险特性不同，在集装箱运输过程中对危险货物的包装、标记、装箱、隔离和配积载等要求也不尽相同，由于在集装箱运输中普遍以 TDG 分类体系对危险货物进行分类，以下结合 TDG 分类体系下危险货物的危险特性进行简要介绍。

1. 爆炸品

　　第 1 类爆炸品是指在外界作用下（如受热、受压、撞击等），能发生剧烈的化学反应，瞬时产生大量的气体和热量，使周围压力急骤上升、发生爆炸，对周围环境造成破坏的物品，也包括无整体爆炸危险，但具有燃烧、迸射及较小爆炸危险的物品。

第 1 类爆炸品的危险特性是：爆炸品都具有化学不稳定性，在一定的外因条件作用下容易发生爆炸，表现在化学反应速度猛烈、释放大量气体和热量、产生瞬间高温和高压等方面，具有极大破坏力。同时爆炸品敏感度高，对环境作用力，如加热、火花、摩擦、撞击等作用敏感，极易发生爆炸，但不同的爆炸品对不同的环境作用力具有感度选择性特性；有些爆炸品本身还具有一定的毒害性，会通过呼吸道、食道或皮肤进入人体而引起中毒伤害，爆炸品爆炸后产生的一氧化碳及氮氧化物等有毒气体也会对人体造成伤害。

第 1 类爆炸品包括 6 个小类，分别为 1.1 类的"具有整体爆炸危险的物质和物品"、1.2 类的"具有迸射危险但无整体爆炸危险的物质和物品"、1.3 类的"具有燃烧危险和较小爆炸或较小迸射危险，或同时兼有此两种危险，但无整体爆炸危险的物质和物品"、1.4 类的"无重大危险的物质和物品"、1.5 类的"具有整体爆炸危险但极不敏感的物质"、1.6 类的"没有整体爆炸危险的极度不敏感物质"。

对于第 1 类爆炸品，在集装箱班轮运输中应远离热源，避免高温、火花、摩擦和撞击，应注意不同爆炸品之间是否能够同时配积载或运输而不增加运输风险或事故后果等级。根据这一标准，对第 1 类爆炸品可以进一步细分为 13 种配装类别和 35 种配装类组合和 15 个积载类别（不同于其他危险货物的 A~E 五个积载类）。

2.气体

第 2 类气体是指运输条件下的各种压缩气体、液化气体、冷冻液化气体、溶解气体，包括各种易燃气体、有毒气体和非易燃、无毒但在高浓度下有窒息风险或具有潜在的爆裂危险的气体。

第 2 类气体的危险特性是：具有可压缩性，气体在温度不变时，所受到的压力越大其体积越小，若继续加压则会被压缩为液态；具有热膨胀性，气体在光照或受热后温度升高，体积增大，若气体的热膨胀发生在密闭容器中，则会对密闭容器产生一定的压应力，而且气体的受热温度越高，压应力越大，则当该压应力超过容器的耐压强度时，容器则会发生爆炸事故；具有易燃易爆性，特别是易燃或可燃的气体与空气能形成混合性气体，遇明火极易发生燃烧爆炸危险。同时，有些气体还具有毒害性、刺激性、致敏性、腐蚀性和窒息性，在运输中容易造成人身伤害或运输安全事故。

第2类气体包括3个小类，分别为2.1类的"易燃气体"、2.2类的"非易燃、无毒气体"和2.3类的"有毒气体"。当气体或气体混合物的危险性超过一种，对气体的危险类别进行细分时，2.3类优先于其他所有类别，2.1类优先于2.2类。

对于第2类气体，在集装箱班轮运输中应避免直接面对阳光照射或接近热源，应避免渗漏或人员接触造成可能的窒息、腐蚀或中毒等人身伤害或安全事故。

3. 易燃液体

第3类易燃液体是指闭杯闪点不高于60摄氏度或在60摄氏度以下容易放出易燃蒸汽的液体或液体混合物，或含有处于溶液中或悬浮状态的固体或液体（如油漆、清漆、真漆等，但不包括由于其危险性已列入其他类别中的物质）。

第3类易燃液体的危险特性是：具有高度易燃性，容易和氧发生化学反应而燃烧、闪点低、燃点低，接触火源容易着火而持续燃烧；具有易爆性，当盛放易燃液体的容器有某种破损或不密封时，挥发出来的易燃蒸气扩散并与空气混合，当浓度达到一定范围，即达到爆炸极限时，遇明火或火花即能引起爆炸；具有高度流动扩散性，容易发生渗漏、挥发而增加燃烧爆炸风险；具有受热膨胀性，膨胀系数大，受热后体积容易膨胀，同时其蒸气压也随之升高，从而使密封容器中内部压力增大，造成"鼓桶"，甚至爆裂，在容器爆裂时会产生火花而引起燃烧爆炸；忌氧化剂和酸，能与氧化剂发生氧化反应并产生大量的热，使温度升高到燃点引起燃烧爆炸；具有毒性，大多数易燃液体及其蒸气均有不同程度的麻醉性和毒性，有的经皮肤吸收也会造成中毒事故。

对于第3类易燃液体，在集装箱班轮运输中，应避免热源或接触火源，避免液体渗漏或挥发，避免人员吸入或接触造成人身伤害或安全事故。

4. 易燃固体

易燃固体是指易自燃的物质或遇水放出易燃气体的物质，容易燃烧的固体、自反应物质、退敏爆炸品、引火物质、自热物质和其他遇水放出易燃气体的物质。

第 4 类易燃固体的危险特性是：具有易燃危险性，与火源接触容易燃烧并持续蔓延；具有爆炸性，其粉尘与空气接触后容易形成混合型爆炸物，遇火星发生爆炸；忌氧化剂和酸，与氧化剂混合能形成爆炸品，与酸类（特别是氧化性酸）容易发生化学反应而燃烧爆炸；自反应性，容易因热源或与催化性杂质（如酸、重金属化合物、碱）接触、摩擦或碰撞而发生分解，释放毒性气体或蒸气；自热性，不需受热和明火，会自行燃烧。

第 4 类易燃固体包括 3 个小类，分别为 4.1 类"易燃固体、自反应物质、固体退敏爆炸品"、4.2 类"易于自燃的物质"和 4.3 类"遇湿放出易燃气体的物质"。

对于第 4 类易燃固体，在集装箱班轮运输中，要远离热源、氧化剂、酸和催化性杂质，对于自反应物质在必要时，要采用稀释剂进行退敏，稀释时注意稀释剂要与自反应物质相容。同时，要对闪点和沸点进行控制，并避免人员接触。

5. 氧化性物质和有机过氧化物

第 5 类危险货物分为氧化性物质和有机过氧化物。氧化性物质是指处于高氧化态，具有强氧化性，易分解并放出氧和热量的物质，包括含过氧基的无机物。其本身不一定可燃，但可以放出氧气而引起其他物质的燃烧。与松软的粉末状可燃物能组成爆炸性混合物，对热、震动或摩擦较敏感。有机过氧化物是指含有过氧基的有机物，有机过氧化物遇热不稳定，加速自分解并放热。因而其具有速燃、对碰撞和摩擦敏感、与其他物质可能会进行危险的反应、易于爆炸分解和损伤眼睛。有些有机过氧化物与眼睛即使经过短暂的接触，也会给角膜造成严重伤害。

第 5 类氧化性物质和有机过氧化物的危险特性是：易燃易爆性，与可燃物混合，易于点燃，有时会因摩擦或碰撞而着火，甚至爆炸；不稳定性，受热易分解在一定环境下直接或间接放出氧气，容易引起火灾；活跃性，容易与其他物质发生化学反应；吸水性，和液体酸性物质接触会发生剧烈反应，释放出有毒气体；毒性和腐蚀性，人吸入或接触可能发生中毒、灼伤现象；易分解性，且分解后的物质几乎都是气体或易挥发的物质。

对于第 5 类氧化性物质和有机过氧化物，在集装箱运输中，应远离热源，并严格设置好控制温度和应急温度，应远离液体和其他酸性物质，避免人员直接接触。

6. 有毒物质和感染性物质

第 6 类有毒物质和感染性物质是指在吞入、吸入或皮肤接触，进入人体可能导致死亡或危害健康的物质；或已知含有或有理由认为含有病原体的物质。

第 6 类有毒物质和感染性物质的危险特性是：具有毒性，经口吞咽、皮肤接触或吸入粉尘和烟雾容易导致中毒；具有感染性，与人接触容易造成感染、危及生命或致命疾病或造成永久性残疾。

对于第 6 类有毒物质和感染性物质，在集装箱班轮运输中，应避免人员接触，并做好隔离、防护措施。

7. 放射性物质

第 7 类放射性物质是指自发和连续地放射出某种类型辐射电离发射的物质，这种辐射对健康有害，但却不能被人体的任何感官（视觉、听觉、嗅觉、触觉）所察觉。

第 7 类放射性物质的危险特性是：辐射污染性，通过各种放射性射线对人身安全、船舶设备等造成污染。

对于第 7 类放射性物质，在集装箱运输中，应远离人员，并做好隔离防护措施，对于在运输中容易发生裂变的放射性物质，应单独制订接载方案。

8. 腐蚀品

第 8 类腐蚀品是指在运输中可能由于货物渗漏或产生化学反应，而对人员或运输工具造成腐蚀的物质。

第 8 类腐蚀品的危险特性是：腐蚀性，与包括人体、运输工具在内的多数货物接触，都能造成不同程度的腐蚀，其中对人体的伤害通常又称为化学烧伤或化学灼伤。

对于第 8 类腐蚀品，在集装箱班轮运输中应防止人员直接接触，并做好隔离防护措施。

9. 杂项危险物质和物品

第 9 类杂项危险危险物质和物品是指未列入以上危险货物类别的其他

杂项的危险货物，包括危害环境的物质、高温物质和不属于感染性物质但可以非正常地改变生物组织物质。集装箱运输中，常见的锂电池也属于杂项危险物质。

第9类杂项危险物质和物品的危险特性是：环境危害性，在运输中可能造成环境危害；海洋污染性，如果不满足第1至第8类的危险品分类标准，除非在第9类中有专门的条目，须按"对环境有害的物质，固体的，未另列明的，UN3077"，或"对环境有害的物质，液体的，未另列明的，UN3082"运输。

对于第9类杂项危险物质和物品，在集装箱班轮运输中，应根据对具体危险货物的危险特性，制定隔离防护措施。

二、危险货物运输相关法律法规

危险货物运输既关系到运输企业的安全生产和人身安全，更影响公共安全和公众环境，任何危险货物运输安全事故都可能造成严重的人员伤亡、环境污染和财产损失。因此，无论是国际、国内立法机构，都十分关注危险货物运输，并通过各种国际公约、法律法规和规范性文件，对危险货物运输进行规范。以下对相关内容进行简要介绍。

（一）有关的国际公约和规范性文件

危险货物运输相关的国际公约及相关规范性文件主要有《国际海上人命安全公约》《国际海运危险货物规则》《经1978年议定书修订的〈1973年国际防止船舶造成污染公约〉》和联合国《关于危险货物的运输建议书——规章范本》等。

《国际海上人命安全公约》第7章，分别从包装危险货物和散装固体危险品的装运（A部分）、散装运输液体危险化学品船舶的构造和设备（B部分）、散装运输液化气船舶的构造和设备（C部分）和船舶安全载运放射性核燃料、钚和高辐射水平的放射性废弃物国际规则（D部分）对相关危险货物运输进行规范。

《国际海运危险货物规则》包括第一册、第二册和补充本，起初是建议性的文件，随着危险货物相关的生产商、包装商、仓储商、船公司、港口码头都使用规则中的全部或部分内容，逐渐成为各国有关危险货物立法和管理的依据。

《经1978年议定书修订的〈1973年国际防止船舶造成污染公约〉》由国际海事组织制定，包含6个附则，其中，附则Ⅲ根据1985年国际海上组织的海上环保会决定，并经海上安全委员会批准，将附则Ⅲ的内容包含在《国际海运危险货物规则》的修正案之中。

联合国《关于危险货物的运输建议书——规章范本》由联合国经济及社会理事会危险货物运输专家委员会编写，该委员会后经过重组更名为"危险货物运输和全球化学品统一分类标签制度问题专家委员会"，下设危险货物运输问题专家小组委员会和全球化学品统一分类和标签制度专家小组委员会。对危险货物运输规章制定、危险货物分类、定义和危险货物的托运程序等进行规范。

有关国际公约和规范性文件的具体内容可参照相关文件，碍于篇幅限制，这里不再赘述。

（二）国内有关法律法规和规范性文件

根据相关国际公约和规范性文件，我国政府从本国国情和实践出发，也制定了相关的法律法规和规范性文件，包括《中华人民共和国海商法》《中华人民共和国海上交通安全法》《中华人民共和国海洋环境保护法》《中华人民共和国水污染防治法》《中华人民共和国港口法》《水路包装危险货物运输规则》《危险化学品安全管理条例》《船舶载运危险货物安全监督管理规定》《船舶载运外贸危险货物申报规定》《集装箱装运危险货物监督管理规定》《海运危险货物集装箱装箱安全技术要求》《危险货物运输包装通用技术条件》《危险货物品名表》等。其中，《中华人民共和国海商法》对危险货物运输中承运人和托运人的责任、权利和义务做出规定；《中华人民共和国海上交通安全法》对船舶设施储存、装卸、运输危险货物及其申报手续做出规定；《中华人民共和国海洋环境保护法》对载运危险货物的船舶及在港作业规范做出规定；《水路包装危险货物运输规则》对中国境内从事危险货物的船舶运输、港口装卸、储存等业务做出规定；

《危险化学品安全管理条例》对危险化学品的生产、储存、使用、经营、运输和危险化学品的登记与事故应急救援、法律责任等做出规定；《船舶载运危险货物安全监督管理规定》对船舶载运危险货物进出港口申报手续、申报内容、单证文件等做出规定。

集装箱班轮承运危险货物，既要参照有关危险货物的国际公约、规范性文件，也要参照国内相关法律法规和规范性文件，碍于篇幅限制，这里不对具体法律法规和规范性文件进行介绍。

第二节
危险货物运输实务介绍

一、危险货物与普通货物的运输差异

（一）危险货物运输需要考虑更多因素

集装箱危险货物运输需要参考的因素众多，既要考虑普通货物运输中常见的船舶舱位和重量限制、航线货流平衡、多式联运限制等影响因素，更要考虑港口码头作业限制、船舶适装和配积载要求、合作方航线或公共支线限制，以及集装箱运输有关人员、船舶、货物安全等各种要求，任何一个环节出现疏漏，都可能对集装箱危险货物运输带来极大的影响。

1.港口码头作业限制

港口码头是危险货物在集装箱运输链条中装卸、搬运、堆存的场所，由于装卸作业条件不同，对风险的控制和管理要求各异，针对不同类别的危险货物，港口码头可能对危险货物在本港区的装卸、搬运和堆存制定限制性的措施或要求。在接运危险货物时，应事先核对危险货物装运港口、中转港口和卸货港口的相关要求，避免由于其限制性要求影响货物运输。如印度尼西亚港口普遍规定，危险类别为 1 类、5.1 类、7 类的危险货物，只能从船上直接卸货至收货人卡车上；危险类别为 2.1 类、2.2 类、2.3 类、3 类、4 类、5 类、6.1 类、6.2 类、8 类和 9 类的危险货物，自卸货至港区后在港区堆存时间不得超过 24 小时。

有些港口码头甚至要求危险货物不得在港口码头内作业，而只能在锚地上卸驳，如新加坡港口方规定，装运有危险货物且卸货港为新加坡的集装箱船舶不得挂靠码头，必须在危险品锚地卸驳，由驳船运往港务局指定的码头仓库交收货人，费用由集装箱班轮船公司支付；对于中转货物，新加坡港口方对于各类危险货物也制定了相应规定和要求，如要求危险类别为3类的危险货物，需要确认货物的闪点和包装类别，只有大于23摄氏度且包装类别为II类和III类的危险货物才能在新加坡中转。

此外，有些码头还要求集装箱危险货物运输时提供托运人联系人信息，并提供危险货物资料，随时回复港口码头有关回复。如美国和加拿大的港口普遍要求集装箱危险货物运输时，托运单、提单、舱单上必须注明托运人的应急电话号码，并要求有专人值班（不分节假日，24小时），随时回答有关危险品的问询；托运单、提单、舱单上的货物品名必须提供危险货物详细的化学技术名称，而不能使用一般的俗名（如漂粉精或漂白粉，不能使用BLEACHING POWDER，而应该使用次氯酸钙CALCIUM HYPOCHIORITE，另加含量多少）；托运人还应通过承运人向美国港口当局转交和提供危险货物应急处理的全部详细资料（即危险货物安全资料卡），或提供美国运输部的应急处理指导。

2. 船舶适装和配积载要求

集装箱船舶承运危险货物，必须满足适装要求，持有有效的"船舶装载危险货物符合证明"，根据"船舶装载危险货物符合证明"中规定的危险货物范围，在允许的舱室内装运危险货物。同时，承运危险货物的集装箱船舶必须配备最新版《国际海运危险货物规则》和《国际船用医疗指南》，并视不同的航线配备相应的资料。集装箱船舶还需要增加消防配备，并做好检查，载运危险货物的船舶应增加备用3组水带和水枪（SOLAS II-2 Reg.10），增加配备4套抗化学侵蚀的全面防护服（SOLAS II-2 Reg.19），增加配备至少2套自给式呼吸器；装运可能释放有毒气体或可能造成缺氧的货物，还应配备测量空气中这类气体或氧气浓度的适当仪器及其使用说明。

集装箱船舶装运危险货物还需要结合不同危险货物的危险特性，对船舶的隔离、配积载要求，确定可供装运危险货物的舱室及其数量，对于"船舶装载危险货物符合证明"中未列明可以装运危险货物的，应禁止装运任何危险货物。有关危险货物的隔离和配积载要求，后续章节将单独介绍。

3. 合作方航线或公共支线限制

随着集装箱班轮联盟合作的深化，集装箱班轮船公司通过共同投船、舱位互换等多种形式，极大地提升了航线服务的班期密度和覆盖港口，提升了联盟竞争力。无论是共同投船还是舱位互换，直接投船的船公司对班轮联盟内的合作方，在舱位限额内接运危险货物的数量和类别普遍都做出严格的限制，在接运危险货物时，需要考虑合作方航线是否能够接运指定类别的危险货物及其限制性要求。

同时，对于需要在装运港、卸货港两端使用公共支线服务的危险货物运输，在危险货物装运前，应事先与经营公共支线的船公司核实相关危险货物能否接运及其具体接载规定和要求。

4. 安全因素

危险货物接运还需要对集装箱班轮运输中涉及的人员、船舶和货物安全进行评估，根据危险货物的危险属性，评估运输中的风险，制定预防风险的相关措施，规避或控制可能的安全事故。

（二）危险货物运输定价需要考虑更多因素

危险货物运输定价需要考虑众多因素，既包括在普通货物定价时需要考虑的市场供求关系、经营策略、市场开发目标、客户评估、货物类别、货流流向和航线舱位利用率等诸多因素，更要考虑承运危险货物的额外风险和成本。这种风险和成本既可能来自港口码头对危险货物装卸、搬运、堆存的特殊限制和要求，也可能来自危险货物在集装箱运输中特殊的装箱、隔离和配积载要求。对于需要通过驳船支线、海铁联运等中转的危险货物，还需要考虑危险货物的额外中转成本、额外堆存成本及其他中转费用。

为便于对危险货物定价，集装箱班轮船公司常根据危险货物的危险特性和在运输中对装箱、隔离和配积载等的要求，将危险货物分为禁止性危险货物、限制性危险货物和非限制性危险货物。禁止性危险货物，集装箱班轮船公司在任何情况下将不予装运；限制性危险货物需要托运人满足相应接载条件后接运；非限制性危险货物，集装箱班轮船公司将在审核货物信息后予以接运。定价时，托运人需要提供危险货物需要配载的船名航次、装运港和卸货港、箱型、《国际海运危险货物规则》运输品名、危险货物技术品名、《国际海运危险货物规则》等级／编码／包装类别、危险货物件数／毛重／净重、化学品安全技术说明书等内容，船公司判定是否属于禁止性危险货物、限制性危险货物或非限制性危险货物，明确装箱、隔离、配积载和在港口装卸作业要求，综合评估后定价。一般而言，非限制性危险货物采用在普通货物基础上另加危险品附加费的形式进行定价；限制性危险货物采用市场定价法，根据市场运价水平、承运该类危险货物的运输风险及可能增加的装卸成本、中转成本、堆存成本等进行综合评估报价。

二、危险货物运输操作流程

危险货物运输的操作流程与普通货物相似，从托运人提交订舱委托书，到集装箱班轮船公司接受订舱委托、发放空箱，再到托运人提箱、装箱、办理报关等各种手续后将重箱送港集结、装船出运，运输流程基本一致。但是，由于危险货物的危险特性各不相同，有些属于禁止性危险货物，有些属于限制性危险货物，有些属于非限制性危险货物，集装箱班轮船公司在订舱接运前需要参考的因素众多，在订舱接运后也需要根据危险货物的装箱、隔离和配积载要求确定货物装船位置，根据码头装卸、中转、堆存等限制性规定和要求确定货物运输方案，这使得危险货物运输操作流程更为复杂。以下对相关内容进行简要介绍。

（一）危险货物的订舱

关于危险货物订舱，托运人在订舱委托书中必须明确注明危险货物的中英文品名、危险品级别（Class No.）、联合国危险品编码（UN No.）、货物包装类别（Packing Group）、商品编码（HS Code），并在委托书中明确以下危险品重点信息：

（1）副危险性，具有一种以上危害性质的物质所具有的主危害特性称为类别，其他危害称为次要危害或副危险性。托运人申报单上，在危险货物的类别之后应注明危险货物的副危险性。

（2）包装类别，包装类别Ⅰ、Ⅱ或Ⅲ表示危险程度，包装类别Ⅰ代表最高危险程度、包装类别Ⅱ次之、包装类别Ⅲ最低，但是并非所有的危险货物都有包装类别（如危险类别为1类、2类、7类的危险品没有包装类别），通过《危险货物一览表》第5栏中的相关条目查询危险货物包装类别后，应在托运单中明确注明，以"PG 包装类别"形式表示（如PG Ⅱ）。

（3）限量，包装类别为Ⅱ类、Ⅲ类的危险货物符合限量运输规定，可以按照限量运输规则对危险货物隔离和积载的要求适当放宽，但是在订舱委托书中必须明确注明危险货物符合限量规定（注明"LIMITED QUANTITES" 或"LTD QTY" 或"GOODS SHIPPED IN LIMITED QUANTITES"），包装类别为Ⅰ类的危险货物不适用限量运输。

（4）如果危险货物属于海洋污染物，托运人在订舱委托书中，在危险货物描述的结尾处应加注"海洋污染物"字样。

（5）当危险货物类别为3类或者含有3类副危险性的危险货物时必须申报闪点，在订舱委托书中必须在货物描述后用括号补充加注危险货物的闪点（如"闭杯闪点负230摄氏度"）。

（6）如果在《危险货物一览表》第2栏中的正确运输名称显示"固体"或"液体"字样，则该字样应作为正确运输名称的部分内容显示在订舱委托书的货物描述中（如"氯甲苯胺，固体"）。

（7）控制温度和应急温度仅适用于在控制温度条件下特定温度范围内的危险物质，符合控制温度和应急温度要求，应在订舱委托书中如实显示（如"控制温度200摄氏度""应急温度360摄氏度"）。

（8）空的未清洁包装，包括含有残余危险货物的桶、气罐、中型散装容器（IBCs）、散装容器、可移动罐柜，仍有可能对操作产生危害，释放出有害气体并且遇火会引起爆炸。这些包装必须以正确的运输名称、联合国编号、类别，以及副危险性和闪点（如适用）进行申报和制单，以正常危险货物进行标记和标志，并在申报单的附加栏内说明该包装实际是空的。在托运人申报单上应以"空的未清洁"或"含有残余物"等字样在运输名称之前或之后显示。

（9）以废弃物进行运输的物质应申报并在申报单上注明，在托运人申报单上，正确的货物运输名称应显示"废弃物"字样。

（10）在《国际海运危险货物规则》中没有关于托运人提供联系电话以协助应急情况的强制性要求，然而根据港口码头的要求托运人可能需要在申报单中提供托运人联系信息，以配合港口码头或其他相关机构对危险货物信息的询问。

（11）不管出于何种原因对货物进行救助包装运输的货物必须告知承运人，所用救助包装必须符合包装类别为 II 类的测试标准，并在托运人的申报单中以"救助包装"字样，连同救助包装的数量及救助包装内危险货物的准确数量进行标注。

（12）温度为 1000 摄氏度及以上的液体和温度在 2400 摄氏度及以上的固体在运输前必须申报，在托运人申报单上须以"熔化"或"加温"连同危险货物的正确运输名称显示在单证上。

（13）如果集装箱内装运了不同联合国编号的危险货物，在托运前要对危险货物进行隔离。

（二）单证文件审核

集装箱班轮船公司或其指定的船代收到客户订舱委托后，对危险货物进行审核。审核的重点是危险货物是否属于禁止性危险货物、限制性危险货物或非限制性危险货物。船公司核对托运人提交的订舱委托书及有关危险货物的美国化学文摘登记序列号（CAS 序列号）和产品安全技术说明书（MSDS），审核通过后将对危险货物订舱进行确认。

（三）危险货物订舱确认

危险货物订舱确认较普通货物复杂，集装箱班轮船公司在审核订舱前除考虑航线舱位、重量限制、空箱配备、客户舱位承诺、货流流向、箱体平衡等相关因素外，对于危险货物，更要确认危险货物相关信息，并与沿途所涉及的所有过境港、中转港、目的港确认。船公司将托运人提供的危险货物信息、MSDS 资料、危包证、IBC 容器证书或 TANK 箱证提交货监员审核，并与沿途挂港确认危险货物接运要求。对于涉及驳船支线、多式联运或合作方航线的，船公司应同时与其确认接载事宜，在接受订舱前事先征得对方同意方可配船。特别是对于危险类别为1类和6类的危险货物，由于1类爆炸品和6类剧毒品的危险特性，不是所有港口都允许该类危险品过境、靠泊或装卸，接运此类危险品需要经过航线沿途所有过境港口的确认方可放舱。

订舱后品名更正把关是危险货物运输的一个重要环节，危险货物误报、瞒报可能导致没有采取及时有效的包装、隔离、配积载措施而酿成重大安全事故。在订舱环节，要对危险货物订舱后的品名更正进行把关，通过托运人提交的危险货物说明、MSDS资料和报关单证等信息，对需要更改品名的危险货物进行复核。

（四）内装

内装是指发货人将货物送至指定的仓库进行装箱，装箱后由货主委托仓库送至港区集结等候装船出运的业务。危险货物订舱后，集装箱班轮船公司审核放舱，客户凭设备交接单到指定堆场提箱，装箱后送港集结，这与普通货物运输没有区别。但是危险货物普遍要求在具有危险品经营资质的仓库装箱，发货人从船公司获得预配信息后，即可通知内装仓库有关装箱要求，必要时还可以安排现场监装。危险货物装箱后，内装仓库根据要求在集装箱四周张贴危险货物标记，如果所装的货物一旦泄漏会对海洋造成污染的话，还需要贴上海洋污染标记，同时拍照取证。

（五）提供申报材料

根据《中华人民共和国海上交通安全法》《中华人民共和国海洋环境保护法》《船舶载运危险货物安全监督管理规定》《船舶载运外贸危险货物申报规定》及《国际海运危险货物规则》等相关法律法规和国际公约的规定，载运危险货物进出港口的船舶，其所有人、货物托运人或者代理人，必须事先向海事管理机构办理危险货物申报手续，经批准后方可进出港口、过境停留或者装卸作业。危险货物申报主要分为危险货物安全适运申报和船舶载运危险货物适载申报两种，即所谓的"货申报"和"船申报"。

货申报是指货物托运人对拟交付船舶装运的危险货物，按规定全部并准确地向海事管理机构申报货物的正确运输名称、联合国编号（内贸危险货物为国内危规编号）、危险货物类别或性质、应急措施等事项，声明货物在各方面均符合安全适运条件。货申报的单证资料文件包括危包证（不同品名应逐一对应）、包装危险货物技术说明书、危险货物产品说明、配仓回单复印件。发货人应在截止申报时间前（一般为船开前48小时）将货申报资料交给申报单位，由申报单位向海事局进行货申报。海事局对托运人所申报的内容进行审核，发现拟交付装运的危险货物与申报内容不符合或货物不符合安全适运条件的，将不予批准装运，并按规定对申报人进行处罚。如审核通过，托运人将取得货物申报单和危险品证书，在危险货物装箱后送港集结。

集装箱班轮船公司在收到危险货物的货申报单、装箱证明书及危险品证书等资料后将进行船申报。船申报的核心内容是：声明船上货物安全，防污染证书及文件资料齐备，货物积载和隔离符合规定要求，船舶构造、设备与布置具备装载危险货物的适装条件，申报内容准确无误。海事局对船舶所申报的内容和证书资料进行审核，发现船舶未持有装载危险货物的适载证书，或船舶及其设备技术状况不具备安全适载条件的，海事管理机构将不允许进行装船作业。

（六）报关

危险货物报关的环节与普通货物基本相同，报关需要提交的单证资料或文件一般包括：危险货物核销单、发票、装箱单、报关委托书（委托报关情况下）、出口报关单和危险货物的情况说明书（详细介绍危险货物的用途、危险特性等）、货申报单和集装箱箱号、铅封号等。如在危险货物运输中，涉及循环使用的装运桶，在货申报前需要办理暂时进出口申请，需提供用途说明、所装运危险货物的危险等级、联合国编号、数量、毛重等信息，并提供保证金收据（如有）。

（七）重箱集港

危险货物装箱后重箱送港口码头集结等候装船，根据危险货物的危等级、危险特性不同,危险货物分为船边直装和非船边直装。需要船边直装的危险货物,将由港口码头根据船舶装船计划,通知仓库将集装箱运送至船边,直接从车辆吊至集装箱船舶。

(八)危险货物装船出运

危险货物进港集结后,将按计划装船出运。集装箱班轮船公司需要再次审核危险品是否存在误报或瞒报,客户提供的危险品货物鉴定报告是否有误,危险货物的浓度或其他影响运输安全的属性是否吻合,危险货物包装是否符合规范性要求,同时核对危险货物装箱的文件、资料、装箱质量是否符合要求,危险货物是否已得到承运该货物整个运输过程中所涉及的所有相关方(装港、过境港、中转港、卸港、合作方、支线等)的书面确认,船舶载运危险货物的适运证书是否有效等相关信息后,安排货物装船出运。

(九)装船出运后相关工作

危险货物转船出运后,船长应将危险货物名称、国际危规类别、联合国编号、箱数、重量、装载位置等告知集装箱班轮船公司航线调度,审核船舶装载图是否按预配图装载。装有易燃、易爆类危险货物时,船舶按运输要求采取通风、遮阳、喷淋、遮盖等措施,并保持烟雾探测警报器常开,并记入航海日记。

船舶抵港前,船长将危险货物集装箱信息通知航线沿途挂港代理,向港口当局申报,以便安排进港卸货。船舶抵港后,船长、大副向卸货港代理、工头、理货等部门提供卸货单证,详细交代危险货物集装箱在船舶的位置、特性、卸货注意事项等以便其安排卸货。船舶卸货后按进出口运输流程办理货物交接手续。

三、危险货物运输单证及审核

(一)危险货物运输单证及其流转

危险货物运输过程中涉及的单证文件可以分为订舱委托的单证文件、

危险货物装箱后出具的单证文件、航线沿途挂港需要的特定单证文件、特殊设备证明和各种常规运输单证。

托运人在订舱委托环节，需要提供中英文对照的"危险货物说明书"或"危险货物技术证明书"一式数份，内应有危险货物的品名、别名、分子式、性能、运输注意事项、急救措施、消防方法等内容，供集装箱班轮船公司、港口码头等相关方在承运危险货物时参考。对于使用包装容器的，托运人还需要根据《国际海运危险货物规则》要求，提供由进出口商品检验局出具的有关包装容器通过各项试验结果的"危险货物包装容器使用证书"，该证书经港务管理局审核盖章后生效；危险货物集装箱进港集结后，港口装卸作业区将审核港务管理局是否已审核盖章，核对货物后验放装船；该证书也用于托运人办理货物申报。

危险货物装箱后，托运人取得"集装箱装运危险货物装箱证明书"一式数份，后续流转至集装箱班轮船公司、港口码头、港务管理局等各相关方。

针对航线沿途挂港，托运人还需要根据所在国家（地区）或港口码头的相关规定出具专门的单证或文件，如出口至美国或在美国转运的危险货物，托运人需要提供危险货物安全资料卡一式二份，危险货物安全资料卡中需提供危险货物的概况、危害成分、物理特性、起火和爆炸资料、健康危害资料、反应性情况、渗溢过程、特殊保护措施、特殊预防方法等相关内容。

特殊设备证明是危险货物运输中使用各种特殊设备而提供的证明，如使用罐式集装箱装运散装危险货物时，应提供罐式集装箱的检验合格证书。

各种常规运输单证是集装箱班轮运输进出口流程中通用的各种单证和文件，如场站收据、装箱单、提单、集装箱预配清单、集装箱装载清单、集装箱船舶积载图、集装箱预配船图等，相关单证和文件在本书前述章节已有介绍，这里不再赘述。以下简要对危险货物运输中的一些特殊的单证和文件进行介绍。

1. 装箱证明书

装箱证明书是由负责危险货物装箱的装箱员制作和签发的，证明集装箱装有危险货物，且危险货物符合《国际海运危险货物规则》要求，适合集装箱班轮运输的证明文件。装箱证明书是危险货物装箱的证明，表明负责装箱的装箱员已收到托运人的申报单,根据托运人的要求对危险货物进行适当的隔离和装载,没有装载不相容的危险货物,也没有装载受损或是泄漏的包件,所有包件都按海运要求支撑和系固,并按要求对危险货物的包件正确标志和标记、张贴集装箱标牌,集装箱货物处于良好状态,符合运输要求。

装箱证明书既可以在托运人的申报单中以联运单的形式出现,也可以以单独的文书形式出现,无论何种形式,装箱证明书都需要包括装箱公司的名称、签发装箱证明书的人员姓名和职务、签发的时间和地点以及签发人的签名。

已装箱的危险货物在装船出运及内陆联运时都必须提交装箱证明书,没有装箱证明书将被拒绝运输。

2. 危包证

危包证,也称出境危险货物运输包装使用鉴定结果单,包括危险货物运输包装性能鉴定结果单(亦称性能证)和出境危险货物运输包装使用鉴定结果单(亦称使用证)两部分。危险货物运输包装性能鉴定结果单由提供包装的厂家出具,出境危险货物运输包装使用鉴定结果单由托运人提供进出口相关危险品的备案书、检验报告、货物运输条件鉴定报告、危险货物安全资料卡、货物包装性能检验结果单及危险货物样品向商检局申请办理。危包证用于港监申报,如涉及进口包装,在申报前须提供情况说明(正本)、危包证(副本)、国外性能单(副本)、技术说明书(正本)等至海事局进行前期审核,获得审批通过后方可进行申报。如通过纸面申报,在首次电子申报并收到海事局纸面申报审核回执后提交申报单(正本)、危包证(1正1副)、装箱声明单(正本)、情况说明(正本)、技术说明书(正本)向海事局再次申报。对于新产品,在首次电子申报并收到海事局有关新产品查验审核回执后,应提交申报单(正本)、危包证(1正1副)、装箱声明单(2份正本)、情况说明(正本)、技术说明书(正本)向海事局再次申报。

没有危包证或危包证信息有误,危险货物将无法装船出运,托运人应详细核实危包证申请人和使用人信息是否一致,危险货物名称、类别、联合国编码是否准确无误,危包证有效日期是否与船期匹配,确保申报信息无误。危包证信息发送后将无法主动修改。

3. 危险货物安全适运申报单

危险货物安全适运申报单包括发货人、收货人、承运人、船名、航次、装运港、卸货港、危险货物标记、危险货物类别、联合国编号、包装类别、闪点、包件数量、控制温度、应急温度、重量、应急联系方式等信息，其作用是对危险货物在运输中的相关要素进行说明，表明该危险货物符合相关运输条件。

4. 包装危险货物技术说明书

包装危险货物技术说明书包含危险货物的正确运输名称、中英文品名、专业名称、化学分子式、理化性质和主要危险性、产品用途、包装方法、船舶装运安全措施与注意事项、急救措施、灭火方法、鉴定单位意见、托运单位和托运日期等信息。危险货物技术说明书是危险货物的详细说明文件，是危险货物运输相关各方了解危险货物特性、制定相关预案或预防措施的重要参考文件。

除以上单证文件外，危险货物运输中还包括罐式集装箱的检验合格证书、危险货物安全资料卡、海运出口危险货物包装容器性能检验结果单、放射性货物申报单（如有）、液态危险货物添加剂证明（如有）、限量危险货物证明（如有）等单证文件，碍于篇幅这里不多介绍。

（二）危险货物运输单证审核

对危险货物运输单证进行审核，是危险货物运输中不可或缺的一个环节，单证疏忽或遗漏，既可能影响危险货物在沿途挂港的中转、装卸和堆存，更可能影响船舶靠泊和作业。

对危险货物运输单证进行审核，一是审核单证的完整性，所有危险品必备单证必须准备齐全，缺一不可，包括危险货物安全适运申报单（货申报）、船舶载运危险货物申报单（船申报）、集装箱装运危险货物装箱证明书（装箱证明）、包装危险货物产品技术说明书、海运出口危险货物包装容器性能检验结果单、液态危险货物添加剂证明（如有）、限量危险货物证明（如有）、放射性剂量证明（如有）。二是注意危险品运输单证的有效性，除单证有效期外，相关单证中的内容缺失或缺乏主管机关签注、字迹模糊等都可能导致危险货物运输单证无效。装箱证明书中没有现场检查员签字货没有现场检查员的证书编号登记；危险货物技术说明书中应急措施不完整，没有应急联系电话；船申报中没有紧急联系人姓名和联系方式或没有主管机关的签注；字迹模糊、无法辨认等是危险货物运输单证中容易出现疏漏的环节，需要特别予以关注。

此外，危险货物安全资料卡审核也是危险货物运输的一个重要环节，托运人提交的危险货物安全资料卡缺乏生产企业标识而只有经销商信息、缺乏 CAS 序列号、理化性质或毒理学资料缺失或不完整，是危险货物安全资料卡准备中容易出现的纰漏，需要予以关注。

四、危险货物的装箱、隔离和配积载

危险货物在集装箱运输过程中受海洋气候环境、地理位置、地域温度差异等多重因素影响，船舶航行中的恶劣天气，可能造成船舶激烈摇摆和震动；航行经赤道附近常年高温、跨越南北半球时温度发生剧烈变化。这些都对危险货物运输带来挑战。危险货物的装箱、隔离和配积载，对防范和控制危险货物运输风险至关重要，以下简要介绍。

（一）危险货物装箱

危险货物装箱应严格按照集装箱装箱规范，选择合理的包装，正确标记、堆垛、系固和绑扎，使危险货物在装载、运输过程中不会受损，危险货物运抵目的地后可以无损害地被搬移。装箱开始前，首先需要检查集装箱空箱是否有危险残余物，是否有结构损坏或缺陷，是否有穿孔和裂缝，集装箱地板上是否有钉子，集装箱铭牌是否过期，等等。装箱开始后，应按危险货物装箱的规范进行装箱，危险货物装载在最靠近箱门处、危险货物标志面向箱门、固体货物置于液体货物之上、轻的货物置于重的货物之上；同时，还应考虑危险货物包件的重量和强度，使危险货物在集装箱内均匀分布并采取适当的支撑和系固方法，使危险货物不会因局部受力过重或因移动、异位而造成运输风险或事故。

1. 对危险货物正确包装和标记

危险货物包装能够有效防止危险货物接触雨雾、阳光、潮湿空气和海水等杂质，防止物品变质，或发生化学变化而造成事故；减少货物在地运输过程中所受的碰撞、震动、磨擦和挤压，使其在包装的保护下处于完整和稳定状态，防止因货物撒漏、挥发以及与性质相抵触的货物直接接触，而发生事故或污染运输设备及其他货物。包装也有利于货物装卸、搬运，便于堆存、计数。

危险货物包装必须符合联合国认可的设计标准，设计类型和规格必须符合《国际海运危险货物规则》的要求，每个包装都必须有危险货物详情的标记和标志。包装的材料、种类应与所装危险货物的性质相适应，并具有一定强度，使其足以经受海上运输的常规风险；包装应选择适当的封口（气密封口、液密封口、牢固封口），内外包装之间合理衬垫，并能经受一定范围内温、湿度的变化。除第1类、第2类、第6.2类和第7类危险货物所用的包装另有规定外，其他各类危险货物包装，根据危险程度不同，分为三类：（1）Ⅰ类包装——适用于内装高度危险的货物；（2）Ⅱ类包装——适用于内装中度危险的货物；（3）Ⅲ类包装——适用于内装低度危险的货物。必须根据危险货物的危险程度和危险特性，选择合适的包装。

包装后，必须对危险货物正确标记（如图5-1所示），标记的位置应符合以下规定：（1）箱状包装应位于包装端面或侧面的明显处；（2）袋、捆包装应位于包装明显处；（3）桶形包装应位于桶身或桶盖；（4）容量超过450升的中型散装容器应位于相对的两侧；（5）海洋污染物的标记应位于危险货物标志的邻近处，如无危险货物标志时，位于适当位置。每一包件外必须标示包括危险货物的正确运输名称、联合国编号、类别（副危险性，如有）、海洋污染物标志（仅限于海洋污染物）在内的警示标志；货物单元内的每一包件都必须被标记和标志；集合包件也必须被标记和标

图5-1 危险货物包装标记图例

志，且必须另外显示"集合包件"标志。

2. 对危险货物合理堆码

危险货物在集装箱内应合理堆码，货物重量应均匀分布在整个集装箱底面，充分考虑到组件局部受力点的承载能力，如有足够的空间，应避免将货物重量集中在很小的基底面上（如图5-2所示）；货物的重心应尽可能低，并靠近箱体的中心线。如难以做到，则货物重心偏离集装箱纵向中心线小于箱体长度的5%（如图5-3所示）；对于规则的包件，如可行，装箱时每层应尽可能紧密装满；如没有足够的包件装满每一层，堆码时也应尽可能使之规则，并避免将较重的包件堆码在较轻的包件之上；如不得不将液体货物和固体货物装载在同一集装箱内，则液体货物应置于底部；避免将潮湿的包件装入箱内（如图5-4所示）。

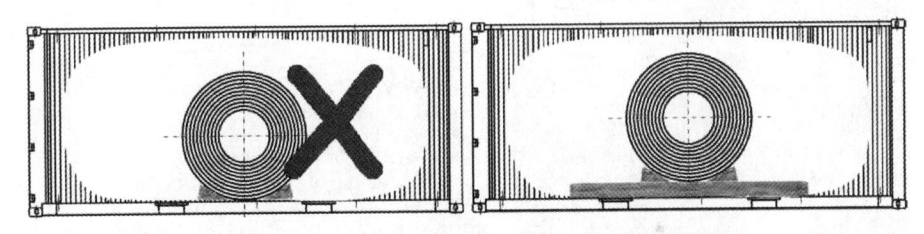

图5-2　堆码示意图之考虑局部受力点

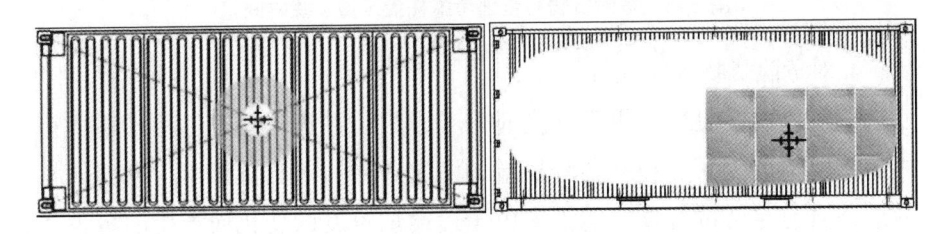

图5-3　堆码示意图之考虑货物重心

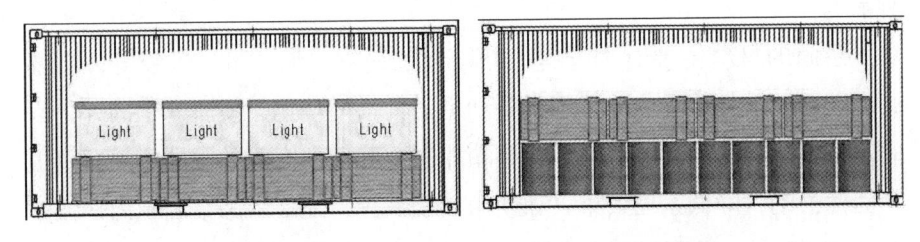

图5-4　堆码示意图之考虑轻重报检、固液态货物

3. 对危险货物合理衬垫

集装箱内装运的危险货物应采用有效的衬垫材料进行间隔，危险货物与集装箱之间也应该用有效的衬垫材料塞紧，防止货物发生移动。衬垫的材料应具有足够的防护强度，能有效避免危险货物在运输过程中在集装箱内发生垂直或水平方向上的位移而引起的损坏。在实践中，衬垫的类型包括托盘、胶合板、木条和木板等多种形式，使用时既要考虑衬垫材料自身的强度和受力，又要考虑通过适当方式，防止危险货物在衬垫材料上发生移位。如使用托盘对危险货物进行衬垫时，需要考虑托盘的承重能力，避免由于托盘受力过重发生坍塌造成危险；使用木板作为桶装危险货物上下层间的衬垫材料，分散货物载荷，应考虑薄膜用包裹桶装危险货物以防止其发生移动（如图5-5所示）。

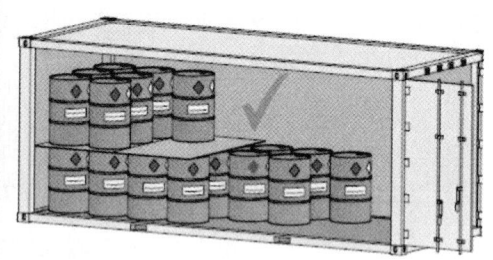

图5-5 危险货物衬垫之考虑托盘承重、货物间壁

4. 对危险货物合理系固

危险货物在集装箱内系固应充分考虑集装箱班轮运输过程中造成箱内货物移动的因素，包括各种极端的海况、台风等自然因素，系固的材料应该具有足够的强度，能消解由于运输加速度的变化而产生的各种应力，并且不致于在运输中给集装箱内的危险货物带来安全隐患（如图5-6所示）。

系固的材料主要有钢丝绳、纤维索、钢带、尼龙带、气袋等，必要时，还可以与集装箱内的系固设备和紧固件搭配使用，使所有紧固件处以固定位置，防止在运输中由于集装箱船舶、陆运卡车等的震动或摇摆造成紧固件松动，降低系固效果。如使用气袋系固，还应考虑集装箱内部温度升高的可能性，装货时留有余量。

图 5-6　错误的系固与正确的系固对比图

危险货物装箱后，应巡视装箱后集装箱外观情况，确认正常后按要求张贴危险货物标牌：装运单一危险货物，且重量低于 4000 千克，按危险货物类别，张贴四张菱形标牌；装运单一危险货物，重量超过 4000 千克，按危险货物类别，张贴四张菱形标牌并加危险货物的联合国编号（如图 5-7 所示）；装运单一危险货物，有副危险性，且重量超过 4000 千克，张贴 8 张菱形标牌及 4 张联合国编号；装运两种危险货物，张贴 8 张菱形标牌（如图 5-8 所示）。使用固体二氧化碳或其他膨胀或致冷剂的，应同时在集装箱箱外做出标识；装载熏蒸货物或在熏蒸条件下运输的封闭集装箱，箱门外应张贴警告牌。

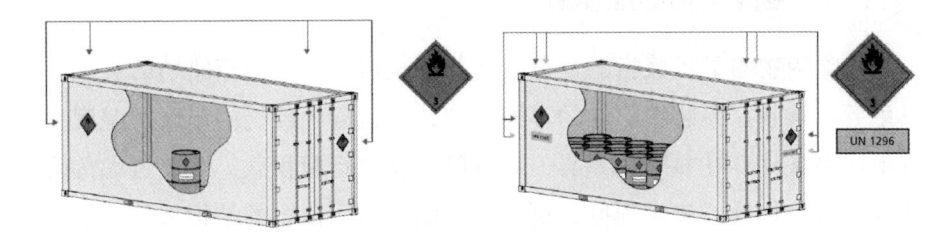

图 5-7　装载单一危险货物集装箱标记

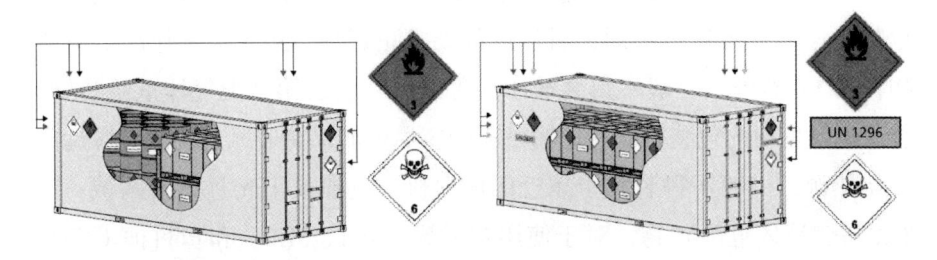

图 5-8　装载两种危险货物与具有副危险性的单一危险货物的集装箱标记

(二）危险货物的隔离

危险货物的隔离是指根据危险货物的危险特性，对相容性或不相容性的危险货物按照《国际海运危险货物规则》和《水路包装危险货物运输规则》规定的隔离要求进行配装，防止由于危险品混装造成的危险。隔离意味着危险货物不能同时装载在同一集装箱内，一般来说，性质不相容的危险货物，某些特殊物质与助长其危险性的物质，易燃物品与遇水可能发生爆炸的物品，性质相似但消防方法不同的危险货物，性质相似但危害性大、发生事故后不易扑救的危险货物之间都应该进行有效隔离。

危险货物隔离的要求可以参照《国际海运危险货物规则》，查询危险货物隔离的方法，第一步是危险货物的危险类别、联合国编号和包装类别；第二步是参照《国际海运危险货物规则》第 7.2 章有关规则和表格上的分类信息，核查危险类别间的隔离要求；第三步是参照危险货物一览表第 16 栏和《国际海运危险货物规则》3.1.4.4 的隔离类别，核查每一联合国编号间的隔离。危险货物隔离表见表 5-5。

(三）危险货物的配积载

危险货物的配积载指的是危险货物装箱后，在集装箱船舶的装载及其配置、堆装。集装箱船舶的不同部位，在运输中经受的温度、湿度和其他运输条件存在显著的差异，对危险货物进行配积载，既要考虑危险货物的危险特性、危害程度，更要考虑船舶不同位置的结构特征，因地制宜。

首先，考虑危险货物的危险特性和危害程度。不同类别的危险货物，危险特性和危害程度不同，对运输的要求也迥异。第 1 类爆炸品危险货物，除 1.4 类外，一般不得装载于船舶最外一排。第 2 类气体危险货物，装运危险货物的包装容器在运输过程中应尽可能保持通风、阴凉，应远离一切热源，一般不得装载于靠近船舶主机、重油或阳光直射的区域。第 3 类易燃液体危险货物，对于使用塑料罐（3H1、3H2）和塑料桶（1H1、1H2）以及塑料桶内的塑料容器（6HH1、6HH2），且包装的闪点为 230 摄

表 5-5　危险货物隔离表

危险货物类别	1.1 1.2 1.5	1.3 1.6	1.4	2.1	2.2	2.3	3	4.1	4.2	4.3	5.1	5.2	6.1	6.2	7	8	9
1.1、1.2、1.3	*	*	*	4	2	2	4	4	4	4	4	4	2	4	2	4	×
1.3、1.6	*	*	*	4	2	2	4	3	3	4	4	4	2	4	2	2	×
1.4	*	*	*	2	1	1	2	2	2	2	2	2	×	4	2	2	×
2.1	4	4	2	×	×	×	2	1	2	×	2	2	×	4	2	1	×
2.2	2	2	1	×	×	×	1	×	×	×	×	×	×	2	1	×	×
2.3	2	2	1	×	×	×	2	×	×	×	×	×	×	2	×	×	×
3	4	4	2	2	1	2	×	×	2	2	2	2	×	3	2	×	×
4.1	4	3	2	1	×	×	×	×	1	×	1	2	×	3	2	1	×
4.2	4	3	2	2	×	×	2	1	×	1	2	2	1	3	2	1	×
4.3	4	4	2	×	×	×	2	×	1	×	2	2	×	2	2	1	×
5.1	4	4	2	2	×	×	2	1	2	2	×	2	1	3	1	2	×
5.2	4	4	2	2	1	×	2	2	2	2	2	×	1	3	2	2	×
6.1	2	2	×	×	×	×	×	×	1	×	1	1	×	1	×	×	×
6.2	4	4	2	4	2	2	3	3	3	2	3	3	1	×	3	3	×
7	2	2	2	2	1	1	2	2	2	2	1	2	×	3	×	2	×
8	4	2	2	1	×	×	×	1	1	1	2	2	×	3	2	×	×
9	×	×	×	×	×	×	×	×	×	×	×	×	×	×	×	×	×

备注：1 代表 "远离"，2 代表 "隔离"，3 代表 "用一个舱室或货舱隔离"，4 代表 "用一个子中间的整个舱室或货舱做纵向隔离"，× 代表 "隔离要求（如有）应查阅危险货物一览表"，* 代表 "见《国际海运危险货物规则》第 7.2.7.2 节"。上述包装危险货物的隔离适用于：
①常规形式积载的危险货物包件；②货运组件内的危险货物；③常规包装的危险货物与货运组件中所积载的危险货物。

氏度或低于230摄氏度的危险货物,除非将其装于封闭的货物运输组件中,否则仅限装载于船舶舱面。第4类易燃固体、易自燃物质、遇湿放出易燃气体的危险货物,在运输中应尽可能保持阴凉,并远离一切热源,不得装载于靠近船舶主机、重油或阳光直射的区域;如该危险货物容易散发、并与空气形成具有爆炸性的混合蒸汽或粉尘,须装载在处于良好通风的场所,并采取预防措施;当该危险货物在船舶舱位积载时,须考虑航行中可能的火灾风险提前制定预案和防护措施。第5类氧化性物质和有机过氧化物,对于5.1类氧化性物质,既要将积载该危险货物的处所打扫干净,也要同时打扫其他区域,清除一切可燃物,选择非易燃的加固和防护材料,并且只能使用最少量的清洁、干燥的木质垫料;对于5.2类有机过氧化物,须远离船舶上的生活处所、通道及一切靠近热源的区域,装载有机过氧化物的包件须加以保护,使其不受日光直射,并积载在阴凉和通风良好的地方,同时还应考虑可能抛弃货物的可能。第6类有毒和感染性物质,应远离船舶生活处所、通道,在装卸完货物后,须检查积载的处所是否存在污染,必要时还应进行适当的清洗和检查。第7类放射性物质,必须严格按相应的积载类别进行积载,危险货物必须牢固包装,远离生活区域。第8类腐蚀品,须尽可能合理地保持干燥远离生活区域和一切接近水源区域,如使用无保护塑料包装,须尽可能合理有效地保持阴凉。第9类杂类危险物质或物品,应结合具体危险货物的危险特性及危害程度,合理积载。

其次,要考虑集装箱船舶不同位置的结构特征,结合危险货物的危险特性、危害程度、防护措施等,合理确定危险货物的积载位置。对于需要经常或近前检查的危险货物,如液态腐蚀品,有生成爆炸、易燃气体或产生毒害气体的危险货物,发生意外必须及时抛弃的危险货物应该积载在船舶的甲板上;在海水、空气、阳光等作用下容易发生化学反应或自然加热、分解的危险货物,应该积载在船舶舱内;易燃、易爆的危险货物,应该积载在远离热源、火源、电源、船员居室及震动相对小的船舶位置;有毒及放射性物品的积载应该远离厨房、驾驶台、船员居室等生活区和工作区;海洋污染物除了另有特殊要求的以外,最好积载在船舶舱内。船舶不同位置的结构特征如图5-9所示。

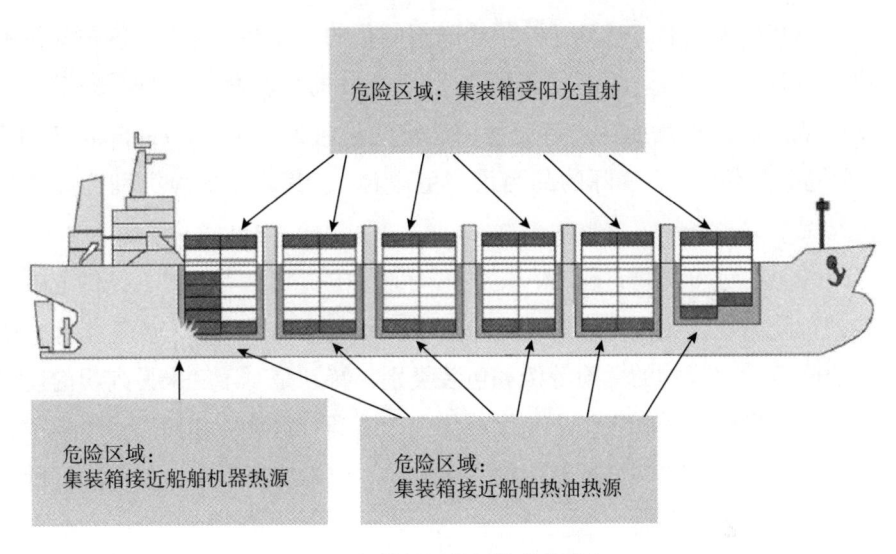

图 5-9　船舶不同位置的结构特征

五、危险货物的瞒报和预防

集装箱班轮运输中，正确申报危险货物，按要求采用合适的包装、张贴标志、有效进行隔离和配积载，并根据危险货物特性和危害程度，采取一切可能的预防措施，对确保安全运输至关重要。危险品瞒报危害巨大，由于恶意瞒报导致危险货物在集装箱班轮运输中不恰当操作或被装载在不恰当的船舶位置，可能造成安全事故，带来巨大损失。因此，在危险货物运输中，有效预防危险品瞒报并采取各种预防措施极为重要。

（一）危险货物瞒报的常见手法

危险货物瞒报是危险货物运输中的一大顽疾。一些不法商家为节省运费、牟取私利或规避危险货物运输申报程序，刻意隐瞒危险货物真实品名、危险等级，对集装箱班轮运输带来极大影响。预防各种危险货物瞒报，必须了解常见的危险货物瞒报方法，并据此采取针对性的措施。常见的危险货物瞒报方法有：

（1）在危险货物订舱时，用模糊的、笼统的货物品名订舱或使用近似的、假的货物品名和货物性质鉴定证明；在货物装船或船舶开航后，再更改提单和舱单品名，达到危险货物瞒报的目的。如在订舱中，客户提供模糊的品名为"Film×××"（薄膜类），而实际的品名为"照片显影液"，其属于危险品；再比如客户订舱使用笼统的品名为"Motorcycle Spare Parts"（摩托车备件），而实际的品名为"蓄电池"，其属于危险类别为8类的危险品。

（2）在危险货物订舱时，提供正确的危险货物品名，但不提供危险货物的危险特性，刻意隐瞒影响危险货物类别判定的浓度、密度等指标，或刻意降低危险货物的危险等级和包装类别，特别是对于"未另列明的通用条目"类危险品，如3类"易燃液体"、4.1类"自反应物质"、5.1类"氧化物质"、5.2类"有机过氧化物"、6.1类"有毒物质"等，刻意降低危险货物等级或包装类别。

（3）提供虚假的非危险货物鉴定报告，通过伪造或在非官方认可的鉴定机构购买危险货物鉴定报告证书，将属于危险品的危险货物当做普通货物，向船公司订舱，达到瞒报危险货物的目的。

（4）提供虚假的货物安全技术说明书，隐瞒危险货物的危险特性和化学成分，将属于危险货物的化学品瞒报为普通货物出运。

（5）以普通货物向船公司订舱，在普通货物中夹带危险货物，刻意隐瞒或未按要求进行申报，达到危险货物瞒报的目的。

（6）收买集装箱班轮船公司订舱审核人员，或利用船公司不同订舱窗口对危险货物的专业知识差异，将危险货物作为一般化工品订舱，达到瞒报的目的。

（二）容易被瞒报的危险货物

提起危险货物，很容易让人想起易燃、易爆和有毒类的危险货物，这些危险货物由于具有非常明显的危险特征，很容易与危险货物联系在一起。而另外一些危险货物，可能我们在生活中司空见惯，而未将其与危险货物联系在一起，这也是在实践中常被疏忽或容易被瞒报的，以下对相关情况进行简要介绍。

1. 药品——吃的药也可能是危险品

原药多数属于第6类"有毒和感染性物质"危险货物或第4.2类的

"易于自燃的物质",而成品药由于添加了很多其他物质(如淀粉,水,食用香精等),药物毒性浓度降低,未达到毒性分类标准,因此可不作为危险品运输。如：乙酰水杨酸(阿斯匹林)CAS 50-78-2、维生素 D3 CAS 67-97-0 和吲哚美辛(Indomethacin)CAS 53-86-1,都属于危险等级为 6.1 类、联合国编号为 3249 的危险品。

2. 颜料——要做具体判断

根据上海化工研究院的化学鉴定,颜料黄 174、颜料蓝 27、颜料黄 13、溶剂黑 27、颜料绿 7(部分),属于危险等级为 4.2 类的危险货物,对于不同的颜料,要根据化工研究院的鉴定报告或货物安全技术说明书,对货物特性进行判定,确定其是否属于危险货物。

3. 植物提取物——可能属于 4.2 类自发热物质

部分植物提取物,如可可粉(部分)、小球藻粉、花椰菜粉、食用菌多糖、五加甙、栗子多糖、咖喱粉、叶绿素铜钠盐、叶绿素镁钠盐等属于 4.2 类的自发热物质,要根据化工研究院的鉴定报告或货物安全技术说明书,对货物特性进行判定,确定其是否属于危险货物。

4. 电池——要做细分

蓄电池根据是否含有酸液、碱液或固体氢氧化钾、是否溢出和能否通过振动和压力差试验,可能属于：

(1) 2794(8)蓄电池,湿的,装有酸液,蓄存电的。

(2) 2795(8)蓄电池,湿的,装有碱液,蓄存电的。

(3) 2800(8)蓄电池,湿的,不溢出的,蓄存电的。

(4) 普通货物。

锂电池根据是否包含锂合金蓄电池、是否与设备合装、是否能通过 T1 至 T7 测试,可能属于：

(1) 3090(9)锂金属蓄电池,包含锂合金蓄电池。

(2) 3091(9)装在设备中的锂金属蓄电池或同设备包装在一起的锂金属蓄电池,包含锂合金蓄电池。

(3) 3480(9)锂离子电池(包括锂离子聚合体电池)。

(4) 3481(9)设备中含有的锂离子电池或与设备合装在一起的锂离子电池(包括锂离子聚合体电池)。

（5）普通货物。

电池要根据化工研究院的测试报告和货物安全技术说明书内的电池成分进行判定。

5. 棉花

棉花要根据其密度和干湿情况确定，其中密度可以测量、干湿情况用棉花的回潮率即棉花中所含的水分与干纤维重量的百分比确定，可能属于：

（1）UN1364 废棉，含油的。

（2）UN1365 棉花，湿的。

（3）UN3360 纤维，植物的，干的。

（4）普通货物（满足：棉花含水率在 8.5% 以下，密度不低于 360 千克/立方米）。

6. 酒精饮料

酒精分两类，按体积含酒精在 70% 以上的多数为联合国编号 3065，包装类别 II 类的第 3 类易燃液体危险货物；按体积含酒精超过 24% 但不超过 70%，多数为联合国编号 3065，包装类别 III 类的第 3 类易燃液体危险货物。

不论承运的酒精类货物是否属于《国际海运危险货物规则》中定义的危险品，只要出现在《污染危害性货物名录》，就必须按污染危害性货物向海事部门进行进口申报，除非符合限量危险货物运输规定（除特殊规定 144/145，酒精含量不大于 24% 的水溶液不适用或用 250 升或更小的容器运输时不适用外，酒精限量免除 5 升）。

7. 金属粉末和金属颗粒

一般来说，金属粉末和金属颗粒，如"Pure Magnesium（纯镁）""Magnesiumalloy（镁合金）""Magnesium Scrap（镁碎料）""Titaninum Solid（钛固体）"等都属于第 4 类"易燃固体、易自燃物质、遇湿放出易燃气体的物质"的危险货物，由于仅凭货物品名描述无法判断货物状态是粉末、颗粒或是大块状的，需要根据托运人提供的货物图片、最小尺寸和重量辅助判断。

8. 次氯酸钙

次氯酸钙，是一种白色或略带黄色的可溶于水的白色粉末，根据其成分和含水量，次氯酸钙可能属于：

（1）危险等级为5.1级、联合国编号为1748，干燥的次氯酸钙，或者活性氯高于39%的干燥的次氯酸钙混合剂。

（2）危险等级为5.1级、联合国编号为2880，含水的次氯酸钙，或者含水量在5.5%至16%之间的含水次氯酸钙混合剂。

（3）危险等级为5.1级、联合国编号为2208，活性氯在10%~39%之间的干燥的次氯酸钙混合剂。

（4）危险等级为5.1级或8级，联合国编号为3485，有腐蚀性的干燥的次氯酸钙，或者有效氯高于39%（有效氧8.8%）的有腐蚀性的干燥的次氯酸钙混合剂。

（5）危险等级为5.1级或8级，联合国编号为3486，有效氯在10%~39%之间的有腐蚀性的干燥的次氯酸钙混合剂。

（6）危险等级为5.1级或8级，联合国编号为3487，腐蚀性的含水的次氯酸钙，或含水量在5.5%~16%之间的有腐蚀性的含水的次氯酸钙混合剂。

次氯酸钙最典型的瞒报方式是通过提供虚假的货物品名和MSDS资料，将次氯酸钙以氯化钙或其他近似的品名申报出运，需要特别予以关注。

9. 煤炭

煤炭是一种包含非晶质碳和碳氢化合物的天然的固体易燃物质，在《国际海运危险货物规则》中没有列明。但是，在集装箱班轮运输和煤炭装卸过程中均可能存在燃烧和爆炸的危险，所有级别的煤炭都会释放甲烷——某种密度比空气小、无味的可燃气体。甲烷容易与空气形成含量在5%至15%之间的甲烷、空气混合物，形成随时可以被火花或明火点燃并极易产生爆炸的环境。

有些煤炭还可能与氧气反应导致煤的温度上升至自燃的燃点，如果发生自燃，可能会在舱内煤的深处产生火灾并造成非常棘手和危险的局面；煤炭还可能发生氧化，导致货物处所内缺氧及二氧化碳或一氧化碳浓度增高，导致中毒；有些煤炭可能与水发生反应，并产生具有腐蚀性的酸液，或产生氢气等易燃和有毒气体。

因此，煤炭在集装箱运输中，应该参照4.1类的危险货物隔离，并对煤炭进行良好的通风，在煤炭货物接载前，必须核实煤炭产地、品种、水分、灰分、含硫量等指标及煤质检验报告，在夏季高温或其他潮湿下接运煤炭应特别予以注意。

10. 活性炭

黑色粉末或颗粒。在空气中易缓慢发热并自燃，属于危险等级为4.2类、联合国编号为1362的危险货物。但是根据《国际海运危险货物规则》特殊规定：如果活性炭在测试时所表现的化学或物理特性不满足Ⅲ类包装类别，可以作为一般化工品出运。在实践中，要根据托运人提交的测试证明和专业机构的鉴定报告确定。

11. 救生衣

救生阀等救生设备，属于非自动膨胀式，装置中不含危险货物的，按照普通货物运输；属于非自动膨胀式，但是装置中含有危险物品的，按照危险物品归类，如个人用浮具和自行膨胀滑落设备，可能含有信号装置，包括烟雾和照明信号，可能属于第1类易爆品危险货物；可能含有压缩气体，属于2.2类不燃无毒气体。自动膨胀式的符合特别规定，即"不含危险品，只含有体积不超过100立方米的二氧化碳钢瓶，最大总重不超过40千克，并且装在木箱或纤维板箱内"属于普通货物，否则属于联合国编号为2990的危险货物。

（三）危险货物瞒报的预防

危险货物瞒报的预防工作任重而道远，从业人员的责任心、专业技能，危险货物运输操作流程规范和内部管理，危险货物生产厂家资质审核、源头追溯等都不可或缺。以下仅从技术角度介绍几种常见的方法。

1. 规范危险货物订舱操作流程

规范订舱操作流程，严格审单，并对客户订舱后的品名更正、危险货物运输单证、鉴定报告、货物安全技术说明书等单证文件进行严格把关是预防危险货物瞒报的重要手段。

一是重视审单。集装箱班轮船公司在接受订舱委托书时，应要求托运人提供货物真实的中英文品名，检查中英文品名是否一致，向客户询问货物性质，了解生产厂家的基本情况和有关货物的详细资料，并与危险货物名录进行比对。审单中，应注意核对客户是否提供了模糊、笼统或错误的货物品名，如订舱委托书中显示为"展览品""集拼货""医疗设备"等笼统的品名，应要求托运人提供货物品名的详细清单。如为化工品，还应要求托运人提供货物安全技术说明书或被认可的鉴定机构出具的货物运输条件鉴定书（简称鉴定报告）。非危险货物还应要求客户提供非危保函，但非危保函不能作为判定是否危险品的证明。

二是对订舱后的品名更正严格把关。对订舱后将普通货物更改为化工品或其他疑似危险品的货物，应要求托运人提供货物的详细说明、货物安全技术说明书等信息，必要时可要求托运人提供该票货物报关的单证文件，根据报关单证，判别客户订舱的品名、更正的品名及实际出运的品名是否一致。对于拼箱类的货物，因品名众多，容易出现危险货物瞒报，涉及拼箱的品名更正需要重点予以关注。

三是发挥专业鉴定机构作用。订舱过程中，与托运人就托运货物是否属于危险货物有异议的，可通过专业鉴定机构进行鉴定，发挥专业鉴定机构作用。

2. 学会鉴别鉴定报告

货物运输条件鉴定书（简称鉴定报告），是托运人出具的证明托运货物是否属于危险货物的重要单证和文件。

在实践中，可能出现鉴定报告作假的情况，应注意从鉴定报告的外观、鉴定机构名称、鉴定标准、鉴定有效期、适用运输方式等多方面核实鉴定报告是否有过期、造假或由不被认可的鉴定机构出具，或将其他运输方式的鉴定报告与海运方式混淆等情况。

一是核对鉴定报告的字体和颜色是否有偏差，是否存在电脑合成或人工编辑、修改的痕迹。

二是核对鉴定报告采用的鉴定标准是否过期，尤其是针对鉴定标准进行过修订的，应核对鉴定报告中是否存在故意引用过期的鉴定标准，以达到修改或曲解鉴定结论的可能。

三是核对鉴定报告的申请鉴定日期与提供样品的日期是否匹配，一般托运人提交的鉴定申请与鉴定机构出具报告的时间应维持在合理区间，申请鉴定日期与提供样品的时间出入太大时，需要对鉴定报告进行复核。

四是注意出具鉴定报告的机构是否是法定或被认可的机构，防止托运人通过在一些非认可的鉴定机构购买鉴定报告，达到危险品瞒报或误报的目的。

五是要注意鉴定报告的适用范围，在实践中，经常会出现将应用于空运或铁路运输的鉴定报告，作为海运鉴定报告使用的情况，由于不同运输方式对货物运输要求不同，鉴定结论可能各异，需要特别予以关注。

3. 学会使用货物安全技术说明书

货物安全技术说明书是了解货物化学成分、理化性质、毒理学资料等信息的重要文件，对于判定危险货物是否被瞒报具有重要的参考意义，应学会使用 MSDS 资料。

（1）查看货物安全技术说明书第 14 部分，如果标明为危险品，应比对《国际海运危险货物规则》核对正确运输名称、联合国编号和包装类是否准确。

（2）查看货物安全技术说明书的第 2 部分，核查货物的化学品成分、组成信息。对纯化学品应给出其化学品名称或商品名和通用名，对混合物应给出危害性组分的浓度或浓度范围。无论是纯化学品还是混合物，如果其中包含有害性组分，则应给出 CAS 号；根据 CAS 号查询专业网址，即可对货物的真实品名进行核对。

（3）查看货物安全技术说明书的第 9 部分（理化性质），核查货物的外观及理化性质等方面的信息，通过查看闪点，可以初步判断货物是否可能是 3 类的易燃危险货物（易燃液体是指闭杯闪点在 60 摄氏度或在 60 摄氏度以下时放出易燃蒸气的液体或混合物，或含有处于溶液中或悬浮状态的固体或者液体）；通过查看 pH 值可以判定货物是否可能属于 8 类的腐蚀性物质，pH 值小于 2 或大于 11.5 有可能是 8 类腐蚀性物质，应该结合其他信息予以判断。

（4）查看货物安全技术说明书的第 11 部分（毒理学资料），根据其中的毒性指标判定货物是否可能属于 6.1 类的有毒物质，如符合"经口吞咽毒性 LD50 在 300mg/kg、皮肤接触在 1000mg/kg、粉尘吸入在 4mg/L 以内的"一般属于 6.1 类。

本章小结

危险货物具有爆炸、易燃、毒害、腐蚀、放射性等危险性质，在集装箱运输中处置不当，可能导致安全事故，造成人身伤亡、船舶损毁或环境污染，因此，需要对不同的危险货物进行识别，了解其危险特性和危害程度，确定危险等级和类别，规范运输要求。对危险货物的分类存在TDG分类体系与GHS分类体系的差异，TDG分类体系下，危险货物分为9类危险等级，每个危险等级下包含若干细分类项；GHS分类体系下，根据物理危险属性、健康危害属性和环境危害属性，危险货物分为28类危险等级，每个危险等级下包含若干细分类项；两者既有联系又有区别。危险货物运输受港口码头规定、船舶适装和配积载条件以及合作方航线、公共支线、多式联运等各因素制约，在订舱确认程序、包装、装箱、隔离和配积载要求，以及危险货物相关的申报文件和申报程序等各方面与普通货物略有差异，在集装箱运输中应注意结合不同危险等级和包装类别的危险货物对装箱、隔离和配积载的规范和要求实施，规避或控制可能的运输风险。而危险货物的正确申报并按要求采取一切可能的预防措施，对危险货物的安全运输至关重要，规范危险货物的订舱操作流程，学会查看和使用危险货物的鉴定报告、货物安全技术说明书，对识别和防范危险货物的申报至关重要。

推荐阅读

1. 交通部水运司. 国际海运危险货物规则培训教材[M]. 北京：人民交通出版社，2004.
2. 周晶洁. 危险货物运输与管理[M]. 上海：上海浦江教育出版社，2013.

思考与实训

1. 某货类品名在《国际海运危险货物规则》中未列明，是否可以判定该货物不属于危险货物？如何对该货物进行认定？

2. 托运人 A 承运的某货类品名的货物，不属于《国际海运危险货物规则》列明的危险货物，但是货物到达目的港口后，港口码头通知该货物属于第 9 类杂类危险货物，如何处理？

3. 危险货物是否可以拼箱？如对危险货物拼箱，应注意哪些规定或要求？如何判定拼箱的危险货物是否属于重货还是轻货？

4. 危包证由哪些部分组成？其主要的功能和流转程序如何？首次出运的危险货物应完成哪些申报程序？

5. 空运或铁路运输的危险货物鉴定报告能否用于集装箱海运？为什么？

6. 托运人 A 向船公司托运某品名为"运动器材"的货物，在货物装船出运后，托运人 A 向船公司提出品名更正为"救生器材"的申请，船公司能否接受？请简要说明理由并说明应核对的单证或文件信息。

参考文献

［1］https://baike.baidu.com/item/%E9%9B%86%E8%A3%85%E7%AE%B1%E8%BF%90%E8%BE%93/2474651?fr=aladdin.

［2］http://www.fareastcontainers.com/infordata/detailedhistory.html.

［3］http://www.ship.sh/news_detail.php?nid=28654.

［4］http://www.simic.net.cn/news_show.php?id=210242.

［5］朱盛军，吴翊，郝杨杨.区块链技术在集装箱运输行业中的应用［J］.集装箱化，2018（2）.

［6］徐宏基.集装箱的自购和租用班轮公司国际集装箱管理研究之三［J］.集装箱化，2002（11）.

［7］徐宏基.集装箱租赁决策班轮公司国际集装箱管理研究之四［J］.集装箱化，2013（1）.

［8］朱曾杰.令人遗憾的美国《1998年远洋航运改革法案》［J］.中国远洋航务公告，1998（12）.

［9］徐仪佑.美国海运政策的演变［J］.中国水运，2006（5）.

［10］江少文.拼箱运输中的若干问题［J］.集装箱化，2007（6）.

［11］张慧.基于博弈理论的零售企业供应链竞合关系研究［J］.物流技术，2014（1）.

［12］谢予，王珊娜.基于博弈论的集装箱班轮公司定价策略［J］.世

界海运，2012（12）.

［13］卜祥智.基于收益管理的集装箱班轮舱位分配随机模型研究［J］.西南交通大学，2005.